Bernd Nicolai

MODERNE UND EXIL
Deutschsprachige Architekten in der Türkei
1925–1955

Bernd Nicolai

MODERNE UND EXIL

Deutschsprachige Architekten in der Türkei 1925 – 1955

Verlag für Bauwesen · Berlin

Titelbild
İsmet Paşa Institut, Ankara, 1930 – 1934,
Foto ca. 1935

Die Deutsche Bibliothek – CIP-Einheitsaufnahme

Nicolai, Bernd:
Moderne und Exil: deutschsprachige Architekten in der Türkei 1925 – 1955/
Bernd Nicolai. – Berlin: Verl. für Bauwesen, 1998.
  Zugl.: Berlin, Techn. Univ., Habil.-Schr., 1996
  ISBN 3-345-00642-1

ISBN 3-345-00642-1

© Verlag für Bauwesen 1998

10407 Berlin, Am Friedrichshain 22
Verlag für Bauwesen ist ein Unternehmen der HUSS-Verlagsgruppe Berlin-München
Printed in Germany
Reproarbeiten: HUSS-GmbH
Druck und Bindearbeiten: INTERDRUCK Leipzig
Lektorin: Renate Marschallek
Gestaltung: Marlies und Sieghard Hawemann
Einband: Christine Bernitz

INHALT

Vorwort 7

Einleitung 9

Das neue Ankara als Spiegel des Kemalismus 1923 – 1938 15

Der schwierige Weg zu einer neuen Architektur 1924 – 1930 16
    Anfänge und der Lörcher-Plan 16
    Das österreichische Vorbild 17

Moderne als Konstrukt – Ernst Eglis Beitrag zur modernen türkischen Architektur 1927 – 1940 20
    Das İsmet Paşa-Institut als Focus der Moderne 23
    Hochschulbauten 27
    Eglis Lehrreform an der Akademie der Schönen Künste Istanbul 1930 – 1935 32
    Die Villa als Ausdruck der Reform 34
    Zweite Europareise und Demission 1933 – 1935 38
    Die letzten Jahre in der Türkei 40

Clemens Holzmeister als Regierungsarchitekt – die Genese einer autoritären Architektur 1927 – 1935 . . . 43
    Verteidigungsministerium und Generalstab 44
    Das Sicherheits-Denkmal 53
    Das Regierungsforum 56
    Emlak- und Merkez-Bank 62
    Unerwartete Moderne – Das Atatürk-Palais in Çankaya 64

Eine Gartenstadt für Anatolien – Jansens Ankara 1927 – 1938 67
    Planschritte 70
    Städtebau und Architektur 71
    Jansen als Architekt 72

Farbteil 77

Exil und Krise 1933 – 1941 99

Der goldene Käfig – die Türkei als Exilland 100
    Exil als unterschiedliche Lebenserfahrung 101
    Architekten und Städteplaner im türkischen Exil 103

Zur Situation der Moderne um 1930 107
    Die Entwicklungsstufen der modernen Architekturbewegung 109
    Die Politisierung der Architekturdebatte 1930/1933 112

Frankfurt in Ankara – Martin Elsaesser als Architekt der Sümerbank 1934 – 1938 116
    Die Sümerbank 117
    Das Klinikum 122
    Der Friedhof 124

Auf verlorenem Posten – Martin Wagner und Hans Poelzig 1935 – 1938 ... 125
    Der Weg ins Exil ... 126
    Städtebau für den Papierkorb ... 127
    Hans Poelzig – Der Tod als Exil ... 130

‚In oriente lux' – Bruno Tauts Revision der modernen Architektur 1936 – 1938 ... 133
    ‚New Dessau' am Bosporos – die Akademiereform ... 135
    Die Fundierung der Synthese – die Architekturlehre ... 137
    Neue Architektur, aber kein neuer Stil ... 139
    Der Wohnsitz des Exilanten – ein neues Dahlewitz ... 149
    Plötzlicher Tod und Nachfolgefrage ... 151

Politische Verwicklungen – Margarete Schütte-Lihotzky, Wilhelm Schütte und
Robert Vorhoelzer 1938 – 1941 ... 153
    Margarete Schütte-Lihotzky als Architektin ... 154
    Wilhelm Schütte ... 157
    Robert Vorhoelzer – Architekt zwischen den Fronten ... 157

Der Internationale National-Stil 1938 – 1950 ... 161

Neo-Klassizismus als Internationaler Stil ... 162
    Der Völkerbundwettbewerb ... 162
    Klassik als Norm ... 163

Vom Parlament zum Anıt Kabir 1937 – 1942 ... 166
    Voraussetzungen und Entwürfe ... 166
    ‚Akropolis für Ankara' – Bruno Tauts Stadtkrone ... 169
    Holzmeisters Ausführungsentwurf ... 170
    Das Anıt Kabir ... 172
    Die Ausstellung ‚Neue Deutsche Baukunst' 1943 ... 177

Holzmeisters unfreiwilliges Exil 1938 – 1954 ... 179
    Die Technische Hochschule Ankara ... 180

Ein Gentleman als Chefideologe des Zweiten Nationalen Stils – Der Fall Paul Bonatz 1943 – 1954 ... 182
    Als Beteiligter ins Exil ... 182
    Die Saraçoğlu-Siedlung ... 185
    Höhepunkt und Ende des Zweiten Nationalen Stils ... 186
    Oper Ankara und TU Instanbul ... 188
    Lehre an der TU Istanbul 1946 – 1954 ... 190

Zwischen Orient und Okzident – Remigration und Weiteremigration der deutschsprachigen
Architekten aus der Türkei 1945 – 1955 ... 191
    Nach dem Zweiten Weltkrieg – vom Ende des Exils ... 191
    ‚Good-bye Türkei' ... 193
    Die Wiederkehr ... 195

Anmerkungen ... 197

Bibliographie (Auswahl) ... 225

Namens-, Orts- und Sachregister ... 233

Abbildungsnachweis ... 239

VORWORT

Dieser Band begründet eine Reihe zu Architektur und Exil, in der Feldforschungen zu verschiedenen Teilbereichen des architektonischen Exils als auch Grundlagenpositionen und Quellenschriften erscheinen werden. Angesichts einer umfangreichen Exilforschung zu Literatur, Wissenschaftsgeschichte und Kunst mußte es überraschen, daß die Rolle der Architekten und damit verbunden die Transformation der Moderne in den dreißiger und vierziger Jahren bislang nur unzureichend erforscht ist. Das hat sich seit der Fertigstellung dieser Arbeit, die im April 1996 als Habilitationsschrift am Fachbereich Kommunikations- und Geschichtswissenschaft der Technischen Universität Berlin angenommen wurde, deutlich geändert. Eine internationale Tagung an der Technischen Universität Berlin im Oktober 1998 wird diese Ansätze bündeln. Die Ergebnisse werden als zweiter Band der genannten Reihe veröffentlicht.

Unter diesen Voraussetzungen versteht sich die vorliegende Publikation als ein erster Versuch, Exil und Moderne am Fallbeispiel der Türkei zu thematisieren. Die Darlegung des neu erschlossenen und höchst aufschlußreichen Quellenmaterials auf der einen Seite sowie der Wunsch, immer wieder eine grundsätzliche Ebene zu berühren, erklären den Wechsel zwischen Nah- und Fernsicht innerhalb des Textes. Die bis zum Frühjahr 1998 erschienene Literatur wurde berücksichtigt.

Vielen Institutionen und Personen bin ich zu Dank verpflichtet: der Deutschen Forschungsgemeinschaft für eine Sachmittelbeihilfe, der Deutschen Botschaft in Ankara, dem Außenministerium der Türkischen Republik für die Erteilung eines Forschungsvisums, der Technischen Universität Berlin mit Wolfgang Wolters und Robert Suckale, dem Deutschen Archäologischen Institut Istanbul mit Wolf Koenigs sowie Klaus und Ulrike Rheidt, der İstanbul Teknik Üniversitesi mit Nilüfer Ağat sowie Semra Ögel, der Orta Doğu Teknik Üniversitesi mit İnci Aslanoğlu und Gönul Tankut. Raci Bademli machte mir das Archiv der Stadtverwaltung Ankara zugänglich. Mit Rat und Tat halfen: Emily Haber, Kurt Junghanns, Klaus Kreiser, Winfried Nerdinger, Dieter und Katrin Oesterhelt, Manfred Speidel, Beate Sonsuz, Sahip İhsan Tansuk, Nikolaus Weinstabl, ferner die Freunde: Matthias Boeckl, Carolin Bohlmann, Bayar Cimen, Edda Campen, Christian Freigang, Michaela Holdenried, Jochen Meyer, Tanja Michalski, Susanna Partsch und Ziya Şimşek. Ohne die großartige Unterstützung von Zeynep Kuban und Sabine Schlüter hätte ich viele Quellen nicht erschließen können. Markus Hilbich fotografierte die Bauten in der Türkei neu, wobei Okan Arslantürk uns (fast) alle Türen öffnete.

Den Zeitzeugen danke ich für ihre Geduld mit meinen oft schwer zu beantwortenden Fragen: Margarete Schütte-Lihotzky, Gunda Holzmeister, Barabara Mohapp, Bernard Wagner, Marlene Poelzig-Krüger sowie Marcel und Marianne Weber-Egli, ferner Eugen Wörle, Hermann Schmutzer und Fritz Weber. Ich danke Edzard Reuter für seine Sicht auf Ernst Reuter; Peter Dübbers, der mir den Nachlaß von Paul Bonatz öffnete.

Nicht zuletzt gilt mein Dank dem Verlag für Bauwesen, der diese Buchreihe in sein Programm aufgenommen hat. Der unermüdlich treibenden, sanften Kraft seiner Lektorin Renate Marschallek ist die Publikation in der vorliegenden Form zu verdanken.

Mein Bild von der Türkei hat sich durch diese Arbeit entscheidend verändert. Der Dialog der Nachbarkulturen von Orient und Okzident erscheint mir angesichts von Globalisierung und politischen Krisen wichtiger denn je. Dieses Buch versteht sich als Beitrag zu diesem Dialog. Es soll meiner Frau, Flavia Nicolai, gewidmet sein.

Berlin im August 1998

EINLEITUNG

Mit Moderne und Exil sind zwei Schlagworte benannt, die für die Architektur unseres ausgehenden Jahrhunderts von besonderer Brisanz sind. Es ist Allgemeingut, daß die Bewegung der Moderne in Architektur, bildender Kunst, Literatur, Theater und Musik durch die nationalsozialistische Terrorherrschaft zerschlagen und vertrieben wurde. Weniger deutlich ist der Umstand, daß sich die Bewegung der Moderne um 1939 selbst in einer Umbruchssituation befand. Angesichts des offen erhobenen Formalismusvorwurfs, diskutierten die Protagonisten, wie Josef Frank, grundsätzlich die Rolle der Architektur und ihre Rolle im Repräsentationsbau. Daraus zogen einige Vertreter ihre Konsequenz und sahen in einer *cohabitation* mit den aufkommenden Diktaturen eine Perspektive. Hier fanden sie die Garanten eines neu formulierten Gesamtkunstwerkes. Martin Elsaesser beispielsweise bot sich Mussolini als Architekt des faschistischen Italien an. Andere Architekten und Städteplaner der Moderne wie Bruno Taut, Erich Mendelsohn, Martin Wagner und Ernst May leisteten ihren Beitrag zu einer Transformation der Moderne. Das Exil, in das sie getrieben wurden, machte ihnen endgültig klar, daß die *weiße Moderne* zwar zu einem Internationalen Stil geworden war, aber dessen Übertragbarkeit auf die Gastländer nur eingeschränkt möglich war. Entweder fehlte der soziale und künstlerische Diskurs, der die mitteleuropäische Moderne trug, oder klimatische und bauwirtschaftliche Verhältnisse machten einen direkten Transfer widersinnig. Die Sowjetunion um 1930, aber auch die jungen Gesellschaften in der Türkei und Palästina stehen beispielhaft für diese Problematik.

Die Transformation der Moderne durch ihre eigenen Protagonisten ist bislang nur vereinzelt in einen Gesamtzusammenhang gestellt worden; unter den Bedingungen des Exils wurde sie nicht betrachtet. Im Gegenteil, die Exiltätigkeit von Architekten wie Bruno Taut und Erich Mendelsohn wurden unter die Kategorie der schwachen Spätwerke verbannt, wie dies Posener immer wieder betont hatte. Dem hat Kathleen James jüngst eine Bewertung der amerikanischen Bauten Mendelsohn entgegengesetzt.

Für die europäische Moderne läßt sich sagen, daß ihr Exildasein eine entscheidende Bedingung für die Überwindung der *weißen Moderne* darstellt. Selbst Walter Gropius rezipierte in den USA eine neue Form des *critical regionalism*, um einen Ausdruck von Kenneth Frampton zu gebrauchen. Ebenso traf Mies van der Rohe, der sein ästhetisches Konzept wohl am stringentesten fortführen konnte, in Chicago auf die Technologie und die Tradition der Chicago School. Dennoch war die Nachkriegsmoderne zunächst auf diese Positionen und die Le Corbusiers eingeengt. Andere wichtige Positionen wie die von Taut, Mendelsohn und May, aber auch Neutra und Schindler wurden nur regional wirksam. Verbunden mit dem Zeitraum 1933 bis 1945 ist ein Generationswechsel bei den Architekten und politisch die Herausbildung der Vormachtstellung der USA.

Die Geschichte einer Architektur des Exils ist noch nicht geschrieben. Der vorliegende Band möchte dazu einen Beitrag leisten. Damit verbunden ist die Revision unserer Historiographie der Architekturgeschichte der ersten Hälfte des 20. Jahrhunderts. Wenn man auf den deutschen Kulturbereich blickt, dann heißt es, die Stellung des Funktionalismus neu zu bewerten. Die unerhört produktiven und programmatischen Jahre der *weißen Moderne* sind in Deutschland auf ganze sechs Jahre zwischen 1924 und 1930 zu zuspitzen; eine Episode, die in ein ganzes Netzwerk von Bedingungen eingebettet war.

Der *weißen Moderne* vorausgegangen war eine zwei Jahrzehnte andauernde Reformdebatte, besonders im Deutschen Werkbund, in der nicht nur die Frage nach einem neuen Stil unter dem Stichwort ‚Sachlichkeit' gestellt, sondern allgemein die Beziehung von Architektur, Wirtschaft und Gesellschaft in völlig neuer Weise diskutiert wurde. Interessanter weise ist festzustellen, daß in den dreißiger Jahren einige der Architekten im Exil selbstreferentiell auf das eigene Œuvre zurückgreifen und damit eine Verarbeitung der Positionen verbunden war, die in der genannten Debatte vor 1920 eine Rolle spielten. Bruno Tauts Bauten in der Türkei, 1936 – 1938, sind unter diesen Aspekten als ‚Neo-Werkbund'-Architektur zu bezeichnen. Damit ist keineswegs eine historische Abwertung verbunden, sondern im Gegenteil der Versuch, Kunst und Gesellschaft in einem neuen, den Diktaturen Italiens und Deutschland entgegengesetzten Sinne zu verbinden. Die Türkei war dafür ein denkbar geeignetes Versuchsfeld.

Der Terminus Moderne bezeichnet nicht nur die künstlerische Avantgarde, sondern im Sinne Habermas' einen Strang der Kulturentwicklung in Europa seit dem Zeitalter der Aufklärung. Damit verbunden ist eine gesellschaftliche und staatliche Modernisierung, die in Deutsch-

land vergleichsweise spät beginnt und sehr vehement in der Zeit zwischen 1890 und 1914 durchgeführt wird, wobei der staatliche Umbau vor 1918 nicht und nach 1918 nur halbherzig gelingt. Die Türkei stand seit dem 19. Jahrhundert in einem engen Verhältnis zu den europäischen Großmächten, von denen Frankreich und England in der ersten Modernisierungsphase um 1860 unter Sultan Abdulmeşid die entscheidende Rolle spielen. Erst nach 1871 verstärken sich die Beziehungen nach Deutschland und erreichen durch den Beitritt des Osmanischen Reiches zu den Achsenmächten des Ersten Weltkriegs einen Höhepunkt. Die Bagdadbahn, unter Federführung der Deutschen und der Dresdner Bank, steht als Sinnbild dieses deutschen Einflusses unter imperialistischen Vorzeichen. In diesem Zeitraum kommen die ersten deutschen Architekten ins Land, so der preußische Baubeamte August Jasmund (gest. 1904), der neben dem Bahnhof in Istanbul-Sirkeci auch die Deutsche Orientbank errichtete sowie Otto Ritter und Helmuth Cuno als Architekten des Bagdadbahnhofs Istanbul-Haydarpaşa, 1906 – 1909. Jasmund begründete zusammen mit den Italienern Giulio Mongeri und Raimondo d'Aronco und dem Franzosen Vallaury den sogenannten Ersten Nationalen Stil, der bis zum Engagement der ersten ‚Modernen' 1927 durch Personen wie Mongeri, Vedat Tek und Kemalettin Bey eine Kontinuität in die Republikzeit erhält. Dieser in der letzten Phase des Osmanischen Reiches kreierte späthistoristische Stil war Ausdruck für eine Europäisierung und damit verbundene Öffnung des islamischen Staats, die in der sogenannten Jungtürkischen Revolution ab 1907 auch eine politische Entsprechung erhielt.

Sümer-Palas, Tarabya am Bosporus, Holzmeisters Exil-Haus.

In dieser Phase fällt 1916 der von der Deutsch-Türkischen Vereinigung unter Vorsitz von Ernst Jäckh durch den Deutschen Werkbund inszenierten Wettbewerb, an dem eine Reihe von Architekten teilnahmen, die in den dreißiger und vierziger Jahren in der Türkei tätig werden sollten: Paul Bonatz, Martin Elsaesser, Hans Poelzig und Bruno Taut. Der Wettbewerb beruhte weniger auf einem gleichgewichtigen Miteinander von deutschen und türkischen Kräften, sondern war vielmehr eine Demonstration des gewaltigen Einflusses Deutschlands, das gleichzeitig auch militärisch das Oberkommando mit Liman von Sanders übernommen hatte.

Das Orientbild der Architekten entstand damals aus einer kurzen Reise nach Istanbul, bei Poelzig vollständig aus der Ferne. Der Orient faszinierte zu dieser Zeit die Künstler und Architekten vor allem unter dem Aspekt der Abstraktion: klare Formen und ungewohnte Farben wurden zu Leitbildern, sei es in Le Corbusiers Istanbulreise 1911, bei Klee und Macke 1913 in Tunis, Slevogt in Ägypten 1911 oder schließlich Bruno Taut 1916. Behne und Taut setzen den Orient explizit als Gegenentwurf zu einem verkrusteten, unschöpferischen Europa ein: ‚Ex oriente lux'.

Der von Mustafa Kemal Paşa Atatürk seit 1923 forcierte Umbau der politischen und sozialen Struktur des nach

Ernst Reuter in Ankara, Ende Juli 1937.

Haus von Ernst Reuter in Ankara, 1937.

1918 zerfallen Osmanischen Reiches stellt eine der größten Modernisierungsleistungen der Geschichte des 20. Jahrhunderts dar. Konträr zur Herausbildung einer gesellschaftlichen Modernität in Europa war dieses Unternehmen von einer schmalen, militärisch und administrativ dominierten Elite getragen. Ein Europa vergleichbares Bürgertum fehlte. Das Prozeßhafte lag darin, die neuen kemalistischen Normen – laizistischer Staat, Kleiderordnung, lateinische Schrift, Volksbildung, europäische Rechtsordnung etc. – von dieser Elite bis zu den sehr konservativ eingestellten, agrarisch bestimmten Bevölkerungsgruppierungen durchdringen zu lassen. Diese Revolution von oben ist durch die politische Entwicklung nach 1945 gestoppt worden und hat ihr Ziel nur teilweise erreicht, woraus auch viele derzeitige Probleme der heutigen Türkei resultieren.

Die Architektur und der Städtebau hatten im Kemalismus die Funktion, die neuen gesellschaftlichen Zustände zu repräsentieren. Diese direkte Instrumentalisierung führte dazu, daß in der ersten Phase bis 1935 die Kriterien dessen, was als modern angesehen wurde, durchaus divergierten. Neben mangelnden Kriterien gab es auch keine Diskussionsform im europäischen Sinne. So wurden Architekten, die keineswegs er modernen Architektur zuzuordnen sind, wie Robert Örley, Theodor Jost, Clemens Holzmeister und Ernst Egli aus Österreich für unterschiedliche Bauaufgaben sowie Hermann Jansen zur Ausarbeitung des Ankara-Plans als Experten engagiert. Holzmeister schuf einen neuen Monumentalstil für die Regierungsbauten in der rationalen Sprache einer sich verhärtenden Moderne, in Affinität zu den Architekturen des faschistischen Italiens nach 1933, während Egli für Schulbau eine moderne Architektur gleichsam konstruierte, indem er auf zwei Europareisen seit 1929 die wichtigsten Projekte der Moderne studierte. Diese Moderne als Konstrukt scheint mir sehr typisch für die Anfangssituation der kemalistischen Modernisierung zu sein und muß als genuine Leistung des kleinen Kreises um Atatürk gewürdigt werden.

Dies erste Phase wird überlagert durch die Rolle, welche die Türkei nach 1933 als Exilland, besonders für die Wissenschaftsemigration, spielte. In diesem Zeitraum kamen mit Martin Wagner, Ernst Reuter und Bruno Taut, ebenso wie den nur zeitweilig Anwesenden Hans Poelzig und Martin Elsaesser, Vertreter der deutschen Moderne ins Land, die bei dem Modernisierungsprozeß die Gefahr sahen, daß architektonisch und städtebaulich vor allem die Fehler kopiert sowie die eigene Tradition verleugnet würde. Wagner und Taut schlugen eine klimatisch abgestimmte Architektur vor, die sich mit der Materialität sowie den Schmuckformen türkischer Bauten auseinandersetzte, wie es Taut in dem Versuch einer Synthese mit der Literaturfakultät der Universität Ankara umgesetzt hat.

Nach Tauts Tod Ende 1938 und der gleichzeitigen Prämiierung des neoklassizistischen Entwurfs von Holzmeister im internationalen Parlamentswettbewerb ging diese Phase zu Ende. Holzmeister, nun mit anderen Landsleuten, auch zum Emigranten geworden, kam mit diesem Entwurf in greifbare Nähe dessen, was in NS-Deutschland zur offiziellen Repräsentationsarchitektur erklärt worden war. Dieser Internationale National-Stil, der Ende der dreißiger Jahre unter ganz unterschiedlichen Bedingungen in den verschiedenen Ländern die Norm wurde, machte es auch möglich, daß Vertreter der NS-Architektur in die Türkei kamen.

Im Zweiten Weltkrieg neutral, aber durch einen Freundschafts- und Nichtangriffspakt mit Deutschland verbunden, kam zuerst die Propagandaausstellung *Neue Deutsche Baukunst*, 1943, in Begleitung von Paul Bonatz in die Türkei. Dieser entschloß sich aufgrund der kriegsbedingten Untätigkeit zu Hause, nachdem alle Planungen Speers für die Reichshauptstadt eingestellt worden waren, 1944 endgültig in die Türkei zu gehen, wo er seine Erfahrungen im öffentlichen Bau anzubringen wußte. Er wurde durch seine Lehrtätigkeit ab 1946 zu einem der Wortführer des sogenannten Zweiten Nationalen Stils. Holzmeister und Bonatz blieben beide bis 1954 in der Türkei, womit auch die Frage von Exil und Remigration berührt ist. Die Triebfeder zu bleiben, war hier eindeutig: Bauen.

Die Rolle der österreichischen und deutschen Architekturen in der Türkei war hierzulande so gut wie nicht bekannt. Hingegen gab es in er Türkei mit den Dissertationen von İnci Aslanoğlu, 1980 zur Architektur der frühen Republikzeit sowie Ayşe Nassır 1988 zu den ausländischen Architekten des 19. und 20. Jahrhunderts mit einem ausgezeichneten Katalog der Bauten insgesamt einen breiten Fundus. Gönül Tankut hatte unter Kenntnis auch deutscher Quellen 1990 eine Studie über die Planung Ankaras unter Hermann Jansen veröffentlicht. Einen guten ersten Überblick bot der Sammelband zu Modern Turkish Architecture von Renata Holod und Ahmet Evin, 1984 herausgegeben.

Allen diesen Arbeiten ist gemeinsam, daß sie so gut wie keine deutschsprachigen Archivalien benutzten und naturgemäß eine Sicht aus der Türkei heraus auf die architektonischen und kulturellen Prozesse in Deutschland und Österreich hatten. Dem wird hier dezidiert eine Sicht aus den Herkunftsländern der einzelnen Architekten und

Städteplanern entgegengesetzt. Im Laufe der Arbeit stellte sich heraus, daß die meisten Archivalien, Pläne, private Auszeichnungen, so von Egli, Holzmeister, Reuter, Wagner, Vorhoelzer und Taut, kaum vor diesem Hintergrund ausgewertet, geschweige denn publiziert waren. Auch die politischen Archive in Deutschland und Österreich boten reiches Material, darunter den Bericht von Carl Goerdeler anläßlich seiner Türkeireise 1939 sowie eine Vielzahl von Einzelinformationen, beispielsweise zur Berufung von Poelzig und Taut in die Türkei. Entsprechend wurde auch versucht, in der Türkei zu arbeiten, wobei das Archiv der Bauverwaltung von Ankara noch den kompletten Briefwechsel mit Jansen hatte. Bedauerlicherweise sind die Archive des Erziehungsministeriums, der Akademie der Schönen Künste in Istanbul durch Feuer schon um 1950 vernichtet worden, das Archiv de Ministeriums für Öffentliche Arbeiten, besonders die Bauakten, wurden bis auf Reste vor einigen Jahren dem Reißwolf übergeben. Die Akten der Großen Nationalversammlung sind nicht auffindbar. Ausführungspläne zum Parlamentsgebäude, dem Bauministerium sowie dem Atatürk-Mausoleum konnte in Behelfsdepots unter abenteuerlichen Umständen gefunden werden, ein Teil scheint gesichert. Wenige Verträge mit ausländischen Architekten fanden sich im Republikarchiv Ankara.

Diese Quellen wurden, soweit erreichbar, ausgewertet.

Eine systematische Recherche von türkischen Forschern könnte sicherlich noch viele Details der innertürkischen Diskussion um die Rolle der ausländischen Architekten oder über die Biographien einzelner Personen, wie dem Staatssekretär Cevat Dursunoğlu, der Poelzig, Taut und Vorhoelzer im Unterrichtsministerium engagiert hatte, klären.

In der Befragung aller noch erreichbaren Zeitzeugen, an erster Stelle Margarete Schütte-Lihotzky, der letzten noch lebenden Architektin, die in der Türkei gewesen ist, konnten etliche Details, besonders aber in Stück der Atmosphäre eingeholt werden, die das Leben damals dort bestimmte.

Diese Arbeit stellt den Versuch dar, die Diskussion um die Moderne der zwanziger und dreißiger Jahre, die Frage von Zentrum und Peripherie, auf eine neue Grundlage zu stellen. Dabei ist der Aspekt von einer Architektur im Exil von besonderer Bedeutung gewesen. Forschungsprojekte wie da von Matthias Boeckl zu den österreichischen Architekten in den USA sowie von Susanne Dussl zum deutschsprachigen Exil in Mexico, den Forschungen von Edina Meyer und Myra Wahrhaftig zu Israel machen deutlich, daß von mehreren Seiten an dem Problem gearbeitet wird. Am Ende, so viel ist sicher, kann die Geschichte der Architektur der Moderne neu geschrieben werden.

DAS NEUE ANKARA ALS SPIEGEL DES KEMALISMUS 1927 – 1938

Diese neuen Bewohner Angoras, die dünne Oberschicht der Gebildeten in der Türkei, hatten alles hinter sich gelassen, was das Dasein wert und angenehm machen konnte. Sie lebten fern der Heimat, getrennt von ihren Familien, verzichteten auf die Annehmlichkeiten der Zivilisation, der Güter der Kultur, die ihnen im heiteren Konstantinopel oder im Ausland zugeströmt waren. Äußerlich schraubten sie sich zu primitiver Lebensstufe herab, innerlich steigerten sie sich zur freien Höhe selbstloser Tat.

Sachlichkeit und Nüchternheit waren die neuen Schlagworte.

Dagobert v. Mikusch, 1929, S. 214f.

DER SCHWIERIGE WEG ZU EINER NEUEN ARCHITEKTUR 1924 – 1930

Anfänge und der Lörcher-Plan

In der Ausrufung Ankaras zur neuen Hauptstadt durch Mustafa Kemal Paşa, 1923, darf zunächst nicht mehr als eine energische Willenserklärung gesehen werden, mit der keineswegs ein stringentes architektonisches und städtebauliches Programm verbunden war. Dazu mußten erst einmal die strukturellen Reformen durchgeführt werden, die ab 1927/1928 als *Kemalismus* die türkische Gesellschaft entscheidend prägten. Die Stadtverwaltung bzw der Bürgermeister (Vali) wurde vom Innenminister berufen und konnte bei Kompetenzüberschreitung von der Regierung wieder abgesetzt werden. Die staatlichen Instanzen und Atatürk selbst hatten also die Regie zunächst übernommen, eine städtische Autonomie existierte nicht. Höhepunkt dieser Maßnahmen bildete das *Große Verstaatlichungsgesetz* vom 24. März 1925, das dem Staat ca. 4 000 Quadratkilometer Land einbringen sollte, um es durch die Stadt zu parzellieren und wieder teuer zu verkaufen.[1]

Seit 1924 hatte der Bürgermeister von Angora (Ankara), Haydar Bey, versucht, vor allem deutsche Spezialisten für die Stadtverwaltung zu gewinnen. Die erste Berufung eines Stadtbaurats namens Max Rabe im Oktober 1924, ohne Vermittlung der deutschen Botschaft, endete zwei Monate später in einem Desaster. Haydar Bey war einem Scharlatan aufgesessen, der weder Erfahrung noch Befähigung für eine solche Aufgabe hatte.[2]

Alle Versuche, Ersatz zu beschaffen, scheiterten schließlich: Haydar Bey erklärte gegenüber den deutschen Stellen, *dass er mit seinem Plane der Anstellung von deutschen Spezialisten bei dem Munizipalitätsrat nicht durchgedrungen sei. Nach den Erfahrungen mit dem Baumeister Rabe hielt es das Gremium nicht für zweckmäßig, Deutsche mit der Gesamtleitung städtischer Anlagen zu betrauen; man ist vielmehr zu dem System übergegangen, deutsche Techniker an die Spitze der einzelnen städtischen Werke zu setzen.*[3]

Als gewisser Erfolg in dem Zeitraum bis 1930 muß neben der Trockenlegung der Sümpfe der Aufbau einer Infrastruktur gewertet werden: das Elektrizitätswerk, ein Gaswerk, eine Mühle und eine Musterbäckerei, die Gründung einer Baustoffindustrie sowie intensiver Wohnungsbau. Dennoch gelang es nicht, die Grundinfrastruktur zu sichern: Strom- und Wasserversorgung waren nicht in vollem Umfang gewährleistet.[4]

Zur gleichen Zeit lag bereits ein Bebauungsplan für Angora vor, für den die mit deutschem Kapital betriebene Türkische Baugesellschafts A.G. (Heusslers Türk İnşaat) verantwortlich zeichnete. Diese hatte Carl Christoph Lörcher mit der Ausführung beauftragt.[5] Der Plan sah zunächst nur eine Minimallösung für ca. 200 000 Einwohner vor. Zentrum blieb die Altstadt (Ulus) mit dem Burgberg (Kale) für das zukünftige Regierungsviertel. Nach Westen war eine Bahnhofsanlage vorgesehen, die axial mit dem Milliet Meydanı (Platz der Nationen) verbunden wurde. Dort kreuzte in Nord-Süd-Richtung der Gazi Boulevard. Südlich der Stadt sollte bandförmig ein 400 Meter breites und drei Kilometer langes Industriegebiet entstehen. Dies waren die städtebaulichen Prämissen, welche die späteren Planungen Hermann Jansens ab 1927 noch mit beeinflußt haben.

Lörcher sah sich bereits mit der Tatsache konfrontiert, daß ohne verbindliche Planung gebaut wurde:
Die neuen öffentlichen Gebäude werden in Granitbruchstein, teils in Putz, teils in reiner Eisenbetonkonstruktion ausgeführt. Man strebt nach einem nationalen Stil, der die neue Zeit repräsentieren soll; doch die Anfänge sind nicht gerade erfreulich; es fehlt die Schulung und ein eingehendes Studium der vorhandenen Überlieferung. Die neuen Erzeugnisse wecken Erinnerungen an Jugend-Stil. Städtebauliches Fühlen fehlt noch.[6]

Die von Lörcher selbst projektierte Architektur, so der Bahnhofsentwurf, steht noch in direkter Abhängigkeit von der deutschen Monumentalarchitektur kurz vor dem Ersten Weltkrieg, wie sie besonders in den Projekten zum Wettbewerb zum Haus der Freundschaft in Konstantinopel 1916 vorgeschlagen worden war.[7]

In der Tat war der Erste Nationale Stil der jungen türkischen Republik die direkte Fortsetzung der historistischen, spätosmanischen Architektur der Zeit zwischen 1890 und 1914. Architekten wie Giulio Mongeri (1873 bis 1953), Vedat Tek (1873 – 1942) und Kemalettin Bey (1870 – 1927) standen für die personelle Kontinuität. Sie errichteten repräsentative Gebäude, wie das Ankara-Palas (Vakıf Hotel), die Handels- und Landwirtschaftsschaftsbank (Farbabb. I) oder die Vakıf-Apartmenthäuser.[8]

Diese bis 1928 das Bild der Stadt bestimmenden Bauten stehen für eine gewisse Unsicherheit des jungen türkischen Staats, wie er seine architektonische Repräsentation gestalten sollte. Die historistische, an osmanischen Sakralbauten orientierte Architektursprache wurde in dem Moment obsolet, als 1927 durch die Bildungs- und Sprachreform der gesellschaftliche Umbau auf ganzer Breite eingeleitet wurde.

Recht pathetisch formulierte es Norbert von Bischoff 1935:

Gerade weil der nationale Geist der neuen Türkei voll teilhaftig werden will jener universellen Kultur, weil er sich ihr mit einer Totalität und einer Unbedingtheit zuwendet, [...] gerade deshalb verabscheut er es, die Klarheit und die Unzweideutigkeit dieses Entschlusses durch willkürliche Betonung pseudonationalistischer Elemente [...] zu diskreditieren. Darum tragen die neuen Palastbauten Ankaras nicht jene mauresque Spitzbogenarchitektur [...], sondern sie zeigen sich in der kühlen Schönheit jener großflächigen Steinfronten, in denen die Baukunst die sachliche Werkgesinnung unserer Zeit zu überzeugendstem Ausdruck bringt.[9]

Das österreichische Vorbild

Bischoffs Terminus der *sachlichen Werkgesinnung* verweist weniger auf das Neue Bauen als vielmehr auf die Reformbewegung vor 1914, deren Exponenten der Deutsche und Österreichische Werkbund waren. Bevor in der Türkei tatsächlich der Anschluß an die moderne Architektur Mittel- und Westeuropas um 1930 erreicht wurde, gab es mit den österreichischen Architekten eine weitere Facette auf dem Weg zu einer neuen, westlich geprägten Architektur.

Es handelte sich um die Bauten des Gesundheitsministeriums, die von Robert Örley und Theodor Jost errichtet wurden. Zum einen spiegelt sich hierin die neue Praxis einer direkten Bauvergabe durch die einzelnen Ministerien wider, zum anderen wurde nun eine genuin europäische, zeitgenössische Architektursprache angestrebt. Referenzpunkt war zunächst nicht die weiße Moderne des Neuen Bauens, sondern die *Zwischenkriegsarchitektur* Österreichs, die ihrerseits eine Fortsetzung des Wiener Reformstils um 1910 darstellte. Die vergleichsweise traditionellen ästhetischen Konzepte, trotz wegweisender sozialer Programmatik in den Gemeindebauten Wiens, führten zu der höchst oberflächlichen Kritisierung der Bauten als konservativ durch die Kreise der Avantgarde.[10]

Seitens der Türkei war es kaum verwunderlich, die Volkshygiene in den Mittelpunkt der Modernisierungsbestrebungen zu stellen. Neben der Herausbildung einer neuen medizinischen Praxis und der grundlegenden Verbesserung der ärztlichen Versorgung der Bevölkerung stand die Hygienewelle sinnbildlich für die ‚Selbstreinigung' der Türkei, wie sie durch Atatürks Reformen eingeleitet wurde. Die Hygienebestrebungen sind vergleichbar mit der sich gegenseitig bedingenden Debatte um soziale und medizinische Hygiene im Europa der zweiten Hälfte des 19. Jahrhundert, wie sie besonders in Hinblick auf Stadtumbauten und -erweiterungen geführt wurde.[11] Allerdings signalisiert der Bruch mit der islamisch geprägten Medizin und der Wechsel in den Hygieneansprüchen auch einen Identitätsverlust allgemein, der für das Bild vom Menschen, der Natur und der gebauten Umwelt ungleich einschneidender gewesen ist, vergleichbar dem Paradigmenwechsel der europäischen Aufklärung des 18. Jahrhunderts.[12]

Das erste Gebäude dieser Art war das 1926/1927 errichtete Gesundheitsministerium von Theodor Jost (Farbabb. II) in Sıhhıye, dem zukünftigen Kernbereich des neuen Ankaras. Emphatisch wurde der Bau als Auftakt der Moderne begrüßt. In der Zeitung *Hakimiyet-i Milliye* hieß es: *Das Ministerium ist in der Tat der modernste Bau Ankaras. Es verarbeitet die letzten, modernsten Bauten Europas.*[13] Darüber hinaus wird dem Gebäude Leitbildfunktion für die zukünftige Architektur Ankaras zugesprochen.

Der kompakte, durch einen flachen Mittelrisalit betonte Kernbau wird durch zwei horizontal gegliederte Seitenflügel erweitert, wobei sich verschiedene Kubaturen zu durchdringen scheinen. Dies sind Elemente, die einerseits dem Wiener Kommunalbau, andererseits der französischen Repräsentationsarchitektur der zwanziger Jahre entlehnt sind, also mitnichten den *dernier cri* der europäischen Moderne um 1927 verkörpern.

Die euphorische (Über)schätzung des Baus ist nur aus der Tatsache zu erklären, daß es in der türkischen Öffentlichkeit noch gar keine Grundlage für eine fundierte Architekturdiskussion gab, die erst durch die Gründung der Zeitschrift *Arkitekt/Mimar* ab 1931 durch Zeki Sayar gegeben war. Noch 1943 bezeichnet *La Turkiye Kemaliste*, die ähnlich wie Mambourys erster Ankaraführer aus dem Jahre 1933 das heterogene Bild der gerade entstehenden Kapitale treffend wiedergibt, das İsmet Paşa Institut von Ernst Egli, 1929/1930, (Abb 7, 8, Farbabb. V) als *ultra moderne*, obwohl mit diesem Bau gerade einmal der Anschluß an die mitteleuropäische Moderne um 1930 erreicht wurde.[14]

Ein weiterer Bau von Jost, der bereits 1928 das Land wieder verließ, ist das Institut für Bakteriologie (Abb. 1),

welches als erstes im Rahmen der Baugruppe des Hygieneinstituts am Fuß des Hacettepes 1927/1928 fertiggestellt wurde.[15] Die konventionelle Zweiflügelanlage wird durch einen ellipsoiden Mittelrisalit mit starkem Art dèco-Einschlag bestimmt, der den Aufsehen erregenden Charakter des Gebäudes ausmachte. Ein monumentales Relief *Hygiea* von Wilhelm Frass dominiert den Mittelbau. Typisch für die in Ankara und Istanbul weit verbreitete Architektenschelte unter Kollegen vermerkte Örley, daß der Grundriß von *einem sehr tüchtigen* Industriebaumeister Bruno Bauer stammte: *Die jetzige äußere Erscheinung hat ein junger Wiener Architekt Theodor Jost zu verantworten, der glaubt, die Bauten zu gestalten sei eine Sache der Mode und des Witzes.*[16]

Örley hingegen knüpfte direkt an seine eigenen Bauten aus der Zeit nach 1910 an. In die fünf Jahre seines Ankara-Aufenthaltes, 1928–1933, fallen ein Verwaltungsbau der Stadtregierung, die Bauten des Roten Halbmond in Kızılay (Abb. 2), des Musterkrankenhauses (Nurmunehastane, Abb. 4b) sowie die beiden fehlenden Bauten des Hyiene-Instituts (Hygieneschule und Seruminstitut, Abb. 3, 4a) mit einem Wohnhaus für die dortigen Beamten, die mit dem Krankenhaus am 31. Oktober 1933 eingeweiht werden, und schließlich eine Markthalle in Ulus (Farbabb. IV).[17]

Dabei lassen sich zwei Komponenten unterscheiden: Das Musterkrankenhaus (Abb. 4b) als langgestreckte durch leichte Risalite gegliederte Anlage mit kurzen Seitenflügeln zur Südseite hin zeigte direkt die Verbindung mit den Bauten um 1910. Mittelgangerschließung, einfacher Dekor sowie die gespitzten Blendarkaden des Sockel waren seinem Wettbewerbsbeitrag für das Bade- und Kurhaus in Bad Schallerbach (Oberösterreich, 1921).[18] Als Besonderheit für Ankara gibt es hier erstmals einen bossierten Sockel aus rotem Granit, teilweise unter Verwendung von Orthostaten, wodurch der Verkleidungscharakter betont wird. An den Seitenflügeln werden die verschiedenen Volumina ineinandergeschoben und durch sich überlagernde Gesimse verschränkt. Dies waren Elemente, die später für Bruno Tauts Literaturfakultät, die ganz in der Nähe entstand, wichtig werden sollten.

Dem Grundriß nach folgten die Bauten des Hygieneinstituts und das Rote Halbmondgebäude der traditionellen Form der Dreiflügelanlage. Dies führte am Beispiel der Hygieneschule zu sehr eng gerückten Risaliten mit schlechter Belichtung und äußerst problematischen Grundrissen. Der leider jüngst abgerissene Rote Halbmond (1928–1930) zeigte die Örleyschen Gliederungselemente am klarsten (Abb. 2): mächtige Risalite, die fast zu separaten Pavillonen isoliert werden, bestimmt durch eine knappe Lisenengliederung mit vertikal angeordneten Fenstern; darüber Treppengiebel und flache Walmdächer, der Eingang durch einen Vorbau leicht betont.[19] Insgesamt ist die Örleysche Architektur als solide, sachliche Baukunst zu charakterisieren, ohne im damaligen Sinne modern zu sein.

Diese Bauten bilden, wie bereits erwähnt, die Fortsetzung des Wiener Reformstils um 1910 und transportieren eine typische Form der *Zwischenkriegsarchitektur* Wiens, wie sie an den Gemeindebauten zu finden ist, auf die repräsentativen Bauten des kemalistischen Gesundheitswesens. Dabei ist zu beachten, daß Örley, im Gegensatz zu den gleichzeitig engagierten Architekten wie Egli und Holzmeister, einer älteren Generation angehörte, die in Deutschland Vertreter wie Theodor Fischer, Hans Poelzig, Peter Behrens, Heinrich Tessenow oder auch den für Ankara so wichtigen Städteplaner

1 Theodor Jost, Hygieninstitut, Institut für Bakteriologie, Ankara 1927/1928, Foto 1995.

2 Robert Örley, Verwaltungsgebäude des Roten Halbmonds, Ankara 1928–1930, Foto 1936.

3 Robert Örley, Hygieneinstitut, Ankara, 1930–1933, Eingang Seruminstitut, Foto 1995.

4a Robert Örley, Hygieneinstitut, Hygieneschule u. Seruminstitut, Foto ca. 1933.

4b Robert Örley, Musterkrankenhaus, Ankara, 1930–1933, Foto ca. 1933.

Hermann Jansen hervorgebracht hatte. Im Grunde war Örley der kongeniale Umsetzer der architektonischen Ideen Jansens. Örley strebte eine gediegene, manchmal zaghaft mit expressiven Details versehene, gegen jede Moderne gerichtete Architektur aus Solitären an, die der Gartenstadtidee Jansens für das neue Ankara Gestalt geben sollte. Einer ähnlich traditionellen Ästhetik folgten die 1927 – 1929 fertiggestellten Gebäude der Deutschen Botschaft von Gross und Listmann. 1926 konnte Listmann noch sagen: *Bezüglich der Architektur ist zu bemerken, dass wir uns wohl kaum nach den staatlichen Neubauten, die etwas im orientalischen Stil ausgeführt sind, nicht [sic] zu richten brauchen. Im übrigen ist in Angora absolut keine vorbildliche Architektur vorhanden [...].*[20]

Örleys und Josts Bauten stellen somit die erste Schicht der architektonischen Mitteleuroparezeption dar, die sich auf die sogenannte erste Moderne vor 1918 bezieht. Ohne den Prinzipien des Neuen Bauens verhaftet zu sein, wurden sie nichtsdestotrotz von türkischer Seite als modern angesehen.

Aber auch Örley läßt sich nicht auf eine Architektursprache reduzieren. Mit seinem Wohnhaus auf dem Gelände des Hygieneinstituts (Farbabb. III) und der Markthalle in Ulus (Farbabb. IV) entwickelte er interessante Lösungen, die auf eine Auseinandersetzung mit expressionistischer und kubistischer Architektur schließen lassen.[21] Doch ist die bei der Markthalle besonders auffällige Verwendung moderner Formen und Materialien eher der Gattung der Nutzbauten zuzuschreiben als einem bewußten Kurswechsel.

Örleys modernster Bau findet keine Nachfolge. Er selbst entwirft in der Zeit zwischen 1930 und 1932 nicht mehr, sondern wird zum vorübergehenden Hauptberater des Ankaraner Baubüros, mit dem Ziel, Jansens 1929 erstellten Ankara-Plan adäquat umzusetzen.[22]

MODERNE ALS KONSTRUKT — ERNST EGLIS BEITRAG ZUR MODERNEN TÜRKISCHEN ARCHITEKTUR 1927 – 1940

Die Nachäffer der türkischen Architektur sind endlich beiseite und die Europäer haben an den Kunsthochschulen ein neues Programm entworfen. Nun haben wir endlich Architekten. Moderne Technik und türkische Mentalität.[23]

Der Österreicher Ernst Egli (1893 – 1974) kann als der Begründer der modernen Architektur in der Türkei gelten. Seine dreizehnjährige Tätigkeit, davon acht Jahre als Chefarchitekt des Unterrichtsministeriums und Professor an der Akademie der Schönen Künste in Istanbul, haben die Grundlagen der Architektenausbildung wie auch die architektonische Praxis entscheidend verändert.

Als Egli im Frühjahr 1927 von der türkischen Regierung als Architekt für den Schulbau engagiert wurde,[24] konfrontierte ihn Atatürk gleich zu Beginn mit der Forderung nach einer ‚modernen' Architektur.

Modernität wurde von der kemalistischen Elite, der Regierung und Administration, als Ausdruck unbedingter Verwestlichung und Bruch mit der imperialen Vergangenheit des Osmanischen Reiches verstanden.[25] Der neue Staat hatte keine dezidierte Theorie der Moderne als Leitbild und vermischte verschiedenste Gesellschaftsmodelle zu dem kemalistischen System, das ab 1933 als Kemalismus in der Republikanischen Volkspartei institutionalisiert wurde: Dieser gründete sich auf sechs Prinzipen: *1. Nationalismus, 2. Republikanismus, 3. Etatismus, 4. Revolutionismus, 5. Demokratie, 6. Laizismus.*[26]

Der Staats- und Gesellschaftsumbau hatte um 1927 mit der Sprachreform, dem Übergang von der arabischen zur lateinischen Schrift, der Schulreform, der Abschaffung der Koranschulen und Unterricht nach westlichem Vorbild einen ersten Höhepunkt erreicht. Vorangegangen waren die Abschaffung der osmanischen Kleiderordnung und die Trennung von Religion und Staat sowie die Einführung des Zivilrechtes nach Schweizer Vorbild, so daß bis um 1930 ein weitgehender Bruch mit der osmanischen Tradition vollzogen war. Damit katapultierte sich die türkische Republik aus dem großen Kulturverband der islamischen Zivilisation, mit dem Ziel, eine eigene republikanische, europazugewandte Kultur

5 Kemalettin Bey,
Gazi-Lehrer-Seminar, Ankara
1927–1929
(vollendet von Ernst Egli),
Foto 1995.

aufzubauen. Die Antagonismen dieses Prozesses liegen auf der Hand. Allerdings stand erst seit 1928/1930 eine moderne Architektur im Dienste dieser *politics of identity*.[27]

Diese Reform von oben wirkte sich entscheidend auf die Architektur aus, denn unter den neuen gesellschaftlichen Rahmenbedingungen war der die Geschichte und Tradition des Osmanischen Reiches evozierende Erste Nationale Stil nicht mehr tragbar. Bezeichnend dafür war der Umstand, daß Atatürk dem verdienten Architekten Kemalettin Bey (1870 – 1927) kurz nach Ankunft Eglis die Projektierung des historistischen Gazi-Lehrer-Seminars (Abb. 5) entzog und dem Neuankömmling übertrug. Dieser war respektvoll genug, nur einige Veränderungen an den Grundrissen vorzunehmen, die äußere Gestalt aber unangetastet zu lassen.[28] In der Diskussion entzündete sich an Bauten wie diesem die Kontroverse um Nationalstil und Moderne. Die große Blüte des Ersten Nationalstils zwischen 1923 und 1928 *kann nur aus pragmatischen Gründen erklärt werden und einer unvermeidlichen zeitlichen Verzögerung zwischen architektonischer Produktion und den dramatischen Veränderungen in der politischen Identität*.[29]

1928 rechnete der Dichter und Essayist Ahmet Hâşim, der als Dozent an Istanbuler Akademie der Schönen Künste tätig war, in der Aufsatzsammlung *Gurebahâne-i-laklakân* (Hospiz der Störche) mit der historistischen Architektur der ersten Republikjahre ab. Unter dem Titel 'Reaktionäre Architektur' publizierte er folgende Kritik, die sich gegen den *grobschlächtigen Geschmack* seit der Jungtürkischen Revolution 1908 richtet:

Die Architektur dieser politischen Richtung imitierte Türben und Medresen. Seit diesen Tagen hat man es sich angewöhnt, Bauten dieser Sorte zu errichten und dieser Architektur den Namen ‚Renaissance der nationalen Architektur' zu verleihen. Freilich war das, was sie einen Neugeborenen nannten, in Wirklichkeit ein ziemlich bejahrter Greis.

Hochachtung vor den Altvorderen bedeutet nicht, sie nachzuahmen [...] Hotels, Banken, Schulen Schiffsanlegestellen sind alle Karikaturen von Moscheen, denen nur außen das Minarett und innen der Minbar abgeht. Unsere Architekten nennen den Baustil ‚Türkische Architektur'. Sind denn diese häßlichen Steinhaufen wirkliche türkische Bauwerke? Wenn dem so ist, warum mögen die Tauben diese Art von Architektur nicht?[30]

Die Bauten des Bildungswesens, die wie keine andere Gattung als Symbol für die emanzipatorischen Bestrebungen der Türkischen Republik standen, sollten in einem neuen, europäischen Stil errichtet werden. Die Bildungsreform war in der Tat das Kernstück der kemalistischen Reform. Ministerpräsident İsmet Paşa, der spätere Präsident İnönü formulierte es 1927 folgendermaßen:
Erziehung muß auf den Prinzipien eines säkularen und einheitlichen sozialen Systems basieren. Das Ziel dieses Erziehungsprogramms ist es, unsere Landsleute so auszubilden, daß sie in der Lage sind, die sozialen und staatsbürgerlichen Standards unserer Nation anzuheben und einen Beitrag zum Wachstum der Wirtschaftsmacht unseres Landes zu leisten.[31]

Zu diesem Zweck wurde auch die Architektur seitens der Staatsführung direkt instrumentalisiert. Dem dezentralen europäischen Modell mußte zur schnellen Durchsetzung eine zentrale Struktur gegenübergestellt werden.
Es liegt auf der Hand, dass der junge türkische Staat in ganz anderer Weise, als das in den anderen Ländern der Fall war, die neueren Schulprinzipien von sich aus im Schulaufbau des Landes verwirklichen will und muss. Was in Europa dezentralisiert entstanden ist und dann allmaehlich eine zentrale Sanktion erfahren hat, muss hier von einer zentralen Stelle aus ins Land getragen werden und erst allmaehlich kann dazu eine weitere lokale Initiative neue Impulse geben.[32]

Eine diffuse Forderung *nach moderner Architektur* wurde vorgegeben. Diese blieb, wie noch zu zeigen ist, allein auf den Bereich des Schul- und Universitätsbaus beschränkt. Für das Regierungsviertel kamen andere Repräsentationsformeln zum Einsatz. Die explizite Moderne im Repräsentationsbau blieb somit auf eine einzige Gebäudegattung beschränkt. Das lag einerseits in der Gattung selbst begründet, die neben den Krankenhäusern stets den wohl höchsten Anteil am Neuen Bauen seitens der öffentlichen Hand gehabt hat. Man kann also behaupten, auch in Europa sei diese Gattung für die moderne Architektur prädestiniert gewesen.[33]

Andererseits muß in aller Deutlichkeit betont werden, daß der europäische Diskurs in den zwanziger Jahren gerade durch das Umfassen aller Baugattungen geprägt war und Lösungen für alle Bereiche erprobt wurden, wie schon ein Blick in Adolf Behnes *Moderner Zweckbau* aus dem Jahre 1925 zeigt. Innerhalb der türkischen Debatte vor 1933 wird Moderne in einer nicht näher definierten Form in Anlehnung an die bürgerlichen, demokratisch-parlamentarischen Gesellschaften europäischer Staaten interpretiert. Österreich, die Schweiz und Deutschland sind die Vorbilder. Auf der anderen Seite spielt das seit 1922 faschistisch regierte italienische Königreich eine entscheidende Rolle für den türkischen Gesellschaftsumbau. Verschiedene Ebenen von demokratischen und autoritär-diktatorischen Leitbildern verschränken sich im autoritären Verfassungsstaat Kemal Atatürks.[34]

Es war also gerade von den staatlichen Stellen kaum zu erwarten, daß die wesentlichen integralen Bestandteile des Diskurses um die moderne Kunst und Architektur, nämlich seine autonome und künstlerische Seite, zur Kenntnis genommen wurde. So dürfte es auch kein Zufall gewesen sein, daß diese Neuformulierung der republikanischen Architektur im Bereich der Bildungsbauten einem weitgehend unbekannten, jungen Architekten übertragen wurde, der selber von seiner Ausbildung her kein Vertreter der Moderne, sondern eher dem Reformlager der österreichischen Architekten zuzuordnen war. Eglis preisgekrönter Entwurf für den Topschider Park in Belgrad, 1925, sowie das mit Holzmeister eingereichte Projekt zum Völkerbundpalast in Genf, 1926, zeigen ihn völlig im Bann von dessen Monumentalstil. Dagegen hatte er nach 1918, als Absolvent der Wiener Technischen Hochschule bei Max Fabiani und Stephan Simony, kurze Zeit im Atelier Theiss und Jaksch gearbeitet, um 1920/1921 die technische Leitung der Siedlungsgenossenschaft *Neue Gesellschaft* zu übernehmen. Damit war Egli mit den sozialen Zielen der Siedlerbewegung konfrontiert worden und hatte Kontakt zu Adolf Loos und vor allem zu Margarete Schütte-Lihotzky bekommen, die er 1938 – 1940 in der Türkei wiedersehen sollte.[35] Architektonisch schlugen sich diese Erfahrungen nicht so sehr in der äußeren Form als vielmehr in der rationalen Grundrißorganisation nieder. Dies war ein Element, auf das Egli bei der Ausformulierung seiner Moderne bauen konnte.

In den 1969 niedergeschriebenen Memoiren offenbarte er aus der Rückschau die Probleme, die mit dem Konstrukt der Moderne in der Türkei verbunden waren:
Es ist also nicht zu verwundern [sic], wenn der erste Schritt der Architekturrevolution sein musste, mit der Übernahme technischer Formen das technologische-zweckliche der Moderne zu übernehmen. Aber dies geschah mit wenigen Ausnahmen ziemlich äusserlich, eben durch Kopieren fremder Gewächse, sehr selten durch eigene technologisch-zweckliche Gestaltung aus den Voraussetzungen des Landes heraus. Wir müssen aber auch anerkennen, dass diese Forderung kaum zu erfüllen war, wenn man bedenkt, dass dazu weder die handwerklichen noch die kunstgewerblichen noch

die bauwissenschaftlichen Grundlagen vorhanden waren.[36]

Egli stand vor dem doppelten Problem, daß es einerseits keine funktionierende Bauwirtschaft[37] und Architektenausbildung gab und andererseits das Verhältnis von moderner Architektur und landeseigenen Voraussetzungen geklärt werden mußte. Letzteres blieb Diskussionsgegenstand bis weit in die vierziger Jahre hinein.

Im Gegensatz zu anderen aus dem Ausland engagierten Fachkräften hat Egli rasch türkisch gelernt und sich schnell mit den Bedingungen des Landes vertraut gemacht. Eine erste Besichtigungsreise führte ihn 1927 durch Anatolien. Als Ergebnis dieser Reise entstanden nicht erhaltenen Musterentwürfe für Primarschulen *in sparsamster Bauweise mit landesüblichen Baustoffen in einfachster Konstruktion.*[38]

Trotzdem war sich Egli im Unklaren darüber, welchen Weg er in architektonischer Hinsicht einschlagen sollte. Seine ersten beiden Bauten, die Musiklehrerschule (Devlet Konservatuvarı, 1927/1928), an der Carl Ebert lehrte (Abb. 6), wie auch die Handelsschule (Ticaret Lisesi, 1928/1929) zeugen *in ihrer Anlage und mit ihrem grossen Dach noch von [der] Unsicherheit des [...] einzuschlagenden Weges.*[39] Obwohl er dem Konservatorium positivere Seiten abgewinnen konnte, war die Vierflügelanlage mit Eingangskolonnade und flankierenden Portiken dem konservativen Bauen verpflichtet, aber für die Türkei als neuartig zu werten, zumal Dachterrasse und Flachdach über den Seitenflügeln erste moderne Elemente zeigten. Dieser sachliche Monumentalismus aus Hausteinfassaden, Kolonnaden und freigestellten Portiken sollte hingegen den Repräsentationsstil Holzmeisters in Ankara nach 1930 bestimmen. Der Grundriß mit innenliegendem Gartenhof war Hausgärten der Sarays nachempfunden.

Den eigentlichen Durchbruch zur modernen Architektur erfuhr Egli durch eine Studienreise, die er zusammen mit dem Generaldirektor für das Hochschulwesen, Rüşdü Bey, 1929/1930 zur Vorbereitung des Baus einer technischen Hochschule in Ankara durchführte. Die Reise ging über Wien, Prag, Dresden, Berlin, Hannover, Darmstadt, Karlsruhe, München, Paris nach Zürich. Von der ETH Zürich wurde das Vorprojekt, von dem wir uns leider keine Vorstellung machen können, am Ende der Reise positiv begutachtet. In direktem Kontakt mit den verschiedenen technischen Hochschulen sollten Lehrpläne und Raumprogramme entwickelt werden. Um die Projekte schon auf der Reise ausarbeiten zu können, sammelte Egli in Berlin *Hilfskräfte*, teilweise aus Wien, die meisten aber aus Berlin um sich, wobei Mitarbeiter des Büros Mendelsohn von Egli besonders erwähnt werden. *Es war eine tolle Zeit: Besuche bestehender Anlagen, Laboratorien, Werkstätten, Unterrichtsstätten und dergleichen [...] Besuche aller Art, Einladungen und Zusammenkünfte am Abend.*[40]

Was Egli konkret auf seiner Reise, besonders aber in Berlin gesehen hat, ist nur zu mutmaßen; daß diese Reise ihre Spuren hinterließ, zeigt sein unmittelbar danach, 1930 entstandener, wohl berühmtester Bau in Ankara: die Mädchengewerbeschule (İsmet Paşa Kız Enstitüsü).

Das İsmet Paşa Institut als Focus der Moderne

Egli verarbeitete in dieser Mädchengewerbeschule den gesamten mitteleuropäischen Formenkanon der Moderne. Der Bau, an der Nord-Süd-Hauptachse Ankaras, dem Gazi [Atatürk] Boulevard gelegen, signalisierte den neuen Stil an prominenter Stelle. Durch die Stilwahl wurde neben Alphabetisierungskampagne und Bildungsreform auch die Emanzipation der Frau als Ausdruck einer neuen gesellschaftlichen Modernität versinnbildlicht. Zusammen mit dem etwas höher, aber in unmittelbarem räumlichen Zusammenhang gelegenen Mädchengymnasium (Kız Lisesi) waren dies die ersten Bildungsanstalten für Frauen nach westlichem Muster, *die Zentralstelle aller Frauenbestrebungen in der Türkei.*[41] Allerdings setzte sich die Emanzipation der Frau hier sehr viel schneller als in Mitteleuropa durch,[42] so daß ab den fünfziger Jahren eine Reihe von Frauen wichtige Stellungen im Schul- und Universitätswesen einnahmen, eine Tendenz, die bis heute anhält.

6 Ernst Egli, Musiklehrerschule und Konservatorium, Ankara 1927/1928, Foto um 1930.

Das İsmet Paşa Institut (Farbabb. V, Abb. 7 – 10) besteht aus einem horizontal gegliederten viergeschossigen Kernbau, dessen Putzbänder an den Ecken in massiven Balkonen auslaufen. Dieser Horizontalbewegung sind als Kontrapunkte die durch vertikale Fensterbahnen bestimmten, stark zurückspringenden Risalite entgegengesetzt. Ihre Kubatur scheint den Horizontalbau zu durchdringen und tritt rückseitig als Turmbau in Erscheinung (Abb. 7, Titelabb.), der den Hauptbau um ein Stockwerk überragt. Ist die Straßenfront durch den Gegensatz von Horizontal- und Vertikalgliederungen akzentuiert, so zeigt die Gartenfront eine rein horizontale Gliederung mit vorspringenden Gesimsbändern als Gesamtrahmung der Fensterbänder (Abb. 7). Solche Details waren in Berlin zu diesem Zeitpunkt am Metallarbeiter-Gewerkschaftshaus von Erich Mendelsohn (Abb. 97), aber auch am *Kathreinerhaus* von Bruno Paul zu finden. Die charakteristischen massiven Eckbalkone der Frontseite sind Reminiszenzen an Mendelsohns *WOGA Komplex* ebenso wie an das Apartementhaus am Hohenzollerndamm von Hans Scharoun. Die Gliederung durch turmartige Risalite könnte der Idee nach dem Feminapalast von Bielenberg & Moser entlehnt sein (Farbabb. VI). Die Gartenfront stellt eine Paraphrase von Max Tauts Verbandshaus der Buchdrucker dar, ebenso wie Mendelsohns Geschäftshaus Herpich (Abb. 9) eine entscheidende Rolle gespielt haben mag.[43] Schulbauten von Paul Wolf in Dresden und andere Projekte [Riesa] mögen neben diesen Berliner Bauten als weitere Inspirationen, nicht als sklavisch nachzuahmende Vorbilder, gedient haben.

In der Entwurfsmethode folgte Egli ebenfalls Mendelsohn, indem in einem sehr frühen Stadium ein plastisches Massenmodell nach Skizzen hergestellt wurde, das dann die Grundlage für die ganz nüchternen Ausführungspläne des Büros bildete (Abb. 10).

Insgesamt bot sich Egli also ein breites Feld von formalen Anregungen, die zu einer eigenen Gesamtkomposition verarbeitet wurden. Neue, durchaus originelle Akzente sind die Formulierung des Erdgeschosses als abgesetzter Sockel mit abgerundeten Ecken sowie die Gestaltung des ersten Obergeschosses als Laubengang, so daß die Skelettstruktur des Baus deutlich in Erscheinung tritt. Von den einfach gestalteten Innenräumen ist besonders das Modeatelier hervorzuheben, dessen Vorraum mit segmentförmigem, ornamental aufgefaßtem Ritzputz dekoriert war (Abb. 11). 1934 wurde das Institut durch zwei kubische Pavillons erweitert, die aber den Kernbau in keiner Weise beeinträchtigt haben.[44]

Eglis Auftakt der modernen Architektur in Ankara stand

im Zeichen eines dynamischen Funktionalismus, der indirekt Mendelsohns frühem Postulat von der *funktionellen Dynamik* folgte. Im Gegensatz zu gewissen Fraktionen der europäischen Moderne vertrat Egli nicht die Dominanz eines wie auch immer gearteten formalen Prinzips.

Das gleichzeitig entstandene Mädchengymnasium (Kız Lisesi) mit segmentförmigem Grundriß zeigt durch seine strenge Rasterfassade (Abb. 12, 13) den ganz anderen Eindruck einer verhärteten Moderne, wie sie in Mitteleuropa um 1930 zu beobachten war, möglicherweise unter direktem Einfluß des berühmten IG-Farbengebäudes von Hans Poelzig in Franfurt am Main.[45]

In diesem Ensemble deutet sich bereits ein Charakteri-

7 Ernst Egli, İsmet Paşa Institut, Ankara, 1930/1934, Rückfront Gesamtansicht 1934.

8 Ernst Egli, İsmet Paşa Institut, Seitenpavillons, Foto 1934.

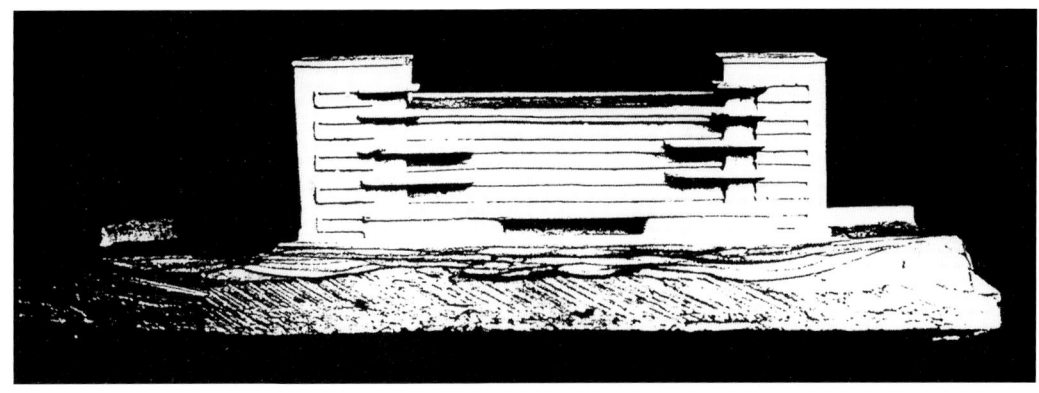

9 Erich Mendelsohn, Geschäftshaus Herpich, Berlin-Mitte, 1926–1928, (kriegszerstört), Foto 1928.

10 Ernst Egli, İsmet Paşa Institut, Ankara Massenmodell, 1930.

11 Ernst Egli, İsmet Paşa Institut, Ankara, Vorraum des Modeateliers, 1930.

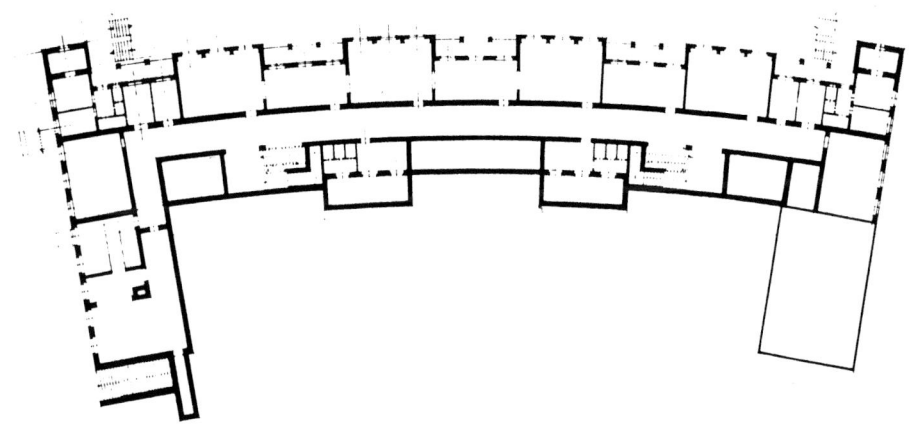

stikum Eglischer Architektur an. Für die verschiedenen Standorte werden unterschiedliche Ausdrucksträger eingesetzt. Damit einher geht der virtuose Umgang mit verschiedensten Fassadensystemen, welche die meist völlig verschiedenen Vorder- und Rückseiten der Gebäude prägen. Dieses Verfahren ist baukastenhaft, beinahe *eklektisch* zu nennen und folgt keinem formalen Paradigma. Das unterscheidet Egli ganz erheblich von den Vertretern der Avantgarde in Europa. Anhand der landwirtschaftlichen Hochschule läßt sich diese Verfahrensweise exemplifizieren.

12 Ernst Egli, Kız Lisesi (Mädchengymnasium), Ankara, 1930/1931, Grundriß Erdgeschoß 1 : 200.

13 Ernst Egli, Kız Lisesi, Ansicht Gartenfront, Foto 1931.

Hochschulbauten

14 Ernst Egli, Landwirtschaftliche Hochschule (Ziraat Enstitüsü), Ankara, 1930–1933, Hauptgebäude mit Internat, Foto ca. 1933.

15 Ernst Egli, Landwirtschaftliche Hochschule, Internatsbau, Foto 1995.

Im Rahmen der Universitätsreform wurde die landwirtschaftliche Hochschule als universitätsähnliche Einrichtung ausgebaut und ging später in die Ankara Üniversitesi über. Die Hochschule stand unter der Leitung Friedrich Falkes (1928 – 1939) aus Leipzig und bot einer Reihe deutscher Emigranten, die als Professoren dort tätig waren, eine neue Heimstatt. So wurden die Institute nach den neuesten Erkenntnissen der deutschen Spezialisten konzipiert.[46] Egli errichtete in den Jahren 1933/1934 einen umfangreichen Campus mit zentralem Verwaltungs-, Hörsaal- und Internatsgebäude sowie mehreren Instituten, die um die vier bereits bestehenden Gebäude des Baurats Naht aus den Jahren 1928 und 1929 gruppiert wurden (Abb. 19).

Egli entwickelte mit diesen Gebäuden einen spezifischen Stil der Moderne, den Bruno Taut später als *Kübik (Cubique), das ist hier der Ausdruck für Modernismus,*[47] kritisieren sollte (Abb. 20). Auch in der Lehre, in der Architekturabteilung der Akademie der Künste, vertrat Egli diese Form, wie zahlreiche Schülerarbeiten des Jahrgang 1930/1931 zeigen. Bis 1936 war damit ein Paradigma der neuen türkischen Architektur festgelegt.[48]

Der L-förmig organisierte Eingangsbau zum Campus (Abb. 14 – 17), der Hauptverwaltung und Hörsäle im quergelagerten Flügel beherbergt, während im Längsflügel das Internat untergebracht ist, zeigt in für Egli typischer Weise eine gestalterische Differenzierung gemäß den unterschiedlichen Funktionen.

Das Internat (Abb. 15, 16) ist horizontal mit kräftig gerahmten Fensterbändern gegliedert und war durch eine heute verbaute Dachterrasse bestimmt, die durch ihr Dampfermotiv an Bauten von Salvisberg und Scharoun denken läßt.[49] Zum Verwaltungsbau hin akzentuiert eine hochgestreckte portikusartige Durchfahrt den Flügel, welche gleichzeitig eine stählerne Brücke als Verbindungsgang im oberen Stockwerk aufnimmt (Abb. 16). Die Pfeiler sind ebenfalls aus ummanteltem Stahl gebildet. Im Gegensatz dazu ist der Hauptbau vertikal gegliedert und zeigt eine kolossale Scheinkolonnade, in der ein doppelläufiger Aufgang und eine eingeschos-

27

16 Ernst Egli, Landwirtschaftliche Hochschule, Ankara, 1930–1933, Brücke zwischen Internats- und Verwaltungsflügel, Foto ca. 1933.

17 Ernst Egli, Landwirtschaftliche Hochschule, Verwaltungsflügel mit Brückenteil, Foto 1995.

sige Durchfahrt zum Campus untergebracht ist. Von der Rückseite zeigt dieser Flügel die strenge Gliederung des Kız Lisesi mit zwei turmartigen Risaliten (Abb. 18).

Egli verwendet bewußt Repräsentationselemente wie Kolonnade und Risalit am Hauptbau, – folgt damit der allgemeinen Bewegung der Neuformulierung einer Monumentalarchitektur, die seit dem Völkerbundswettbewerb zu beobachten war –, um sie direkt mit seiner Ausformung der Moderne im Internatstrakt zu konfrontieren. Diese Divergenz nicht nur der Einzelfassaden, sondern verschiedener *Stilsysteme* innerhalb eines Baukomplexes sollte zu einem Markenzeichen von Eglis öffentlichen Bauten werden.[50]

Mit einer solchen Verfahrensweise setzte sich Egli deutlich von Vertretern der europäischen Avantgarde wie Mendelsohn, Gropius, Mies van der Rohe und Le Corbusier ab, näherte sich aber Positionen von Peter Behrens, Paul Bonatz und Wilhelm Kreis an, die sich Ende der zwanziger Jahre unter dem Schlagwort ‚Rationalismus' und ‚Sachlichkeit' dem Neuen Bauen öffneten, die Repräsentationsformeln ihrer strengen Fassadenarchitektur aber mit einfließen lassen.[51] Insgesamt ist festzustellen, daß in dieser ersten Phase der modernen Architektur in der Türkei, die Egli ganz maßgeblich mitbestimmte, keine einheitlichen Referenzpunkte für eine europäische Rezeption festzustellen sind. Eglis Rezeption ist in starkem Maße antitheoretisch und intuitiv geprägt. Er nimmt zunächst aus ganz verschiedenen Quellen Anregungen auf, die ihm nützlich erscheinen, ohne am theoretischen Überbau der Avantgarde interessiert

18 Ernst Egli, Landwirtschaftliche Hochschule, Verwaltungsflügel, Campusseite, Foto 1995.

19 Baurat Naht, Landwirtschaftliche Hochschule, Institutsgebäude, Foto 1995.

20 Ernst Egli, Landwirtschaftliche Hochschule, Zootechnisches Institut, Foto ca. 1933.

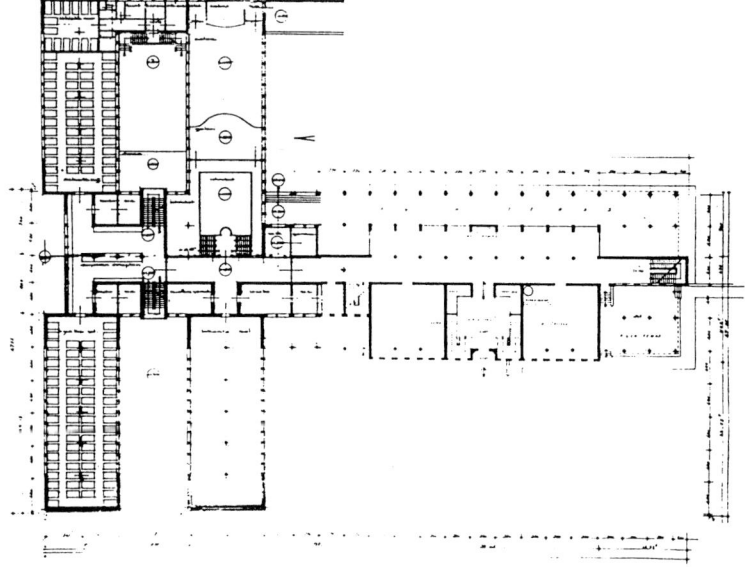

zu sein. Insofern konvergiert sein Verfahren mit dem der kemalistischen Vordenker, die gleichsam patchworkartig die unterschiedlichsten staatstheoretischen und gesellschaftlichen Elemente für den Aufbau der neuen Gesellschaft einfließen ließen.

Der landwirtschaftlichen Hochschule vergleichbar ist der Komplex des Instituts für Staatswissenschaft (Mülkiye) 1935/1936, wo unter anderem Ernst Reuter ab 1939 als Lehrstuhlinhaber für Urbanistik, Städtebau und Verwaltungswesen lehrte. Sie zeigt die Entwicklung, die Eglis Architektur innerhalb seines ersten Jahrzehnts in der Türkei genommen hatte.

Zwischen März und April 1935 wurde in enger Abstimmung mit dem Minister Zeynelabidin Özmen das Vorprojekt zur Mülkiye fertiggestellt. Im Herbst 1936 konnte der Komplex eingeweiht werden, der jedoch Fragment blieb und durch ein Pendant zu einem Campus

21 Ernst Egli, Hochschule für Staatswissenschaften (Mülkiye), Ankara, 1935/1936, Blick auf das Hauptgebäude, Foto ca. 1936.

22 Ernst Egli, Mülkiye, Loggienbauten, Foto ca. 1936.

23 Ernst Egli, Mülkiye, Grundriß, Erdgeschoß.

24 Ernst Egli, Mülkiye, Eingangshalle, Foto ca. 1936.

25 Ernst Egli, Biologisches Institut der Universität Istanbul, 1935/1936, (in den fünfziger Jahren um zwei Stockwerke abgetragen), Foto ca. 1936.

ergänzt werden sollte.[52] Am Hang gelegen, waren die Einzelbauten zwei- bzw. dreigeschossig ausgebildet (Abb. 21). Von dem symmetrisch angeordneten, streng gegliederten Schulbau läßt die Linie vom Kız Lisesi über das Hauptgebäude der Ziraat Fakültesi ziehen. Neu hinzu kamen vier eingebaute Portiken mit Stahlstützen, die Frontseiten zeigten Loggien mit Pfeilerstellungen (Abb. 22).

Diesem Schulbau waren über H-förmigem Grundriß vier separate Trakte beigeordnet, die die Bibliothek sowie das Internat aufnahmen (Abb. 23). Diese häufigere Verwendung von Pavillons mit Pfeilerstellungen ist in Zusammenhang mit Holzmeisters Regierungsbauten zwischen 1931 und 1935 zu sehen, mit denen sich Egli – durchaus kritisch – auseinanderzusetzen hatte. Die Mülkiye verkörpert wie kein anderer Bau das Prinzip der wechselnden Fassaden. Die aus den unterschiedlichen Blickwinkeln aufgenommenen Ansichten vermitteln so konträre Eindrücke, daß man sie kaum an ein- und demselben Bau vermuten würde.

Das italienisch anmutende Entree (Abb. 24), streng geometrisch gestaltet und mit verschiedenen Marmorarten ausgekleidet, weist nochmals auf den außergewöhnlichen Rang hin, den die türkische Regierung den neu erbauten Fakultätsgebäuden der zukünftigen Ankaraner Universität beimaß.

Neben diesen ersten Hochschulen projektiert Egli 1933 bis 1935 noch eine Reihe von Instituten der Istanbuler Universität, die nun mit neuen Elementen, etwa kubischen Pavillons, welche die Ecken der Bauten betonen, versehen sind. Besonders hervorzuheben ist das ehemalige Biologische Institut (Abb. 25), erbaut 1935/1936, das unter der Leitung des deutschen Emigranten Adolf Heilbronn stand.[53] Das mächtige viergeschossige Gebäude besaß eine durchgängige horizontal gelagerte Rastergliederung, die wiederum an italienische und auch schweizerische Bauten denken läßt. Der Massivität des Eckpavillons wurde durch die Aufständerung auf leichte Betonstützen entgegengearbeitet.[54] Ähnliche Pavillonlösungen sind am 1934 fertiggestellten Verwaltungsgebäude des Türkischen Luftflotten-Vereins (Hava Kurumu) (Abb. 26), wie auch beim Bau der Ankaraner Mittelschule (Gazi Lisesi), 1935/1936,[55] verwendet worden. Die Zeit nach 1936 war jedoch von ganz anderen Bedingungen geprägt.

Eglis Lehrreform an der Akademie der Schönen Künste Istanbul 1930 – 1935

1929 starb der verdiente Unterrichtsminister Mustafa Necati Bey (1925 – 1929), unter dessen Leitung Egli berufen worden war. Nach einem kurzen Intermezzo von İsmet Paşa und Vasıf Bey (beide Frühjahr 1929) folgte für eineinhalb Jahre Cemal Hüsnü; erst ab Oktober 1930 wurde für zwei Jahre Esad Bey berufen. Unter den beiden Letztgenannten bekam Egli nicht nur eine Fülle von Aufträgen, sondern es wurde auch die Reform der Akademie der Schönen Künste eingeleitet. Ab 1930 war Egli Leiter der Architekturabteilung an der Akademie, so daß er sich nun stärker der Lehre widmen mußte und ein neues Unterrichtsprogramm vorlegte. Privat bedeutete dies den Umzug von Ankara nach Istanbul und damit verbunden ein ständiges Pendeln zwischen beiden Städten, denn das Baubüro des Unterrichtsministeriums in Ankara bestand bis zu seiner Demission 1935 weiter. In seinem neuen Entwurfsbüro an der Akademie entstanden die Projekte der Ziraat Fakültesi und des Obersten Rechnungshofes (Abb. 51).[56] Unter seinem Nachfolger Bruno Taut wurden von hier aus alle Bauten projektiert.

Nach dem Rücktritt des türkischen Leiters der Architekturabteilung berief man Egli als ersten Europäer. Die Vertreter des historischen Ersten Nationalen Stils wie Kemalettin Bay, Giulio Mongeri und Vedat Tek waren bereits 1927 und 1930 ausgeschieden. Gleichzeitig wurde mit dem Gesetz Nr. 1 035 vom Mai 1927 (Juni 1928) die Architektenzulassung geklärt. Diese war nur mit dem vom Ministerium für öffentliche Arbeiten zu bestätigenden Diplom einer türkischen (Architektur)hochschule möglich, womit der Akademie eine zentrale Stellung zufiel. In unmittelbarem Zusammenhang damit stand das Architektenkammergesetz, das 1931 in Kraft trat. 1930 wurde Egli als Ehrenmitglied des türkischen Architektenvereins in Istanbul aufgenommen.[57]

Egli führte eine Eingangsprüfung zum Architekturstudium ein, die aus Freihandzeichnen von Gebrauchsgegenständen bestand. Die Studentenzahl blieb auf 35 bis 50 Personen pro Jahrgang begrenzt, das Studium auf fünf Jahre hin angelegt. Gleichzeitig schaffte er die akademische Ausbildung, insbesondere das Kopieren klassischer Werke ab. Die Ausbildung war nun in starkem Maße praxisorientiert. Sie gliederte sich in eine zweijährige *technische Vorbereitungsschule und eine zweijährige Ausbildung in den Ateliers*.[58] Moderne Bauaufgaben sollten mit moderner Technik, aber unter Berücksichtigung der jeweiligen Umgebung gelöst werden. Daneben schuf Egli im Rahmen der Sprachreform die neue architektonische Fachterminologie, eine Grundlagenarbeit von kaum zu überschätzender Bedeutung.[59]

26 Ernst Egli, Verwaltungsgebäude des Luftflottenvereins, Ankara, 1934, Foto ca. 1936.

In größerer Anzahl wurden türkische Studenten auf Hochschulen ins Ausland geschickt, so beispielsweise Emin Onat zu Salvisberg nach Zürich, Sabri Oran und Kemali Söylemezoğlu nach Stuttgart zu Bonatz. Schon Mitte der zwanziger Jahre arbeiteten zwei der später bedeutendsten türkischen Architekten, Seyfi Arkan und Sedad Hakkı Eldem, in Berlin bei Poelzig. Umgekehrt kamen auch europäische Künstler als Lehrer an die Akademie, beispielsweise für die neugegründete Kunstgewerbeabteilung Otto Weber aus Wien, sowie Philipp Günther aus Tirol.[60]

Die nun jährlich stattfindenden Ausstellungen der studentischen Jahrgangsarbeiten sorgten für eine neue Öffentlichkeit, in der die moderne Architektur eglischer Prägung diskutiert werden konnte. Die ersten drei Jahrgänge standen mit den Wohnhäusern, Fabriken und dem Projekt für eine Akademie noch ganz unter dem Bann von Eglis *Kübik* (Abb. 27). Unterstützt wurde die neue Richtung durch die Publikation verschiedener Berliner Neubauten 1931 in der Zeitschrift Mimar, so der Villa Sternfeld von Mendelsohn, des Verkehrsverbunds-Gewerkschaftshauses von Bruno Taut und des Dorotheengymnasiums von Max Taut. In den Jahren 1933 und 1934 wird der Einfluß von Holzmeisters frühen türkischen Fassadenorganisationen – das Prinzip der springenden Kubaturen – wie er es beim Generalstab und dem Verteidigungsministerium angewandt hatte, wirksam. Kritiker warfen Egli vor, zu wenig Baugeschichte und Freihandzeichnen zu lehren.[61]

In der stark technisch ausgerichteten Lehre knüpfte Egli an Lehrkonzepte der mitteleuropäischen Technischen Hochschulen, vor allem aber an seine Wiener Erfahrungen an. Bruno Taut sollte als Nachfolger Eglis 1936 – 1938 diese Ausbildungspraxis kritisieren und sie in Anlehnung an die Reformkonzepte des Dessauer Bauhauses reformieren.

Doch gänzlich ohne Überbau, wie es den Anschein hat, war die Lehre Eglis durchaus nicht. Obwohl er von einem strengen Funktionalismus, einer Entwicklung der Bauten von der räumlichen Disposition ausging, die ihn in die direkte Nachfolge der Wiener Schule eines Gottfried Semper oder Otto Wagner stellte, kam er 1935 zu einer *kosmologischen Architektur*, von der er ein manifestartiges Manuskript erstellte.[62] Dahinter steckte die Grundidee einer durch die Prinzipien der Kunst geordneten Welt, die quasireligiösen Charakter hatte: *Anstelle des ungeordneten Natürlichen auf der Erdoberfläche die Ordnung von Kunstwerken zu setzen oder doch, das was ist, die weite Natur, durch solche Ordnungen zu durchwirken.* Hiermit war eine allgemein pantheistische Auffassung beschrieben, mit der sich Egli in die neuromantische Tradition expressionistischer Architekturmanifeste stellte, allerdings ohne deren soziale Stoßkraft anzustreben. Für den konkreten Entwurf legte er die Prinzipien von *Raumauswahl*, *Raumfügung* und *Raumgestaltung* zugrunde – Funktion, Disposition und Ästhetik –, die auf Materialgerechtigkeit gegründet waren. Damit begründete er die große ästhetische Qualität moderner Bauten, nicht nur von Zweckbauten, Fabriken und Kaufhäusern, sondern auch von *Theatern und Konzerthäusern, Kirchen und Schulen*, womit er den nie eindeutig formulierten Vorbildern Erich Mendelsohn, Hans Poelzig und Clemens Holzmeister seine Referenz erwies.

Dieser klare Funktionalismus wurde relativiert durch den Aspekt der Tradition und der Bodenständigkeit, der sich weniger in seinen Bauten als vielmehr in der Lehre niederschlug.

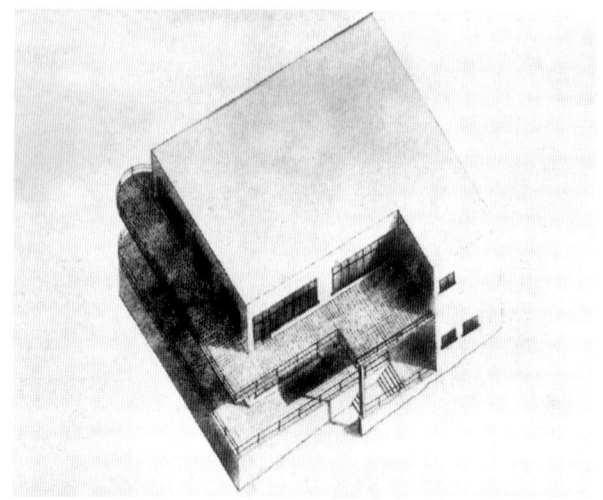

27 Akademie der Schönen Künste Istanbul, Architekturklasse Ernst Egli, Entwürfe zu einem Caféhaus und einer Fabrik, 1930/1931.

Damit aber nahm ich Stellung gegen eine Modernität um jeden Preis und gegen jede Originalitätssucht aus Eitelkeit. Ich stellte den jungen Architekten in seine Kunst, in seine Zeit, aber auch in sein Volk. Vor allem war das türkische Wohnhaus, so eigenartig in seiner Bauidee und Gesamtkomposition, so überraschend in seinen Raumfügungen, voller Ausdruck in all seinen Teilen, meist entzückend in seinen Einzelheiten, das ich schützen wollte gegen den Import der billigen Allerweltshäuser, der damals vor sich ging. Aber die ‚Villa' verdrängte dieses grossartig ererbte Wohnhaus. Es genügte ja ausländische Beispiele nachzuahmen oder von Unternehmern aufstellen zu lassen. Die ‚Villa' wurde schliesslich das massgebende Element in der städtischen und ländlichen Bebauung.[63]

Seinen damaligen Assistenten Sedad Hakkı Eldem beauftragte Egli in dieser Zeit mit Bauaufnahmen und systematischen Untersuchungen zum traditionellen türkischen Wohnhaus. Hiermit wurden nicht nur die Grundlagen für Eldems großangelegte Publikation des Hausbaues, sondern auch die Basis für die traditionelle Seite des Zweiten Nationalen Stils gelegt, dessen Wortführer Eldem ab 1939 werden sollte.[64]

Egli hat in gewisser Weise hierzu die Theorie geliefert; seine bauliche Praxis folgte dem jedoch nicht. Erst unter Bruno Taut wurden traditionelle Elemente an modern organisierten Bauten verwendet. Egli argumentierte im nachhinein gegen Tendenzen, Taut zum eigentlichen Begründer des Zweiten Nationalen Stils zu erheben:
Ich möchte es hier klarstellen, dass Taut mir – was die Türkei anbelangt – in nichts voranging, sondern dass er von meinen langjährigen Bestrebungen an der Kunstakademie Kenntnis erhielt und diese weiterführen wollte, ohne doch den vieljährigen Kontakt mit Land und Leuten gehabt zu haben.[65]

Die Villa als Ausdruck der Reform

Eglis Wertschätzung des türkischen Wohnhauses ist nun im Hinblick auf seine Wohnbauten zu überprüfen. Da es nicht einmal in Ansätzen so etwas wie den sozialen Wohnungsbau in der Türkei gab, dafür zunächst auch keine Notwendigkeit bestand, waren die ersten Wohnbauten Einzelhäuser, abgesehen von den privaten

28 Ernst Egli, Haus Ragip Devres, Istanbul-Bebek 1932, Straßenfront, Foto 1995.

Apartmenthäusern in Istanbul. Erst Mitte der dreißiger Jahre wurden im Rahmen von Jansens Ankara-Plan mit seiner Siedlung Bahçelievler die ersten Siedlungen im Gartenstadtschema geplant. Egli baute also zunächst moderne Villen. Im folgenden steht die Frage, inwieweit sie zwischen Moderne und Tradition vermitteln konnten 1932/1933 entstand das Haus Ragıp Devres im Istanbuler Nobelvorort Bebek am Bosporos. Diese Villa verkörpert den Stil ‚Kübik' wie kein zweites Privatgebäude (Abb. 28 – 30). Gegenüber seinen um 1930 entstandenen Privathausentwürfen für Ankara ist das Haus Ragıp Bey offener, leichter, mit aufgebrochener Ecke, Stahlstützen und zweiseitig umlaufendem Balkon. Hierin ist es den Schülerentwürfen zu einem Kaffeehaus aus dem Jahr 1930 verwandt,[66] die Eglis Standards am besten widerspiegeln. Egli verarbeitet hier in freier Weise Anregungen seiner ersten Europareise, insbesondere wiederum Berliner Bauten von den Brüdern Luckardt, Hans Scharoun und August Rading, aber auch der in Wien publizierten Villa Heim in Neuilly von Gabriel

29 Ernst Egli, Haus Ragip Devres, Istanbul-Bebek 1930/1931, Grundriß.

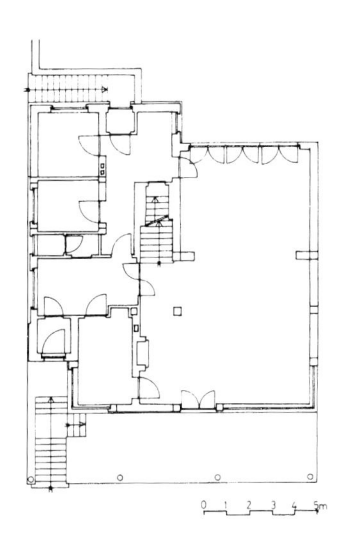

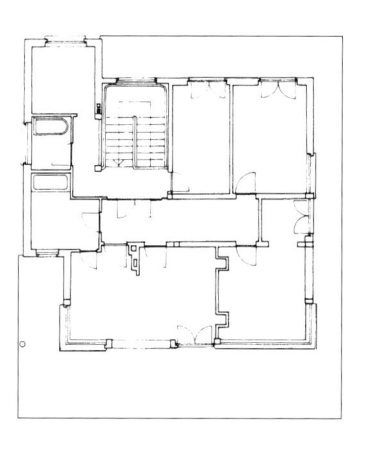

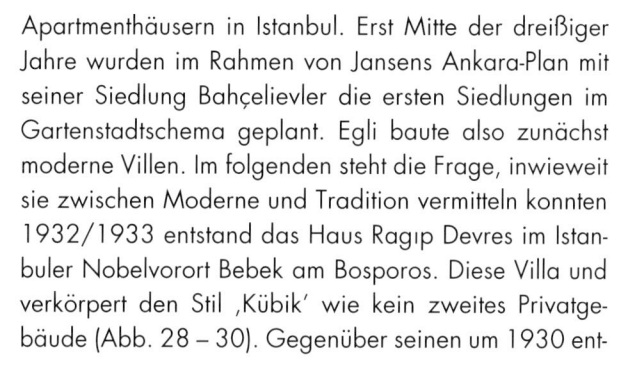

29a Frau Devres mit Sohn beim Spielen, Foto ca. 1935.

30 Ernst Egli, Haus Ragip Devres, Wohnraum, Foto 1995.

Guevrekian⁶⁷. Der Grundriß (Abb. 29) ist über zwei ineinander verschobene Rechtecke organisiert, wobei in dem zurückgesetzten Trakt alle Service- und Privaträume untergebracht sind, während die andere Hälfte von einem einzigen Raum eingenommen wird. Dieser repräsentative zweiseitig belichtete Speise- und Gesellschaftssalon öffnet sich weit zum Garten hin. Das dunkel gehaltene Innere mit schwerer Vertäfelung steht in einem gewissen Kontrast zur Leichtigkeit des Außenbaus (Abb. 30). Es geht wohl zum großen Teil auf die Wünsche von Frau Devres zurück, die ihren Mann, einen der ersten modernen Bauingenieure, bis in Details beriet (Abb. 29a).⁶⁸ Parkettboden, Sideboards und Wandschränke sind zwar ohne weiteren Dekor, verraten in ihrer Schwere jedoch den Einfluß des großbürgerlichen Interieurs von Wiener Bauten, insbsondere von Adolf Loos' Haus Moller aus dem Jahre 1928.⁶⁹

In der Villa Ragıp Devres wurde die europäische Wohnform als Ausdruck der dem osmanischen Haus entgegengesetzten Lebensweise propagiert. Die kemalistische Elite war daran interessiert, ähnlich wie in Kleidung, Sprache und Gesundheitswesen, die Verwestlichung im privaten Bereich, die Abkehr von der *Haremsfamilie* mit ihren spezifischen Hausformen offensichtlich zu machen. Um 1930 war dazu kein Bereich eher geeignet als das Wohnen selbst, die Villa und ihr Interieur, das neben einer veränderten Privatheit repräsentative Räumlichkeiten des Hauses als Plattform einer neuen gesellschaftlichen Selbstdarstellung nutzen konnte. Sibel Bozdoğan spricht von einer *democratisation of the family*⁷⁰, die eine neue Organisation des Hauses, bespielsweise getrennte Schlafräume für die Kinder, erforderte. Europäische und amerikanische Villen und Apartements wurden seit 1929 in populären Magazinen wie Muhit (Das Millieu), Yedigün (Die Woche), Modern Türkiye Mecamuası (Zeitschrift für die Moderne Türkei) als Leitbilder diskutiert. Bereits 1929 sprach Samih Saim, Herausgeber des Journals Muhit, dem ‚kubischen' Haus Leitbildcharakter zu:

*Heutzutage hat die Architektur ihre wahre Bedeutung im ‚Kübik' gefunden, das aufgrund seines einfachen und sachlichen Ausdrucks die umfassenden ästhetischen und wissenschaftlichen Fortschritt unseres Zeitalters repräsentiert.*⁷¹

In diesem Sinne ist Eglis Villa Ragıp Devres einer der ersten verwirklichten Bauten dieser Gattungen in der Türkei. Sibel Bozdoğan weist zurecht daraufhin, daß die jungen, im Ausland ausgebildeten Architekten, wie Seyfi Arkan, Zeki Sayar, Abidin Mortaş, Aptullah Ziya and Bekir Ihsan, einen Großteil des privaten Hausbaus um 1935 im modernen Stil ausführten. Das lag nicht zuletzt daran, daß die meisten, ja fast alle öffentlichen Aufträge an ausländische Architekten gingen, unter denen Holzmeister und Egli eine herausragende Stellung einnahmen. Dabei stützen sie sich stilistisch neben französischen Anregungen aus dem Umkreis von Le Corbusier vor allem auf die mitteleuropäische Moderne, die in den Werkbundausstellungen 1927 – 1931 präsentiert wurden.

Dennoch kann nicht übersehen werden, daß Egli mit der Villa Ragıp Devres eine Vorreiterrolle im türkischen Villenbau eingenommen hat. An der Akademie hat er in den Jahren bis 1934 Schülerprojekte dieses Villentyps in Ausstellungen publik gemacht. Und nicht zuletzt hat Clemens Holzmeister mit seinem Palais für Atatürk 1930/1931 einen höchstoffiziellen Startschuß für diese Baugattung gegeben.⁷² Eher ist es bemerkenswert, daß durch die türkischen Architekten nach 1936 unter Führung von Sedad Hakkı Eldem, die Abkehr vom ‚Kübik' einsetzte und damit einen eigenständigen Weg eingeschlagen wurde.

Aptullah Ziya mußte bei seiner programmatischen Einleitung zur neugegründeten Zeitschrift Mimar 1931 auch Eglis Projekte und dessen Akademiereform im Auge haben als schrieb:

*Der Architekt ist nicht der Baumeister, der unsere Häuser baut, um uns vor Regen und Sonne zu schützen. Er ist der intellektuelle Führer unseres Zusammenlebens [...], ein Vordenker, der mit unserem Komfort, Hygiene und Gesundheit befaßt ist. Er ist mit dem Design der Interieurs so stark wie mit dem Äußeren, ja wenn nicht sogar mehr, beschäftigt.*⁷³

Das zweite programmatische Haus Eglis entstand 1935/1936. Es ist die Villa für Fuat Bulca, den Chef des Türkischen Luftflottenvereins, für dessen Organisation Egli 1934 – 1940 zahlreiche Bauten errichten sollte. Das Haus war ein Geschenk Atatürks an einen seiner engsten Mitstreiter und wurde nach Vorentwürfen vereinfacht ausgeführt.⁷⁴ Die Leichtigkeit der Villa Ragıp Bey ist einer strengen Symmetrie gewichen (Abb. 31, 32), jedoch zeigt ein Blick auf den Grundriß (Abb. 33), daß Eingangs- und Gartenfassade unterschiedliche Längen aufweisen, so daß die Service-Räume und das Treppenhaus in einem Ecktrakt untergebracht sind. Für die Privaträume gibt es ein zweites Vollgeschoß. Der große Repräsentationsraum nimmt fast zwei Drittel des Erdgeschosses ein und ist über die gesamte Gartenfront sowie seitlich durch einen Wintergarten geöffnet. Im Vergleich zu den Villenbauten von Le Corbusier und Mies van der Rohe, besonders dessen Haus Tugendhat in Brünn,

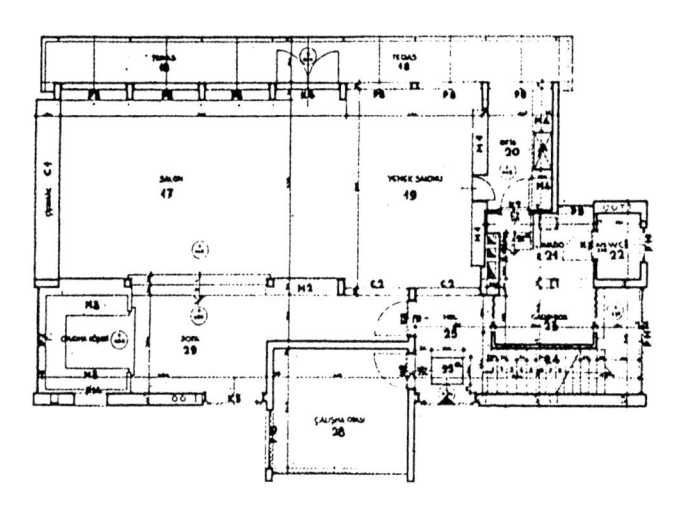

31 Ernst Egli, Villa Fuat Bulca, Ankara, 1935/1936, (abgerissen), Straßenfront, Foto ca. 1936.

32 Ernst Egli, Villa Fuat Bulca, Gartenfront, Foto ca. 1936.

33 Ernst Egli, Villa Fuat Bulca, Grundriß.

1929/1930, setzt sich Egli zwar mit dem Raum als vielseitig gestaltbarem Kontinuum auseinander, vermeidet aber alles, was zur Entlastung der Wand führen könnte. Iim Gegenteil, die Wand wird im Sinne der Villen von Adolf Loos betont.

Die Gartenfront steigt über einem Rustikasockel auf und zeigt einen fast fortifikatorischen Charakter. Die statische Logik des Wandaufbaus wird quasi auf den Kopf gestellt, denn das Piano Nobile ist voll verglast und nur durch schlanke Betonstützen gegliedert, während das oberste Wohngeschoß viel Wand, unterbrochen durch drei Fenstertüren mit schmalen Balkonen, zeigt. Eine ganz verwandte Auffassung findet sich in der Gartenfassade der 1936 – 1938 ebenfalls von Egli errichteten Gesandtschaft des Iraks in Ankara. Beide Bauten nehmen in dieser Hinsicht auf das 1930/1931 von Clemens Holzmeister und Max Fellerer errichtete Atatürk-Palais (Gazi Evi) Bezug (Abb. 76, Farbabb. XIV).

Auch die Villa Fuat Bulca bleibt vom Gegensatz der Fassaden bestimmt. Die Eingangsfront in weißem Putz mit ihren hervorgehobenen seitlichen Flächen wird in ihrer Symmetrie nur durch das links befindliche Bullaugenfenster subtil durchbrochen. Kompaktheit, verbunden mit einer in der Wand angedeuteten Aufbrechung der Massivität – so in der Zurücksetzung der Basiskante wie auch im Dachbereich – steht in der Linie jener *symmetrischen Moderne*, wie sie von den Altmeistern der Bewegung Josef Hoffmann, Adolf Loos oder Oskar Strnad, beispielsweise auf der Österreichischen Werkbundausstellung 1931/1932 in Wien präsentiert wurde. Auch die Villa Traub in Prag, 1928 von Bruno Paul errichtet, wäre in diesem Zusammenhang zu nennen.[75] In der Türkei selbst hatten diese Villen nach 1936 wenig Nachfolge, da nun eine stärker traditionelle Außengestaltung im Sinne des Zweiten Nationalen Stils erfolgte, wie ihn das Haus Ağaoğlu (1936) in İstanbul-Nişantaş von Sedad Hakkı Eldem repräsentiert.[76] Dagegen ist die Front des Hauses Kemal Özan, das Margarete Schütte-Lihotzky 1939 für Istanbul entwarf, als direkte Auseinandersetzung mit dem Haus Fuat Bulca zu verstehen (Farbabb. XXXIII).[77]

**Zweite Europareise und Demission
1933 – 1935**

Im Rahmen der Planung eines Kulturzentrums, bestehend aus Staatsbibliothek, Akademie der Wissenschaften und Nationalmuseum wurde Egli von Januar bis März 1933 auf eine weitere Europareise nach Österreich, Deutschland und in die Schweiz geschickt, um Bibliotheken und Museen zu studieren. Egli besuchte Wien, Berlin, Leipzig, Köln, Frankfurt/M., Bern und Zürich und studierte Wissenschaftsinstitue und Bibliotheken. In Berlin lernte Egli Hans Poelzig kennen und war ihm bis zu seinem Tod freundschaftlich verbunden. Als einer der Höhepunkte besichtigte Egli die gerade neu entstandene Bibliothek des Völkerbundpalastes in Genf und konnte sogar innerhalb der türkischen Delegation an einer Sitzung teilnehmen.

Die Reise war überschattet von den politischen Ereignissen, der Machtübernahme der Nationalsozialisten, wobei die Türkei als eine der ersten Nationen die ernste Gefahr für den europäischen Frieden begriff, welche die diktatorischen Maßnahmen des Hitler-Regimes unmittelbar nach dem Reichstagsbrand im Februar 1933 befürchten ließen.[78]

Das Modell einer Akademie mit einem Museum (Abb. 34), das 1933/1934 für einen unbekannten Standort entstanden sein muß, dann aber aus finanziellen Erwägungen nicht realisiert werden konnte, war programmatisch als *Monument der Ära Atatürks* gedacht.[79] Die Anlage der Akademie und Bibliothek knüpft als Vierflügelanlage mit straßenseitiger Kolonnade an das Konservatorium an. Allerdings ist der Bau mit vier Geschossen in den äußeren Verwaltungsflügeln wesentlich höher, wohingegen der Innenhof, mit niedrigeren Säulenstellungen gegliedert, zur Eingangskolonnade mit den tiefen, doppelgeschossigen Trakten von Bibliothek und Museum versehen wird.

Das Alte Museum Schinkels sowie das gerade fertiggestellte Pergamonmuseum von Ludwig Hoffmann, dessen Kolonade aber aus Finanzgründen nicht realisiert wurde, können die räumliche Grundidee von Vierflügelanlage kombiniert mit kolossaler Kolonnade gegeben haben. Abgesehen vom Hoheitsmotiv der Kolonnade, die aber rein aus dem Stütze-Last-Prinzip ohne Dekor ent-

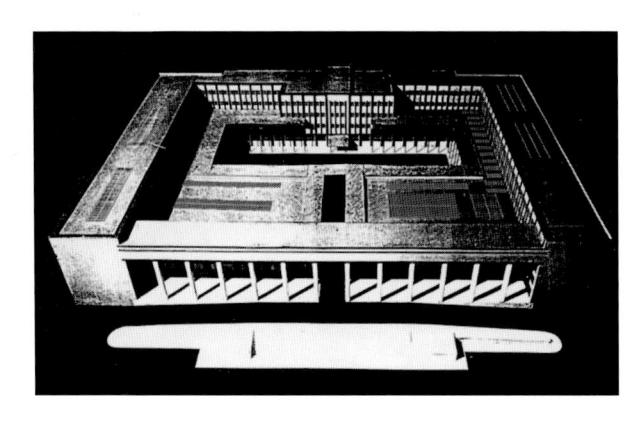

34 Ernst Egli, Entwurf für Akademie und Bibliothek, Ankara, 1933/1934, Modellfoto ca. 1934.

35 Ernst Egli, Schweizer Botschaft, Ankara, 1936 – 1938, Gartenfront ca. 1938.

wickelt war, folgte der Bau durchaus funktionalen Kriterien. Egli näherte sich in diesem *funktionalen Monumentalismus* schon stark den zeitgleichen Regierungsbauten Holzmeisters, besonders dessen Oberstem Gerichtshof an. In diesen Bauten ist eine Parallelerscheinung zu den Bauten des italienischen Faschismus wie der Eingangskolonade der Universitätsstadt in Rom ab 1932 zu beobachten.

Egli wählte, vergleichbar mit Holzmeister, für diese staatlichen Repräsentationsbauten grundsätzlich eine andere Stilebene als für seine Schul- und Universitätsbauten oder den Wohnungsbau.

Egli befand sich zu diesem Zeitpunkt auf dem Höhepunkt seines Schaffens. Als er im Juni 1935 von der Botschaft zur Verleihung des Titels *Baurat h.c.* in Wien vorgeschlagen wird, umfaßt seine Werkliste 19 Bauten. Abgesehen von den bisher genannten sind die Lehrerseminare in Balıkesir und Erzurum zu nennen, der Oberste Rechnungshof, das Marmara-Schlößchen auf dem Mustergut Atatürks sowie die Internatsvolksschule in Etimesut bei Ankara. Aber es gab auch zunehmend Probleme: Eglis Assistent im Unterrichtsministerium Mörth war seit 1933 arbeitslos. Dem Bauingenieur Kobinger, der als Spezalist seit Mai 1933 im Erziehungsministerium tätig ist, wurde beim Antrag auf Verlängerung die Unterstützung Eglis *aus persönlichen Gründen* entzogen. In diesem Zusammenhang bezeichneten diplomatische Stellen Egli als *höchst egoistisch und intrigenhaft.*[80]

Zum Eklat kam es, als der seit Juni 1935 amtierende Unterrichtsminister Saffet Arıkan die Budgetforderungen von Egli zum Ausbau der Architekturschule nicht bewilligte. Nach Eglis Schilderung trat er schließlich von allen Ämtern zurück, nachdem er vom Minister nicht empfangen wurde, um seine Sache zu verteidigen. Das Baubüro löste man daraufhin auf und übergab es dem Ministerium für Öffentliche Arbeiten; die Mitarbeiter wurden in alle Winde zerstreut.[81] Aufgrund der fehlenden türkischen Quellen kann man die definitiven Gründe nur mutmaßen. Egli selbst spricht von Intrigen unter den Architekten, den jungen Türken, denen er im Wege stand, den Nationalen, den Alten, die den Verlust ihrer Machtstellung nicht verwinden wollten, aber auch Emigrantenkreisen, mit denen, wenn überhaupt, nur die kritische Stimme Martin Wagners gemeint sein kann, der aber aufgrund seiner recht einflußlosen Stellung keinerlei Gefahr darstellte. Auch Clemens Holzmeister bekam um diese Zeit keine Aufträge mehr, ebenso wie Hermann Jansen zunehmend Schwierigkeiten hatte, sich bei der Baukommission Gehör für die Durchsetzung seiner Pläne zu verschaffen.

Allerdings verließ Egli eine gesicherte Stellung mit großem Einfluß bei Ausbruch der ersten ernstzunehmenden Schwierigkeit während seiner achtjährigen Tätigkeit. Die Staatssekretäre Atıf Bey und Cevat Dursunoğlu, der später erst Poelzig und dann Taut engagieren sollte, versuchen vergeblich, Egli umzustimmen. Er trat am 25. Oktober 1935 zurück und wollte sofort nach Österreich zurückkehren, wobei er um Protektion durch den Botschafter bat, die dieser jedoch nicht gewähren konnte. Die deutschen Stellen kommentierten lakonisch, daß *ferner kein Anlaß vorliegen [dürfte], den Vorschlägen von Professor Jansen Folge zu leisten und für Direktor (sic) Egli einzutreten; denn dieser besitzt nicht die deutsche Staatsangehörigkeit; auch ist sein Vertrag von türkischen Amtsstellen, soweit hier feststellbar, nicht erneuert worden, weil ihnen die letzten Leistungen von Direktor Egli nicht gefallen haben.*[82] Wenn diese Einschätzung überhaupt gerechtfertigt gewesen sein sollte, dann müßte sie sich allenfalls auf die Lehre, kaum aber auf Eglis Architektur beziehen.

Egli blieb dennoch in der Türkei. Kurz nach seinem Rücktritt erhielt er den Auftrag für den Neubau der Irakischen Gesandtschaft in Ankara. Im Juni 1936 wird das Vorprojekt für die dortige Schweizer Botschaft von der Bundesbaudirektion in Bern genehmigt (Abb. 35). Atatürk persönlich ließ Egli übermitteln, er möge im Land bleiben. Aufträge für sein Mustergut warteten, ebenso für den Türkischen Luftflottenverein. Zwischen 1936 und 1940 wird Ernst Egli das letzte Mal als Architekt beschäftigt sein.[83]

Die letzten Jahre in der Türkei

Das Mustergut Atatürks, das Gazi Orman Çiftliği, sieben Kilometer westlich von Ankara gelegen, war bereits 1925 als ein beispielgebendes landwirtschaftliches Gut in der unfruchtbaren anatolischen Hochebene gegründet worden. Um 1930 hatte Egli im Zentrum der Anlage den sogenannten Marmara-Köşk (Abb. 36) errichtet, ein Sommerhaus für Atatürk mit großen Arkadenstellungen im Erdgeschoß, ausgerichtet auf einen kleinen See. Mit seinen Walmdächern war es eher in der Art bodenständiger Villen in Mitteleuropa gehalten.

1933/1934 kam es zur Planung einer Brauerei (Abb. 37) auf dem Gelände unter Leitung des Direktor Ihsan Çoskan, an der wesentlich von Grosz-Röll, der als Vertreter Eglis in Ankara bezeichnet wird, und Brauereifachleute aus München und Wien beteiligt waren.[84] Diese funktional organisierte Fabrik steht in der Reihe moderner Fabrikbauten in der jungen Türkei, wie sie beispielsweise die Telgas-Fabrik in Ankara, 1928, die SATIE Elektrizitätsverwaltung in Istanbul, 1934 oder die Textilfabriken der Sümerbank in Kayseri, 1934/1935, darstellten.[85] Von der Bauaufgabe muß Egli sich bereits zuvor eine klare Vorstellung gemacht haben, wie die Schüler-Projekte einer Brot- und einer Möbelfabrik aus den Jahren 1930/1931 zeigen (Abb. 27).[86]

In diesem Zusammenhang entstand bis 1937 Eglis einzige Siedlung für die Arbeiter der Brauerei, bestehend aus 13 Zweifamilienhäusern, drei Einzelhäusern sowie

36 Ernst Egli, Mustergut Atatürks (Gazi Orman Çiftliği), Ankara, Wohnhaus Atatürks (Marmara-Kösk), 1930, Foto 1930.

37 Ernst Egli, Gazi Orman Çiftliği, Brauerei, 1933/1934, Foto 1995.

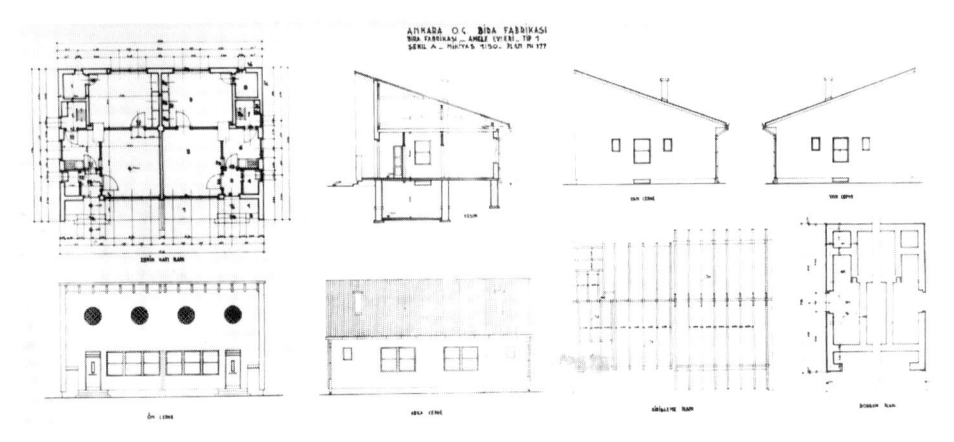

einem Badehaus (Hamam) (Abb. 38 – 40). Die heute größtenteils umgebauten oder abgerissenen Häuser zeigen einen auffälligen eineinhalbgeschossigen Aufriß, wobei das Obergeschoß durch das Pultdach nur zur Straßenseite hin als Schlafraum nutzbar ist. Die klar im Obergeschoß durch Bullaugenfenster markant gestalteten Häuser zeigen im Grundriß zwei große Haupträume, Service-Kleinsträume sind seitlich angeordnet. Die Häuser entstanden in einfachster Bauweise mit Teilunterkellerung. Als letzter Bau wurde das ganz in Stahlbeton ausgeführte Hamam 1937 fertiggestellt (Abb. 39),[87] das in der Organisation den alten Bädern Sinans, wie sie in Istanbul noch vorhanden sind, folgt.

Von den Bauten des Luftflottenvereins[88] hat Egli diejenigen der zentralen Verwaltung in Ankara sowie das Luftflottenkino in Izmir schon 1934 begonnen (Abb. 41). Der Großteil seiner Bauten entstand jedoch nach der Demission, so zwei Hangars in Inönü, die Fliegerschule mit Hangar in Etimesut sowie die Schule samt Internat in Ankara. Es ist vorauszuschicken, daß Egli für diese Bauten der Luftwaffe eine höchst moderne, dynamische Formensprache gewählt hat, wie dies z. B. in Deutschland auch nach dem Verdikt gegen das Neue Bauen durch die Nationalsozialisten, besonders im industriellen Bereich (Heinkelwerke Oranienburg) und bei den Militärbauten der Luftwaffe zu beobachten war.[89]

Zwar folgte das zentrale Verwaltungsgebäude des Luftflottenvereins, 1934, mit seinem kubischen Eckpavillon (Abb. 26) eher den Schulen Eglis, aber bereits das Kino in Izmir aus demselben Jahr nahm mit den gerippten seitlichen Fensterbahnen Elemente von Mendelsohns Deukon-, bzw. Mosse-Haus auf. Das 1937 entstandene Internats- und Schulgebäude des Luftflottenvereins in Ankara, parallel zur Hauptverwaltung etwas höher am Hügel gelegen, zeigte höchst moderne Elemente mit Dampfermotiven, besonders aber mit dem Kanzelmotiv im oberen Teil der Fassade und einer Dachterrasse (Abb. 42). Einzig der seitliche, überschlanke Portikus macht die Entstehungszeit des Gebäudes deutlich.

Seit 1936 wurde Egli zunehmend mit städtebaulichen Aufgaben betraut: 1936 mit der Neuordnung von Edirne, wo er allerdings nur ein Gefängnis umbaut; 1938 mit mehren Kreisstädten in der Provinz Denizli und 1939 schließlich mit Balıkesir die letztgenannten Planungen verwirklicht. Der kurz danach ausbrechende Zweite Weltkrieg verhindert deren Verwirklichung. Auf seinen Reisen in die Schweiz zur Abstimmung des Botschaftsbaus hat Egli 1938 in Meilen am Zürichsee ein Haus gekauft.[90] Unmittelbar nach der Annexion Österreichs durch deutsche Truppen gab er am 19. Mai 1938 seine

38 Ernst Egli, Gazi Orman Çiftliği, Siedlung mit Badehaus vorn links, 1936-1938, Foto ca. 1938.

39 Ernst Egli, Gazi Orman Çiftliği, Badehaus, 1936-1938, Foto 1995.

40 Ernst Egli, Gazi Orman Çiftliği, Grund- und Aufrisse der Wohnhäuser, 1937.

41

1923 erworbene österreichische Staatsangehörigkeit zurück, die nun zur NS-deutschen geworden war. Im November 1940 wurde Egli offiziell *ausgebürgert*.[91] Seit dem 21. Juli 1940 befand er sich auf dem Weg in die Schweiz, wo er faktisch Emigrant mit großen Eingewöhnungsschwierigkeiten wurde. In Zukunft sollte er nur noch als Städtebauer tätig sein.

Eglis Bedeutung für die Türkei kann kaum überschätzt werden. Aus den heterogensten Voraussetzungen hat er eine neue funktional determinierte Moderne geschaffen und so das erste Dezennium einer eigenständigen republikanischen Architektur geprägt. Die Europareise 1929/1930 muß als Ausgangspunkt einer auch für ihn neuen Architektur gewertet werden. Diese vermittelte moderne Architektur, die sowohl avantgardistische Elemente als auch die Pathosformeln einer sich verhärtenden Moderne um 1930 frei verarbeitete, stellt sich in weiten Teilen losgelöst von der mitteleuropäischen Diskussion dar. Die spezifischen Anforderungen der kemalistischen Auftraggeber brachten eine direkte Beziehung von staatlichen und gesellschaftlichen Modernisierungsforderungen und einer neuen Architektur mit sich. Diese Indienstnahme von Architektur unter eine gesellschaftliche Leitidee hat Egli begeistert akzeptiert: *Wir freuten uns an jedem Fortschritt und am gesamten Aufbau der neuen Türkei, an dem mitzuarbeiten wir uns glücklich schätzten.*[92] Dadurch entstand ein so enges Wechselspiel von Architektur, Gesellschaft und Politik, wie es gleichzeitig nur noch im faschistischen Italien zu finden war. Auch dort war *der deutsche Stil*, *der style tedesco*, spät und unter direkter Instrumentalisierung der Staatsspitze zum Leitbild geworden.[93] Bis 1935 kann in gewisser Weise eine Parallelentwicklung von Italien und der Türkei konstatiert werden.

Im Gegensatz zu Italien gab es in der Türkei jedoch vor 1927 keinen nennenswerten künstlerischen Diskurs der Moderne. Eglis Moderne konnte weder auf eine allgemeine Diskussion noch auf eine werkimmanente Entwicklung aufbauen. Deshalb kann man seine Moderne als ein Konstrukt bezeichnen, einen künstlerischen Kraftakt, der den genannten gesellschaftlichen Bedingungen geschuldet war. Damit ist keineswegs eine implizite Abwertung seiner Architektur verbunden. Seine Bauten zeugen noch heute von enormer Kreativität, Variantenreichtum und virtuoser Materialbeherrschung. Sie stehen aber auch für einen gegenüber der europäischen Moderne differenten Ansatz, wobei zunächst die Frage im Raum bleibt, ob dies ein zu verallgemeinerndes Kriterium für die sogenannte Peripherie ist.

41 Ernst Egli, Kino des Luftflottenvereins, Izmir, 1934, Foto ca. 1934.

42 Ernst Egli, Internat des Luftflottenvereins, Ankara, 1936, Foto ca. 1936.

CLEMENS HOLZMEISTER ALS REGIERUNGSARCHITEKT – DIE GENESE EINER AUTORITÄREN ARCHITEKTUR 1927 – 1935

Die Ministerien sind meist in einer Eleganz und mit einem Aufwand gebaut, den der Emporkömmling liebt [...].[94]

Carl Friedrich Goerdeler, 1939

Clemens Holzmeisters (1886 – 1983) Wirken in Ankara fällt im wesentlichen in denselben Zeitraum wie die Tätigkeit Ernst Eglis und doch unterscheidet es sich in entscheidender Hinsicht. Holzmeisters Architektur war in vieler Hinsicht spektakulärer, nicht nur von der Ausdruckskraft und den Dimensionen, sondern auch vom Bauvolumen her. Als Signum der neuen Türkei plante und baute er einen Großteil des neuen Regierungsviertels in Yenişehir.

Sein Einfluß auf die verschiedensten Architekten in Österreich und der Türkei während der dreißiger Jahre war so groß, daß in der Türkei vom *Holzmeisterismus*[95] gesprochen wird, obwohl er bis 1940 keinerlei Lehramt in der Türkei bekleidet hat. Als Professor an den Akademien in Wien (bis 1938) und Düsseldorf (bis 1933) rezipierte und formte er zugleich die verschiedensten Strömungen der Architektur um 1930, insbesondere den Kirchenbau, der Landhausbau, aber auch den Repräsentationsbau. Aus einem enormen Amalgamisierungsprozeß und einer virtuosen Materialbeherrschung formte er eine spezifische Form des sachlichen Monumentalismus, der nach 1930 allgemein im Repräsentationsbau wirksam werden sollte.

Holzmeisters Erfolg lag in seiner Persönlichkeit begründet. Unermüdlich pendelte er zwischen Düsseldorf, Wien und Ankara hin und her und entwickelte mit einer traumwandlerischen Sicherheit, die ihn als Abkömmling der Wiener Schule zeigt, stets überzeugende Konzepte. *Man wird sich das Bild dieser außerordentlichen umfassenden Energie vor Augen halten müssen, um vor allem zwei Grundzüge im Schaffen des Künstlers recht zu verstehen: Nämlich die Gesundheit und die Schlüssigkeit seiner Arbeit.*[96]

Max Eisler charakterisierte Holzmeisters Tätigkeit 1929 folgendermaßen:

Schon diese Lehrerschaft an zwei so weit entfernten Orten läßt ihn nicht seßhaft werden. Noch weniger die eigene Arbeit. Denn ihr Feld liegt nicht mehr in vielen, sehr verschiedenen Gegenden deutscher Kultur, es hat sich in neuester Zeit auch nach dem türkischen Osten erweitert, um auf diesem vorgeschobenem Posten, wo bisher allerhand Freibeuterei ihr Unwesen getrieben hat, die tüchtige, männliche Tat, die moderne Moral des Bauen vorbildlich einzubürgern. Das hat, auch abgesehen von der Kunst, seine wichtige kulturelle Bedeutung.[97]

Noch bevor in den dreißiger Jahren aus den unterschiedlichsten Ansätzen, Traditionen und Beweggründen in Deutschland, Frankreich, Spanien oder der Sowjetunion eine neue Monumentalarchitektur im öffentlich repräsentativen Bereich formuliert wurde, verwirklichte Holzmeister von 1928 bis 1935 das neue Regierungsviertel von Ankara, eine geschlossene Baugruppe von insgesamt acht staatlichen Gebäuden allerersten Ranges. Damit entstand der umfangreichste Komplex an monumentalen Staatsbauten innerhalb des europäischen Bereichs, ein Regierungs- und Staatsforum, als *sichtbares Zeichen der geordneten Macht der neuen Türkei*,[98] das Forumsgedanken der zehner und zwanziger Jahre erstmals baulich umsetzte. Dies geschah, bevor ähnliche Projekte in Italien, Deutschland, Frankreich oder Spanien geplant bzw. realisiert wurden.

Holzmeister selbst bezeichnete sich selbst als eingefleischten Österreicher, mehr noch als Tiroler, *aus Herkunft und Gesinnung [...] immer Romantiker*,[99] der seine nüchterne Ausbildung an der Wiener Technischen Hochschule bei Max Ferstel eher etwas ungehalten beschreibt. Es wäre allerdings verfehlt, ihn aufgrund seiner eigenen Aussagen auf ein alpenländisches Naturphänomen zu reduzieren. In Auseinandersetzung mit vergleichbaren Bewegungen im Deutschen Werkbund während des Ersten Weltkrieges entwarf er als erste Monumentalmanifestationen 1917 eine Reihe von Kriegerdenkmälern.[100] Wichtige Anregungen erhielt er bei seiner Berufung 1924 an die Wiener Akademie der bildenden Künste durch den damaligen Nachfolger Otto Wagners, Peter Behrens. Auch den Einfluß durch Adolf Loos wird man kaum unterschätzen dürfen.

1928 wurde Holzmeister an die Düsseldorfer Kunstakademie berufen, wo er neben Emil Fahrenkamp und Dominikus Böhm bis zu seiner Entlassung 1933 eine Professur für Kirchenbau innehatte. Schon in den zwanziger Jahren baute er viel in seiner Heimat Südtirol, so zusammen mit Louis Trenker den Ansitz von Pretz bei Bozen.

Österreich, Italien und Deutschland sind die Angelpunkte von Holzmeisters stilistischer Formierung. Erste Bauten, wie das Wiener Krematorium (1922 – 1924), zeugen von einer Auseinandersetzung sowohl mit der Secessionsarchitektur und deren monumentalem Charakter als auch mit den damals noch aktuellen Tendenzen des architektonischen Expressionismus. Die große Geste, so etwa von Poelzigs Entwurf für das Salzburger Festspielhaus, 1920/1921 begeisterte ihn.[101] Im Sakralbau findet er zu einer sachlichen Formulierung bei gleichzeitig monumentalem Ausdruck, was sein Werk mit den der römischen Schule von Marcello Piacentinis zwischen 1928 und 1935 vergleichbar macht.[102]

Als ein entscheidender Focus zur Klärung der Frage nach einer neuen Repräsentationsarchitektur darf der 1926 ausgeschriebene Wettbewerb zum Palast des Völkerbunds in Genf gesehen werden, an dem Holzmeister zusammen mit Ernst Egli teilnahm. Die Kreation einer gänzlich neuen Architektursprache für die Regierungsbauten in Ankara ist dieser Auseinandersetzung mit den verschiedenen Strömungen in Mitteleuropa geschuldet. Holzmeister wurde 1927 als Fachmann für Verteidigungsbauten vom damaligen Verteidigungsminister Recep Pecer berufen. Dem war eine Anfrage der türkischen Botschaft in Wien vorausgegangen; vermittelt hatte der Konsul Horner. Holzmeister, der als Lehrer der Wiener Akademie der bildenden Künste angesprochen worden war, wußte keine Fachleute für Bauten des Verteidigungsministeriums und empfahl sich interessanterweise gleich selbst.[103] Egli stellte die Situation etwas abweichend dar: Holzmeister sei zunächst wegen eines Spezialisten für den Schulbau gefragt worden, habe selbst abgelehnt und seinen noch weitgehend unbekannten Assistenten Egli empfohlen. Egli habe daraufhin nach seiner Ankunft in Ankara durch persönliche Kontakte zu Regierungsmitgliedern, besonders auch zu Recep Pecer, im Gegenzug Holzmeister vermittelt, als ein Fachmann für Bauten des Verteidigungsministeriums gesucht worden sei.[104] In Wirklichkeit müssen sich diese Vorgänge annähernd gleichzeitig abgespielt haben. Egli kam im Frühjahr 1927 nach Ankara. Holzmeister hingegen hat spätestens im Herbst 1927 mit Ankara verhandelt und das Vorprojekt für das Verteidigungsministerium ausgearbeitet, wie die datierte Perspektive belegt, wobei nicht zu klären ist, ob er nicht tatsächlich erst Anfang 1928 für zwei Monate zur Ausarbeitung der Projekte in Ankara war.[105] Wie dem auch sei, das Verhältnis von Holzmeister und Egli, von Professor und Assistent, blieb in Ankara nahezu freundschaftlich: eine enge sich ergänzende Beziehung mit gelegentlichen, unterschwelligen Rivalitäten.

Im Gegensatz zu Egli hielt sich Holzmeister nur zeitweise in der Türkei auf. Während seiner ersten Schaffensperiode in Ankara, 1928 – 1935, lassen sich nur die Jahre 1929 bis 1932 mit Aufzeichnungen von insgesamt sieben, meist zwei- bis dreiwöchigen Reisen dokumentieren.[106] Die Jahre danach sind teilweise durch Dokumente Hermann Jansens, besonders über die endgültige Gestaltung des Regierungsviertels 1932 – 1934, sowie Unterlagen der österreichischen Botschaft zu rekonstruieren. Die zweite Phase Holzmeisters in der Türkei ab 1937/1938 – 1954, die mit dem Sieg im internationalen Wettbewerb um die Große Nationalversammlung und seinem erzwungenem Exil einsetzt, fällt in den Abschnitt des *Internationalen National-Stils*.

Verteidigungsministerium und Generalstab

Holzmeister entwickelte in der Türkei einen neuartigen Monumentalstil, der nur bedingt aus seinen bis 1928 in Österreich geschaffenen Werken herleitbar ist. Die Ausbildung einer ‚architecture parlante', wie sie mit der 1926 – 1928 errichteten Heilig-Kreuz-Schwesternschule in Linz einsetzt (Abb. 43), kennzeichnet einen Strang: Elemente wie erkerartige Vorsprünge, die die Kreuzesform symbolisieren, verbunden mit dem Grundriß einer Dreiflügelanlage und einem axial angeordneten Pavillon für Gemeinschaftsaktivitäten, werden bei den ersten Projekten in Ankara wieder aufgenommen. Eine andere Wurzel bildet der Wiener Gemeindebau der zwanziger Jahre, der schon für die Bauten von Jost und Örley eine

43 Clemens Holzmeister, Heilig-Kreuz-Schwesternschule, Linz 1926, Entwurf, ausgeführt.

44 Clemens Holzmeister,
1. Vorentwurf Verteidigungsministerium, Ankara, 1927/1928.

45 Clemens Holzmeister,
2. Vorentwurf Verteidigungsministerium, Ankara, 1927/1928.

46 Karl Ehn, Karl-Marx-Hof, Wien, Aufriß 1927.

Rolle gespielt hatte. 1925 setzt Holzmeister im Wettbewerb um den Gemeindehof an der Heiligenstädter Straße, der später als Karl-Marx-Hof durch Karl Ehn weltberühmt werden sollte, Erkermotive auf glatter Oberfläche ein. Durchbrochene Oberflächen mit springenden Kubaturen sind ebenfalls in seinem Hotelbau Drei Zinnen in Moos bei Sexten im Pustertal aus dem Jahr 1926 zu sehen.

Holzmeisters Vorentwürfe für das Verteidigungsministerium in Ankara (Abb. 44, 45), die wohl immer noch ohne Kenntnis des genauen Standorts entworfen wurden, rekurrierten weniger auf eigene Bauten als zunächst auf den siegreichen Entwurf für den Karl-Marx-Hof von Karl Ehn (Abb. 46). Die Türme sind zu turmartigen Risaliten gewandelt und bilden den Eingangsbereich, der mit drei Durchfahrten archetypisch das antike Triumphbogenmotiv vorführt. Die Kombination von Turm und Tor läßt nicht nur an zeitgenössische Denkmalsbauten, wie das Tannenbergdenkmal denken, sondern auch an das gerade wiederentdeckte Stadttorprojekt Louis Etienne Boullées.[107] Die knapp formulierte Fassade ist nur durch die Vor- und Rücksprünge der Baumassen gegliedert. Entgegen der Vertikalakzentuierung des Eingangstraktes sind die Flügel horizontal ausgerichtet, allerdings mit einer kaum wahrnehmbaren plastischen Durchgliederung der Oberfläche, wie sie auch das Beamtenhaus für das Hygieneinstitut von Örley zeigte. Dieses Projekt wurde verworfen. Holzmeister näherte sich über mehrere Zwischenstufen und einem Modell der endgültigen Form im Frühjahr 1928 an (Abb. 47 – 49). Grundlage blieb die konventionelle Vierflügelanlage, an den Hauptflügeln mit Mittelgangerschließung, an den Seiten einhüftig organisiert. Eine umlaufende Kolonnade gliederte peristylartig den weiten Innenhof. Das Neue der Fassadengestaltung (Abb. 48) liegt in der konsequenten Ausbildung des Erkerprinzips: jeweils Dreifenstergruppen mit zwei Öffnungen im unteren, einer im oberen Geschoß bilden getreppte Erker, die beide Geschosse zusammenfassen. Diese eigenwillige Form wird durch eine Achsabweichung der Fenster erkauft, wobei die Bel-Etage insgesamt knapp aus der Front vorspringt. Der Mitteltrakt ist ähnlich wie in Linz im entgegengesetzten Sinne hervorgehoben: eine Übertragung des barocken Festsaalprinzips auf türkische Architektur. Der bis 1931 fertiggestellte Bau bildet erstmals das Prinzip der springenden Kubaturen aus, indem statt des Dekors Flächen gegeneinander abgesetzt werden. Holzmeister begründete diese Form der Erkerbauweise mit der Tradition des türkischen Holzbaus, obwohl eine problemlose Verbindung zweier so verschiedener Baugattungen kaum möglich war. Eine intensive Auseinandersetzung mit Wohnarchitektur ist zu diesem Zeitpunkt für Holzmeister unwahrscheinlich. Denkbar wäre, daß der Wunsch der Auftraggeber nach einer stärker türkisch wirkenden Form ausschlaggebend für die Fassadengestaltung war, was jedoch nicht zu verifizieren ist. Vielmehr kann das Verfahren Holzmeisters so beschrieben werden, daß hier die Elemente seiner Bauten aus Linz und Wien in monumentaler Form Anwendung fanden. Es entstand eine neue Form von Repräsentationsarchitektur, die auf Massenwirkung basierte, dabei aber gleichzeitig ohne den traditionellen Formenkanon ‚konservativer' Architektur, nämlich ohne Portikus, Säule und Gebälk auskam, der bei vielen Projekten der zwanziger Jahre eine Rolle spielte, sei es nun beim Völkerbundpalast-Wettbewerb oder dem frühen Umgestaltungsprojekt Unter den Linden in Berlin, 1925.[108] Holzmeister konnte auf diese Weise eine spezifisch moderne, aber im Duktus doch ‚türkische' Architektur präsentieren. Der Entwurf zum Verteidigungsministerium sollte in dieser Hinsicht aber nur ein erstes Experiment darstellen und wurde in dieser Form nicht fortgesetzt.

Linke Seite:

47 Clemens Holzmeister, Modell Verteidigungsministerium, Ankara, 1928.

48 Clemens Holzmeister, Verteidungsministerium, Ankara, 1927-1930, Hauptfassade, Foto 1995.

49 Clemens Holzmeister, Verteidungsministerium, Innenhof mit Kolonade, Foto 1995.

Rechte Seite:

50 Clemens Holzmeister, Verteidigungsministerium, Haupttreppenhaus, Foto 1995.

Wie zur selben Zeit eine viel stärker an der traditionellen türkischen Hausbauweise orientierte Architektur aussah, läßt sich im 1928 – 1930 errichteten Obersten Rechnungshof von Ernst Egli (Abb. 51) verdeutlichen.[109] Der aus einem Umbau hervorgegangene Rechnungshof ist durch den Vorgängerbau in wesentlichen Strukturelementen bestimmt, wobei der Grundriß funktional für ein modernes Verwaltungsgebäude ausgelegt ist. Der deutlich zurückgezogene Sockel wird durch drei große pavillonartige Aufsätze in Putzritzquaderung bestimmt, die sogar die Struktur des Holzbaus aufnimmt. In diesem Bau ist auf der einen Seite die größte Affinität von Egli zu den Bauten Holzmeisters zu beobachten; auf der anderen Seite geht Egli einen Weg, der durch eigene Erfahrungen und Untersuchungen begründet war. Respekt vor dem Altbau und vor der Tradition spiegeln sich hier gleichermaßen. Diese Form des Repräsentationsbaus sollte jedoch auch für Egli die absolute Ausnahme bleiben.

Unmittelbar nach der endgültigen Genehmigung des Verteidigungsministeriums erhielt Holzmeister den Auftrag zum Generalstabsgebäude. Auch hier gibt es ein 1928 datiertes Vorprojekt, das eine sich durchdringende Flügelanlage zeigt. Der Mittelbau ist risalitartig durch vier Aufsätze hervorgehoben, der Quertrakt wird durch einen herausgehobenen Mittelbau mit seitlich abgesetzten Paralleltrakten mit Horizontalgliederung bestimmt[110]. In zwei weiteren Schritten wird die 1929 datierte endgültige Form der Dreiflügelanlage entwickelt (Abb. 44, 52), die in Wirklichkeit vom Grundriß her H-förmig mit einhüftigen Seitentrakten organisiert ist. Ingesamt also ein ganz ähnliches Verfahren zur Formen- und Fassadenklärung wie beim Verteidigungsministerium, wobei hier allerdings weniger die Erkerbauweise eine Rolle spielt als die sich durchdringenden Kubaturen (Abb. 53, 54, Farbabb. VII). Der Hauptteil des Gebäudes wird symmetrisch durch einen zylindrischen Eingangspavillon zentriert. Er ist dem Bau quasi vorgesetzt und steht im Erdgeschoß bis auf die Einbindung der Rückseite frei. Neben dem Eingangsbau ist im ersten Obergeschoß das Hauptsitzungszimmer leicht aus der Front vorgezogen und lagert wie eine Brücke auf massiven Erkern im Erdgeschoß auf. Über dem zweifach eingezogenen Sockel- und Erdgeschoß erheben sich zwei Baukörper, die im zweiten Geschoß nicht mehr hinter dem Eingangspavillon zusammengeführt werden, sondern den

51 Ernst Egli, Oberster Rechnungshof, Ankara, 1928–1930, Hauptfront, Foto 1930.

76 Clemens Holzmeister, Atatürk-Palais, Ankara, 1930/1931, Gartenfront, Foto 1995.

76a Clemens Holzmeister, Atatürk-Palais, Kolonnadenhof, Foto 1995.

Und so ist hier, zum erstenmal in der Geschichte dieser Gegend, das Haus des Führers eines östlichen Staatswesens nicht nach der lokal gültigen, sondern auch der heute weltläufigen Weise aufgeführt worden. Das ist, über den eigenen Wert hinaus, die historische Bedeutung des Werkes: ein Baustein und ein Vorbild für die Emanzipation des Ostens.[171]

Das Atatürk-Palais verdeutlicht in seiner Programmatik, den Wunsch nach Durchsetzung einer neuen Wohn- und Lebensform von oben her. Dieser Ansatz läßt den fehlenden bürgerlichen Diskurs in der Türkei, der ja nur von einer schmalen Elite gepflegt wurde, um so krasser aufscheinen.[172]

77 Clemens Holzmeister, Atatürk-Palais, Ankara, 1930/1931, Salon, Foto 1995.

77 a Clemens Holzmeister, Atatürk-Palais, Salon, Foto 1995.

EINE GARTENSTADT FÜR ANATOLIEN – JANSENS ANKARA

Da war es das erstemal, dass wir uns gemütlich, wenn auch primitiv einrichteten. Primitiv war ja alles damals in Ankara, die Dienste aller Art, die Versorgung, der Verkehr das Bauwesen. Doch das machte uns nichts aus. Wir freuten uns an jedem Fortschritt und am gesamten Aufbau der neuen Türkei, an dem mitzuarbeiten wir uns glücklich schätzten.[173]

Ernst Egli, 1969

Trotz immer wieder auftauchender Differenzen zwischen Holzmeister und Jansen verfolgten beide in gewisser Weise eine Unbedingtheit und Symbolhaftigkeit mit ihren Planungen, so daß sie einer verwandten Haltung einmal von seiten der Architektur, einmal innerhalb des Städtebaus zuzuordnen sind. Jansens Prämissen sind in drei Punkten in seiner Denkschrift zum Ankara-Plan 1936 niedergelegt:
1) Wille zur Gegenwart, 2) Sorge für die Jugend und Volksgemeinschaft, 3) Einbeziehung und Nutzanwendung neuzeitlicher Technik.[174]
Jansen war, als er im Oktober 1927 mit der Planaufstellung beauftragt wurde, bereits ein erfahrener Städtebauer, der seine Meriten besonders durch den Wettbewerb Groß-Berlin, 1909, und die Gartenstadtplanungen von Frohnau, Dahlem und dem Tempelhofer Feld in Berlin erworben hatte. Daneben entstanden Erweiterungen für zahlreiche andere Städte,[175] aber keine Gesamtplanungen einer neuen Stadt. Diese einmalige Möglichkeit, das Zentrum eines neuen Staats mitgestalten zu können, war für Jansen die größte Triebfeder, sich mit knapp 70 Jahren auf ein solches, in vielen Punkten unwägbares Unternehmen einzulassen. Sein fortgeschrittenes Alter bedingte es auch, daß er wesentlichen Positionen der Städtebaudiskussion vor 1914 verhaftet blieb und die damals diskutierte ‚Stadttechnik' eines Martin Wagner oder den Formalismus eines Le Corbusier entschieden zurückwies. Die Stadt blieb für ihn ein hierarchisch gegliedertes Gebilde, *eine plan- und zielbewusste Stadtschöpfung mit ‚der' Geschäftsstrasse, ‚dem' Regierungsviertel, ‚dem' Viertel für ausländische Botschaften und Gesandtschaften, ‚dem' Universitätsviertel, ‚den' Wohngebieten.*[176] Jansen sah sich wie Holzmeister als kongenialer Nachschöpfer der kemalistischen Ideen im stadträumlichen Kontext. Dem Nationalismus der kemalistischen Elite huldigte er mit einer deutlichen Betonung der Gemeinschaftsanlagen: *Je stärker die Gemeinschaft der Menschen, desto bezwingender der Eindruck ihrer Gemeinschaftsanlagen. Alle sind Ausdruck einer neuen Zeit und darum eben von sinnbildlicher Bedeutung.*[177] Diese städtebaulichen Gemeinschaftszentren auch architektonisch durchzusetzen, blieb in dem Jahrzehnt zwischen 1928 und 1938, dem Tätigkeitszeitraum in Ankara, sein vordringliches Anliegen.

Um es vorweg zu nehmen, Jansen ist mit diesem Anspruch gescheitert, nicht etwa weil sein Konzept in wesentlichen Punkten dysfunktional gewesen wäre, sondern weil er nicht die Machtmittel hatte, die von ihm erarbeiteten Bebauungsvorschriften auch tatsächlich umzusetzen. Daran war zu einem nicht geringen Teil die Einrichtung der Ankaraner Baubehörde mit schuld. Jansen bekam nur die Rolle eines städtebaulichen Aufbauhelfers und war nicht selber Chef dieser Behörde.[178]

Die Bedingungen waren chaotisch, vieles geschah unprofessionell: *Wir hatten keine Erfahrung und es gab niemanden, der Ahnung hatte oder uns Ratschläge geben konnte. Alles war verstörend und ziemlich hoffnungslos.*[179] Hinzu kamen Rivalitäten der verschiedenen Ministerien, die bereits gefaßte Planungen wieder umstießen und ihre eigenen Projekte durchzusetzen versuchten, wie es am Beispiel des Jugendparks und der Literaturfakultät von Bruno Taut noch aufzuzeigen sein wird.

Obwohl die Forschungslage zum Ankara-Plan ausgesprochen gut ist, sollen die Bedingungen kurz umrissen werden. Im Vordergrund steht die stadträumlichen Idee in ihrer architektonischen Konkretion, weniger Jansens städtebaulicher Ansatz.[180]

Am 18. Oktober 1927 stellte die Ankaraner Stadtverwaltung unter ihrem Bürgermeister Asaf Bey drei Verträge aus, mit der die Städteplaner Hermann Jansen, Josef Brix (1859–1943) und Léon Jaussely (1875 bis 1932) in einem eingeladenen Wettbewerb aufgefordert wurden, Bebauungspläne für die neue Hauptstadt zu erstellen. Der Sieger sollte den neuen Stadtplan umsetzen.[181]

Jansens Sieg war von vornherein ziemlich sicher: Brix nahm seinen Beitrag nicht sonderlich ernst und Jaussely, *dem Jansen NB.[notabene] gute Architektur, aber keine guten Bebauungspläne zumute[te], da die Franzosen in diesem Kapitel eben 30 – 40 Jahre zurück sind,* wurde von Kennern der Lage keine große Chancen eingeräumt.[182] Noch bevor Jansen den ersten Preis erhielt, wurde im Juli 1928 die dem Innenministerium unterstellte Ankaraner Baubehörde, die Ankara Şehri İmar

Müdürlüğü (i. F. AŞİM) gegründet.[183] Trotz des noch nicht entschiedenen Wettbewerbs gab es bereits eine rege Bautätigkeit ohne Planungsgrundlage. Jansen beschwerte sich, *daß es nicht an[ginge], dauernd grössere öffentliche Neubauten willkürlich ins Gelände zu setzen, sodass der Bebauungsplan immer mehr unmöglich wird.*[184] Damit waren in erster Linie die Bauten des Verteidigungsministeriums von Holzmeister als auch die Hygienebauten von Örley, aber auch die große Zahl von Wohnbauten ohne Baugenehmigung gemeint.

Als Jansen den Wettbewerb im Frühjahr 1929 gewann und den Ausführungsauftrag erhielt,[185] wählte er Robert Örley, der ihm wesentliche Informationen schon im Vorfeld des Wettbewerbs hatte zukommen lassen, zu seiner Vertrauensperson. Als *Leiter der technischen Abteilung* war der eigentlich als Spezialist für die Hygienebauten eingestellte Örley in die neue Baubehörde gekommen, hatte aber diese Stellung nur bis Ende 1931 inne.[186]

Der von Jansen im November 1928 erstellte *Flächenaufteilungsplan* und der 1929 entstandene Bebauungsplan (Abb. 78, 79) von Ankara kombinieren auf der Grundlage eines maximalen Bevölkerungswachstums bis auf 300 000 Einwohner, Gartenstadtelemente mit denen des modernen Städtebaus. Als Nukleus wird die Altstadt (Ulus) mit der Burg (Kale) zugrunde gelegt, die im wesentlichen unangetastet bleibt und westlich vom Atatürk-, damals Gazi-Boulevard, tangiert wird. Diese im Bereich von Ulus 1928 bereits vorhandene Straße[187] wird nach Süden zu Füßen des Ethnographischen Museums und des Volkshauses (Halk evi) unter der Eisenbahnlinie am Hygieneministerium vorbeigeführt, um als Hauptachse zur Erschließung der Neustadt (Yenişehir) zu fungieren. Auf der Höhe des roten Halbmondgebäudes knickt sie leicht nach Südosten ab, um das in Hügellage entstehende Botschafts- und Villenviertel von Kavaklıdere und Çankaya mit der Innenstadt zu verbinden. Von Kızılay sollte gleichzeitig die westliche verlaufende Dikmenstraße abzweigen, so daß auf keilförmigen Grundriß zwischen den beiden Hauptstraßen das neue Regierungsviertel entstehen konnte.

Diesem Nord-Süd Zug war eine Ost-West Achse zur Verbindung des Bahnhofs mit dem Vorort Cebeci entgegengesetzt, die Ulus südlich tangierte. Eine weitere Ost-West-Entlastungsstraße sollte annähernd parallel zur Eisenbahnlinie das Industrie- und Hochschulviertel miteinander verbinden. Der Plan nahm in jeder Hinsicht auf die Topographie bezug, so daß keine geometrische Verkehrsführung, sondern sanft geschwungene, *bildmäßige* Hauptstraßen[188] entstanden. Einzig die Diagonale vom Bahnhof zum Ulus-Meydanı ist als starre Achse durchgezogen. Eine nicht ausdrückliche betonte Ringstraße umschloß die Altstadt unter Einschluß der westlichen Neubaugebiete bis zum Bahnhof. Die Gebiete folgten einer strengen Segregation, so daß im Westen das Industriegebiet mit nördlichem Arbeiterviertel geplant war, daneben Sportanlagen und der Flugplatz. Nördlich von Ulus war eine *Wohnreserve* vorgesehen, wohingegen südlich das Regierungsviertel mit einer gartenstadtartigen Bebauung für die Staatsbeamten um Kızılay gedacht war, das Landhausviertel für die Reichen südlich davon. Das östliche gelegene Hochschulviertel war vergleichsweise wenig definiert.

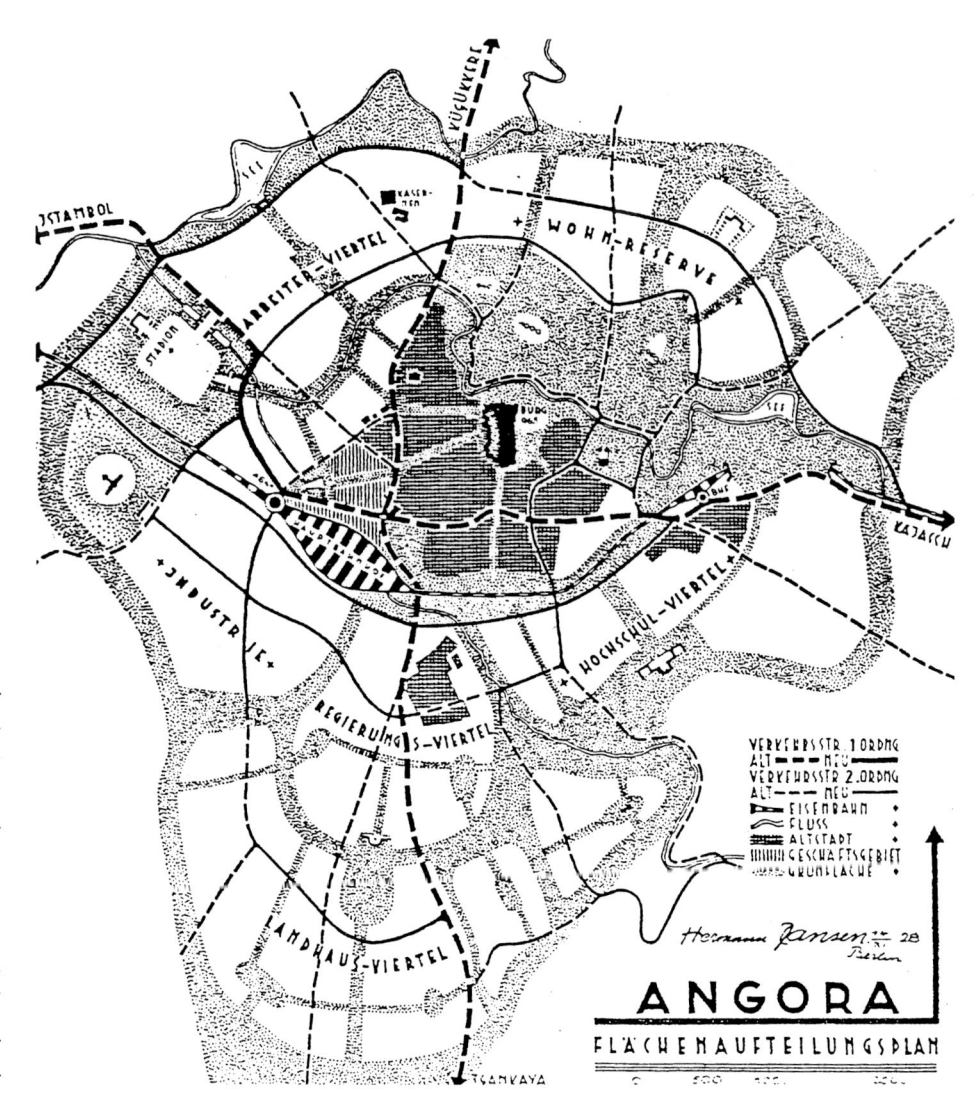

Hauptwohnort sollten weiterhin Ulus sowie die neuen Gebiete um Kızılay bleiben. Bei aller Funktionstrennung, mit der sich Jansen auf der Höhe der Diskussion befand, hatte der Plan den entscheidenden Nachteil, nur eine einzige große Nord-Süd-Verbindung auszuweisen und damit den Keim für die bis heute zu beobachtende Trennung der nördlichen und südliche Quartiere zu legen.

78 Hermann Jansen, Angora (Ankara), Flächenaufteilungsplan, 1928.

79 Hermann Jansen, Ankara, Bebauungsplan, 1929.

Jansen sah, mit Ausnahme der neuen städtischen Zentren, wie dem Regierungs- und Hochschulviertel, eine in die Weite gesteigerte Gartenstadt vor, die von einem deutlich anti-urbanen Charakter entwickeln sollte. Dem entsprach das großzügige Grünkonzept, das bis auf Rudimente nicht verwirklicht wurde. Der Grüngürtel um die neue Stadt sollte durch verschiedene Radialen und kleinere den Flußläufen angepaßte Gürtel die Verbindung zwischen den verschiedenen Zentren herstellen. Jansen vertrat die Idee einer fußläufigen Stadtanlage, bei der er – ein Zeichen seiner Offenheit gegenüber aktuellen Konzepten –, Auto- und Fußgängerverkehr weitgehend trennen wollte.[189]

Jansen sah seinen Plan durchaus programmatisch für den modernen Städtebau:

Die überaus tatkräftige Persönlichkeit des Türkischen Präsidenten berechtigt zu der Hoffnung, dass all diese Pläne trotz der nicht geringen Schwierigkeiten in absehbarer Zeit ihrer Verwirklichung entgegengehen.

Ich habe keinen stärkeren Wunsch, als dass Angora dem Schicksal der meisten europäischen Grosstädte entgeht, die trotz grossartiger Einzelheiten in ihrer Gesamterscheinung gesundheitlich und sozial, verkehrstechnisch und architektonisch missgestaltet und weit davon entfernt sind, die Wiege einer gesunden Menschheit zu sein. Angora kann ein Wendepunkt in der neuzeitlichen Gestaltung einer Grosstadt werden.[190]

Dennoch war der Plan nicht in allen Teilen klar durchgearbeitet. Neben der mangelnden Nord-Süd-Verbindung wurde gleichzeitig das Fehlen jeglicher städtischer Infrastruktur im Gebiet von Kızılay kritisiert, das erst innerhalb der letzten 25 Jahre zum eigentlichen Geschäftszentrum Ankaras geworden ist. Die AŞİM versuchte bereits frühzeitig, die Gartenstadtidee mit mehr städtischen Elementen zu durchsetzen, indem sie für die Hauptstraßen in Kızılay, besonders den Gazi-Bulvarı, geschlossene drei-, ab 1935 viergeschossige Bebauung mit dem Hinweis auf geplante städtische Nutzungen – Geschäfte, Läden – vorschrieb und die offene Villenbebauung Jansens mit tiefen Vorgärten ablehnte.[191] Jedoch ist Jansen nicht für alle Kritikpunkte verantwortlich zu machen, zumal er, ebensowenig wie die AŞİM, das explosive Wachstum der Bevölkerung auf jetzt ca. 4,5 Millionen Einwohner voraussehen konnte.[192]

Der Jansen-Plan wurde in erster Linie aufgrund seines Pragmatismus gewählt. Übersichtlichkeit, Segregation, Hygienebedingungen, Verkehrserschließung und Finanzierbarkeit gaben den Ausschlag.[193]

Jansen hatte von vornherein mit erheblichen Problemen zu kämpfen. Einmal war der Plan ungenau und mußte weitgehend überarbeitet werden, weil die Plangrundlagen unzureichend waren. Bis nach 1930 fehlten zuverlässige Katasterpläne. Als Kontrollinstanz der AŞİM war der Aufbauverwaltungsausschuß (İmar İdare Heyeti) unter Vorsitz Falih Rifkis 1928 gegründet worden. Dieser unterstand dem Ministerrat, wobei der Innenminister Berufungsrecht hatte. Einen Sitz in diesem Gremium hatte auch der Baudirektor der AŞİM.[194] Mit der Berufung des populären Bürgermeisters Nevzat Tandoğan änderte sich Anfang der dreißiger Jahre schlagartig die positive Einstellung gegenüber den ausländischen Spezialisten. Hatte beispielsweise Robert Örley hervorragend mit Falih Rifki, dem Leiter der Kontrollkommission, zusammengearbeitet, wurde ihm nun als Leiter des technischen Stabes gekündigt, und er erhielt bis 1932 nur noch einen Beratervertrag. Alle Maßnahmen Tandoğans müssen als letztendlich erfolgreicher Versuch gewertet werden, die Planungshoheit über Ankara in die Hand der Stadtverwaltung zu bekommen, was aber offiziell erst im Juni

1937 gelang, indem die Baubehörde der Stadtverwaltung unterstellt wurde.[195]

Hauptproblem der Umsetzung des Plans war die schleppende Parzellierung des Geländes. Von vornherein gab es eine starke Lobby, die Bauland einzig zu Spekulationszwecken blockierte. Bis 1936 sollte die Stadt auf 140 000 Einwohner anwachsen, gleichzeitig entstanden schon damals Slumviertel, die Gecekondus.[196]

Planschritte

Plan, Ausführung und Kontrolle standen also in keinem befriedigenden Verhältnis. Der Bebauungsplan für Ankara wurde erst am 14. April 1931 vertraglich geregelt und erhielt im Jahre 1932 Gesetzeskraft.[197] Dieser Plan (Abb. 80) mußte sich mit den bereits festgelegten Quartieren, wie dem Regierungsviertel, auseinandersetzen. Gleichzeitig traten im Bereich von Ulus schwerwiegende Veränderungen ein, weil die Altstadt im Jahre 1928 durch einen Brand schwer beschädigt wurde und daraufhin ein *Altstadtprogramm* zur Sanierung, d. h. zur städtebaulichen Neustrukturierung, besonders des Bereichs zwischen Jugendpark und geplanter Oper sowie dem Burgberg vorgesehen wurde.[198]

Erst jetzt begann die eigentliche Konsolidierungsphase des städtischen Aufbaus, die für Jansen durch den Auftrag zum Umgebungsplan von Ankara (sogenannter Groß-Ankara Plan) 1936 gekrönt wurde.[199] Stand zunächst der Staatssekretär des Innenministeriums A. Hilmi Bey ab 1932 der AŞİM als direkter Widerpart Jansens vor, so gab es seit 1934 einen offiziellen Baudirektor der AŞİM, Şemih Bey, der 1938 durch den Architekten Muhlis Sertel abgelöst wurde.[200] Schon 1932 war die Kommunikation zwischen Jansen und der AŞİM nach dem Weggang Örleys recht gestört. Dies verschärfte sich mit dem neuen Baudirektor, der Jansens Rolle auf die eines Beraters beschränken wollte und den Planer von wichtigen Bauvorhaben nicht unterrichtete.

Nach der Genehmigung des Plans 1932 trat der Aufbau Ankaras in die zweite, kritische Phase ein, die mit der Entlassung Jansens 1938 bzw. 1939 endete. Generell bedeutet das Jahr 1939 einen tiefen Einschnitt, indem nach dem Tode Atatürks unter dem neuen Präsidenten İsmet İnönü ein umfassendes Revirement in der gesamten Administration durchgeführt wird. Während dieser Phase, die durch die Verabschiedung des staatlichen Siebenjahres-Plans 1933 unterstützt wird, verkehrten sich die Gewichtungen von AŞİM und Stadtverwaltung.[201]

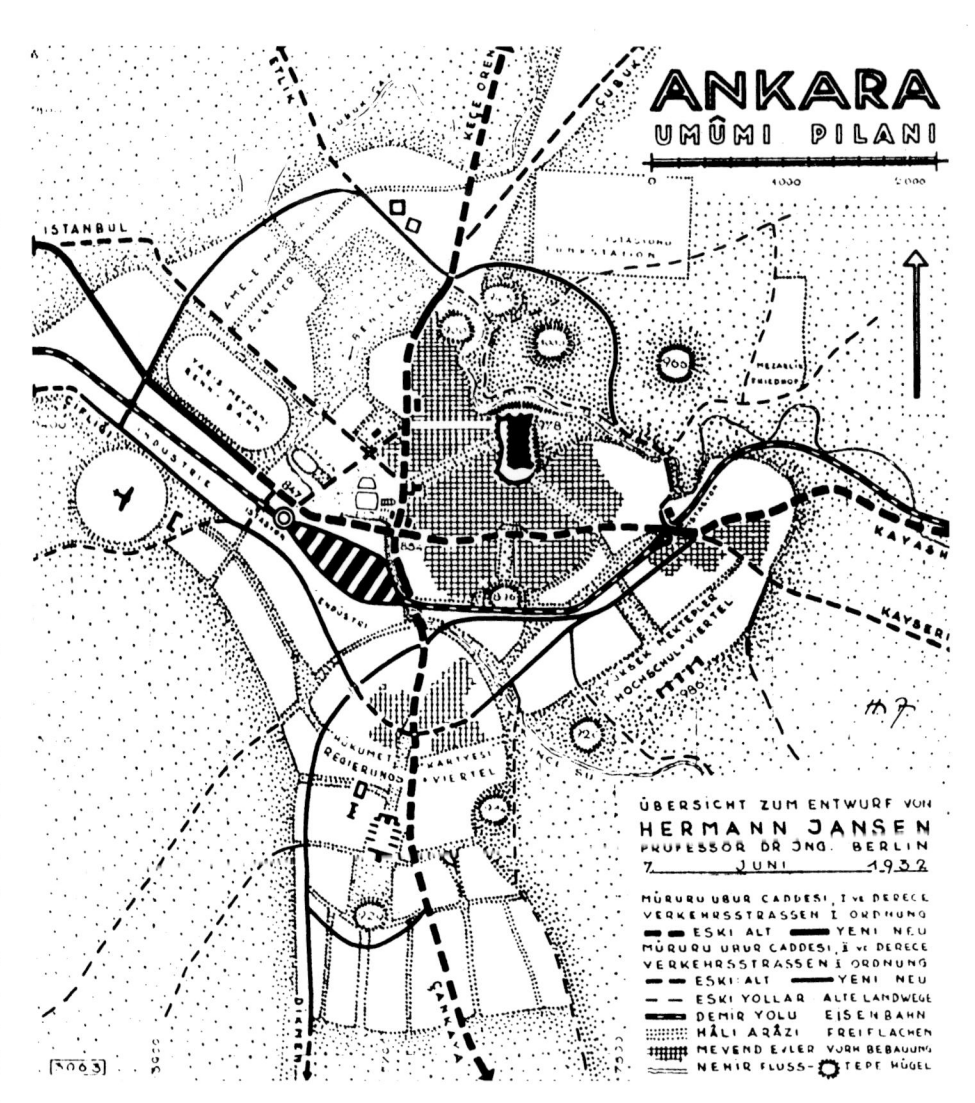

Trotz aller Probleme bekam Jansen am 16. April 1934 die Planung für die Außengebiete von Ankara bis zur neuen Stadtgrenze übertragen, mit dem Ziel, eine gesicherte Planung für die nächsten 30 Jahre sicherzustellen.[202] Als Sicherheitsklausel hatte Jansen folgenden Passus veranlaßt:

Die Imar Müdürlügü verpflichte sich, nach den von Herrn Professor Jansen angefertigten Imar Plänen bei jeglichen Bauten genauest zu handeln und keinerlei Änderungen vorzunehmen, ohne nicht [sic] die Erlaubnis von Herrn Professor Jansen eingeholt zu haben.[203]

In seiner Denkschrift zum Ankara-Plan 1936 versuchte Jansen, die Entwicklung rosiger darzustellen als sie war: *Wenn man bedenkt, dass die Bevölkerungszahl von Ankara sich in den letzten sieben Jahren fast verdoppelt hat (nach der Zählung im Herbst 1935 betrug die Einwohnerzahl 124 000), so wird man zugeben müssen,*

80 Hermann Jansen, General-Bebauungsplan, Ankara, 1932.

dass in Bezug auf den Stadtaufbau Hervorragendes geleistet wurde. Denn für die hinzugekommenen 60 000 Menschen sind nicht nur behelfsmäßige Unterkunftsräume geschaffen worden. Es entstanden gesunde Wohnviertel und in ihnen dauerhafte Eigenheime und Geschosswohnungen.[204]

Zwar ist diese Aussage Jansens durchaus zutreffend, allerdings verschweigt dieser, in welch riesigem Ausmaß in Ankara aufgrund von Spekulationsinteressen massive Wohnungsnot bestand. Die Mietpreise waren zudem hoffnungslos übertauert, wie aus zahlreichen Quellen der dreißiger Jahre nachzuweisen ist[205] und Wohnraum für ärmere Bevölkerungsschichten fehlte, so daß der wilden Bebauung durch Gecekondus Vorschub geleistet wurde.[206]

Städtebau und Architektur

Der Wiener Grosz-Röll, der nach Örleys Weggang 1932 teilweise dessen Rolle übernahm, war von Beginn an Warner und Informant gewesen: *Sie sind sehr weit von Ankara entfernt und dadurch bringt die Korrespondenz immer wieder Mißverständnisse [...].*[207] Jansen legt schließlich Mitte 1933 der AŞIM, dem Ministerpräsident İsmet İnönü und Kemal Atatürk eine Mappe mit mehreren perspektivischen Ansichten verschiedener Hauptbauten und Stadtteile vor, um seinen Anspruch auf die gestalterische Leitung des gesamten Stadtaufbaus zu unterstützen:[208]

Vor allem sollten solche Bilder nahe legen, dass es völlig unmöglich ist, immer wieder einzelne Gebäude auf irgend einem x-beliebigen Grundstück plötzlich hinzusetzen. 1. ohne mir vorher davon Bescheid zu geben und meine Vorschläge einzuholen, 2. um dadurch diese neuen Gebäude in Einklang zur künftigen Nachbarschaft zu bringen, d. h. sie zum Mittelpunkt irgendeines Stadtviertels zu machen [...] Diese jetzige Methode der Imar Müdürlügü oder anderer maßgeblicher Instanzen ist ganz hoffnungslos. [...] An Schükri Kaja sandte ich außerdem einen längeren Bericht, indem ich ebenfalls auf die Unmöglichkeit des augenblicklichen Modus hinwies, das überall ein neues Bauvorhaben entsteht, ohne mir rechtzeitig Mitteilung davon zu machen und mir die Möglichkeit zu geben, eigene Vorschläge zu unterbreiten, um so eine Einheitlichkeit im Planen zu erzielen. Das betrifft insgesamt die Aufteilung des Ausstellungsgeländes.[209]

Jansens Auffassung von Stadtplanung war also im wesentlichen von architektonischen Ordnungselementen bestimmt. Nicht nur die städtische Struktur, sondern deren bauliche Akzentuierung und Ordnung wurde angestrebt. Obwohl Jansen als Fachmann für Städtebau gelten muß, nahm er eine Haltung ein, die den baukünstlerischen Ansatz eines Otto Wagner oder Theodor Fischer weiterentwickelte. Walter Müller-Wulkow sah gerade in dieser Verbindung eine aktuelle Position:

Und es gibt für eine Stadt kein würdigeres künstlerisches Bemühen, als das Lokalbedingte und das Zeitgemeinsame wohl gegeneinander abgewogen dem Spiegel der Architektur anzuvertrauen, der ausgeprägte Bildungen für Jahrhunderte unvermischt erhält.[210]

Otto Wagner hatte in seiner Schrift *Großstadtarchitektur* aus dem Jahre 1911 die ‚malerische' Städtebaukonzeption Camillo Sittes sozusagen begradigt und neuen endlos erweiterbaren, rasterförmigen städtischen Raum qua Architektur definiert, wobei ebenfalls mit baukünstlerischen Höhepunkten operiert wurde.[211]

Auf der anderen Seite steht Jansens Städtebaukonzeption in verschiedenen Punkten Toni Garniers *Cité industrielle*, 1905 – 1917, nahe, die ebenfalls Gartenstadtelemente mit städtischen Zentren verbinden wollte. Dadurch überwand Jansen den latenten Schematismus eines Otto Wagner und favorisierte strukturell selbständige Einheiten, direkte Vorläufer der Trabanten, wie sie beispielsweise Ernst May 1919/1920 im Bebauungsplan für Breslau vorgeschlagen hatte.[212]

Es ist auch nicht notwendig, – so Jansen – *dass unbedingt erst die neuen Teile fertiggestellt werden, die der Altstadt am nächsten liegen. Die Auffassung, dass die Stadt mit einem Baum zu vergleichen sei, dessen Jahresringe sich konzentrisch umeinanderfügen, ist überholt. Der neue Städtebau kennt nur Inseln, die sich im genügenden Abstand voneinander und durch Freiflächen geschieden, an eine Hauptverkehrsader legen. Es ist deshalb gleichgültig, welche dieser Inseln zuerst entsteht.*[213]

Dennoch unterschied er sich von den stadttechnischen Ansätzen der zwanziger Jahre, wie sie beispielsweise Martin Wagner gerade aus der Kritik an Jansens Plan für Groß-Berlin aus dem Jahre1909 entwickelt hatte.[214] Diese jüngere Generation Wagners, Reuters und Mays sahen sich damit ‚als Regisseure' und nicht als Baumeister der Großstadt:

Es bestätigt [sich] in seiner allgemeinen Tendenz, die oben von mir aufgestellte These, dass es nicht Plan und Planmacher sind, die unsere Städte bauen, die wahren Städtebauer waren stets und werden es auch bleiben die Maschinen und das Kapital.[215]

Trotz einer gewissen Vorläuferfunktion von Jansens Positionen für den modernen Städtebau insgesamt steht der Ankara-Plan in dieser Hinsicht, ebenso wie die Bauten der österreichischen Architekten vor 1930, auf dem Diskussionsstand vor 1918, ohne daß es für die türkischen Auftraggeber überhaupt möglich war, zu entscheiden, welches Niveau von neuzeitlichem Städtebau sie anstreben wollten.[216]

Carl Goerdeler hat 1939 mit seinem bemerkenswerten Bericht einer Ankara-Reise im Auftrag des deutschen Wissenschaftsministeriums eine kritische Summe des Aufbaus von Ankara gezogen:

Ankara kann sich trotz aller Grosszügigkeit, Zweckmäßigkeit und Grossartigkeit von Anlage und Ausführung als ein grosses potemkinsches Dorf erweisen. Es ist wohl die eigenartigste Stadt, die ich je gesehen habe. Kemal Pascha hat sie nach einem von dem deutschen Professor Jansen entworfenen Plane wie aus einem Guß aufgebaut. Auch was jetzt hinzugebaut wird, entspricht vollkommen diesem Einheitsplane und wird den verordneten Stilformen entsprechend ausgeführt.[217]

Hauptsächlich kritisiert er aber den übertriebenen Aufwand an Repräsentationsbauten, die Vernachlässigung des Wohnungsbaus und die zu hohen Infrastrukturkosten für eine solche Stadt, gemessen am Bruttosozialprodukt.[218]

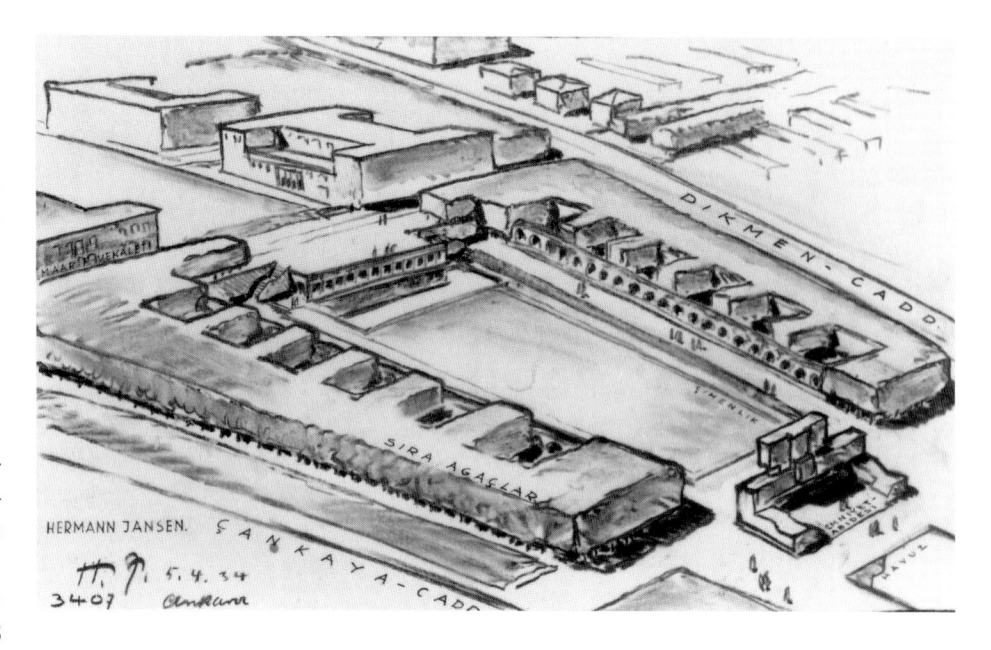

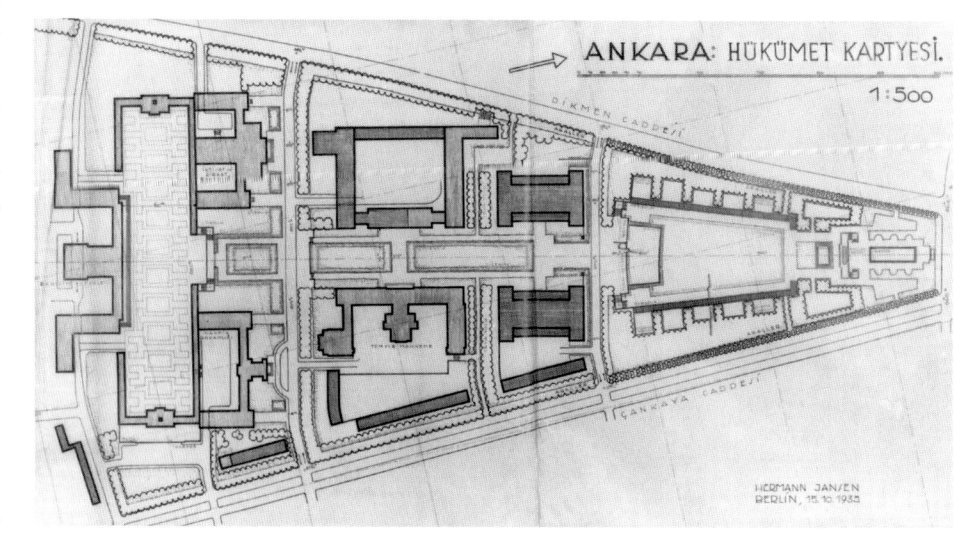

Jansen als Architekt

Das Regierungsviertel wurde zwischen 1930 und 1933 mehr und mehr von den Bauten Holzmeisters dominiert. Jansen hoffte jedoch im Mai 1933, noch wesentliche eigene Akzente selber setzen zu können. Unter Einbeziehung von Holzmeisters Querriegel des Innenministeriums und den beiden Pendantbauten des Ministeriums für Öffentliche Arbeiten und für Wirtschaft mit dem dazwischenliegenden Vilayet-Platz, entwarf Jansen die Parlamentsanlage (Abb. 69, 82) als zweite ‚Stadtkrone' neben der Burg, zu der sich als dritter Höhepunkt die projektierte Hochschulstadt gesellen sollte. Ausgehend vom Innenministerium entwickelt er je vier parallel gerichtete Verwaltungsbauten, um dann in der zikkuratartigen Halle der Großen Nationalversammlung zu gipfeln. Diese Stadtkrone war der theatralische Abschluß des Regierungsforums. Mit eingestellter Kolonnade und Stufenaufbau – möglicherweise aus Glas – glich sie auch eher einem Theater- als einem Parlamentsbau.

Durch ihn erst erfüllt sich der Aufbaugedanke [...]. Gelingt es, diese obere Gruppe einheitlich in eine Hand zu bekommen, so wird hier ein machtvolles Forum entstehen, das den Vergleich mit geschichtlichen Vorbildern nicht zu scheuen braucht.[219]

Mit Ausnahme des Parlaments ist die weitere Architektur des Regierungsviertels auf dem Schaubild nur andeutungsweise wiedergegeben und stellt kaum eine eigenständige Leistung dar. Die Verwaltungsbauten folgen dem Schema der Flügelbauten von Holzmeisters Innenministerium.

Aus dem Gesamtpanorama wird ersichtlich, wie klar Jansen das Regierungsviertel zoniert hatte.[220] Die breite Grünachse als Haupterschließung wurde nur von einer größeren Ost-West-Verbindung vom Verteidigungsministerium zum Ministerium für Öffentliche Arbeiten durch-

81 Hermann Jansen, Güvenpark Ankara mit geplantem Kultusministerium von Egli, Projekt, Ansicht 1934.

82 Hermann Jansen, Regierungsviertel Ankara, 1932, Grundriß.

lierung des Regierungsviertels, was auch mit dem noch nicht geklärten Standort des Parlaments zusammenhing. Der Wettbewerbsplan 1928 war weitestgehend schematisiert und entsprach mit seiner streng symmetrischen Anordnung nicht der tatsächlichen Topographie. Der Entwurf für das Regierungsviertel vom November 1929 (Abb. 83) berücksichtigte alle Bauten Holzmeisters, verließ jedoch die strenge Axialität, welche mit einer massiven Blockrandbebauung im Plan 2632 (Abb. 82) ein Jahr später wieder aufgegriffen wurde.

Als Fazit bleibt festzustellen, daß die architektonische Konkretion des Regierungsviertels allein durch Holzmeister vorangetrieben wurde. Im Laufe der Planungen entstand angesichts des machtvollen Vorgehens Holzmeisters 1932/1933 Jansens eigenes architektonisches Projekt, das als Gegenentwurf zu Holzmeister gesehen werden muß (Abb. 69). Jansen plante ohne Auftrag das Parlament, mit dem Holzmeister bereits seit 1929 beschäftigt war, das aber aus Kostengründen bis zum internationalen Wettbewerb 1937 zurückgestellt wurde.[221] Erst der Jugendpark (Gençlikpark) (Abb. 84, 85) zeigt die Handschrift des Architekten Jansen. Es handelte sich um ein spezielles Projekt, in dem Jansen *eine mustergültige Anlage für Ankara* erstellen wollte. Um nach verschiedenen Rückschlägen keine weiteren Behinderungen hinnehmen zu müssen, bot er an, *den eigentlichen Entwurf der Türkischen Regierung kostenlos als Geschenk zu überlassen [...]*.[222] Gegenüber den Entwürfen von April und Mai 1933 war nun das Ausstellungsgelände, das nach Jansen integraler Bestandteil des Gençlikparks sein sollte, ausgeklammert. Nach langer Diskussion wurde es 1934 direkt am Gazi Bulvarı als leuchtendes Beispiel der Moderne von Şevki Balmumcu errichtet (Abb. 86).[223]

Die Debatte um das Ausstellungsgebäude kann als Auftakt der Diskussion um die Rolle der ausländischen Architekten verstanden werden, deren Höhepunkt in die Schaffenszeit von Bruno Taut als Architekt des Unterrichtsministeriums erreicht fallen sollte. Grosz-Röll schreibt im März 1933 an Jansen:

Da nun am 10. 4. eine Plankonkurrenz für das Ausstellungsgebäude zu Ende geht, bei der der Bau auf der vor dem Außenmin.[isterium] gelegenen Platz vorgesehen ist, hat ihr neuer Plan wie eine Bombe eingeschlagen und die Folge gehabt, daß ein unheimliches Kesseltreiben gegen sie eingesetzt hat. Man steht auf dem Standpunkt, dass die Entscheidung über die Beduerfnisse einer zeitweisen oder dauernden Ausstellung, des benötigten Platzes u.s.f. lediglich von einem Türken entschieden werden könne und außerdem das Gebäude

brochen. Nördlich davon, nach Kızılay abfallend zum Güvenpark, erstreckte sich die zweite Zone mit relativ niedrigen Ministerialbauten, die u-förmig zur Mittelachse geöffnet und durch Pergolen verbunden werden sollten. Mit der Planung von Oberstem Gerichtshof und Zollministerium war die Achse, wie wir oben gesehen hatten, architektonisch geschlossen und monumentalisiert worden. Für den Güvenpark legte Jansen mehrere Gestaltungsprojekte vor (Abb. 81). In der Fassung vom 15. Oktober 1935 entstand ein großes Wasserbassin als Parterre, so daß alle drei Zonen auch durch verschiedene Niveaus akzentuiert wurden.

Im Gegensatz zu seinen programmatischen Äußerungen in der Denkschrift 1936 hatte Jansen zu Beginn nur sehr vage Vorstellungen von der endgültigen Ausformu-

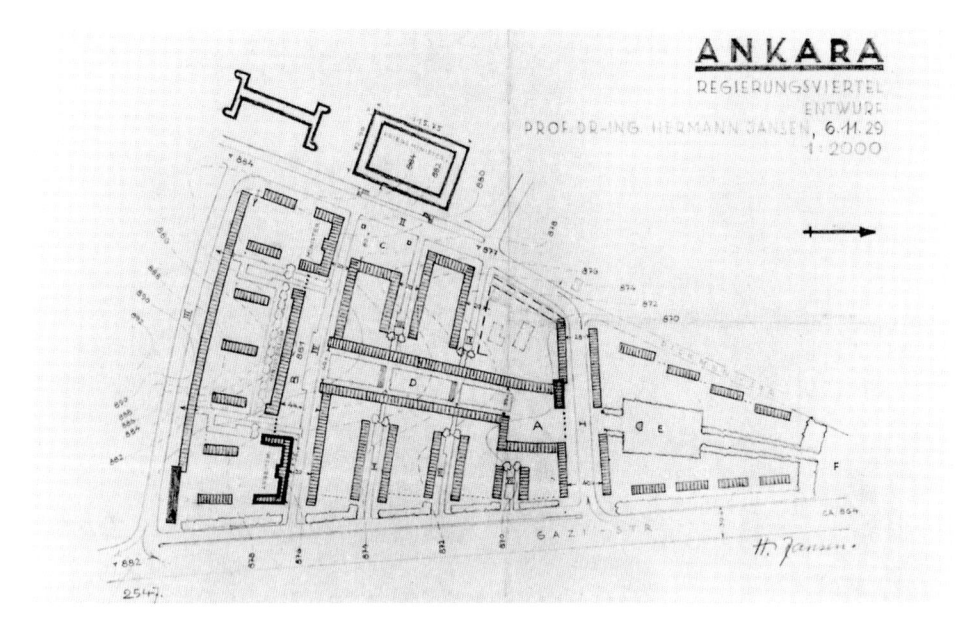

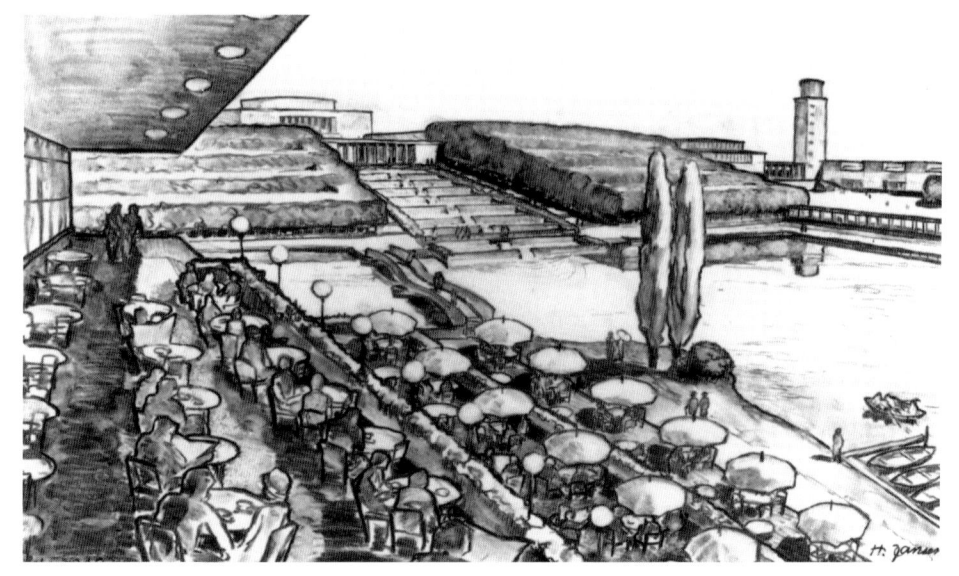

83 Hermann Jansen, Regierungsviertel Ankara, Projekt 1929, (schwarz umrandet die Bauten Holzmeisters: rechts Generalstab und Verteidigungsministerium, links Ministerium für Öffentliche Arbeiten).

84 Hermann Jansen, Gençlikpark Ankara, mit Opernhaus und Ausstellungshallen, Entwurf April 1933.

bzw. die Ausstellung unbedingt am 29. Okt. d. J., anlaesslich der 10jährigen Republikfeier eröffnet sein muss, hat man aus der ganzen Angelegenheit eine rein nat.[ionale] Sache gemacht.[224]

Das Projekt Jansens hätte das Ausstellungsgelände in den Park verlegt und das Hauptgebäude als Gelenkstück zur Straße mit einer platzartigen Erweiterung vorgesehen, die durch Portikus und Turm akzentuiert werden sollte. Seitlich in den Park hineingeschoben waren die industriemäßig gestalteten Ausstellungshallen untergebracht.

Hauptachse war allerdings die Verbindung vom Bahnhof zum Opernhaus, gebrochen durch die große Wasserfläche und im ansteigenden Teil zum Gazi Bulvarı als riesige Kaskade gestaltet, die Relikt seiner ersten Planungen von 1929, einer Bazarstraße, auf diesem Gebiet war.[225] Das Opernhaus war in diesem frühen Projekt als Gelenk vorgesehen, von dem aus eine weitere Achse auf den Burgberg führen sollte (Abb. 87). Mit monumentaler Freitreppe, denkmalsartigen Mauern und triumphbogenartigem Torbogen schlug Jansen eine theatralische Monumentalarchitektur vor, die als eine Mischung aus Friedrich Gillys Architekturentwürfen und der Architektur aus Fritz Langs Filmen anmutet.[226]

Der Park zeigt zu den Rändern hin strenge Ordnungselemente und ist nur zum Wasser hin im Sinne des Landschaftsgartens gestaltet. Architektonisch bezieht sich Jansen in seinen Entwürfen 1933 stark auf die Kölner Pressa Hallen von Adolf Abel, besonders in der Turmvariante aus dem Plan 3185 bzw. auf Projekte von Ermisch oder Fahrenkamp. Für die modern gestaltete seitliche Ausstellungshalle führt Jansen selbst die Vergleiche zu Düsseldorf und Königsberg an.[227] Nach endlosem Hin und Her wurde die Ausführung des Gençlıkparks plötzlich vom Ministerium für Öffentliche Arbeiten im Januar 1936 dem französischen Architekten Leveau übertragen. Dieses Verfahren, das für den schwindenden Einfluß der AŞİM steht, erbitterte Jansen zutiefst.[228] Darauf-

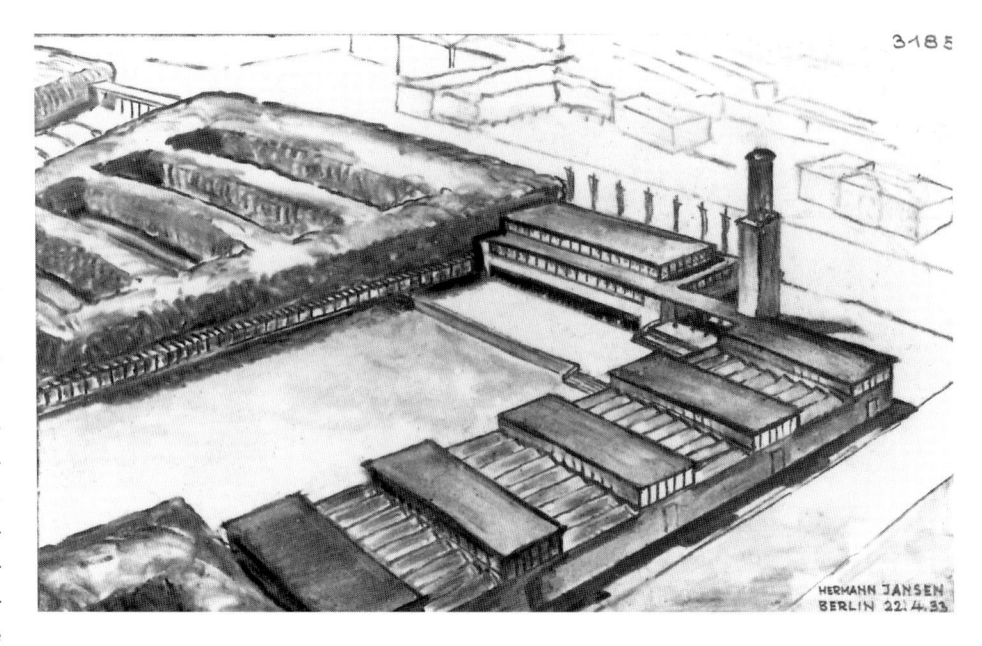

85 Hermann Jansen, Gençlıkpark Ankara, Projekt, April 1933, Ausstellungshallen.

86 Sevki Balmuncu, Ausstellungshalle, Ankara, 1933/1934, Straßenfront, Foto ca. 1935.

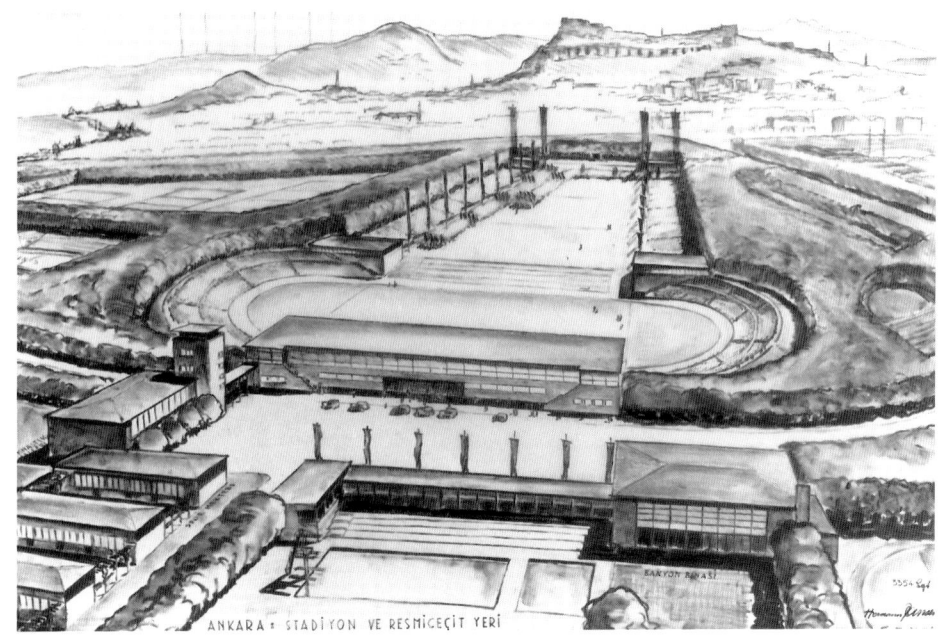

hin folgte für Jansen eine weitere Reihe von Fehlschlägen, indem er weder den Bahnhofsentwurf seines Freundes Blum durchsetzen konnte noch die in Zusammenarbeit mit Carl Diem projektierte Stadion- und Sportanlage abgenommen bekam, die der Italiener Vietti-Violi ausführte.²²⁹

Zwischen Jansens ersten Entwürfen zum Stadion im März 1933 und den revidierten Projekten (Abb. 88) in Zusammenarbeit mit Carl Diem, dem Vorsitzenden des Nationalen Olympischen Kommitees für die Olympiade in Berlin 1936, stand eine Monumentalisierung der Anlage durch einen Aufmarschplatz und streng axiale Ausrichtung auf die Burg hin. Turmbauten für die Kampfrichter und umfangreiche Planungen eines Schwimmstadions, eines Freilichttheaters etc. lassen den Einfluß der Berliner Olympiaplanungen deutlich werden. Jansen übernahm unhinterfragt die architektonischen Mittel, welche die NS-Ideologie im Rahmen der Olympiade verkörperten. Auch Jansens Sprachduktus näherte sich dem autoritären Sprachgebrauch des NS-Regimes an, wobei die Verwendung des Epithetons ‚Reich', z. B. als *Reichsuniversität Ankara* bei der Verfassung der jungen türkischen Republik und ihrer Rolle als Exilland nach 1933 als besonders makaber oder auch nur gedankenlos erscheint.²³⁰

Stehen die projektierten Bauten des Ausstellungs- und Stadiongeländes noch in der Linie einer sachlichen Architektur konservativer Prägung um 1930, so setzt sein 1938 endgültig formuliertes Hochschulviertel (Abb. 89) Akzente, die den Einfluß des 1938 durchgeführten Hochschulstadt-Wettbewerbs der GBI unter Albert Speer in Berlin wahrscheinlich machen.²³¹

Gegenüber den ersten vagen Ideen aus dem Jahr 1929, als die neuen Universitäten im Gebiet südlich von Cebeci als dritte Stadtkrone thematisiert wurden, entstand durch Eglis Bau der Mülkiye 1934 – 1936 schon ein architektonischer Auftakt für diesen Bereich. Trotzdem blieb auch der Entwurf vom Oktober 1937 architektonisch unbestimmt, einzig die beiden Hauptbauten sind in Jansens Entwurf als Vierflügelanlage und turmflankierte Festhalle akzentuiert. Dem war ein Erläuterungsbericht vom April 1936 vorangegangen, der das Programm umriß: die Vereinigung aller Zweige des akademischen Lehrbetriebs, die Universität Ankara, die TH Ankara, die Hochschule für Leibesübungen und die Handelshochschule, zusätzlich Wohnungen für Professoren und Studenten. Ein *Universitätspark* mit Sport- und Erholungsanlagen sollte das Zentrum der Anlage bilden. Jansen beharrte immer wieder auf der Idee repräsentativer, einheitlicher, ideologisch instrumentierbarer Komplexe, gleichgültig, wie realitätsfremd sie letzendlich waren. Seine Idee der *Unterordnung unter eine städtebauliche Idee* stand im Gegensatz zum bis dahin dezentralen Konzept verschiedenster Hochschulen.²³² Seit 1936 entstanden die Universitätsbauten durch Taut am Hacettepe, gleichzeitig war eine Technische Universität in unmittelbarer Nähe des Gazi-Lehrerinstituts im Westen der Stadt in Planung.

Die Hochschulstadt Ankara, 1938 (Abb. 89) unter der Mitarbeit von Alfred Cuda und Walter Moest entworfen, versuchte alle vermeintlichen ‚Fehler', z. B. des Regierungsviertels zu korrigieren.²³³ Ansteigend vom İnce-Su-Tal erstreckten sich verschiedene Institutsbauten parallel zur Hanglage und bildeten den Auftakt zum point de vue der *Reichsbibliothek*. Der Höhenrücken wurde von den Bauten der geisteswissenschaftlichen Fakultäten, der Aula und den dazwischenliegenden Verwaltungsge-

87 Hermann Jansen, Ankara, Aufgang von der Oper zum Burgberg, Entwurf 1929.

88 Hermann Jansen in Zusammenarbeit mit Carl Diem. Ankara, Stadion, Entwurf 1934.

bäuden dominiert, die ganz im Duktus von Verwaltungs- bzw. Kasernenbauten NS-Deutschlands gehalten waren. Die Aula läßt sich auf Festgebäude, beispielsweise des KdF-Bad Rügen 1936, beziehen. In mancher Hinsicht darf der im Zentralblatt der Bauverwaltung publizierte Beitrag als Vorbild für den Wettbewerb zur Hochschulstadt Pressburg an der Donau gelten.[234]

Jansen huldigte hier einem Zeitgeist, der seine städtebaulichen Leistungen beinahe konterkarierte. Noch in den letzten Jahren hatte er die Bebauungspläne für Adana, Ceyhan, Tarsus und Mersin ausgearbeitet.[235] Andererseits hatte Jansen von Beginn an die Idee der durch repräsentative Schwerpunkte geordneten Stadt vertreten. Stadtplanung war für ihn eine Metapher staatlicher Autorität. Wirklich innovativ waren nur seine Siedlungen, so Bahçelievler, die einzigen Gebäude, die Jansen in Ankara ausführen konnte.

Mit Jansen hatte die neue Stadt eine Struktur bekommen, die Modernität und Tradition gleichermaßen vereinte. Die Rolle als ‚Regisseur' eines ‚Gesamtkunstwerkes' Ankara, mußte Jansen unter schmerzvollen Konflikten nach und nach fallenlassen. Am 28. Dezember 1938 wurde er als Stadtplaner von Ankara fast verletzend lapidar verabschiedet.[236] Die Stadt war nicht mehr auf eine einheitliche stilistische Linie, in Fortführung von Traditionen des 19. Jahrhunderts, zu trimmen. Mit diesem Problem sollten Architekten und Städteplaner um 1930 generell konfrontiert werden.

89 Hermann Jansen, Hochschulviertel, Projekt 1938, Vogelschauplan.

FARBTEIL

I Giulio Mongeri, Handels- u. Landwirtschaftsbank (Iş Bankası), Ankara, 1926. Foto 1991.

Rechte Seite:

II Theodor Jost, Gesundheitsministerium, Ankara, 1926/1927, Foto 1991.

III Robert Örley, Hygieneinstitut, Ankara Beamtenwohnhaus, um 1930, Foto 1994.

IV Robert Örley, Markthalle Ankara Ulus, 1928, Foto 1994.

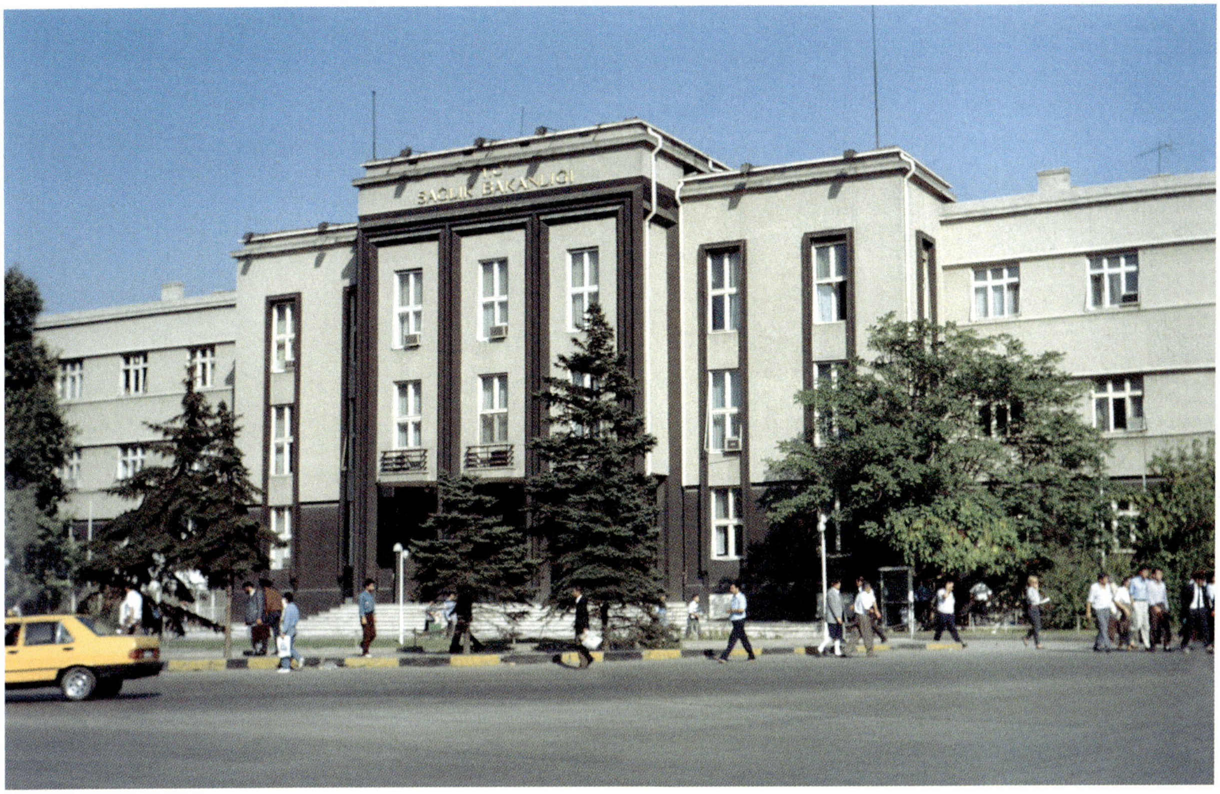
SAGLIK BAKANLIGI

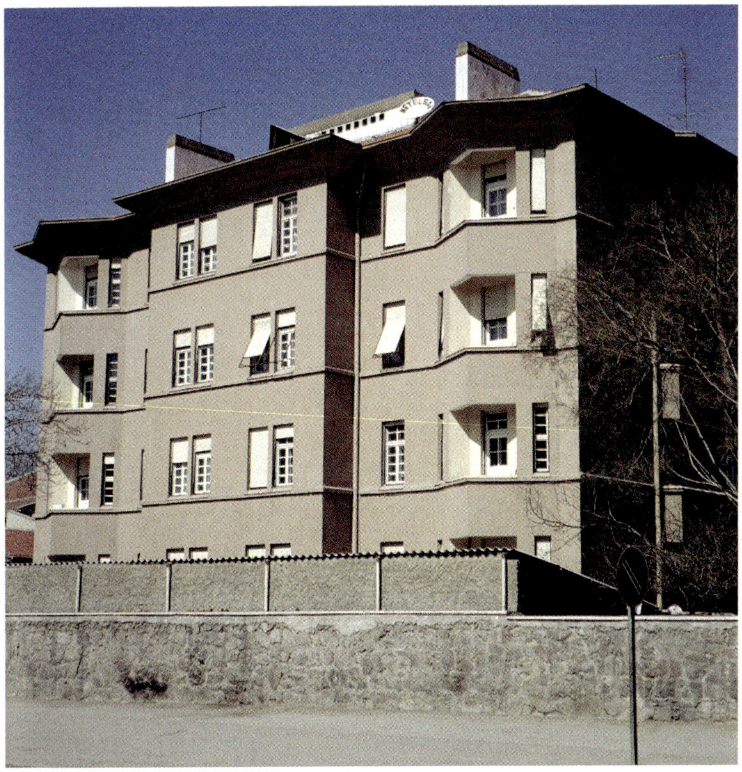

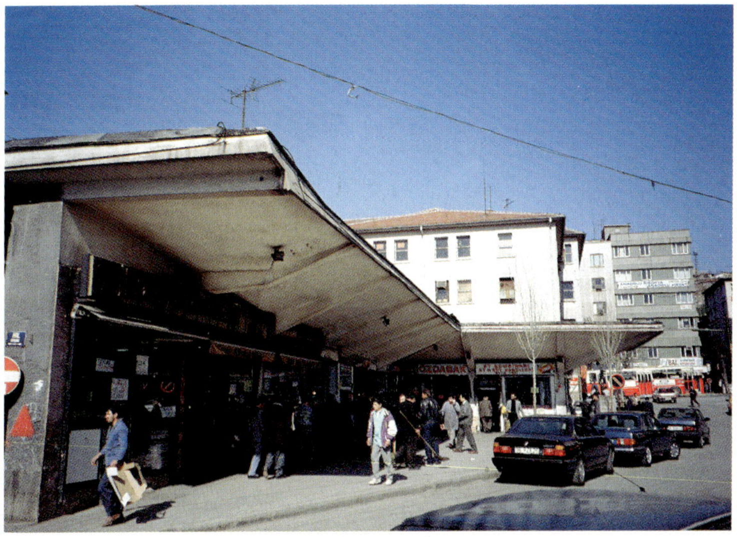

V Ernst Egli, İsmet Paşa Institut, 1930, Straßenfront Mittelteil, Foto 1994.

VI Bielenberg & Moser, Femina-Palast, Berlin-Wilmersdorf 1928–1930, Foto 1998.

VII Clemens Holzmeister, Generalstabsgebäude, Ankara, 1928–1931, Mittelrisalit, Foto 1995.

VIII Clemens Holzmeister, Offizierschule, Ankara, 1928–1935, Hoffront, Foto 1995.

IX Clemens Holzmeister, Innenministerium Ankara, 1931–1933, Hauptfront vom Parlament aus, Foto 1995.

X Clemens Holzmeister,
Platz des Vilayets, Ankara, Pylon,
Kreidepastell, 1933,

XI Clemens Holzmeister,
Oberster Gerichtshof, Ankara,
1934/1935, Gesamtansicht,
Foto 1994.

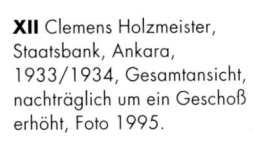

XII Clemens Holzmeister, Staatsbank, Ankara, 1933/1934, Gesamtansicht, nachträglich um ein Geschoß erhöht, Foto 1995.

XIII Clemens Holzmeister, Emlak-Bank, Ankara, 1931–1933, Gesamtansicht, Foto 1991.

XIV Clemens Holzmeister, Atatürk-Palais, Ankara, 1930/1931, Gesamtansicht von Südwesten, Foto 1995.

XV Sümerbank Ankara am Ulus Meydanı, Ankara, Foto 1994.

XVI Sümerbank Eingangshalle, Foto 1994.

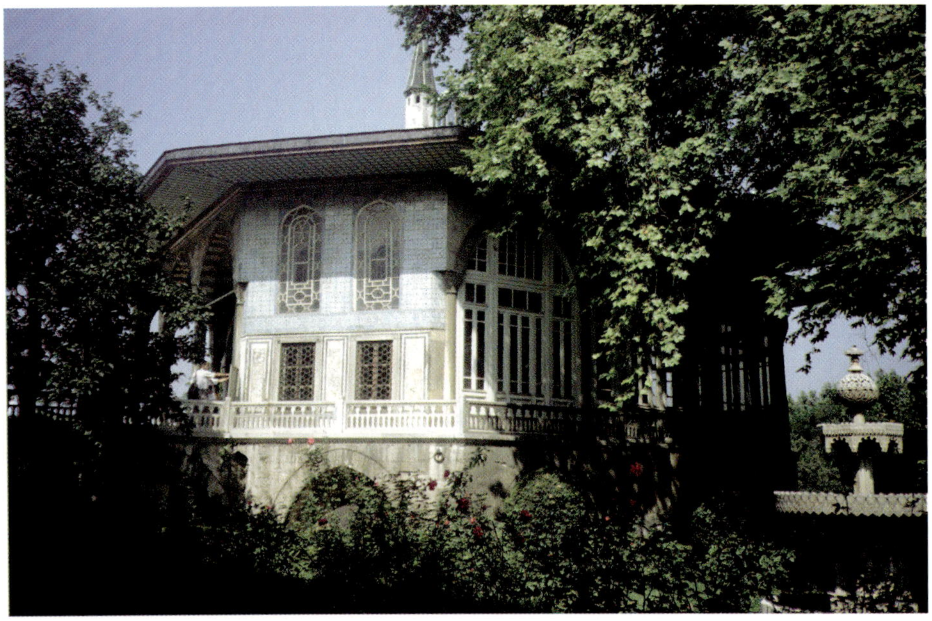

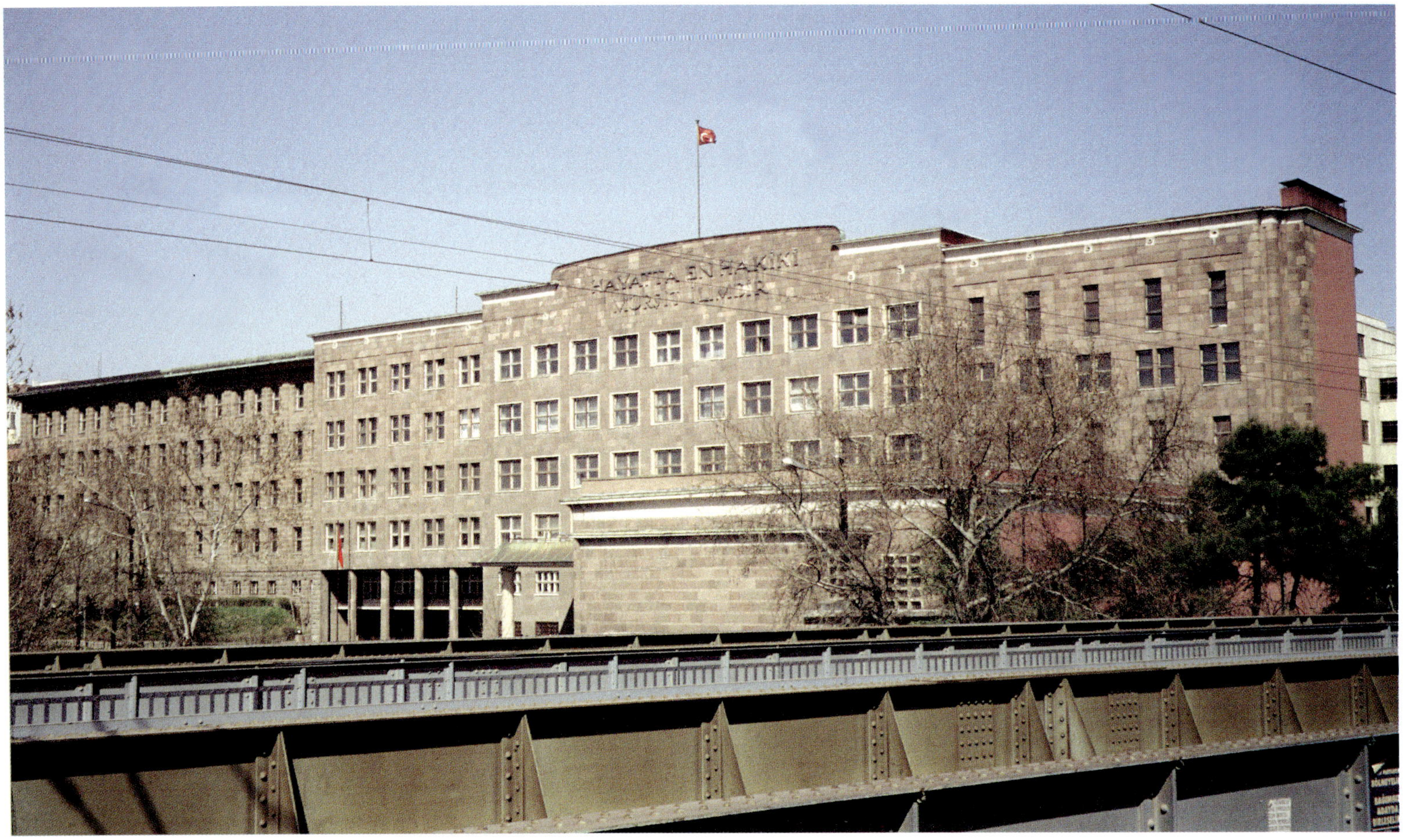
HAYATTA EN HAKİKİ

Linke Seite:

XVII Istanbul, Topkapı Saray, Bagdad Köşk, Vorbild für Martin Wagers Entwurf des Seepavillons in Florya. Foto 1994.

XVIII Bruno Taut, Literaturfakultät Ankara, Hauptfront, Gesamtansicht, Foto 1993.

Rechte Seite:

XIX Bruno Taut, Literaturfakultät, Hauptfront, Nordflügel, Foto 1993.

XX Bruno Taut, Literaturfakultät, Hauptfront, Eingangsrisalit, Foto 1993.

XXI Bruno Taut, Literaturfakultät Ankara, Seitenfront von Süden, Foto 1993.

XXII Bruno Taut, Literaturfakultät, Rückfront, Foto 1993.

XXIII Bruno Taut, Literaturfakultät mit Nordtreppenhaus, Foto 1993.

XXIV Bruno Taut, Literaturfakultät Ankara, Hörsaal im Südflügel, Foto 1993.

XXV Bruno Taut, Literaturfakultät, Eingangshalle, Foto 1993.

XXVI Bruno Taut, Literaturfakultät, Haupttreppenhaus, Geländer, Foto 1993.

XXVII Bruno Taut, Literaturfakultät Ankara, Eingangshalle, Nebentreppe, 1991.

XXVIII Bruno Taut, Atatürk Lisesi, Ankara, 1937/1938, Klassenflügel, Foto 1994.

XXIX (links) Bruno Taut, Atatürk Lisesi, Haupttreppenhaus, Außenansicht, Foto 1994.

XXX Bruno Taut, Katafalk für Kemal Atatürk, 1938.

XXXI Margarete Schütte-Lihotzky, Wilhelm Schütte, Festdekoration zum 15. Jahrestag der Republik, Istanbul-Karaköy, 1938, temporär realisiert.

XXXII Margarete Schütte-Lihotzky, Erweiterung Kız Lisesi, Projekt 1938, nicht ausgeführt.

XXXIII Margarete Schütte-Lihotzky, Haus Kemal Özan, Ankara 1939, Entwurf, nicht ausgeführt.

XXXIV Clemens Holzmeister, Große Nationalversammlung, Ankara, ausgeführt 1942–1963, Portikus.

XXXV Emin Onat, Orhan Arda, Atatürk-Mausoleum, Ankara (Anıt Kabir), 1942–1953, Außenansicht, Foto 1994.

XXXVI Emin Onat, Orhan Arda, Atatürk-Mausoleum, Memorialhalle, Foto 1994.

XXXVII Paul Bonatz, Opernhaus Ankara, 1947/1948, Gesamtansicht 1991.

XXXVIII Paul Bonatz, Opernhaus Ankara, 1947/1948, Bühnenhaus, Planvariante 1947.

XXXIX Paul Bonatz, Opernhaus Ankara, 1947/1948, Skizze Foyer, 1948.

XL Paul Bonatz, Entwurf Bosporusbrücke, Istanbul.

XLI Paul Bonatz und Sedad Hakkı Eldem(?) Flügelbau der geplanten TH Ankara um 1945, Foto 1995.

LA TURQUIE KAMÂLISTE

EXIL UND KRISE
1933 – 1941

Aber schliesslich war ihm das Glück hold. Er kam in dieses Land, das ihn wie so viele von uns, freundschaftlich aufgenommen hat und ihm eine zweite Heimat wurde. Er fand eine neue Aufgabe hier [...] Er arbeitete an ihr mit ganz selbstloser Hingabe und fand sein Glück darin, hier etwas Neues schaffen zu können. Wie oft hat er unter uns, wenn die Gedanken in die der Verwüstung entgegengehenden Heimat gingen, in der alles zerstört wurde, was uns als Erbe heilig war, davon gesprochen, dass er gücklich war, dieses Erbe hier lebendig halten zu können.

Ernst Reuter, Grabrede für Ernst Praetorius, 28. März 1946

DER GOLDENE KÄFIG –
DIE TÜRKEI ALS EXILLAND

Quantitativ gehörte die Türkei, gemessen an der Zahl der Emigranten mit ca. 700 – 800 Personen, zu den kleineren Immigrationländern während der Zeit der NS-Herrschaft. Qualitativ hatte das türkische Exil, im Gegensatz zu den Deutschland vergleichbaren Staaten wie den USA, England, Frankreich, der Tschechoslowakei u. a., ganz außerordentliche Folgen, den überwiegenden Aufbau des universitären Bereichs und damit die Heranbildung einer akademischen und intellektuellen Elite, die das Land nach 1945 entscheidend prägen sollte.[237]

Es gehört zu den Zufällen der Geschichte, daß die türkische Universitätsreform gerade in dem Moment eingeleitet wurde, als durch das *Gesetz zur Wiederherstellung des Berufsbeamtentums*[238] im April 1933 – eine der ersten Maßnahmen der nun mehrheitlich regierenden, von der NSDAP dominierten Reichsregierung –, sich die erste Emigrationswelle über Europa bewegte. Vermittelt duch die *Notgemeinschaft Deutscher Wissenschaftler*, einer Selbsthilfeorganisation der Exilanten, zunächst mit Sitz in Zürich, seit 1934 in London, kamen im Sommer 1933 die ersten 30 Professoren in die Türkei. Am Ende sollten es über 80 sein, zusammen mit nochmals 100 Assistenten und wissenschaftlichen Mitarbeitern, so daß die Zahl von ca. 200 Immigranten für den Bereich der Universitäten durchaus realistisch ist.[239] Der Frankfurter Pathologe Philipp Schwartz führte als Abgesandter der *Notgemeinschaft* gemeinsam mit dem Genfer Professor Albert Malche, dem Beauftragten für die Universitätsreform, die Verhandlungen mit dem Unterrichtsminister Reşit Galip über das Engagement von Hochschullehrern an die Istanbul Üniversitesi, der damals einzigen Hochschule im Lande. Schwartz äußerte sich zu den unerwarteten Ergebnissen mit Verträgen für 30 exilierte Professoren bei guter Bezahlung:

Ich wußte, daß die schmachvolle Vertreibung aus Deutschland in diesen Stunden ihren Sinne erhielt. Ich entdeckte ein wunderbares, von der westlichen Pest unberührtes Land! Gründung und Aufbau der ‚Notgemeinschaft' waren nunmehr gerechtfertigt, ja sie haben sich als geschichtliche Notwendigkeit erwiesen.[240]

Geben und Nehmen bestimmte diese erste Phase. Die türkische Regierung scheute sich nicht vor pathetischen, geschichtlichen Vergleichen:

Als vor fast 500 Jahren Konstantinopel fiel, beschlossen die byzantinischen Gelehrten das Land zu verlassen. Man konnte sie nicht zurückhalten. Viele von ihnen gingen nach Italien. Die Renaissance war das Ergebnis. Heute haben wir uns vorbereitet, von Europa eine Gegengabe zu empfangen. Wir erhoffen eine Bereicherung, ja eine Erneuerung unserer Nation. Bringen Sie uns Ihr Wissen und Ihre Methoden, zeigen sie unserer Jugend den Weg zum Fortschritt. Wir bieten unsere Dankbarkeit und Verehrung an.[241]

Diese erste Phase der Jahre 1933 bis 1939 stand unter dem erklärten Ziel des Wissenschaftsimports und -aufbaus, wobei der Schwerpunkt auf den naturwissenschaftlichen und medizinischen Studiengängen lag. Eine landeseigene Wissenschaftstradition, auf die die Emigranten aufbauen konnte, gab es im Gegensatz zu anderen Ländern nur in begrenztem Maße. Mit diesen Maßnahmen, für die das Unterrichtsministerium verantwortlich war, sollte die kemalistische Modernisierung beschleunigt und in kürzester Zeit eine funktionsfähige wissenschaftliche Infrastruktur geschaffen werden. Alle Professoren waren verpflichtet, innerhalb von drei Jahren die Landessprache zu lernen und grundlegende Lehrbücher auf türkisch zu schreiben.[242] Die Immigranten waren hoch angesehen, besser bezahlt als ihre türkischen Kollegen und in dieser Hinsicht nicht schlechter gestellt als in Deutschland. Dennoch haben viele der Exilanten sehr unterschiedlich auf die Bedingungen in einem ihnen fremden, einem anderen Kulturkreis zugehörigen Land reagiert. Das ‚goldene Zeitalter des Universitätswesens' in der Türkei droht vom heutigen Standpunkt aus zum Mythos stilisiert zu werden, der sowohl für die gegenwärtigen deutsch-türkischen Beziehungen als auch für das Niveau der Ausbildung innenpolitisch instrumentalisiert wird.[243]

Die zweite Phase des türkischen Exils begann nach Atatürks Tod Ende 1938 und dem Beginn des Zweiten Weltkriegs im September 1939. Es gab seitens NS-Deutschlands starke, letztlich erfolglose Versuche, die Türkei auf die Seite der Achsenmächte zu ziehen. Allerdings wurde der Druck der deutschen Stellen nach 1938 zunehmend größer, worüber der 1939 angefertigte Scurla-Bericht *Über die Tätigkeit deutscher Hochschullehrer an türkisch wissenschaftlichen Hochschulen* beredtes Zeugnis ablegt. Es gelang jedoch nicht, die türkische Regierung zu überzeugen, in Zukunft nur noch ‚reichstreue' Hochschullehrer einzustellen und den Einfluß der Emigranten zu brechen. Nicht nur eine einflußreiche deutsche Botschaft und das Generalkonsulat in Istanbul agierten hinter den Kulissen, sondern auch eine NSDAP-Auslandsorganisation innerhalb der deutschen Kolonie. Die Konfrontation, wie in lateinamerikanischen Staaten, mit den Exilanten blieb jedoch aus.[244] Dennoch verschärfte sich die Situation. Ausgebürgerte Emigranten, meist jüdischen Glaubens, wurden staatenlos und verloren damit ihre Aufenthaltserlaubnis. Politisch engagierte Leute, wie Ernst Reuter, mußten tatenlos zusehen:

Hier [in Ankara] sind uns leider alle Hände gebunden. Die Regierung laesst nicht nur keine deutschen Juden hinein, sondern weist auch noch ganz planmaessig aus, was sich eben ausweisen laesst. Oft werden Leute ausgewiesen, die schon über 10 Jahre als Vertreter hier sind und nie zu irgendwelchen Klagen Anlass gegeben haben. Man meinte, dass sich das jetzt bessern würde, aber das scheint nicht der Fall zu sein.[245]

Die Stimmung im Lande gegenüber den Ausländern wurde zunehmend schlechter. 1939 wurden sogar kurzfristig alle technischen Berater bei den Ministerien entlassen. Für viele Exilanten, ca. 200 bis 300, war das ein Signal zur Weitermigration, meist nach Übersee, hauptsächlich in die USA und Lateinamerika, aber auch nach Australien und Palästina. Ab 1940 herrschten in der Türkei der Ausnahmezustand und Kriegsrecht. Politisch tätige Emigranten – eine offizielle Betätigung war ohnehin verboten – verloren ihre Aufenthaltsberechtigung und konnten in keiner Hinsicht auf die Unterstützung der Regierung hoffen, wie an dem Beispiel der KPÖ Untergrundgruppe um den Architekten Herbert Eichholzer deutlich wird.

Eine ambivalente Rolle spielte der deutsche Botschafter Franz von Papen, einer der Drahtzieher der Installierung des Reichskanzlers Adolf Hitler 1933. Seit 1939 in Ankara, versuchte er, soweit möglich, die Exilanten vor der Ausbürgerung zu bewahren. Bruno Taut, Ernst Reuter oder auch Clemens Holzmeister erhielten von der Botschaft bzw. den Generalkonsulen in Istanbul von Menzingen und Toepke direkte oder indirekte Unterstützung in ihrer Auseinandersetzung mit Reichsbehörden.[246]

Trotz des im August 1941, kurz vor dem deutschen Überfall auf die Sowjetunion, abgeschlossenen deutsch-türkischen Freundschafts- und Nichtangriffspakts blieb die Türkei bis August 1944 neutral und trat erst im Februar 1945 in den Krieg ein.[247] Die verbliebenen Exilanten saßen in einer Art ehrenvollen Gefangenschaft am Rande Europas ohne die Möglichkeit, das Land verlassen zu können. Mit Aufhebung der Neutralität wurden 1944 die meisten Emigranten in anatolischen Städten, so Yosgat, Tokat und Çorum, interniert. Ernst Reuter sowie die Mediziner Alfred Marchionini und Albert Eckstein gründeten als Nichtverbannte ein Hilfskomitee anläßlich des harten Winters 1944/1945.[248]

Die dritte Phase folgte nach Kriegsende 1945. Sie stand unter dem Zeichen der Remigration. Viele Wissenschaftler wurden bis Anfang der fünfziger Jahre nach Deutschland in hohe Positionen zurückgerufen, wie Fritz Neumark, Ernst Reuter, Rhode, Marchioni u. a., einige blieben bis zum Lebensende in der Türkei, andere emigrierten in die Vereinigten Staaten. Mit den ersten freien Wahlen 1946 und dem Wechsel der Präsidentschaft von İsmet İnönü zu Celal Bayar im Jahre 1950 begann ein neues Kapitel der Türkei, das mit dem neuen Mehrparteienstaat, der Aufnahme in den Europarat und die NATO sowie der Tendenz einer noch stärkeren Verwestlichung charakterisiert ist.

Exil als unterschiedliche Lebenserfahrung

Die von Dobelhofer apostrophierte Auffassung des Exils als *Grundbefindlichkeit des Menschen* seit der Antike kann unter den Bedingungen des Exils vor dem NS-Staat zugespitzt werden als erzwungener Daseinsform von Teilen der Elite und einer ausgegrenzten Glaubensgemeinschaft, den Juden, sowie anderen als mißliebig eingestuften gesellschaftlichen Gruppen der Bevölkerung: Sinti und Roma, Homosexuelle, Christliche und Politiker des linken Spektrums. Für sie war der Gang ins Exil nicht mehr Ausweichen vor einer unerträglich gewordenen Staatsmacht, sondern die Rettung vor dem sicheren Tod.[249]

Exil als Vorgang ist verbunden mit dem Verlust von Heimat und dem Infragestellen von Identität. Die vormalige Sicherheit und Seßhaftigkeit wird in vielen Fällen gegen ein unsicheres nomadisierendes Leben eingetauscht. *Ich bin hier immer noch dabei mir eine neue Existenz aufzubauen, und da es zum vierten Male in meinem Leben ist, so faellt es nicht immer ganz leicht,*[250] schreibt 1951 Franz Hillinger, einer der engsten Mitarbeiter von Bruno Taut. Manche Exilanten werden durch die politischen Ereignisse zwischen 1938 und 1941 gezwungen weiterzuziehen, andere fallen wiederum den Verfolgern in die Hände. Einige Länder, wie die Schweiz, Großbritannien und die USA, waren eher restriktiv in ihrer Immigrationspolitik, die Sowjetunion oder Palästina nur für spezielle Gruppen interessant. Die Vereinigten Staaten von Amerika betrieben eine systematische Wissenschaftsimmigration sowie die Aufnahme internationl anerkannter Künstler.

Die Türkei nahm, ähnlich wie Palästina, eine Sonderstellung ein, weil die Emigranten als entscheidendes Potential für die gesellschaftliche Modernisierung angesehen wurden. Entscheidender Unterschied zum zionistischen Palästina blieb, daß dort die jüdischen Immigranten identisch mit der Modernisierungsbewegung waren, ja die Modernisierung sich überhaupt erst durch die schon vor der NS-Zeit begonnenen Einwanderung konstituierte.[251] In der Türkei hingegen hatte die kemalistische Oligarchie das größte Interesse an ausländischen Spezialisten, gleichgültig ob Emigranten oder nicht, zum Aufbau eines Staats nach westlichem Muster. Der Emigrantenschub wurde unter diesen Umständen dankbar angenommen und sofort instrumentalisiert. Nur so ist es zu erklären, daß die elitäre Komponente an der Türkei-Immigration eine dermaßen bedeutende Rolle spielt.

Loevy hat am Beispiel der literarischen Emigration verschiedene grundlegende Kategorien des Exildaseins herausgearbeitet. Der Verlust von Heimat bedeutete gleichzeitig den Verlust des Diskurses und die Abkopplung von jeglicher Einflußnahme auf das Geschehen in Deutschland selbst: *Exil hat gegenüber dem NS-Staat nichts bewirkt und nichts verhindert.*[252] Das war die Quadratur des Kreises, denn man konnte nicht exiliert sein und gleichzeitig innenpolitischen Widerstand leisten. Aktive Widerständler wie Herbert Eichholzer und Margarete Schütte-Lihotzky gingen aus dem ‚sicheren Exil' Türkei 1940 zurück ins okkupierte Österreich.

Der Gang ins Exil war die bewußte Ent-Fremdung vom angestammmten Platz. Insofern trifft die bis heute geführte Diskussion um die Qualität und moralische Integrität der Exilanten auf der einen und der in der Heimat Verbliebenen, möglicherweise Widerstand Leistenden oder auch nur sich Verweigernden auf der anderen Seite nicht den Kern. Viele der Exilanten hatten nach dem genannten Berufsbeamtengesetz gar keine Wahl: Sie mußten gehen. Andere wollten erst nicht wahrhaben, daß für sie kein Platz mehr in einer ‚gesäuberten', ‚rassereinen' Gesellschaft war. Die zunehmende Entrechtung speziell der jüdischen Bevölkerungsgruppen führte erst nach den Pogromen vom November 1938 dazu, daß buchstäblich in letzter Minute noch Tausende die Heimat verließen. Die trotzdem Verbleibenden wurden mit perfektem Fahrplan in die Vernichtungslager des annektierten Ostens ‚exiliert'. Sie wurden damit nicht nur vertrieben, sondern man sprach ihnen die Existenzberechtigung ab.[253]

Mit dem Gang ins Exil wanderte auch ein Stück Heimat mit in die Gastländer, für viele *als exterritoriale doch der Heimat verpflichtete Daseinsform.*[254] Aber der Blick von außen hatte ihre Wahrnehmungsweise oft im positiven Sinne verändert:

Das Exil gab ihnen mehr Weite, Elastizität, es gab ihnen einen Blick für das Wesentliche und lehrte sie, nicht am Unwesentlichen zu haften [...] An diese Emigranten klammerten sich viele Hoffnungen innerhalb und außerhalb der Grenzen des Dritten Reichs.[255]

Loevy hat vom *Doppelcharakter des Exils* als einer theoretischer Größe gesprochen, das *erleidende* und das *erkämpfende* Exil, als zwei Seiten des auf die Heimat bezogenen Exilanten, Verlust des Alten und Vision des Neuen gleichmaßen vor Augen, in der Praxis mit allen Facetten des Übergangs in einer Person vereinigt.[256] Ernst Reuter benutzte selbst die Metapher des ‚modernen Hiob' angesichts des erzwungenen Exils: *Of course I was sitting as a modern Hiob between two beds, on the right Hanna [seine Frau] on the left Edzi [der Sohn] both ill and nothing to do.*[257]

Zwei Jahre später resümierte er über sein türkisches Exil, wo er als Berater des Wirtschaftsministeriums arbeitete: *Ich lebe gut – in einem goldenen Käfig – aber der Wert meiner Arbeit ist höchst zweifelhaft!*[258] Andererseits zögerte er nicht, die konsequente Haltung im Exil zur moralischen, überlebensnotwendigen Maxime zu erheben. An den Regisseur Harald Braun schrieb er nach Ende des Krieges:

Ich habe unsere Unterredung in Ankara in allen Einzelheiten in der Erinnerung. Es hat mich damals schwer getroffen, daß sie den Gang nach Canossa [Rückkehr nach Deutschland] antraten. Nicht nur für den Schauspieler bedeutet der Verzicht auf seine berufliche Tätigkeit den Erstickungstod. Das geht auch anderen Menschen so. Ich habe lange, lange Jahre mich darein finden müssen, in keiner Weise das zu arbeiten und leisten zu können, wozu Neigung, Veranlagung, Fähigkeit und jahrelange Gewöhnung mich von rechts wegen bestimmten. Ich habe unter der Trennung von der Heimat viel mehr gelitten als irgendeiner sonst in Ankara. Aber ich war und bin der Überzeugung, dass, wenn man nicht mit guten Gründen dabei sein kann, man eben auch darauf verzichten können muss, dabei zu sein. Als sie mir damals sagten, man müsse bei solcher Haltung vertrocknen, habe ich Ihnen erwidert, dass nicht ich, sondern andere vertrocknen müssen. Glauben Sie nicht auch, wenn sie alle diese Dinge unter dem heutigen Aspekt ansehen, daß sie selber nicht äußerlich, sondern innerlich besser gefahren wären, was Sie waren: der sich der Gewalt nicht beugende Emigrant.[259]

Ebensowenig strikt zu trennen sind die Grenzen von freiwilliger und erzwungener Auswanderung. Auch die Verhaltensweisen im Exil konnten ganz unterschiedlich sein: der Wunsch nach reibungsloser Anpassung in einem als endgültig empfundenen Exil als neuer Heimat, das ohne Wunsch nach Rückkehr blieb, oder das politische Exil, in dem sich die Exilanten als Treuhänder eines anderen, besseren Deutschland sahen.[260] Nicht nur Reuter als politischer Exponent spricht trotz des Verbots politischer Betätigung in der Türkei 1943 von seiner Mission: *I am working in that direction and I try to convince everybody that a better Germany will come after the Nazi nightmare.*[261] Auch Martin Wagner sieht sich als Städtebauer und Architekt der Arbeit für die Heimat verpflichtet:
Dennoch sehe ich keinen anderen Weg als den unseren. Aber weil ich keinen anderen sehe, darum bleibt wohl nur der eine möglich: zurück zu gehen in das Land unserer Väter, wo unsere Vorarbeit liegt und wo unsere Vollendung liegen muss.[262]

Die Türkei hatte als Exilland die Besonderheit, besonders viele erstklassig ausgebildete Immigranten aufgenommen zu haben. Viele dieser intellektuellen Exilanten sahen sich trotz interessanter Berufsmöglichkeiten in eine Isolation getrieben, die durch den nicht erwünschten Kontakt zur Gruppe der Auslandsdeutschen noch verstärkt wurde. Diese Gruppe stellte bis 1939 auch die Mehrheit gegenüber den Emigranten.[263]

Aus dieser Situation heraus gründeten die Exilierten ‚Privatakademien', intellektuelle Zirkel, mit dem Versuch, sich immer wieder deutsches bzw. europäisches Kulturgut zu vergegenwärtigen.[264] Berühmtes Beispiel ist Fritz Auerbach, der in Ankara, nur mit einer kleinen Handbibliothek ausgestattet, sein 1946 erschienenes Standardwerk *Mimesis* geschrieben hat. Für viele der Exilanten wie Ernst Reuter, Fritz Neumark, Bruno Taut oder Martin Wagner bedeutete das Exil ein Herausreißen aus den bisherigen Arbeitsfeldern, den Verlust einer dichten Arbeitsatmosphäre. Hinzu kamen die Ausbürgerung sowie Diffamierungen aus NS-Deutschland. Frustrationen stellten sich ein, die Sinnfrage nach der neuen Tätigkeit. Positiv gewendet führte dies zu mehr gedanklichem Freiraum, zu einer starken Reflexion der eigenen Standpunkte und Methoden. Der äußeren Umstellung folgte eine innere.[265] Für die Schriftsteller, Künstler und auch Architekten konnte diese Form der Selbstreflexion zu einem selbstreferentiellen Umgang mit dem eigenen Œuvre führen.

Für die Literaturwissenschaft ist seit langem deutlich, daß der Gebrauch spezieller Gattungen, wie der historische Roman, beispielsweise Thomas Manns *Josef und seine Brüder* oder Heinrich Manns *Henri IV*, in gewisser Weise exilspezifisch ist.[266] Dazu kommen bekenntnishafte Züge, so in dem ‚radikalen Bekenntnisbuch' *Doktor Faustus* von Thomas Mann:
Konnte Goethe seinen ‚Faust' als Menschheitsdrama deshalb schreiben, weil ihm ‚nichts Menschliches' fremd, so Thomas Mann den Faust unserer Epoche, weil er nichts, was Leverkühn und alle anderen Gestalten des Romans repräsentieren als etwas Fremdes, Fernes, Fiktives zu behandeln brauchte, sondern als Eigenes, Erlebtes, Erlittenes, Selbst-Durchdachtes.[267]

Haben die Aspekte des Erlittenen und Selbst-Durchdachten eine Rolle für die Künstler oder sogar für Architekten spielen können? Für einige Künstler kann man diese Frage mit Sicherheit bejahen. In den Werken Oskar Kokoschkas oder Max Beckmanns beispielsweise wird die Befindlichkeit im Exil künstlerisch verarbeitet, wobei Beckmann darüber hinaus durch die Pathosformel des Triptychons tradierte Gattungen neu einsetzt.[268]

Die Situation bei den Architekturen ist komplizierter. Unter welchen Aspekten ist von einer Exil-Architektur oder einer Architektur unter den Bedingungen des Exils überhaupt zu sprechen?

Architekten und Städteplaner im türkischen Exil

Im Gegensatz zu den Wissenschaftsemigranten, die zum überwiegenden Teil an der Istanbul Üniversitesi, später auch an der Universität von Ankara tätig waren, scheiden sich die Architekten von ihrer beruflichen Tätigkeit in mehrere Gruppen.

Erstens gibt es die Gruppe der Professoren an der Akademie der Schönen Künste, ab 1944 auch an der Technischen Universität Istanbul. Bis 1938 war die Leitung der Architekturabteilung an der Akademie mit dem Baubüro des Unterrichtsministeriums verbunden, so daß Ausbildung und die Kreierung einer neuen, vorbildhaften Architektur zusammengesehen werden müssen. Eine solche Personalunion war nicht exiltypisch, sondern durch das Ministerium seit Beginn der Reformen festgelegt. Die Stellungen waren mit Drei- bis Fünfjahresverträgen ausgestattet, hochbezahlt, sehr angesehen und mit den Professorenstellen an der Istanbuler Universität vergleichbar. In den dreißiger Jahren bemühte man sich seitens der türkischen Administration um renommierte Stelleninhaber, z. B. Hans Poelzig, Bruno Taut und Robert Vorhoelzer.

Als eine zweite Gruppe existierten sogenannte technische Berater, die für einzelne Ministerien oder Stadtverwaltungen arbeiteten. Diese meist durch einjährige Verträge verpflichteten Spezialisten hatten weniger Einfluß und wurden oft Spielball verschiedenster innertürkischer Interessen, so z. B. Martin Wagner und Ernst Reuter.

Als dritte Gruppe sind die Mitarbeiter der großen Büros zu nennen, wie es Bruno Taut an Akademie und Unterrichtsministerium unterhielt. Ihre Existenz verband sich mit den jeweiligen Leitern dieser Büros. Nach Tauts Tod waren ihnen Aufstiegsmöglichkeiten versperrt, ähnlich wie es Erichsen für die Wissenschaftlichen Mitarbeiter der emigrierten Professoren aufgezeigt hat.[269]

Als eine vierte Gruppe kamen Architekten nach der Okkupation Österreichs 1938 in die Türkei. Bei diesen spielte Clemens Holzmeister eine zentrale Rolle. Sie bildeteten keineswegs eine homogene Gruppe, waren aber praktisch fast durchweg bei Holzmeisters Großprojekten, vor allem dem Bau des Parlaments seit 1938, eingesetzt.

Architektur von Exilanten muß deutlich von den Werken anderer bildender Künstler im Exil abgegrenzt werden. Architektur entwickelt sich nicht wie die bildende Kunst in einem privaten oder sogar autonomen Kontext. Als öffentliche Kunstform – und ihre Hauptvertreter, wie Poelzig und Taut verstanden sich selbstverständlich als Künstler – wirken bei ihrer Entstehung eine Vielzahl von Interessen mit, die die Rolle des Architekten begrenzen. Es liegt an der Person des Architekten, seiner Durchsetzungskraft und Erfahrung, inwieweit er die Auftraggeber für seine Form der Architektur einnehmen kann.

Bezogen auf das Exil, auf das jeder Mensch natürlich individuell reagierte, gab es die klassische Exilsituation des bildenden Künstlers für die Architekten nicht. Kontemplation und Reflexion der eigenen Situation konnten zwar, wie bei Bruno Taut in seinem japanischen Exil, zu einem neuen theoretischen Ansatz führen,[270] in der Baupraxis in der Türkei war er jedoch gebunden an die besonderen Interessen der staatlichen Auftraggeber und mußte die seit 1927 entwickelten Strukturen berücksichtigen. Solche bestanden in der genannten Verbindung von Baubüro des Unterrichtsministeriums und Architekturabteilung der Akademie. 1927 bis 1935 übernahm diese Aufgabe Ernst Egli, der als österreichischer Spezialist ins Land geholt wurde. 1935/1936 wurde darüber verhandelt, daß Hans Poelzig diese Position übernehmen sollte. Er verweigerte sich dem Exil und starb 1936 noch in Berlin.

Bruno Taut hingegen, der diese Stelle von 1936 bis 1938 innehatte, war bereits langjähriger Emigrant und lebte ohne die Möglichkeit größerer Bauaufgaben in Japan. In der Türkei sah er seine Aufgabe in einer grundlegenden Reform der Architektenausbildung und war davon überzeugt, daß er Maßstäbe für eine neue türkische Architektur setzen müßte. Diese Stellung konnte er auch deshalb beanspruchen, weil der Regierungsarchitekt Clemens Holzmeister bis zum März 1938 hauptsächlich in Österreich lehrte und arbeitete und seit 1935 nur noch sporadisch in die Türkei gekommen war.

Die Durchsetzung aller Reformvorstellungen hing nicht unerheblich von dem Generaldirektor für das Hochschulwesen, Cevat Dursunoğlu, ab, der seit etwa 1933 im Amt war. Gegenüber der Anfangszeit, Ende der zwanziger Jahre, als Holzmeister und Egli noch direkten Zugang zu Atatürk und den entsprechenden Ministern hatten, war nun eine untere Ebene, die hohe Ministerialbürokratie etabliert, welche die Projekte entscheidend mitbestimmte. Für die Bautätigkeit Tauts spielte Dursugnoğlu die Rolle des kongenialen Mentors.[271] Auch die angestrebten Veränderungen in der Lehre mußten diskutiert und mit einer Vielzahl von Beteiligten in Akademie und Ministerium abgestimmt werden. Die Arbeitsbelastung ließ im Falle Tauts wenig persönlichen Freiraum. Er stellte sich ganz in den Dienst der Sache und versuchte, seine Vorstellung von Architektur zu erklären und umzusetzen.

Wenn trotzdem in seiner Architektur bei genauerer Analyse exilspezifische Elemente auszumachen sind, dann liegt das in der Verbindung der in Japan entwickelten neuen theoretischen Grundlagen, die zum Traktat der *Architekturlehre* führten, mit seinen ausgeführten Bauten.[272] Diese beziehen sich in einem erstaunlichen Maße auf eigene Werke und die seines Lehrers Theodor Fischers aus der Zeit vor 1914. In einer solchen Selbstvergewisserung, der Selbstreferentilität auf das eigene Œuvre kann man ein Verfahren sehen, das mit der spezifischen Situation des Exils zu erklären ist.

Programmatische Äußerungen seitens der staatlichen Stellen sind über Allgemeinplätze hinaus nicht überliefert. Innerhalb verschiedener Baugattungen hatten Architekten wie Holzmeister und Egli vor 1933 großen Spielraum. Restriktionen bezogen sich zumeist auf die Kosten bzw. die Größe der Projekte. Eine neue Qualität des Diskurses um eine moderne Architektur nach 1933 kam durch die Architekten und Städtebauer in die Türkei, welche selbst Teil der Avantgarde in Deutschland gewesen waren, vor allem durch Bruno Taut und Martin Wagner. Sie besaßen ein ausgesprochenes Exilbewußtsein und reflektierten ihre architektonischen und städtebaulichen Konzepte einerseits in Rückbezug auf ihren

Erfahrungsschatz im Heimatland, – Martin Wagner sprach von den *Vorarbeiten* – andererseits in bezug auf das Gastland Türkei. Ausgehend von der deutschsprachigen Diskussion um die Moderne zwischen 1930 und 1933 bekamen identitätstiftende Elemente innerhalb der Architektur eine immer größere Bedeutung. Das hieß vor dem türkischen Kontext: die Respektierung der heimischen Bautradition, die Ablehnung einer wortwörtlichen Übernahme moderner Lösungen, die speziell unter den mittel- und westeuropäischen Bedingungen der Moderne entwickelt worden waren. Emigranten wie Bruno Taut und Martin Wagner hatten eine einfache, klimatisch bedingte, der Topographie angemessene Architektur im Auge, die technisch auch realisiert werden konnte.

Gleichzeitig wurde durch die Exilsituation die Identität dieser Architekten entscheidend verändert. Losgelöst von seinem verlorenem Heimatland sah Bruno Taut seine Aufgabe in der Versinnbildlichung des neuen Staatsgedankens – als einer Form kollektiver Identität – mittels qualitativ herausragender Architektur. In der Lehre wurden erzieherische Ideale propagiert, die schon den Werkbund vor 1918 bestimmt hatten.

Bruno Taut hat dies in seiner *Architekturlehre* ausführlich begründet. Damit ist eine exilspezifische architektonische Haltung umrissen, die keinesfalls für alle Exilländer verallgemeinerbar ist, aber doch für diejenigen, bei denen die Moderne, wie in Palästina oder Mexiko, ein konstitutives gesellschaftliches Programm war. In solchen Staaten kam es durch das Exil zu einer Konfrontation des bereits vor der NS-Zeit stattfindende Transfer moderner Architektur mit den exilierten Protagonisten der Moderne selbst.

Unter ganz anderen gesellschaftlichen Voraussetzungen als in der Türkei formuliert Erich Mendelsohn 1937, zeitgleich zu Taut, seine Denkschrift *New Architecture in Palestine*, in der er jedoch zu ganz ähnlichen Schlußfolgerungen gelangt:

Besser bauen hiess: Beton statt Holz. Schöner bauen hiess: kompliziert statt einfach. Und während in Europa die neuen architektonischen Experimente in den Werken der Besten bereits Standardwerke der Planklarheit, der konstruktiven Einfachheit und des sinngemässen architektonischen Ausdrucks hervorgebracht hatten, ergiessen sich über das neue Palästina die unverstandenen Kopien dieser historisch notwendigen Gehversuche der neuen Architektur. Man baut in Beton und Glas, weil man keine Zeit und kein Verständnis hat, die Bedingungen des orientalischen Klima zu studieren. Man ist – wie immer die Nachahmer – aufgeregt über die neuen Zeichen am Himmel der Architektur, begierig, den Anschluss zu finden, ehrgeizig genug zu übertrumpfen, und Experimente zu verewigen.[273]

In diesem Zusammenhang mußte Mendelsohn erleben, daß er mit seinen epochemachenden Bauten der zwanziger Jahre, besonders der typischen ‚dynamischen' Ecklösung selbst kopiert wurde.[274] Mendelsohn war so wenig begeistert davon, *daß er sagte, man solle zunächst einmal zehn Jahre dergleichen nicht entwerfen.*[275] Ähnlich argumentierte Martin Wagner, als er sich angesichts der europäisch inspirierten Architektur jüngerer türkischer Architekten, wie Seyfi Arkan, darüber beklagte, *wie Mies und Corbusier sich hier versündigt haben, Modeschneider und nicht Architekten seien das Ergebnis.*[276] Gegenüber dem Konstrukt einer modernen Architektur eines Ernst Egli, das sicher seine architektonischen Qualitäten hatte, sahen sich diese Vertreter des Neuen Bauens Mitte der dreißiger Jahre in der Situation eines seit fast 20 Jahren anhaltenden Diskurses über moderne Architektur, in dessen Verlauf sie feststellen mußten, daß ihre revolutionierende Bewegung selbst Wandlungen unterlag und sie im Grunde nicht mehr die Speerspitze der Avantgarde waren. Der Topos der klimatisch ausgerichteten und landschaftlich gebundenen Bauweise in den jeweiligen Gastländern sowie deren Bautradition führte oberflächlich betrachtet zur Übernahme verschiedener Architekturmotive und Materialien. Dieses Verfahren konvergierte mit der breiten Regionalismusdebatte zu Beginn der dreißiger Jahre, ohne in einen neuen Historismus zu verfallen. Vielmehr erinnert Tauts Vorgehensweise der zitathaften Einbindung an Verfahren der Postmoderne. Mendelsohns und Tauts Architekturen bleiben im Grunde durch und durch europäisch und waren den funktionalen Errungenschaften der zwanziger Jahre verpflichtet. Die eher repräsentativen Fassaden eines Bruno Taut bedeuten nicht nur ein Eigenzitat der Werke um 1910, sondern den Rückbezug des Diskurses der Modernen Architektur auf die Werkbunddebatte vor 1914 unter dem Schlagwort ‚Sachlichkeit', innerhalb dessen der neue Stil der weißen Moderne nur eine Episode bildete. Insofern ist es nicht verwunderlich, daß sich die Positionen, beispielsweise der Werkbundmitglieder Bonatz und Taut, immer mehr annäherten, wie es unter umgekehrten Vorzeichen schon einmal um 1928 geschehen war, als Kreis, Bonatz u. a. den modernen Formenkanon aufgenommen hatten.

Das Fatale war, daß diese Transformation der Moderne, die bei Mendelsohn und Taut als exilbedingt bezeichnet werden kann, keine Rezeption im Nachkriegseuropa erfahren hat. Dies lag einerseits am frühen Tod der Protagonisten oder dem beruflichen Abseits, andererseits an der amerikanisch dominierten Rezeption der Moderne in den fünfziger Jahren, in denen die Positionen von Mies und Gropius als exilamerikanische Sonderfälle nun als Paradigma stilisiert wurden. Nicht zu vergessen ist überdies, daß in Deutschland spezifische technikbestimmte Rudimente der Diskussion der Moderne durch verschiedene junge Architekten im Umkreis von Albert Speer oder Herbert Rimpl weitergeführt wurden,[277] ohne den künstlerischen oder sozialen Überbau zu transportieren, dem Mendelsohn oder Taut verpflichtet waren. Dieses Ethos bedingte eine kämpferische Haltung für künstlerische Positionen, die durchaus zu Konfrontationen, beispielsweise an der Akademie der Schönen Künste in Istanbul, führten. Taut und Mendelsohn erlebten bewußt ihr Exildasein und strebten daraus eine gesellschaftliche Verantwortung in dem jeweiligen Gastland an.

Martin Wagner sah deutlich die divergierenden Strömungen des Exils sowie der inneren Emigration und hoffte auf eine vierte, nach dem Kriege alles synthetisierende Richtung innerhalb der deutschen Architektenschaft, die de facto illusionär bleiben sollte:

Aber werden wir es nicht erleben, dass drei Fronten einst zusammen kommen und sich nicht mehr verstehen werden? Ich meine die Front der ‚Freiwilligen', die hinausgingen, weil sie in der alten Luft nicht mehr atmen konnten. Ich meine die Front der ‚Unfreiwilligen', die hinausgingen, weil sie sich verhaftet fühlten und nach überwundener Gefahr wieder zu den alten Fleischtöpfen zurückkehren wollen. Und ich meine die Front der Heimkrieger, die sich an das verlogene Etappenleben so gewöhnt haben, das [sic] sie es nicht mehr aufgeben wollen. Vielleicht gibt es aber noch eine vierte Front, die Front der ganz stillen und erbitterten Schweiger und Kämpfer, die sich von allen Kompromissen verschont haben, die mit sich selbst rangen und zum Höchsten durchstiessen. Ich hoffe, dass es solche gibt. [...] Also hoffen wir auf diese vierte Front! Wie gerne würde ich mich ihr unterstellen wollen![278]

Neben den Architekten, die eine sehr aktive und einflußreiche Rolle bei der architektonischen Gestaltung des Gastlandes spielten, gab es die Gruppe der wenig bekannten Spezialisten, eine Art stilles Exil. Betrachtet man die Gruppe der Architekten im Baubüro unter Poelzig und Taut, so verlaufen deren Schicksale fast alle im Dunkeln. Über die Mitarbeiter Tauts, die aus verschiedensten Gründen bereits vor dessen Ankunft in der Türkei arbeiteten – Zimmermann, Mundt und Runge – lassen sich nicht einmal ansatzweise Biographien rekonstruieren. Letztlich ist nur klar, daß sie als Spezialisten für Konstruktion, Theaterbau etc. engagiert wurden und bis 1938 im Entwurfsbüro tätig waren. Wann und ob sie das Land verließen, konnte nicht ermittelt werden. Andere Mitarbeiter von Bruno Taut, Wilhelm Schütte und Grimm, werden in einer türkischen Zeitschrift um 1940 als Professoren an der Akademie bezeichnet, waren aber wohl in Wirklichkeit einfache Dozenten. Schüttes Biographie ist aufgrund der zu zeigenden Konflikte mit Vorhoelzer deutlicher faßbar, läßt sich aber im Grunde nur bis zu dessen Weggang 1941 nachzeichnen. 1944 wird er in Yozgat interniert.[279]

Einzig die Biographie Franz Hillingers (1895 – 1973) gewinnt wenig mehr Konturen.[280] Als alter Freund von Taut – Entwurfsarchitekt bei der GEHAG sowie temporärer Assistent von Taut für Wohnungsbau an der TH Charlottenburg – wird er 1937 von diesem nach Istanbul geholt, wo er ab 1938 quasi die Büroleitung der Entwurfsabteilung des Unterrichtsministeriums erhält, die er bis 1951 inne hatte.[281] Nach eigenen Angaben war er 1937 – 1940 *Lehrer für Architekturentwurf an der Akademie* und bis 1943 *Technischer Direktor der Architekturschule in Ankara*.[282] Als Ausländer durfte er nach 1938 seine Projekte und Wettbewerbe nicht mehr selbst signieren. Unklar bleiben seine Anteile an dem von Eldem und Onat ausgeführten Chemischen Institut der Universität Istanbul sowie an Projekten zur Technischen Universität Ankara 1942 unter Holzmeister, Eldem und Oelsner sowie 1945 unter Paul Bonatz.[283] Nach vergeblichen Versuchen 1951/1952 zu seiner Familie nach Amerika zu emigrieren, arbeitet Hillinger als *Leiter des Baubüros für das Neue Parlamentsgebaeude in Ankara als Vertreter von Prof. C. Holzmeister*, 1956 emigriert er schließlich in die USA. Diese Gruppe von Pragmatikern hinterläßt weder diskussionsprägende eigene Bauten noch wesentliche schriftliche Beiträge.

Die österreichische Gruppe um Holzmeister ist signifikant für den Versuch, ein Stück Heimat in die Türkei hinüberzuretten. Es gehört zu den österreichischen Besonderheiten, daß im Atelier des christlich-sozialen Holzmeister – einer der herausragenden kulturpolitischen Figuren des austrofaschistischen Ständestaats – eine Gruppe von Architekten in der Untergrundorganisation der Kommunistischen Partei Österreichs arbeitete. Margarete Schütte-Lihotzky (geb. 1897), Herbert Eichhholzer (1903 – 1943) und Inez Maier (1912 – 1943), unterstützend auch Wilhelm Schütte, betrieben Untergrundarbeit und kehrten bis auf Schütte 1940 in das besetzte Österreich zurück, um sich aktiv der Widerstandsbewegung anzuschließen. Die Politisierung im Exil hatte zur Aufgabe des Exildaseins und zum Gang in den Widerstand geführt.

Fritz Reichl und Stephan Simony gehörten zu den engen Mitarbeitern von Holzmeister. Reichl (1890 – 1959) leitete das Holzmeister-Büro von 1939 bis 1946, um dann in die USA zu emigrieren. Simony (geb. 1903) lebte 1938 –1944 in Istanbul, lehrte an der 1940 neugegründeten Technischen Universität, wurde wahrscheinlich 1944 interniert und 1952 an die Akademie für bildende Künste in Wien berufen.[284]

Das heterogene Feld dieser Architekten und Architektinnen spiegelt die genannten Kategorien des Exils wider. In die von der Exilforschung immer wieder betonten Wirkungsgeschichte der Exilanten für das jeweilige Gastland sind nur die Architekten und Städteplaner der ersten Kategorie einzureihen. Ausgestattet mit einem Lehramt sowie der nötigen Infrastruktur konnten Personen wie Martin Wagner, Bruno Taut und Ernst Reuter durch Aufsätze in renommierten Zeitschriften sowie durch fundamentale Lehrbücher wirken.[285] Eine kaum quantifizierbare, geschweige denn qualitative Rezeptionsgeschichte ist im Bereich der Lehre auzumachen. Hier kamen auch den weniger bedeutenden Architekten der zweiten und dritten Kategorie eine nicht unerhebliche Bedeutung zu. Sicher ist, daß die damals bereits ausgebildeten, jüngeren türkischen Architekten, die die Nachkriegsarchitektur in der Türkei entscheidend prägen sollten, wie Sedad Hakkı Eldem, Seyfi Arkan, Emin Onat, Asım Kömürcüoğlu, Positionen von Ernst Egli, Bruno Taut und Martin Wagner debattierten.[286] Tauts wegweisende Bauten in Ankara, besonders die Literaturfakultät, haben die Abkehr vom Modernismus Eglis beschleunigt und Architekten wie Sedad Eldem zum traditionelle Elemente aufgreifenden Zweiten Nationalen Stil ermutigt. In diesem Sinne bewirkte die exilspezifische Haltung von Taut einen begründeten Stilwechsel, auch wenn der Zweite Nationale Stil sich unter dem Einfluß der NS-Architektur und dessen Protagonisten Paul Bonatz schließlich völlig anders entwickelte, als Taut es beabsichtigt hatte.

ZUR SITUATION DER MODERNE UM 1930

Da man in Deutschland etwa 1925 für die Architektur die Sonne sozusagen ‚entdeckt' hatte, so starrte man fast ausschliesslich auf sie, bis zur Erblindung.[287]

Bruno Taut – Architekturlehre, Istanbul 1938

Die Entstehungszeit des *Neuen Bauens* in der Türkei fällt mit der Krisis der modernen Architektur in Europa zusammen, die vor allem durch die Weltwirtschaftskrise und die Angriffe rechts-nationaler Kreise ab 1929[288] ausgelöst wird und ihren Höhepunkt in der Machtübernahme der nationalsozialistischen Diktatur in Deutschland erreicht. In letzter Konsequenz bedeutete dies die Emigration der wichtigsten Vertreter der architektonischen Avantgarde und das Ende des Diskurses der Moderne in Deutschland, auch wenn z. T. moderne Architektur gattungsgebunden im Industriebau weitergeführt werden konnte.[289]

Im Zeichen der Krise hatten bereits 1930 und 1931 Ernst May, Hannes Meyer und Bruno Taut neue Aufgabenfelder, besonders im städtebaulichen Bereich, in der Sowjetunion angenommen, beseelt von dem Wunsch, aktiv am sozialistischen Aufbau teilnehmen zu können. Sie hofften, dort ihre sozialen Ideen von einer empanzipatorischen neuen Architektur verwirklichen zu können,[290] wurden jedoch durch die *Stalinisierung* der Architekturdebatte ab 1932/1933 jäh abgewürgt, so daß Taut und May 1933 die Sowjetunion verließen und in ein beinahe kontemplativ zu nennendes Exil nach Japan bzw. Kenia gingen. Für diese Architekten begann der Exodus also bereits vor 1933.

Als 1934 im Rahmen der CIAM die *Charta von Athen*, eine Entschließung zum modernen Städtebau unter politischen, sozialen und wirtschaftlichen Vorzeichen debattiert werden soll, fällt – wie Simone Hain es pointiert ausgedrückt hat – *der in der CIAM damals dringend gewünschte Dialog mit den ‚Eliten politischer Veränderung' buchstäblich ins Wasser. Es brannte längst auf dem Kontinent und ein kleines Häuflein Weltverbesserer trieb, politisch heimatlos geworden, auf einem Schiff über das Mittelmeer.*[291] Ob diese Gruppe, die ‚Rumpf-CIAM' unter der Führerschaft von Le Corbusier und Sigfried Giedion um 1933 überhaupt als repräsentativ für die entscheidenden Stränge der modernen Architekturentwicklung angesehen wurde, dürfte zu bezweifeln sein. Dort nicht vertretende Architekten und Städteplaner wie Taut, May, Wagner und Mendelsohn dachten unter den Bedingungen des Exils angesichts der umfassenden sozialen Modernisierung ihrer Gastländer über eine Transformation der Moderne nach, Überlegungen, die sich die exilierten Gropius und Mies van der Rohe in einem Amerika ohne Tradition und einem mit Zentraleuropa vergleichbaren industriellen Standard kaum machen mußten.[292]

Dieser objektiven Krise des Neuen Bauens stand auf der anderen Seite die gleichzeitige Institutionalisierung der modernen Architektur als Stilgebilde gegenüber: Die Moderne wurde ihrerseits historisiert in dem Augenblick, als sie ihrer politischen Sprengkraft schon beraubt war.

1932, als Henry-Russell Hitchcock und Philip Johnson mit ihrem epochemachenden Buch *The International Style. Modern Architecture since 1922* innerhalb der Ausstellung des Museums of Modern Art in New York aus einer distanzierten, amerikanischen Perspektive die Moderne in das kunsthistorische Stilsystem integrierten, bewirkten sie damit zweierlei: Einmal wurde der Experimentalcharakter ganz unterschiedlicher Strömungen der Moderne unter einem feststehenden Stilbegriff subsumiert, der als formal ornamentlos und strukturell funktional definiert war. Im Gegensatz zu dem vorherrschenden Kaleidoskop wurde zweitens der neue Stil auf die Positionen von Walter Gropius, Le Corbusier, Ludwig Mies van der Rohe und – bemerkenswerterweise – Jacobus Johannes Pieter Oud eingegrenzt. Mit dieser Auswahl traten jene Architekten ins amerikanische Rampenlicht, die vor allem am Konzept einer neuen Form, einer ästhetischen Moderne, interessiert waren. Logischerweise konnte eine solche Konzeption nicht mehr streng genommen nur funktional begründet sein. Hermann Barr jr., der Direktor des Museum of Modern Art, bezeichnete so auch folgerichtig die Position Mies van der Rohes als *post-funktional* und schlug diesen Terminus anstelle von *international* vor.[293]

Damit war der entscheidende Schritt zu der einseitigen Modernerezeption der Nachkriegszeit getan, die im wesentlichen über Giedions *Space, Time and Architecture*, 1941 erschienen, kanalisiert wurde. Die Moderne reduzierte sich auf Mies, Gropius und Corbusier und verstellte den Blick darauf, wie heterogen und komplex sich die Situation um 1930 dargestellt hatte.[294] Ein ganzer Bereich, der des sozial determinierten Neuen Bauens, wie ihn z. B. in Deutschland Bruno Taut und Martin Wagner für Berlin, Ernst May und Martin Elsaesser für Frankfurt/M., Otto Haesler in Celle verkörperten, war ausgeblendet worden; ganz zu schweigen von der dynamischen Moderne eines Erich Mendelsohns, der ‚Organik' eines Hans Scharoun und Hugo Häring sowie den nicht eindeutig zuortbaren Positionen der älteren Generation, wie die Fritz Schumachers, Hans Poelzigs, Theodor Fischers oder Peter Behrens'.

Daß die Moderne in die Stildiskussion überführt werden würde, war wohl spätestens seit dem Erfolg der Weißenhofsiedlung deutlich geworden. Die deutschsprachige Debatte nach 1927 geht dann auch um die Stellung des Neuen Bauens zwischen Stil und Mode sowie um Wahrhaftigkeit im Sinne einer künstlerischen Avantgarde.

Ludwig Hilberseimer vertritt seine Position 1927 unter dem Titel *Internationale Neue Baukunst.*:

Die Art des Gestaltungscharakters bestimmt den Charakter der neuen Baukunst. Sie ist nicht auf äußere Dekorativität gestellt, sondern Ausdruck der geistigen Durchdringung aller Elemente. [...] Sie ist keine Formenangelegenheit [!]*, wie vielfach angenommen wird, sondern elementarer Ausdruck einer neuen Baugesinnung. Zwar vielfach differenziert durch örtliche und nationale Sonderheiten, durch die Person des Gestalters, im Ganzen aber das Produkt gleicher Voraussetzungen Daher die Einheitlichkeit ihrer Erscheinungsform. Ihre geistige Verbundenheit über alle Grenzen hinweg.*[295]

Damit wandte er sich gegen den Vorwurf des modisch dekorativen Charakters des neuen Stils insgesamt und versuchte, ihn künstlerisch zu erklären. Der Gestaltungswille, eine Art *Kunstwollen* (Riegl) bestimmt letztlich die Form. Es bleibt, nach Hilberseimer, ein künstlerischer Prozeß, so daß ‚Funktionalismus'[296] um 1927/1928 als artifizielles Resultat gewertet werden muß, das mit Funktion so viel zu tun hat wie Konstruktivismus mit Konstruktion. Wie nahe sich die verschiedenen Fraktionen um diese Zeit noch standen, zeigen auch die emphatischen Äußerungen von Hugo Häring, der trotz der seiner Meinung noch ausstehenden Klärung der formalen Seite der Architektur hin zu einem Stil ausruft: *Nur eine Sorge hat die Baukunst nicht mehr, die Sorge, ob aus ihr wirklich ein neuer Baustil sich entwickeln könne.*[297] Als Differenzierung führt er jedoch die Gattungsabhängigkeit der Bauaufgaben ein. Damit ist schon ein entscheidendes Element genannt, daß die immanente Krise des Neuen Bauens heraufbeschwören sollte, nämlich die Gestaltung des Repräsentationsbaus.

Walther Curt Behrendt sah 1927 als Grundlage für den *werdenden Stil* eine technische Ästhetik, welche die *Segnungen der Kunst* erst noch bekommen müsse. Auch er forderte eine neue Bau-Kunst, um – nach Poelzig – *für den lieben Gott zu bauen.*[298] Ähnlich wie Hilberseimer sah er in der neuen Bewegung kein billiges Sensationsbedürfnis, sondern eine *Rückkehr zu den Grundlagen und Elementarregeln des Bauens*, die in der Zeit verankert, *gestaltend durch Gestaltung* hervorgebracht werden müßten.[299]

Gerade diese Prämissen der Zeitgemäßheit und nicht zuletzt der Rationalität brachten die Moderne in den Konflikt zwischen Individualität und Kollektivität, in das Problem von Exzentrik und Formalismus. Damit wurden indirekt Positionen weiterentwickelt, die bereits 1914 im Werkbundstreit um Typus und Individualität eine Rolle gespielt hatten. Damals war das Wort von der *Kunstdiktatur* in Hinblick auf Muthesius' Forderungen nach *Typisierung* und *Vermassung* der Architektur gefallen, wogegen Bruno Taut den expressiv-sinnlichen Poelzig als liberalen Gegenpart benannte.[300]

Es muß mit aller Deutlichkeit betont werden, daß die Hauptvertreter der deutschsprachigen Moderne und auch die herausragende Figur im französischen Sprachraum, Le Corbusier, Beteiligte oder zumindest genaue Kenner der Werkbundreformbewegung waren und daß in den Debatten zwischen 1907 und 1914 ganz wesentliche Elemente der Architekturdiskussion der zwanziger Jahre begründet liegen.[301]

Adolf Behne, einer der herausragenden Wortführer der modernen Kunst, versucht um 1930, den sich abzeichnenden funktionalen Formalismus zu kritisieren und trotzdem die Einheitlichkeit der Bewegung zu wahren. Allerdings kommt er am Beispiel des Zeilenbaus von Dammerstock zu einer radikalen Kritik an den Architekten, die sich als *Kunstdiktatoren* aufspielen:

Aber faktisch wird der Mensch hier zum Begriff, zur Figur. Der Mensch hat zu wohnen und durch das Wohnen gesund zu werden, und die genaue Wohndiät wird ihm bis ins einzelne vorgeschrieben. Er hat, wenigstens bei den konsequentesten Architekten, gegen Osten zu Bett zu gehen, gegen Westen zu essen und Mutterns Brief zu beantworten und die Wohnung wird so organisiert, daß er faktisch gar nichts anders machen kann.[302]

Das sozial determinierte Gesamtkunstwerk der Moderne, der Wohnungsbau, gerät bei der stärker formal orientierten Fraktion des Neuen Bauens außer Kontrolle der eigentlichen Nutzer. *Kann man per Diktatur soziologisch sein?*, fragt Behne. Damit wirft er eine ähnliche Fragestellung auf, die schon Adolf Loos 1908 gegen die normativen Gesamtkunstwerke der Wiener Villen eines Josef Hoffmann mit der Erzählung *Vom armen und vom reichen Mann* zu beißender Polemik veranlaßt hatte.[303] Um 1900 hatten Otto Wagner sowie die Secessionarchitekten, an der Spitze Josef Maria Olbrich und Josef Hoffmann, in Weiterentwicklung der Ansätze des 19. Jahrhunderts – Arts & Crafts – mit ihrem modifizierten Historismus, die Gesamtheit der Lebenssphäre – Wohnen, Arbeiten, Gebrauchskultur – normativ im Sinne eines Gesamtkunstwerks auslegen wollen. Dem Architekten wurden dabei Möglichkeiten als Schöpfer sozialer Modelle zugesprochen, die er de facto gar nicht besaß. In der Person von Peter Behrens wurden nach 1907 diese Positionen mit der industriellen Massenkultur der Großkonzerne verbunden, so daß nun ein neues Gesamtkunstwerk auf der Grundlage von Normung, Typ und seriell-industrieller Fertigung angestrebt werden konnte, das in seiner radikalen, ästhetischen Konsequenz erst in den zwanziger Jahren, z. B. von Le Corbusier und Hilberseimer, aber auch von Gropius weiter verfolgt wurde.[304] Dieser avantgardistischen Ansatz Le Corbusiers wurde erstmals von Reyner Banham 1964 mit guten Argumenten kritisch hinterfragt, indem er anhand der *ville contemporaine* und dem *plan voisin* für Paris die absolutistischen, durch Haussmann gefilterten Elemente seiner Planungen betonte. Der Mensch wurde zum Mittel der Architektur, die Aussagen zur konkreten Detaillierung der Bauten blieb minimal.[305] Dies stand im Widerspruch zu den Erfahrungen der Architekten, die wie Taut, May oder Schumacher eine reiche Baupraxis im sozialen Wohnungsbau besaßen.

Die Entwicklungsstufen der modernen Architekturbewegung

Einen gegenüber Corbusier sehr viel offeneren Ansatz hatte Behne selbst Anfang der zwanziger Jahre formuliert: Sein 1923 geschriebener, aber erst drei Jahre später veröffentlicher *Moderner Zweckbau* ist das Plädoyer einer neuen Baukunst, gegründet auf die künstlerischen Traditionen von Werkbund und Expressionismus. Behne zieht die Summe einer Bewegung gleich zu Beginn, als 1924 mit Gustav Hartlaubs Ausstellung in Mannheim die Überwindung des Expressionismus, die *Neue Sachlichkeit* als neues Zeitalter in der bildenden Kunst eingeläutet wird.[306] In der neuen Architektur sind jedoch die utopischen Ideale der Kriegs- und Vorkriegszeit, die der Architekt als Künstler verwirklichen sollte, im Kern aufgehoben: die neue Gesellschaft, die neue Stadt, die neue Form. Behne scheidet zunächst Form und Zweck, um dann zu postulieren:

Das Zurückgehen auf den Zweck wirft also immer wie-

der tyrannisch gewordene Formen ab, um aus der Besinnung auf die ursprüngliche Funktion aus einem möglichst neutralen Zustand eine verjüngte, lebendige, atmende Form zu schaffen,
und mit einem Seitenblick auf den gerade überwundenen utopischen Expressionismus, dessen Wortführer er noch kurz zuvor war, schließt er an:
Der Charakter als Werkzeug macht den Bau zu einem Relativum. Der Charakter als Spielzeug macht ihn zu einem Absolutum. Zwischen beiden Spannungen muß sich der Bau im Gleichgewicht halten.[307]
Der moderne Zweckbau entwickelt sich vermeintlich immanent, sozusagen in keimfreier Atmosphäre. Gropius verwandelt diesen Ansatz in direkter Konkurrenz zu Behne zur *Internationalen Architektur*. Es ist der erste Schritt hin zum *International Style*. 1925 schwebt Gropius noch expressionistisch hoch:
Die Baumeister dieses Buches bejahen die heutige Welt der Maschinen und Fahrzeuge und ihr Tempo. Sie streben nach immer kühneren Gestaltungsmitteln, um die Erdenträgheit in Wirkung und Erscheinung schwebend zu überwinden.[308]
Gropius benutzt ferner den Husserlschen Begriff der *Wesensforschung* in bezug auf Architektur, der damals auch von Aby Warburg u. a. rezipiert wird[309] und der dem Rieglschen *Kunstwollen* sehr nahe kommt: *Die geistige Welt gibt dem Bau erst die Spannung [...] über seinen eigenen Nützlichkeitswert hinaus.* Damit wird deutlich, daß der Funktionalismus idealistisch begründet ist und in der Dualität von Funktion und Form die historische Debatte um Architektur als *Stilkunst* seit dem zweiten Viertel des 19. Jahrhunderts weitergetragen wird. Es ist die Debatte um *Kernform* und *Kunstform*, um Struktur und Fassade von Hübsch und Bötticher über Semper hin zum Versöhnungsversuch Otto Wagners. Dieser proklamierte in seiner programatischen Schrift *Moderne Architektur*, 1896, die zeitgenössische Fundierung der Architektur sowie die Versöhnung von Baukunst und Ingenieurkunst unter der Führung des Architekten, Gewichtungen, die beispielsweise Le Corbusier in *Vers une Architecture* unter den veränderten Rahmenbedingungen der zwanziger Jahre wiederaufnehmen sollte.
Gropius' Ziel wird 1925 noch als einheitliches Weltbild umschrieben. Objektivierung bleibt ein Zauberwort in diesen Jahren. So haben wir von Beginn an Funktion mit Überbau, den apostrophierten Funktionalismus, bei dem der Begriff des Neuen auf die vermeintliche Autonomie der neuen Kunst- und Architekturbewegung verweisen soll (Neues Bauen – Neue Sachlichkeit) und dabei die Wurzeln im 19. Jahrhundert verschüttet werden.[310] Die Überleitung des architektonischen Expressionismus in die Sachlichkeit ist weniger der ästhetische Paradigmenwechsel der Moderne als vielmehr die Einsicht in das Machbare: Funktionalismus als pragmatische Architekturutopie; die Architekten bleiben dieselben.[311]
Behne hat sich gleich zu Beginn dieser Bewegung an deren Spitze gesetzt mit einer für uns heute ungewöhnlichen Differenzierung der Richtungen. Die dort benannten Kategorien verkörpern Individuum und Kollektiv, Künstler und Ingenieur, Zufall und Methodik, Romantik und Rationalität.
Es gibt demnach erstens Funktionalisten, die wir heute als Organiker bezeichnen würden, da ihre Formen aus den Bewegungsabläufen, den Funktionen im Haus abgeleitet werden: Diese Architektur ist für Behne einzig geeignet, das Individuelle zu verkörpern. Die zweite Gruppe bilden die Rationalisten, welche die Maschine in ihren knappen, eleganten Formen bewundern, sie haben Methode, sie entwerfen für das Kollektiv. Das dritte sind Utilitaristen, die den ökonomischen Faktor der Maschine zum Prinzip erheben. Gustav Adolf Platz merkt 1930 kritisch dazu an: *Die Unterscheidung zwischen Utilitarismus und Funktionalismus überlassen wir der Kunsttheorie.*[312]
In der Betonung der kollektiven Bauaufgaben, der klassischen Position eines sozial determinierten Öffentlichkeitsanspruchs der Architektur versucht hier Behne indirekt eine Versöhnung der neuen Ästhetik mit seinen durch den Expressionismus geprägten sozialutopischen Vorstellungen, die er 1919 in *Die Wiederkehr der Kunst* offenlegte: Dort wendet er sich schroff gegen den Individualisten.
Wir aber sind Dividualisten, wir waren schon, wir werden sein, und wir teilen uns leicht. Feind aller Starrheit geben wir uns hin, bauen am großen Ganzen, das durch Generationen wachsen möge, ohne auch nur einen Namen der Nachwelt, die unsere Mitwelt bleibt, zu hinterlassen – kurzum: als Dividualisten sind wir Sozialisten, im ursprünglichsten, tiefsten, letzten brüderlichen Sinn.[313]
Kein Zweifel, daß damals Behne, ebenso wie Taut und Gropius, der Fiktion einer mittelalterlichen Bauhütte als voraufklärerischem Gesamtkunstwerk anhing und damit zu den Rezipienten der deutschen Romantik um 1800 gehörte.[314] Auf der anderen Seite hatte Behne 1923 bereits eine konkrete, in seinem Sinne versöhnende architektonische Position vor Augen, die er als zweite kollektive Richtung, als Rationalismus bezeichnet, nämlich die von Max Taut, wie dieser sie vor allem mit seinem Berliner ADGB-Verwaltungsgebäude, 1922 – 1924, und dem Haus der Buchdrucker umsetzte.[315]

Diese eigentümliche Verbindung eines aus dem Expressionismus stammenden Überbaues mit dem konstatierten Paradigmenwechsel in den frühen Übersichtswerken wird nach 1925 durch die Hinwendung des Bauhauses zur industriellen Fertigung fallengelassen. Doch ist es gerade der Bauhäusler Georg Muche, der 1926 die moderne Architekturentwicklung am Bauhaus mit dem von ihm erstmals konstatierten ‚neuen Stil' wieder fest an den Diskurs der Reformbewegung um 1900 anschließt:
Der Versuch, die technische Produktion mit den bildnerischen Gesetzen im Sinne der abstrakten Gestaltung zu durchdringen, hat zu einem neuen Stil geführt, in dem das Ornament als zeitgemäße Ausdrucksform vergangener Handwerkskunst keine Anwendung mehr findet, der aber trotzdem dekorativ bleibt,[316] womit man sich an die Ornamentdebatte, die Loos um das Michaelerhaus geführt hatte, erinnert fühlt. Loos lehnte zwar Schmuckformen ab, behandelte aber den Bau insgesamt als Ornament, womit die Linie weiter zu den späten Gesamtkunstwerken des Wohnens seinem Haus Müller in Prag oder zur Villa Tugendhat von Mies van der Rohe, beide erst 1930 entstanden, zu ziehen ist. Muches Kritik am traditionellen Ansatz dieser Form von moderner Architektur läßt sich hiermit in Verbindung bringen:
Diese Architektur, die mehr zu sein scheint als angewandte Kunst, ist an und für sich nichts anderes als Ausdruck eines neuen Stilwillens im traditionellen Sinne der bildenden Kunst. Sie gehört noch nicht zu den Schöpfungen moderner Produktion, in denen das formale Thema der industrialisierten Methode geltend gemacht wird.[317]
Damit verneint Muche eine strukturelle Modernität der neuen Baukunst und stellt die Vertreter des Neuen Bauens, insbesondere Gropius, direkt in die Werkbunddiskussion zwischen 1910 und 1914.
Bereits 1911 hatte Osthaus mit seinem Vortrag *Was ist es, das den Stil schafft?*[318] die baukünstlerischen gegen die materialistischen Prinzipien abgegrenzt, um dann zu zeigen, daß Künstlertum, gepaart mit Materialbeherrschung, zu neuen Formen, Strukturen, kurz, zu einem neuen Stil führen müsse. Damit stand Osthaus ganz in der Nachfolge von Otto Wagners *Moderner Architektur*, wo die Versöhnung von Baukünstler und Ingenieur mit dem Resultat eines neuen zeitgemäßen Stils ermöglicht werden sollte. Werner Oechslin hat aufgezeigt, welche Rolle diese Gedanken für die Architekten des Neuen Bauens, insbesondere für Le Corbusier, gespielt haben, auch wenn sie dies später nicht mehr wahrhaben wollten.[319]
Es muß insgesamt viel stärker ins Bewußtsein dringen, daß die Protagonisten des Neuen Bauens die Summe aus einer zwei Jahrzehnte andauernden Reformdiskussion ziehen konnten, an der sie teilweise selbst Anteil hatten: Secession, Werkbund, der Krieg als ungeheurer Katalysator. Die Diskussion um das Ornament sowie der Weg in die Sachlichkeit war seit 1900 schon beschritten worden, die späte Wiener Schule und der Werkbund waren die Wegbereiter.
Zwei große Strömungen kann man aus dieser Vorkriegsdebatte benennen: auf der einen Seite die Rationalisten, deren oberstes Ziel es war, Architekt und Ingenieur zu versöhnen (Baukunst und Ingenieurkunst), auf der anderen Seite die Romantiker, die individuelle Baukunst als Schöpfungsakt begriffen. Ausgehend von den Siedlungsbauten und der Gartenstadtbewegung mit ihrer sozialutopischen Tradition, die weit ins 19. Jahrhundert zurückreicht, kamen Architekten wie Bruno Taut angesichts des Ersten Weltkrieges zur Utopie eines geistigen Sozialismus, der seinen Niederschlag in der *Alpinen Architektur* sowie im Briefwechsel der *Gläsernen Kette* und in der Zeitschrift *Frühlicht* fand.[320] Diese allgemeine Form des ‚Sozialismus' als weitgefaßtem Humanismus, wie ihn Behne in der *Wiederkehr der Kunst* 1919 formulierte, hatte wenig mit der politischen Entwicklung des Sozialismus zwischen der sowjetischen Revolution 1917 und der gescheiterten deutschen sozialistischen Republik 1918/1919 zu tun.
Angesichts der großen kollektiven, teilweise utopischen Entwürfe um 1920 ist zu konstatieren, daß die Künstler des Expressionismus und der frühen Sachlichkeit in ganz starkem Maße die monumentale Komponente der *Stilkunst* um 1900 verinnerlicht hatten.[321] Monument, Stadtkrone, die Gemeinschaft der Gartenstadt, die Idee der Trabanten, die neue Stadt sind gedacht vor der dem Zeitalter der ‚weißen Moderne'. Sie werden in den zwanziger Jahren mit einem neuen Überbau versehen, aber die alten Ideale bleiben latent wirksam.
Das von Muche aufgeworfene Problem eines als traditionell zu bezeichnenden ‚Stilwillens' wurde im deutschsprachigen Ausland, vor allem in Österreich, stärker gesehen als im eigenen Land selbst. Österreich, das ja das Herkunftsland der ersten Architekten der neuen Türkei war, hatte während der zwanziger Jahre mit starker Kritik seitens der deutschen Moderne zu kämpfen, obwohl es mit dem Wiener Gemeindebau eines der erfolgreichsten und am besten funktionierenden Sozialbauprogramme durchgeführt hatte. Hier ergab sich eine eigentümliche Mischung aus Tradition und Moderne.[322]
Um 1930 formierte sich mit der Grazer Schule und der Wiener Moderne um Josef Frank eine eigene Position:

Die Ornamentlosigkeit ist heute, als solche geschätzt, ebenso ornamental, wie die Antireligiosität eine Art von Religion ist. [...] Die Abkehr von der natürlichen Entwicklung ist eine allgemeine, selbst bei denjenigen, die sich auf eine angebliche Überlieferung stützen. [...] Es gibt heute noch (ohne über den Wert dieser Dinge zu urteilen) genügend viel Menschen, die auch zu alten Formen gewisse Beziehungen haben. Denn Form und Inhalt haben wenig miteinander zu tun. Amerika hat uns bewiesen, daß man jedes, auch das bequemste Haus in allen Stilarten bauen kann, ohne auch nur das geringste an Behaglichkeit aufgeben zu müssen; diese Häuser sind durch eine bestimmte und klare Lebensform, die seine Bewohner haben, unseren Formenspielereien bei weitem überlegen. Modern ist das Haus, das alles in unserer Zeit Lebendige aufnehmen kann und dabei ein organisch gewachsenes Gebilde bleibt. Die moderne deutsche Architektur mag sachlich sein, praktisch, prinzipiell richtig, oft sogar reizvoll, aber sie bleibt leblos.

Schließlich dringt Frank zum Kern vor, zum Problem von Formalismus und vorgeblicher Geschichtslosigkeit:
Der Wahn von der Gleichheit der Form, der unendlichen Garnitur, die Grundlage veralteten Kunstgewerbes als geschlossenem System ist immer noch derselbe, und er kann nicht begreifen, wie vielformiger unser Leben geworden ist, wie sich ihm alles Bestehende einfügen muß; unsere Zeit ist die ganze uns bekannte historische Zeit. Dieser Gedanke allein kann die Grundlage moderner Baukunst sein.[323]

Frank, einer der wichtigsten Vertreter des österreichischen Werkbundes und Organisator der Wiener Ausstellung 1931/1932, an der ohne verbissenen Richtungsdebatten, wie sie bei der Weißenhofsiedlung in Stuttgart 1927 um die moderne Architektur auch die Generation von Josef Hoffmann, Adolf Loos und Oskar Strnad selbstverständlich teilnehmen konnten, sieht in dem aufkommenden Formalismus, den bereits auch Muche und Behne kritisiert hatten, wiederum den Rückgriff auf ein *veraltetes Kunstgewerbe als geschlossenes System*. Implizit macht auch er auf die latente Abhängigkeit eines Teils der Moderne von der Reformbewegung um 1900 aufmerksam. Moderne Architektur ist für Frank die Summe aller Erfahrungen in der Gegenwart und damit der Ausschluß eines deduktiven Systems.

Deduktiv konnte man um 1930 einen Formalismus im Sinne von Gropius oder Ernst May bezeichnen, wobei ein architektonisches System aufgrund objektiver (funktionaler) Bedingungen konstruiert wurde. Die ästhetische Seite des Bauens wurde dabei mehr und mehr vernachlässigt, oder umgekehrt, die Durchsetzung ästhetischer Konzepte, bei der die Rolle der Benutzer marginalisiert wurde, stand im Vordergrund, wie es am Beispiel Le Corbusiers oder Mies van der Rohes zu beobachten ist.[324] Undogmatische Konzepte wurden bezeichnenderweise kaum als solche rezipiert: so der Berliner Wohnungsbau um 1930 mit den Siedlungen Siemensstadt und Weiße Stadt oder im Industriebau die epochemachenden Werks- und Wohnanlagen. In der mährischen Planstadt Zlín beispielsweise entstanden 1927 – 1935 unter der Leitung von Vladimír Karfík und Frantischek Gahura Industrie- und öffentliche Bauten auf der Grundlage eines industriellen, standardisierten Moduls im Auftrag des paternalistischen Firmenchef Josef Bat'a.[325] Zu einem Zeitpunkt also, als Le Corbusier versuchte, für seine vollmundig begründeten Stadtkonzepte überhaupt erst Interessenten zu finden, befanden sich solche Planungen anderswo längst in Ausführungsstadium.

Die Politisierung der Architekturdebatte 1930/1933

Könnte man dergestalt Aspekte der imanenten Debatte um das Neue Bauen umreißen, von denen die Ausstellung *The International Style* eine spezifische Richtung forcierte, so muß der andere quasi externe Strang beleuchtet werden, der die Krise des Neuen Bauens zum Politikum machte. Spiegel dafür ist die Ausformulierung einer neuen Form von Repräsentationsbau und, damit verbunden, eine Diskussion um das Verhältnis von Architektur und Gesellschaft. Dieser Konnex blieb schließlich auch den Architekten selbst nicht verborgen. Hugo Häring, einer der *Ring-Architekten*, forderte eine Neubewertung des organischen Strukturbegriffs:
Dieses selbe Problem der neuen Ordnungsfindung im ganzen im Sinne einer Leistungserfüllung ist es, das die Probleme des neuen Bauens auf das engste mit den Problemen der Gesellschaft verbindet. Die struktive Organisation eines Bauwerkes ist durchaus identisch ihrem Wesen nach mit der struktiven Organisation einer Gesellschaft.[326]

Der Wettbewerb zum Völkerbundpalast 1927 zeigte in eindrucksvoller Weise die ganze Variationsbreite der Gattung Repräsentationsbau am Ende der zwanziger Jahre. Neoklassizistische Versionen wie die von Klophaus und von Puttlitz nahmen Repräsentationsformeln der dreißiger Jahre im nationalsozialistischen Deutschland, z. B. die Festhalle für das KdF-Seebad auf Rügen 1936/1937, vorweg.[327]

Eine zweite Gruppe, zu der Emil Fahrenkamp, aber auch der für uns wichtige Entwurf von Holzmeister und Egli gehört, versucht eine Neuformulierung des Repräsentationsbaus anhand klar gegliederter kubischer Baumassen ohne Dekor. Es ist die Richtung, die auf die rationalistische, faschistische Repräsentationsarchitektur hinführt. Holzmeister erprobt mit diesem Entwurf seine Idee von Monumentalarchitektur, welche im Regierungsviertel von Ankara dann auch umgesetzt wurde (Farbabb. III). Die dritte Fraktion steht eindeutig auf der Seite der Moderne und hat im preisgekrönten Entwurf (einer von acht ersten Preisen) von Le Corbusier und Pierre Jeanneret mehr als nur einen Achtungserfolg. Bosman hat jedoch gezeigt, wie stark dieses Projekt auf einer traditionellen Palastikonographie basierte. Symmetrien, die verkappte Dreiflügelanlage verweisen wie schon bei anderen Entwürfen von Corbusier auf dessen Wurzeln im 19. Jahrhundert. Dagegen werden Projekte, wie das von Hannes Meyer und Hans Wittwer, wegweisend für die Bauaufgabe des repräsentativen Verwaltungsbaus der Nachkriegszeit, beispielsweise das UNO-Hauptquartier in New York. 1934 bewertet Wilhelm Pinder rückblickend unter dem Aspekt des *kommenden großen Stils* diesen Wettbewerb:

Das einleuchtende Ergebnis um den Völkerbundpalast, der immerhin eine Idee – wohl an sich, aber nicht für alle eine Lüge –, für manche etwas wirklich Geglaubtes, einen kommenden Gemeinschaftsmythos ausdrücken sollte, das Ergebnis war dieses: Entweder faßten die Architekten das ganze wesentlich als eine Platzfrage, eine Bedürfnisfrage auf [...], dann entstand wie unabsichtlich eine gewisse Gemeinschaft moderner Formen. Oder das ganze wurde aufgefaßt als Wettbwerb mit dem Sakralbau und dann entstand eine verlogene Modernität.[328]

Damit verbindet sich bei Pinder, wie auch bei anderen Kritikern, die Angst vor dem Einheitsmenschen. Zwar wird noch nicht, wie kurze Zeit später von den NS-Machthabern, die soziale, rechtliche oder politische Ungleichheit postuliert, aber Pinder besteht auf der prinzipiellen Ungleichheit der Menschen im Schöpferischen; sein Fazit in Hinblick auf Genf: ließe man Corbusier bauen, *das wäre das Ende*.[329] Dahinter steht die Forderung nach einer neuen Kategorie des Festlichen und Erhabenen, die Frage nach der Sinnstiftung durch Architektur, die sich in der Gewichtung der verschiedenen Baugattungen ausdrückt. Pinder steht mit dieser Haltung keineswegs isoliert dar, wie eine gleichzeitige Äußerung von Hans Weigert verdeutlicht:

Die jüngst entstandenen Hochschulen, das Bauhaus in Dessau, die Universität Köln, die pädagogische Hochschule in Bonn, die Universität im russischen Minsk sind von Fabriken ebensowenig zu unterscheiden wie die Paläste (sic), die Holzmeister jüngst für Kemal Pascha in Angora und Eckart Muthesius für einen Maharadscha baute, von Bürogebäuden.[330]

Weigerts und Pinders Plädoyer gegen eine Nivellierung der Bauaufgaben bekommt jedoch, vor dem Hintergrund der Diffamierung des Neuen Bauens durch die NS-Diktatoren gleich zu Beginn ihrer Herrschaft 1933/1934, trotz ihres konservativen Ansatzes einen andere Stoßrichtung: eine konstruktiv kritische Parteinahme für die moderne Baukunst:

Nach ihrem [der neuen Architektur] Siegzug errichtet man ihnen [den Architekten] kein Denkmal, sondern einen Galgen. Sie werden als undeutsch, international, bolschewistisch verfemt. Dabei ist aber kein Stil deutscher als gerade der des neuen Bauens.[331]

Dennoch sahen Weigert und Pinder das Neue Bauen nur als vorbereitende Stufe zu einer neuen Baukunst. Hierin ist eine Parallele zu Argumenten von Vertretern der Avantgarde wie Martin Elsaesser, Martin Wagner und Bruno Taut zu sehen, die Grundgedanken zu einer Transformation der Moderne in den dreißiger Jahren von einem künstlerischen Standpunkt aus definieren:

Den Begriff der Internationalität wollen wir ganz anders [als fomalistisch] füllen. Es handelt sich bei uns darum, die Quellen der Architektur nach ihrer Verschüttung wiederzufinden, das heißt mit einfachen Worten: die Voraussetzung zum Baukönnen.[332]

Als Aufgabe der Politik sah Weigert eine neue Sinnstiftung:

So muß die Kunstpolitik außerhalb der Arbeitsstätten eine Baukunst fördern, die der Sachlichkeit, den Selbstzweck des Funktionellen, wieder einen Sinn einprägt, sie zum Gefäß und Symbol übersachlicher Gehalte erhebt.[333]

Es wäre zu kurz gegriffen, wenn man diese Argumentation einzig als eine Anbiederung an die neue politische Situation sehen würde. Wie an Behnes Dammerstock-Kritik deutlich geworden ist, war die Sinnfrage, bezogen auf den *Selbstzweck des Funktionellen*, aus dem eigenen Lager bereits um 1930 deutlich gestellt worden. Autonom künstlerische Debatten kamen schließlich in einen kulturpolitischen Sog, der in Deutschland mit der Rechtswendung der gesamten politischen Situation zwischen 1930 und 1933 gleichzusetzen ist.[334]

Das heißt auf der anderen Seite aber auch, daß diese Fragestellung ab 1933 nicht mehr losgelöst von der politischen Situation zu sehen war.

Über die Korrumpierbarkeit der Moderne ist ausführlich

gehandelt worden. Gropius und vor allem Mies van der Rohe versuchten, ihre ästhetischen Konzepte den neuen Machthabern schmackhaft zu machen und nicht umgekehrt, ihre Architektur nach den Wünschen der Auftraggeber einzurichten. Moralische Skrupel – Nerdinger bezeichnet Mies als Talleyrand der Architektur – bestanden keine. Im Gegenteil, man hoffte auf Großprojekte sowie einen entscheidenden Beitrag zur Baukunst des neuen nationalsozialistischen Deutschlands leisten zu können.[335] Sehr deutlich formulierte dies Martin Elsaesser, der 1933 einen vergeblichen Versuch machte, im faschistischen Italien Fuß zu fassen. Angesichts der vermeintlichen Modernität faschistischer Architekturen unterbreitet der ehemalige Frankfurter Stadtbaurat Benito Mussolini sein *Anerbieten zu tätiger Mitarbeit auf dem Gebiet der modernen Baukunst in Italien*. Vor Studenten in Rom feiert er 1933 den Faschismus als einheitlichen Sinnstifter, die Diktatur als Garanten des Gesamtkunstwerks: *Der Internationale Sozialismus war zu trocken, zu farblos, zu materiell gerichtet, als daß er eine Steigerung des Zweckmäßigen zum allgemeinen Geistigen ermöglicht hätte.*[336] In anderer Form werden wir diese Argumentation in Bruno Tauts *Architekturlehre*, 1938 in Istanbul erschienen, wiederfinden.

Konservative Kritiker, wie Friedrich Paulsen, verbanden 1933/1934 ihre Parteinahme für das NS-Regime mit einem neuen Stil, der moderne und konservative Positionen verbinden sollte. In Anlehnung an Adolf Rosenberg argumentiert er:
Streng wie der politisch-sozialistische Lebensstil also, herrisch, wie der Kampf um die staatliche Erneuerung, wird deshalb auch der Stil auf dem Gebiete der bildenden Künste sein, oder aber man bestreite der strengen Sachlichkeit auch das Recht, sich auf der Ebene des staatlich-gesellschaftlichen auszuwirken.[337]

Mit dem Begriff der ‚strengen Sachlichkeit' wurde die Sachlichkeitsdebatte des Deutschen Werkbundes vor 1914 wiederaufgenommen, mit der Möglichkeit einer Annäherung von Moderne und Konservativen, die, wie bereits angedeutet, dieselben Wurzeln hatten. Mit den Wettbewerben um das Regierungsviertel im Spreebogen (1929), der Erweiterung der Justizgebäude von Moabit (1930), beide in Berlin, dem Wettbewerb um das Theater in Charkow/Ukraine (1931) sowie den exemplarischen Bauten, wie Poelzigs Frankfurter IG-Farbengebäude (1927), Wilhelm Kreis' Dresdener Hygienemuseum (1928) oder Paul Bonatz' Zeppelinhaus in Stuttgart (1928) wurde die größte Annäherung zwischen Avantgarde und Traditionalisten im formalen Bereich erlangt.[338] Ja diese Positionen wurden als wegweisend für eine neue Form des sachlichen Repräsentationsbaus gesehen. Mit den Begriffen ‚Rationalismus' und ‚Sachlichkeit' umschrieb Armand Weiser schon 1928 den neuen Stil, der für ihn durch Hans Poelzig, Peter Behrens und Emil Fahrenkamp verkörpert wurde. Nur ein herausragendes künstlerisches Niveau könne Dauerwerte schaffen, womit er die Warnung vor der Übertreibung ins Agitatorische verbindet: *Das kann nur geschehen, wenn die Sachlichkeit die stillschweigende Voraussetzung und nicht der Gegenstand aesthetischen Genusses wird.*[339]
Unter dem Schlagwort *Aufgabe der Architektur ist die Schaffung des schönen Gebrauchs* – auch hier wird eine Werkbundmaxime aus der Zeit vor 1914 verwendet – stellte Bruno Taut mit seinem wenig beachteten Entwurf für den Gerichtskomplex in Berlin-Moabit (Abb. 90) 1930 ein wichtige architektonische Vermittlerposition zwischen Bauten der frühen Neuen Sachlichkeit, wie dem Messepalast von Olderych Tyl und Josef Fuchs in Prag (1924 – 1929) und den ersten Repräsentationsbauten des NS-Regimes, dem Reichsluftfahrtministerium, 1934 – 1936 von Ernst Sagebiel her. Taut formuliert, ähnlich wie Gropius, eine Repräsentationsarchitektur, die ohne Zwang kongenial den herrschenden gesellschaftlichen Strukturen angepaßt werden kann.[340] Strukturell und stilistisch besteht zwischen den Projekten des Justizgebäudes 1930 und dem Reichsluftfahrtministerium 1933/1934 kein Bruch. In der Person Sagebiels, dem ehemaligen Leiter von Mendelsohns Baubüro,[341] bestand sogar eine personelle Kontinuität einer sich verhärtenden Moderne. Die Situation im Bausektor war bis zur Etablierung von Albert Speer als Generalbauinspektor

90 Bruno Taut, Erweiterung der Justizgebäude in Moabit, Entwurf 1930, Axiometrie.

für die Reichshauptstadt am 30. Januar 1937 ähnlich diffus wie in der bildenden Kunst. Erst mit Speer gab es so etwas wie eine NS-typische Architektur, die sich in weit stärkerem Maße auf neohistoristische Konzepte bezog.[342]

Das Schlagwort von der *strengen Sachlichkeit* taucht zu demselben Zeitpunkt auf, als der *International Style* aus der Taufe gehoben wird. Beide Positionen schließen vor der Hand einander aus, aber man wird nicht fehl in der Annahme gehen, daß die ‚Internationale Sachlichkeit' von Architekten und Kritikern als ein Konzept zur Lösung der Krise der mitteleuropäischen Architektur gesehen wurde. *Dieser Stil*, so nochmals Pinder, *glaubt vom ‚Zweck' auszugehen und tut es zum Teil auch. Er hat aber schon Ausdruck, nur nicht für das Letzte und Höchste, weil eben dieses selbst noch nicht wieder da ist. Er ist zu ehrlich, um für das, was noch nicht da ist, schon einen Ausdruck bereit zu haben.*[343] *Die Entwicklung einer neuen Repräsentationskunst aus der Zweckform durch ihre Befruchtung mit der Tradition ist,* so sekundiert Hans Weigert, *am weitetesten im faschistischen Italien gediehen.*[344]

Die Situation der modernen Architektur in Italien wurde von Pinder und Weigert als vorbildhaft für das nationalsozialistische Deutschland angesehen, eine Tendenz, die bis 1935 auch von führenden Vertretern des Regimes unterstützt wurde.[345] Damit war die endgültige Verknüpfung von Architektur und Politik angestrebt, eine immer stärkere Inanspruchnahme der Architekten innerhalb der politischen Repräsentation. Der künstlerische Diskurs wurde von Gruppen z. B. Dem Ring, auf eine gesellschaftliche Ebene überführt, woran die Kunstgeschichtsschreibung einen nicht unwesentlichen Anteil hatte. Italien war das leuchtende Vorbild einer freiwilligen Verbindung von künstlerischer Avantgarde und politischem System. In ähnlicher Weise, nur unter veränderten Vorzeichen, stellte sich die Situation in der Sowjetunion dar. Wollte man diese Feststellung für die meisten europäischen Staaten um 1933 verallgemeinern, dann käme man zu dem Schluß, daß die für die Türkei konstatierte Indienstnahme der Architektur für eine neue staatliche Repräsentation gar nicht wesentlich vom europäischen Vorbild abwich. Allenfalls wäre festzustellen, daß die Diskussionsgrundlage schmaler war und der Diskurs wesentlich von der staatlichen Bürokratie, dem Träger der Modernisierung, getragen wurde, während in Deutschland und Italien eine breite Kunst- und Architekturkritik bestand.

Pinder sah sich bei der Zuordnung von Architekturstilen zu politischen Systemen in einem ausweglosen Dilemma:

Rußland baut jetzt klassizistisch! Ebenso wie es die abstrakte Malerei verboten hat, den ‚Bolschewismus'! Wir stehen vor der Tatsache: der Faschismus [Italien] baut ‚bolschewistisch', der Bolschewismus ‚faschistisch' [...] Stile kann man heute zumindest wählen, Stile kann man politisch stempeln.[346]

Damit wandte er sich gegen eine direkte Kongruenz von Architekturstil und politischem System und plädierte für eine Stilvielfalt, der eine *Stilsicherheit* folgen sollte, wodurch ein *neues Mittelalter* als ein voraufklärerisches, letztendlich autoritäres und undemokratisches Gesellschaftsmodell beschworen wurde.[347]

Eine vermeintliche Gegenposition formulierte Walter Gropius, der 1935 vor der englischen Presse entrüstet zurückwies, daß er Emigrant sei. Seine Architektur habe mit Politik nichts zu tun. Er sei überzeugter Deutscher und arbeite für sein Land. Es war der Versuch, die eigene Architektur aus der politischen Etikettierung herauszuhalten und Loyalität zum NS-Regime zu bekunden. Der ‚nationale' Mies van der Rohe ging mit seinem Kotau vor den Nationalsozialisten noch weiter.[348]

War das das Ende der Moderne? Es war in gewissem Sinne das Ende der mitteleuropäischen Avantgardebewegung. Die Revolution entließ ihre Kinder in ein gewandeltes gesellschaftliches Umfeld, an dem mitzuarbeiten, für jeden eine ganz persönliche Entscheidung bedeutete. Darüber hinaus wandelten sich die Kriterien bei den wenigen verbliebenen unabhängigen Verfechtern der Moderne selbst. Sigfried Giedion, als Sekretär der CIAM, sah sich im Juni 1934, gefeit vor der Gefahr *innerer Erschütterung* nach den Jahren des Chaos: *Wir stehen in der Anfangsperiode einer Entwicklung auf lange Sicht.*[349] Doch der vermeintliche Siegeszug der Moderne ist gebrochen und Giedion ist überraschenderweise zum Kompromiß bereit:

Heute, da keine Gefahr innerer Erschütterungen mehr besteht, werden die Einbeziehung der Vergangenheit, der Ästhetik, um die man so gebangt hatte, ja sogar die Aufgaben staatlicher Repräsentation wieder lebendig.[350]

In Anbetracht der vehementen Erschütterungen der dreißiger und vierziger Jahre, die das alte Europa endgültig zerstörten, erscheint Giedions Einschätzung der Situation als realitätsfern.

Entscheidend in unserem Zusammenhang ist die beginnende Transformation der Moderne durch ihre eigenen Protagonisten, die auch Gropius im Londoner Exil thematisiert, Argumente aufgreifend, die wir um 1929 schon gehört haben:

Architektur beginnt jenseits ihrer technischen Aufgaben auf einem Gebiete höherer Ordnung, mit der Erschaf-

fung von Eigenschaften, die allein ein bauliches Gebilde beleben und vermenschlichen können: räumliche Harmonie, Ruhe, edle Proportion. Wir haben genug von der willkürlichen Nachahmung historischer Stile. In fortschreitender Entwicklung, weg von architektonischen Launen und Verspieltheiten zu dem Diktat konstruktiver Logik, haben wir gelernt, das Leben unserer Epoche in reinen vereinfachten Formen auszudrücken.[351]

Die geschichtliche Fundierung von Architektur, ein gewisser Überbau jenseits des Funktionalen sowie das Sachlichkeitsgebot sind das Fazit am Beginn der Epoche des Exils. Dabei wird es verschiedene Wege geben: die Weiterentwicklung einer rationalistischen Architektur, wie bei Gropius und Mies, oder eine stärkere Einbindung der neugeschaffenen Architektur in das eigene Œuvre, als selbstreferentieller Reflex: Bruno Tauts noch ausführlich zu erläuternde Haltung in der Türkei, geläutert durch die Erfahrung Japans, darf dafür als exemplarisch gelten. In seiner 1938 in Istanbul erschienenen Architekturlehre räsonierte er, ähnlich wie bereits Elsaesser, über den Funktionalismus:

Diese nüchternen Theorien waren wie ein Katzenjammer, der auf den Rausch folgte. Doch waren es eben auch Theorien, die sich nur um das äussere Kostüm der Architektur kümmerten. Sie bekämpften das Vorhergehende und mussten sich wie jeder Kämpfer auf die gleiche Ebene mit dem stellen, was sie bekämpfen wollten. So wurden auch diese Theorien selbst zum Rausch, auf den heute bereits der Katzenjammer gefolgt ist. Man fühlt, dass es auch auf diesem Weg nicht mehr weiter geht.[352]

Eine neue Form der Ausdrucksarchitektur, quasi eine ‚Architecture parlante', sollte auch für die Vertreter der Moderne zum großen Thema der dreißiger Jahre werden.

FRANKFURT IN ANKARA – MARTIN ELSAESSER ALS ARCHITEKT DER SÜMERBANK 1934–1938

1933 erfährt die steigende Linie von Elsaessers Schaffen eine jähe Unterbrechung. Als Moderner ist er nicht mehr genehm und in den nächsten Jahren wird er gemieden. Er geht in die Türkei, wo von seiner Hand zahlreiche Projekte entstehen und der Neubau der Sümerbank in Ankara.[353]

Elsaesser über Elsaesser

Die Tätigkeit Martin Elsaessers in der Türkei ist unter anderen Grundvoraussetzungen zu betrachten, als im Fall von Emigranten wie Martin Wagner oder Bruno Taut. Der oben zitierte Lebenslauf verdeutlicht wahrheitswidrig den zum Mythos stilisierten Bruch des Jahres 1933 für die eigene Person – eine folgerichtige Abfolge vom erfolgreichen Modernen zum Verfemten oder zumindest zum Gemiedenen. Dabei hatte Elsaesser nach seinem von rechten Kräften betriebenen Rücktritt als Stadtbaudirektor von Frankfurt/M 1932 versucht, sich persönlich zu tätiger Mithilfe beim architektonischen Aufbau des faschistischen Italien Mussolinis anzubieten. Elsaesser war einer derjenigen Architekten, die aus der Krise des Internationalismus der Moderne nicht nur Kritik ableiteten und eine neue Sinnstiftung der Baukunst forderten, sondern auch nicht zögerten, sich vorbehaltlos in den Dienst eines diktatorischen Regimes zu stellen. Vergleichbar mit der Arbeit ausländischer Architekten in der Türkei schlug er Mussolini vor, einen zeitlich begrenzten Lehrstuhl an der Architekturschule und gleichzeitig die Leitung eines Studienbüros, als eine Art Laboratorium der Moderne, übertragen zu bekommen.[354] Diese Versuche scheiterten, obwohl Elsaesser 1933 nach Rom reiste. Dort hatte er in einem Vortrag vor Studenten der römischen Universität nicht nur den italienischen Faschismus als Garant eines neuen Gesamtkunstwerks gelobt, sondern auch das gerade installierte NS-Regime als *national-sozialistisch* gefeiert. Sein künstlerisches Credo fußte auf einer neuen antiindustriellen Architektur, Rückkehr zum Handwerk, die Moderne wird mit den Topoi eines Adolf Rosenberg als *jüdisch-bolschewistisch* gebrandmarkt.[355] Indirekt ist im Aufruf zur handwerklichen Kunst und Architektur der Rückbezug auf frühe Positionen des Deutschen Werkbundes zu sehen, wie es unter anderen Vorzeichen auch bei Bruno Taut zu beobachten sein wird.[356]

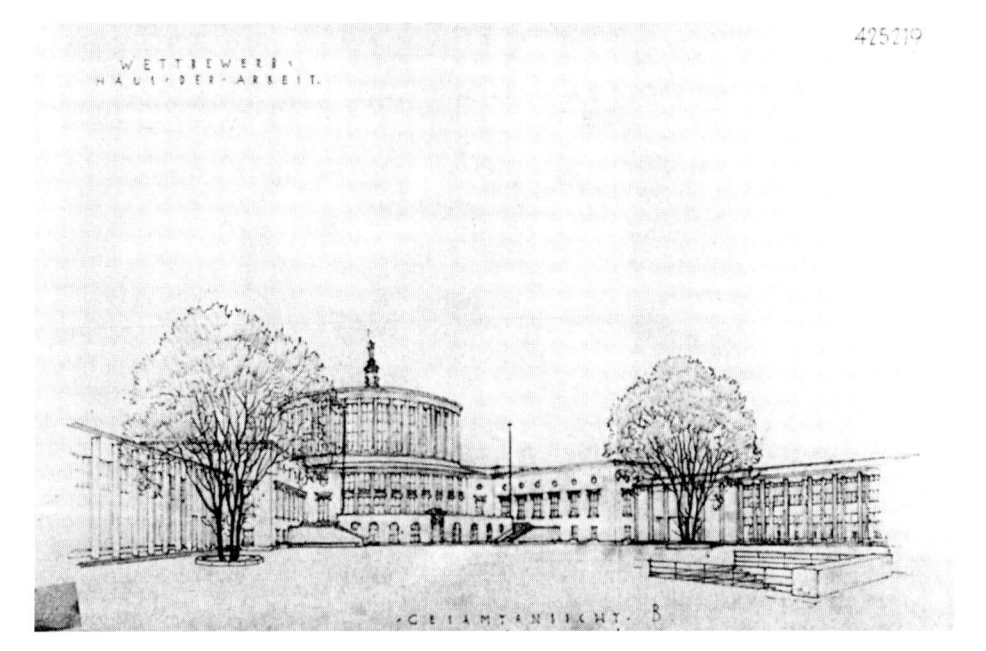

1934, nachdem er nach München umgesiedelt war, nimmt er an dem Wettbwerb zum Haus der Arbeit in Berlin teil, dessen Entwurfselemente bei dem Projekt der Medizinischen Fakultät in Ankara wieder eine Rolle spielen sollte[357] (Abb. 91). Doch seine Hoffnung auf eine Bautätigkeit im NS-Deutschland erfüllten sich nicht, öffentliche Aufträge wurden an ihn, einen der Exponenten der Moderne, nicht mehr vergeben.

In dem genannten kurzen Lebenslauf wird der Eindruck erweckt, als sei Elsaesser selbst Emigrant gewesen,[358] obwohl das Gegenteil zutrifft. Tatsächlich wurde Elsaesser 1934 oder 1935 als Architekt der Sümerbank engagiert und ist als solcher zunächst für eine Institution tätig geworden, die indirekt der Regierung unterstand. Ähnlich wie Clemens Holzmeister bis 1938 arbeitete er nur zeitweise in Ankara.

Gegenüber den deutschen Stellen, der Reichskulturkammer, stellte er sein Werk als bruchlose Entwicklung dar. Möglicherweise geschah dies aus taktischen Gründen, weil er 1938 nach Berlin übergesiedelt war und erfolgreich versuchte, beim Generalbauinspektor der Reichshauptstadt, Albert Speer, Fuß zu fassen, bei dem er dann in untergeordneter Position bis 1945 tätig war.[359]

So stehen wir vor dem Problem, daß seine Tätigkeit in Ankara und Berlin weitgehend ausgeblendet wurde und daß türkische Quellen kaum verfügbar sind. Auch die Umstände seines Engagements in die Türkei für die im Juni 1933 neugegründete Bank der Leichtindustrie, der Sümerbank, sind nicht mehr zu rekonstruieren.[360] Aller Wahrscheinlichkeit nach wurde er direkt durch das Präsidium der Sümerbank – unabhängig von dem internationalen Wettbewerb um das neue Hauptverwaltungsgebäude – angestellt. Hinzu kam das Interesse am Land selbst, denn ebenso wie Poelzig, Taut und Bonatz hatte Elsaesser am Wettbewerb zum Haus der Freundschaft in Konstantinopel, 1916 vom Deutschen Werkbund veranstaltet, teilgenommen. Auch von der Architektursprache sollte sein damaliger Entwurf für seine neuen Projekte von Bedeutung sein.[361]

Die Sümerbank

Der im Oktober 1934 durchgeführte Wettbewerb für das Verwaltungsgebäude betraf einen der exponiertesten Plätze Ankaras, den Ulus Meydanı, den zentralen Platz am westlichen Rande der Altstadt, an dem sich der Atatürk Bulvarı, die Nord-Süd-Hauptverbindung, mit der Straße von der Burg zum Bahnhof kreuzte. An diesem Platz war bereits 1926 die Außenhandelsbank, İŞ-Bankası, in historischen Formen von Giulio Mongeri (Farbabb. I) über spitz zulaufendem Grundriß mit abgerundeter Ecke errichtet worden. Seit 1927 beherrschte das gewaltige Reitermonument für Kemal Atatürk von Heinrich Krippel den Straßenraum.[362] (Abb. 92, 101) Mit dem neuen Verwaltungsgebäude der Sümerbank war die städtebauliche Neuordnung des Platzes verbunden. Darüber hinaus sollte der Bau point de vue der Achse vom Bahnhof her werden, also ein Projekt von außerordentlicher Bedeutung für den Altstadtbereich.[363]

An dem Wettbewerb nahmen nahezu alle wichtigen türkischen Architekten, u.a Sedad Hakkı Eldem, Seyfi Arkan, Behcet Sabri Oran und Arif Hikmit Holtay teil, daneben auch die deutschen und österreichischen Architekten Fritz August Breuhaus de Groot, Clemens Holzmeister und Schweickert sqwie der Franzose Albert Laprade. Elsaesser war merkwürdigerweise nicht unter den Teilnehmern.

Sein erstes Projekt 1934 (Abb. 92), entweder als Parallel- oder nicht genanntes Wettbewerbsprojekt, gibt die endgültige Disposition schon vor: ein fünfgeschossiger zurückgesetzter Riegelbau zum Platz hin, mit abgestuften Seitenflügeln und weit in den Platz hineingezogenem zweigeschossigen Kassensaal. Der relativ starre Duktus des Entwurfs mit Lochfassade und vertikaler Fenstergliederung im Kassentrakt, der offensichtlich mit Haustein verkleidet werden sollte, zeigt ihn befangen in der Diskussion der sich verhärtenden Moderne. Die schräggestellten Ecken des Riegeltrakts weisen auf Projekte Fahrenkamps, wie das Haus des Deutschen Versicherungs-

91 Martin Elsaesser, Haus der Arbeit, Wettbewerbsentwurf 1934, Ansicht.

konzerns, 1930/1931, in Berlin hin. Wohl unter Eindruck des Wettbewerbs, in dem Breuhaus de Groot einen wesentlich moderneren Bau mit sanft geschwungener Fassade an der Platzkante vorschlug, der horizontal gegliedert und mit einer offenem Dachterrasse versehen war, veränderte Elsaesser seinen Entwurf grundlegend. Dem Breuhausschen Schema folgten Sedad Eldem und in asymmetrischer Form Sabri Oran (Abb. 93). Laprade und Holzmeister stellten eine gerade symmetrische Platzfront mit risalitartiger Vertikalgliederung her (Abb. 94, 95), Schweickert wählte eine Horizontalgliederung, ähnlich zeitgenössischen Kaufhäusern, während der in Deutschland ausgebildeten Seyfi Arkan, ebenso wie Behcet Sabri und Bedrettin Hamdi (Abb. 96) eine konkave Fassade in Anlehnung an Mendelsohns Metallarbeitergebäude 1929/1931 und Fahrenkamps Haus des Deutschen Versicherungskonzerns 1930/1931 vorschlugen (Abb. 97).

Vom Februar 1935 datiert der Ausführungsentwurf Elsaessers (Abb. 98), der nun den gesamten Bau dynamisiert und ihn konkav zum Platz hin konzipiert, wobei der zurückgesetzte Verwaltungsbau den Platzraum weiter erscheinen läßt (Farbabb. XV). Der vorgezogene Kassenbau erstreckt sich bis an die Platzkante. Dort sind alle repräsentativen Elemente konzentriert. Eine reich ausgestattete, nach außen jedoch zurückgenommene Portalzone führt in den zweigeschossigen ovalen Oberlichtsaal, der zu den Kassenräumen überleitet.(Farbabb. XVI, Abb. 99 – 100). Die große doppelläufige Freitreppe führt auf die Galerie, auf der sich ein monumentales Sitzbild Atatürks befindet. Der dynamisch gestaltete, elliptische Zentralraum wird durch eine flache Betondecke überspannt, in die mit Nirosta ummantelte Stützen annähernd übergangslos einzudringen scheinen. Die Fußböden, Brüstungen und Türgewände sind in rotem Ankaraner Marmor gestaltet. Die gleichsam schwebende eingezogene Kuppel – eine Betonrippenkonstruktion – mit einer Fensterzone am Fußpunkt verleiht dem Bau etwas ‚Futuristisches'. Diese Elemente vermitteln den Eindruck einer Architektur, wie sie erst in den fünfziger Jahren gebräuchlich werden sollte.

Insgesamt verfolgt Elsaesser hier eine Weiterentwicklung moderner Elemente und Materialien, wie sie beispielgebend in Mies van der Rohes Barcelona-Pavillon oder Villa Tugendhat verwendet wurden, dynamisiert sie im Gegensatz zu Mies aber derart, indem er strukturell auf in Frankfurt erprobte Konzepte zurückgreift, so dem Projekt für das Berufspädagogische Institut der Stadt Frankfurt aus dem Jahre 1931.[364] Die Verbindung von konkavem Riegelbau und vorgelagertem Gebäudetrakt ist dort be-

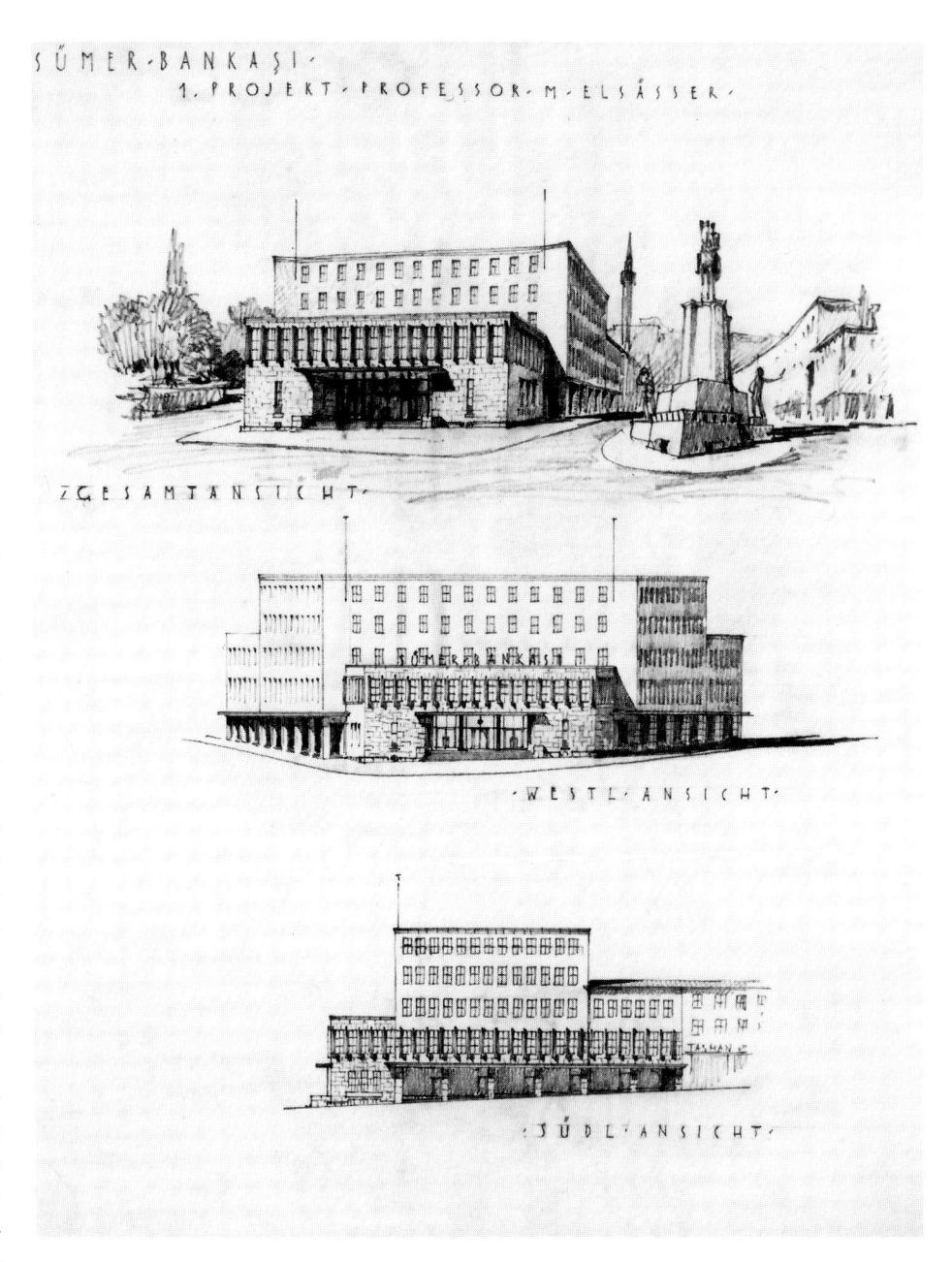

92 Martin Elsaesser, Sümerbank Ankara, 1. Entwurf, 1934, Ansicht.

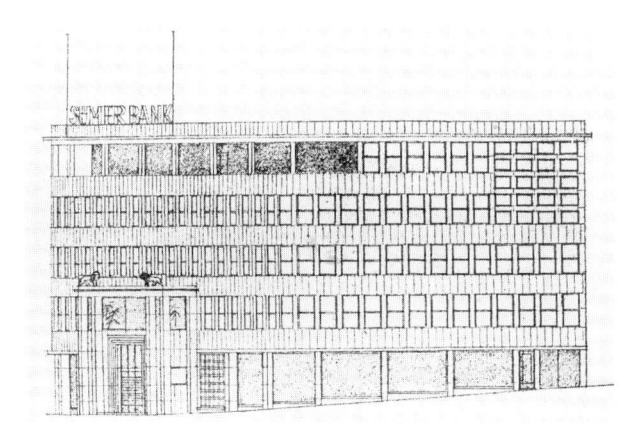

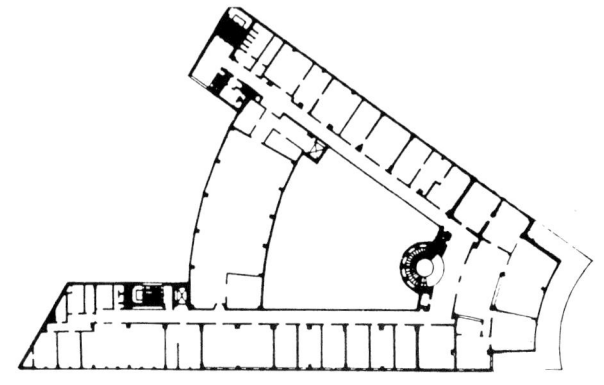

93 (oben links) Friedrich Breuhaus de Groot, Entwurf Sümerbank Ankara, Wettbewerb, 1934.

94 (Mitte links) Albert Laprade, Entwurf Sümerbank Ankara, Wettbewerb, 1934.

95 (unten links) Clemens Holzmeister, Entwurf Sümerbank Ankara, Wettbewerb, 1934.

96 (oben rechts) Behcet Sabri, Bedrettin Hamdi, Entwurf Sümerbank Ankara, Wettbewerb, 1934.

97 (Mitte rechts) Erich Mendelsohn, Haus der Metallarbeiter, Berlin 1930/1931, Ansicht und Grundriß.

reits angelegt, ebenso die Frontgliederung mit teilweise doppelt gesetzten Fenstern. Der Stahlbetonskelettbau, der von dem Berliner Emigranten Kurt Bernhard als Statiker ausgeführt wurde,[365] hatte gegen den Einspruch Jansens fünf Obergeschosse bekommen,[366] wobei nur die Ecktrakte wirklich als Vollgeschoß ausgebildet und durch eine heute leider verbaute Dachterrasse verbunden wurden. Auch dieses Element weist mit seinen bullaugenartigen Oberlichtern und gefächerten Stützen, die ‚organisch' in die Decke überleiten, auf Bauten der fünfziger Jahre hin (Abb. 100). Ähnliche Elemente hatte Frank Lloyd Wright bereits in den dreißiger Jahren in seinem Johnson Wax Verwaltungsgebäude in Racine/Wisconsin verwendet.

Neben all diesen für die Ankaraner Architektur außergewöhnlichen Elementen ist noch auf die Fenstergliederung hinzuweisen. Elsaesser ponderiert zwischen Horizontal- und Vertikalgliederung und gelangt zu einem doppelten stehenden Fenster, das jedoch durch durchgängige als Sonnenblenden dienende Gesimsbänder zu horizontalen Fensterbändern zusammengeschlossen wird (Farbabb. XV). Diese Form der Sonnenblenden sollten vor allem Bruno Taut bei seinen Schulbauten interessieren (Abb. 134), wobei er Elsaesser mehrfach getroffen und auch den Rohbau der Sümerbank gekannt hat.[367]

Elsaesser lieferte zu seinem Entwurf schließlich auch noch eine städtebauliche Gestaltung für den Platz mit (Abb. 101). Dem konkaven Bau der Kassenhalle folgend sollte der gesamte Platz durch eine Ladenfront vereinheitlicht werden. Die bereits bestehende IŞ-Bank und das gegenüberliegende Gebäude sollten verändert, vor allem ‚entstuckiert' werden. Zusammen mit dem an der Frankfurter Siedlung Römerstadt orientierten Kopfbau auf der westlichen Platzseite wäre ein konkaver Platzraum entstanden, mit dem die Diskussion um Rundplätze in Deutschland, besonders in Berlin, Mitte der dreißiger Jahre reflektiert wurde. Dort waren mit dem Fehrbelliner Platz und dem heutigen Platz der Luftbrücke vor dem neuen Flughafen Tempelhof Platzräume geschaffen worden, die den dreieckig oder abgerundeten Eckbebauungen der Rundplätze des 19. Jahrhunderts eine Absage erteilten und eine einheitliche Platzfront anstrebten. Allerdings hat Elsaesser den Ulus Meydanı im Gegensatz zu den deutschen Beispielen außerordentlich differenziert gestaltet.[368]

Die 1938 in Stahlbetonskelettbauweise fertiggestellte Sümerbank war Elsaessers Hauptbau in Ankara, in dem Elemente der Frankfurter Schulbauten verarbeitet wurden. Speziell bei diesem Projekt enthielt sich Elsaesser jeglichen historischen Rückbezugs und ging nur mit einigen wenigen Elementen auf die veränderten klimatischen Bedingungen ein. Die moderne Form muß wohl auch durch den Auftraggeber bedingt sein, denn die Sümerbank hatte mit für die Türkei beispielhaften neuen Architekturen, wie der Textilfabrik in Kayseri 1935, ihre moderne Position bekräftigt.[369] Nur im Hallenbereich und in der von Elsaesser komplett konzipierten Einrichtung (Farbabb. XVI) kommt er zu einer Neuformulierung von repräsentativen Elementen durch Materialien wie Marmor und Messing. Eine den Staatsgedanken verkörpernde neue Repräsentationsarchitektur mit Pathosformeln im Sinne eines gewandelten Bruno Taut ist das nicht.

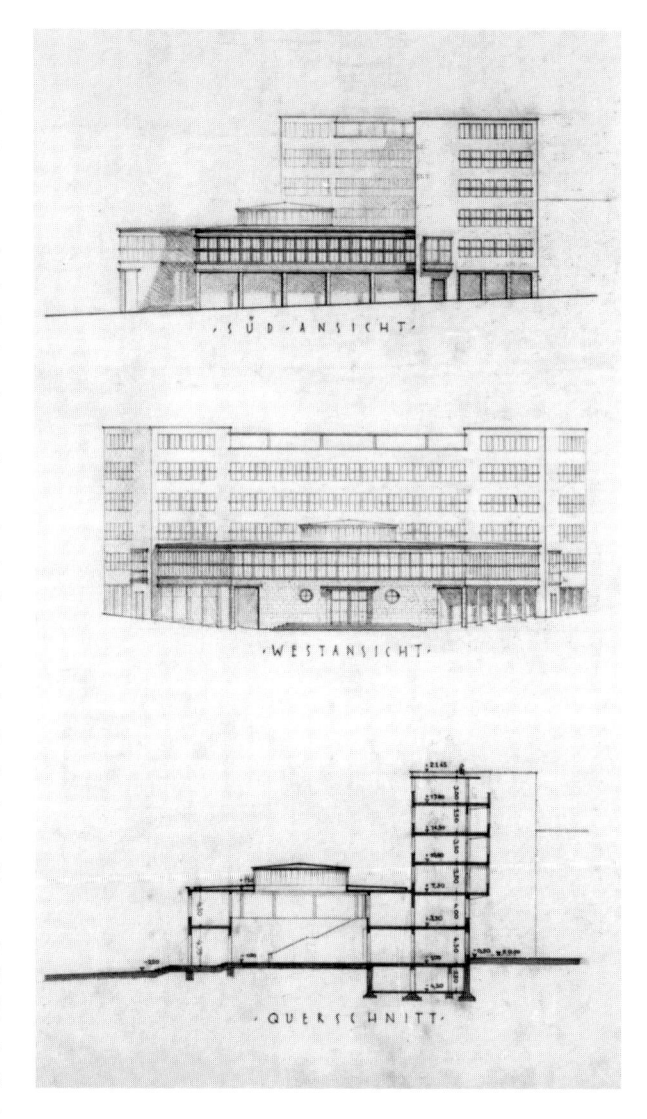

Im Unterschied zu den verschiedene Stilstufen rezipierenden Bauten Ernst Eglis konzipierte Elsaesser den wohl stimmigsten Bau der Moderne in Ankara. Er setzte seine Erfahrungen als Stadtbaurat des ‚Neuen Frankfurts' unter Ernst May 1925 – 1932 virtuos um. In diesem Sinne

98 Martin Elsaesser, Sümerbank Ankara, 2. Projekt, 1935, Aufrisse und Längsschnitt.

99 Martin Elsaesser, Sümerbank Ankara, Eingangshalle, Foto 1938.

100 Martin Elsaesser, Sümerbank Ankara, Dachterrasse, ca. 1938, heute verbaut.

101 Martin Elsaesser, Platzmodell Ulus Meydanı, ca. 1937.

knüpfte er mit der Sümerbank unmittelbar an seine letzten Frankfurter Bauten an. Gleichzeitig zeigen sich hier bereits Elemente, die in die Nachkriegsarchitektur weisen. Insofern ist die Sümerbank eines der interessantesten Gebäude der späten Moderne am Ende der dreißiger Jahre. Elsaessers andere Projekte sollten dieser Linie nur noch bedingt folgen.

Das Klinikum

Die 1937/1938 geplanten Universitätskliniken mit angeschlossener Medizinischer Fakultät erstreckten sich über den gesamten Bereich des Hacettepes, ausgehend von der Literaturfakultät Bruno Tauts. Nach den Plänen Jansens war hier eine weitere Stadtkrone ausgehend von dem Musterkrankenhaus Robert Örleys vorgesehen (Abb.103, 4). Keines der Projekte wurde verwirklicht. Erst in den vierziger Jahren begann Jean Walter, ein Krankenhausspezialist aus Frankreich, mit der Medizinischen Fakultät, die nach dem Krieg vollendet wurde[370]. Heute bildet der Hacettepe eine eigene Universität, ohne planvolle Struktur.

Der Hauptbau in Elsaessers Anlage war das Fakultätsgebäude. Die H-förmig organisierte Anlage rekurriert strukturell auf Krankenhausbauten der Frankfurter Zeit, so das Projekt der Nervenklinik, 1930,[371] das einen rückwärtigen Mittelpavillon aufweist. Stilistisch liegen zwischen beiden Bauten Welten.

Elsaesser war sich hier des besonderen repräsentativen Anspruchs der Anlage bewußt und reflektierte wohl auch die damalige Diskussion um eine Neuformulierung der staatlichen Bauten. So kam er zu einer eigenartigen Synthese aus Holzmeisters Verteidigungsministerium und seinen eigenen Bauten vor 1919. Perspektive F (Abb. 104) zeigt den durchfensterten Mittelpavillon und den Längsflügel als sich durchdringender Baukörper, die vollständig durch senkrechte Fensterbahnen gegliedert sind. Die Horizontalbänder, Markenzeichen der Frankfurter Zeit bis hin zur Sümerbank, sind verschwunden. Die vorspringenden niedrigeren Querflügel erscheinen als sich durchdringende und nach oben größer werdende Kubaturen. Durch dieses Prinzip werden Elemente der Holzmeisterschen Gestaltung aufgenommen, Elsaesser allerdings setzt durch die Fensterbahnen auf stärkere Durchlichtung und betont die Ecken der Kubaturen durch Fensterbahnen. Rückseitig in Perspektive G zeigt der Bau einen fortifikatorischen Charakter (Abb. 105): zwei massige Querflügel, die entfernt an die Risalite von Poelzigs IG-Farben Gebäude erinnern, mit einem dazwischengespannten fast fensterlosen niedrigeren Längstrakt, der durch vier risalitartige Erker rhythmisiert wird. Über IG-Farben hinaus wird deutlich Bezug auf Großbauten wie den Flughafen Tempelhof von Sagebiel (1936 bis 1941) genommen. Als Pendant sollte das Musterkrankenhaus Örleys ebenfalls mächtige Seitenrisalite erhalten (Abb. 106).

In einer Variante der Hauptfront, der Perspektive H (Abb. 107) zeigt der Bau eine Lochfassade mit einem oben durchlaufenden Geschoß in enger Fensterstellung, wie sie auch bei Heeresbauten Mitte der dreißiger Jahre, so bei der Erweiterung des Oberkommandos der Wehrmacht in Berlin (Bendlerblock), zu sehen sind.

Interessanterweise hatte Elsaesser in seinem Entwurf für das Haus der Freundschaft in Konstantinopel (Abb. 108), 1916, diese Art der Fensterbahnen verwendet, kombiniert mit gestuften Baukörpern sowie ganz ungegliederten Außenwänden. Hierin möchte man einen Rückgriff erkennen, in dem versucht wird, mittels Steigerung von Baumassen der Aufgabe Repräsentationsbau gerecht zu werden. Es ist nicht das Ornament oder die Materialität dieser früheren Bauten, sondern allenfalls ganz allgemein der Duktus. Ähnlich wie bei Taut, der aber im einzelnen anders vorgeht, sind diese Bauten jedoch auf den ersten Blick als aus den dreißiger Jahren stammend zu erkennen.

102 Martin Elsaesser, Sümerbank Ankara, Vorraum der Direktoriumsräume, ca. 1938.

Rechte Seite:

103 Hermann Jansen nach den Entwürfen Elsaessers, Medizinische Fakultät, Grundrißdisposition 1939, links Eglis İsmet Paşa Ensitüsü, darunter Tauts Literaturfakultät.

104 Martin Elsaesser, Universitätsklinikum Ankara, Medizinische Fakultät, Seitenbau mit Mittelpavillon, 1937.

105 Martin Elsaesser, Universitätsklinikum Ankara, Medizinische Fakultät, Rückfront, 1937.

106 Martin Elsaesser, Universitätsklinikum Ankara, Gesamtanlage, links erweitertes Musterkrankenhaus von Robert Örley.

107 Martin Elsaesser, Universitätsklinikum Ankara, Medizinische Fakultät, Seitenrisalit.

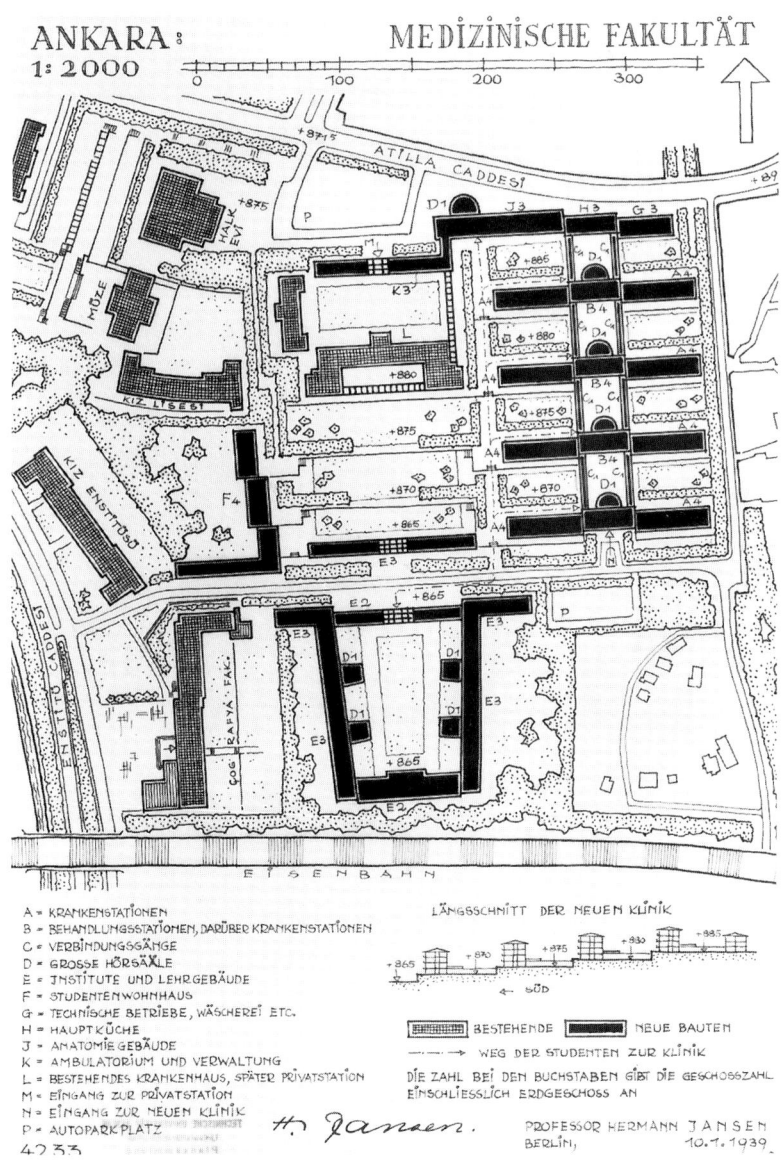

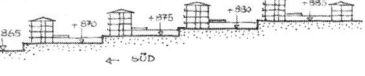

ANKARA: MEDİZİNİSCHE FAKULTÄT
1:2000

A = KRANKENSTATIONEN
B = BEHANDLUNGSSTATIONEN, DARÜBER KRANKENSTATIONEN
C = VERBINDUNGSGÄNGE
D = GROSSE HÖRSÄLE
E = INSTITUTE UND LEHRGEBÄUDE
F = STUDENTENWOHNHAUS
G = TECHNISCHE BETRIEBE, WÄSCHEREI ETC.
H = HAUPTKÜCHE
J = ANATOMIE GEBÄUDE
K = AMBULATORIUM UND VERWALTUNG
L = BESTEHENDES KRANKENHAUS, SPÄTER PRIVATSTATION
M = EINGANG ZUR PRIVATSTATION
N = EINGANG ZUR NEUEN KLINIK
P = AUTOPARKPLATZ

LÄNGSSCHNITT DER NEUEN KLINIK

BESTEHENDE — NEUE BAUTEN
— WEG DER STUDENTEN ZUR KLINIK
DIE ZAHL BEI DEN BUCHSTABEN GIBT DIE GESCHOSSZAHL EINSCHLIESSLICH ERDGESCHOSS AN

H. Jansen
PROFESSOR HERMANN JANSEN
BERLIN, 10.7.1939

Die einzelnen Krankenhaustrakte sind teils in Zeilen, teils in Pavillonbauweise in paralleler Hanglage errichtet. Sie waren ganz modern mit den typischen Fenstern gestaltet, ähnlich wie es bei Holzmeisters Militärspital (Abb. 59) zu sehen war, nur daß jetzt durchgängig flache Walmdächer verwendet wurden. Im Internatsbau, der mit Portikus und seitlich flankierenden durchfensterten Treppenhäusern gestaltet ist, kann man die größte Annäherung an Bauten aus NS-Deutschland erblicken. Ähnlich wie in Jansens Hochschulstadtentwurf für Cebeci wurde der Einfluß dieser Ästhetik um 1938 in der Türkei immer spürbarer.

Der Friedhof

Seit 1935 plante Elsaesser, nachdem er als erster Preisträger aus einem Wettbewerb hervorgegangen war, den ersten städtischen, d. h. profanen Friedhof in der Türkei.[372] Als Musteranlage hatte sie programmatischen Charakter (Abb. 109). Ein Teil der Gesamtanlage, allerdings ohne die von ihm geplanten Hochbauten wie dem Krematorium oder Brunnenanlagen, wurde bis 1938 ausgeführt. Dabei kam es zu Auseinandersetzungen mit dem türkischen Architektenverband, denn zu diesem Zeitpunkt sollten ausländische Architekten nur noch in Zusammenarbeit mit türkischen Kollegen städtische Bauten ausführen. Möglicherweise ist in diesen Querelen auch der endgültige Rückzug Elsaessers aus der Türkei zu suchen.[373]

Parallel zu den Entwurfsarbeiten fertigte Elsaesser eine Denkschrift *Anlage und Gestaltung neuzeitlicher Friedhöfe in der Türkei* an. Dort gibt er auch über seine eigene Haltung zum Bauen in der Türkei Auskunft:

In der Türkei wird mit Recht im modernen Stil gebaut, insoweit dieser Stil der Ausdruck zeitgemäßer Sachlichkeit ist und seine Form und Gestaltungselemente aus der Aufgabe, aus der Konstruktion und dem gegebenen Material und aus den klimatischen und landschaftlichen Bedingungen entwickelt [ist]. Jeder Stil aber enthält zeitlose und zeitgebundene Elemente.[374]

Da ein Friedhof aber möglichst viele *zeitlose* Elemente beinhalten sollte, wird hier eine traditionellere Gestaltung bevorzugt. Ziel war es, in kurzer Zeit eine *möglichst weitgehende Durchbildung des architektonischen Rahmens* zu erreichen.[375] Den schon von Fritz Schumacher entwickelten Grundsätzen zur Gestaltung von Friedhöfen folgend,[376] konzipiert Elsaesser einen Wald- und Parkfriedhof, der mit üppiger Begrünung wohl eher mit-

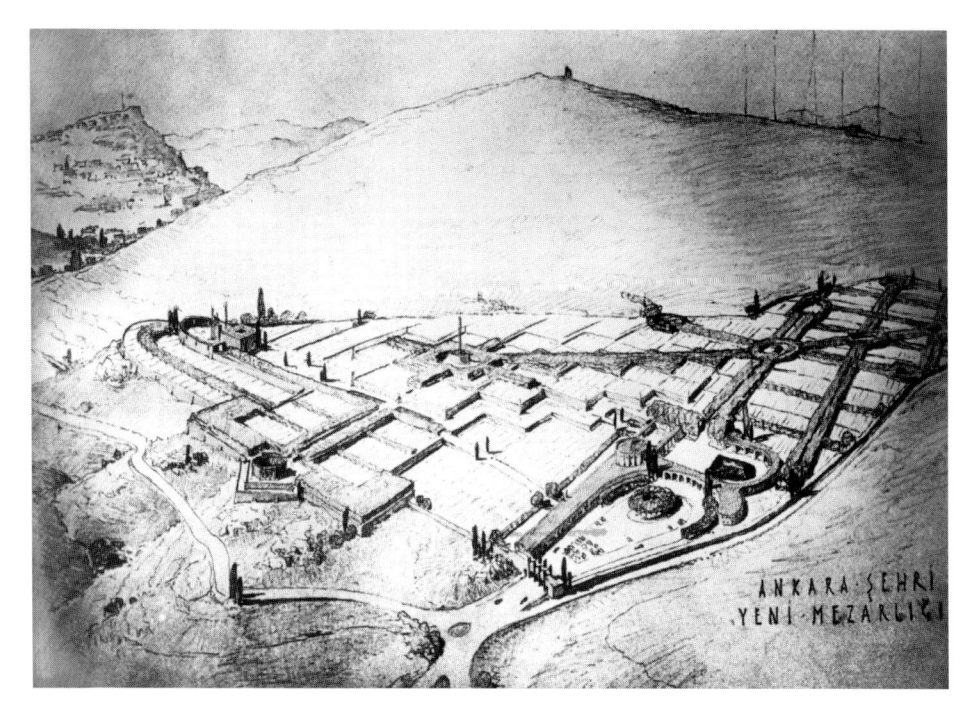

108 Martin Elsaesser, Haus der Freundschaft in Konstantinopel, Entwurf 1916.

109 Martin Elsaesser, Städtischer Friedhof, Ankara, Wettbewerbsentwurf 1935, Vogelschau.

teleuropäischen Vorstellungen Rechnung trug als den relativ kargen Bedingungen der anatolischen Hochebene. Neu ist die Ablehnung einer Rangordnung innerhalb des Friedhofs:

Es entspricht wohl dem durchaus demokratischen Charakter der Türkei eine solche Rangordnung [der Gräber] zu vermeiden, und den Charakter des Volksganzen dadurch zum Ausdruck zu bringen.[377]

Der nördlich von Ankara, heute mitten im Stadtgebiet gelegene Friedhof wurde in der Gesamtanlage nach den Plänen Elsaessers ausgeführt. Charakteristisch sind die hohen terrassenartigen Umfassungsmauern aus Bossenquadern in rötlichem Ankaraner Granit. Ferner wurden Teile der Binnengliederung, so einige der auf der Perspektive zu sehenden Rondelle und die hufeisenförmige Pergola fertiggestellt. Der Entwurf für das Ehrenmal mit einer Art heiligem Hain und Gräberhof blieb unausgeführt. Für den Eingang dieses Ehrenhains hatte Hans Wimmer vier große Pferdeplastiken aus Bronze konzipiert.

Elsaessers Forderung einer ‚zeitgemässen Sachlichkeit' sowie der Verschmelzung von *zeitgemäßen* und *zeitlosen* Elementen führte zu einer Architektur, die an Formeln der Moderne festhalten konnte, ohne formalistisch zu sein, wie bei der Sümerbank, oder aber auch zu traditionelleren Formeln, beispielsweise bei den Kliniken, greifen konnte. Dabei ist, ähnlich wie bei Taut, der Rückgriff auf Bauten der Werkbundzeit vor 1918 festzustellen. Elsaesser nutzt diese zur monumentalen Steigerung, wie es unter dem Stichwort der ‚Ägyptomanie' um 1910 bereits begründet worden war. Letzte Steigerung dieser Tendenz sollte Elsaessers Entwurf zum Parlament werden (Abb. 145), an dessen internationalem Wettbewerb er Ende 1937 teilnahm.[378]

Anhand der Repräsentationsbauten, wie dem Klinikum, ist deutlich geworden, wie sehr sich die Prämissen gegenüber den Frankfurter Jahren geändert hatten. Die Modernität der Sümerbank bleibt die Ausnahme, obwohl sie als direkte Konsequenz der Frankfurter Jahre zu sehen ist, weil sie den Vorstellungen des Auftraggebers verpflichtet ist. Im Gegensatz zu Elsaessers Krankenhaus- und Schulbauten der zwanziger Jahre werden in der Türkei diese Gattungen in den dreißiger Jahren als staatliche Repräsentationsbauten gewertet, so daß nun in verstärktem Maße Pathosformeln in die Gestaltung einfließen. Diese Tendenz trug auch der von Elsaesser bereits 1932/1933 geforderten öffentlichen Sinnstiftung der Architektur als gesellschaftlichem Abbild Rechnung.

AUF VERLORENEM POSTEN – MARTIN WAGNER UND HANS POELZIG 1935 – 1938

Mein Lebensziel geht immer noch auf die grössere Totalität. Und für dieses Ziel fühle ich mich trotz meiner 52 Jahre noch geistig und körperlich jung genug. Wie Sie bin ich ein ‚Vulkan', mehr noch: Weltsprengstoff! Aber nach Russland ginge ich unter dem gegenwärtigen Regime niemals. Auch nach Deutschland brächten mich keine 10 Pferde, solange Hittler [sic] auf dem Tron [!] sitzt. [...] Darum muß ich hier in meinem wirklich paradiesischen Wartesaal I. Klasse wohl noch etwas ausharren [...][379]

Martin Wagner an Ernst May, 13. März 1937

Mit Martin Wagner, dem 1933 abgesetzten Stadtbaurat von Berlin, stehen wir einer vielschichtigen Persönlichkeit gegenüber, die trotz ihrer relativ kurzen Aufenthaltes in der Türkei zwischen Mai 1935 und August 1938, einen bedeutenden Einblick in das Innenleben des türkischen Exils gewährt. Wagner war als politisch agierender Kopf ins Exil getrieben worden, weil er seinen Prinzipien keinen Moment lang untreu werden wollte. Persönlich durchaus eigensinnig und schwierig im Umgang, in seiner Korresponz teilweise von beißendem Sarkasmus, litt der vor 1933 viel Beschäftigte, ähnlich wie sein ehemaliger Kollege Ernst Reuter, am Verlust von Heimat und Arbeit. Es war der jähe Wechsel aus einer Vita activa in eine Vita contemplativa: Den Aufenthalt in Istanbul *fasse ich nur als eine einzige innere Sammlung auf.*[380] Reuter berichtete von Wagners Tätigkeit bei der Stadtverwaltung Istanbul als *einem etwas toten Posten [...]. Und immer wenn wir zusammenkommen, dann haben wir nur einen Gedanken – Wohin gehst Du Deutschland, dieses so grosse schöne Land – was ist aus ihm geworden.*[381]

Das Loch, welches das Exil riß, führte in der Regel zu einem radikalen Wandel der Lebens- und Arbeitsverhältnisse. Bruno Tauts ebenfalls kontemplativ zu nennendes japanisches Exil, 1933 – 1936, und das *persönliche Dritte Reich* eines Ernst May auf einer selbstprojektierten Musterfarm in Tansania (1933 – 1937) sind weitere Beispiele.[382] Wagner durchlebte diesen neuen Lebensabschnitt mit klarem Blick für die beinahe selbstreflentiell zu nennende Sammlung seiner Architekten- und Künstlerfreunde, wie seine auch an sich selbst gerichtete Mahnung an Ernst May verdeutlicht:

Lassen Sie sich von Bruno Taut nicht überbieten, mein

Lieber. Ich hatte gestern erst wieder seine alpine Architektur in der Hand und gestehe, dass ich die Arbeit nun erst verstanden habe. Es ist eine ganz grosse Leistung, die in seelischer Einsamkeit entstand und in engster Berührung mit dem Kosmos rein ausschwingen konnte. Und jetzt schweigt er wieder, wenn nur sein Körper dieses Schweigen aushält.[383]

Zusammen mit Bruno Taut steht Wagner für die beginnende kritische Reflexion des Konstrukts einer modernen Architektur in der Türkei. Gleichzeitig trat er, zumal er keine architektonischen Aufgaben übertragen bekam, immer stärker publizistisch für die Prinzipien des modernen Städtebaus ein,[384] die sich indirekt wie Kritik an Jansens Ankara-Plan lesen, ohne daß dieser jemals genannt wurde.

Der Weg ins Exil

Wagners Weg in die Türkei, die Jahre 1933 bis 1925, welche sein Sohn Bernard als *die schwersten im Leben meines Vaters* beschrieb,[385] hängen unmittelbar mit den Gleichschaltungsmaßnahmen der NS-Funktionäre auf ihrem Weg in die Diktatur zusammen. Sein aufrechter Gang – die offene Kritik an dem Ausschluß von Käthe Kollwitz und Heinrich Mann aus der Preußischen Akademie der Künste und sein daraus folgender Austritt aus der Akademie; die Amtsenthebung als Stadtbaurat von Berlin nach den Wahlen im März 1933 aufgrund des *Gesetzes zur Wiederherstellung des Berufsbeamtentums* – gipfelten in seiner historisch gewordenen Rede für Meinungs- und Gewissensfreiheit gegen die Gleichschaltung des Deutschen Werkbunds am 10. Juni 1933.[386] Damals hatten so exponierte Vertreter wie Hans Poelzig, Theodor Heuss sowie der windige Ernst Jäckh dem neuen Führerprinzip im Deutschen Werkbund zugestimmt, woraufhin Wagner, Gropius und Wagenfeld zurücktraten; ein Jahr später war die traditonsreiche Institution aufgelöst. Wiederbelebungsversuche einer *Vereinigung alter Werkbundfreunde* mit Mies, Lilli Reich, Wagenfeld u. a. lehnte Wagner, ebenso wie Hugo Häring, ab. Eine persönliche Genugtuung ist ihm der triumphale Empfang, den ihm die *Jugend* und schließlich auch die *Alten*, wie Behrens, March, Roth, Poelzig und auch Carl Christoph Lörcher, der den frühen Ankaraplan 1925 bearbeitet hatte und nun als SA-Funktionär ‚Führer' des Werkbunds und des Bunds Deutscher Architekten (BDA) werden sollte, auf einer Versammlung des BDA 1934 machten:

Und so saßen wir nun bei Wein und Bier und feierten die große Versöhnung, die abseits stehende wohl als Bekehrung aufgefaßt haben mögen. Mir war wirklich zu Mute als wäre ich aus einem dunklen Traum erwacht und nur noch von Schatten und Nachtschatten umgeben [...] Hätte ich nicht ‚Haltung' bewahren müssen, dann hätte ich losgelacht vor Freude darüber, wie sich in den Augen der anderen die Zeitgeschichte spiegelt. Die Kolonnen schienen mir reif, unter Führung genommen zu werden. Alles schrie förmlich nach Führung und nach Menschen. Das ist die Bilanz des Abends.[387]

Wagner sieht das Ganze wie einer, der nicht mehr dazugehört und dadurch auch nicht mehr korrumpierbar ist.

Gropius teilte diese Einstellung aus seinem frischen Londoner Exil – auch wenn ihn das nicht hindert, sein Deutschtum und sowie den unpolitischen Charakter seiner Architektur zu betonen- und fragt Wagner, *ob leute, wie mies, bereits die belohnung seiner inneren schritte kosten darf?*[388]

Wagner ist mit der Türkei über zwei Stränge in Berührung gekommen: einmal über Gropius, der an den Vorsitzenden der *Notgemeinschaft Deutscher Wissenschaften*, Demuth, in London auf dessen Anfrage nach einem *Leiter der Bauschule in Istanbul* im November 1934 schreibt:

Ich glaube bestimmt, daß ihn [Wagner] die vorliegende Aufgabe interessieren würde und daß er von einem solchen Posten aus fruchtbar auf die ganze Bau- und Städtebauentwicklung der Türkei einwirken könnte.[389]

Die zweite, konkretere Schiene ergab sich über Hans Poelzig, der im Begriff war, selber in die Türkei zu gehen.

Städtebau für den Papierkorb

Vor Wagners Städtebaukonzept und seinem vergeblichen Kampf für den modernen Städtebau ist der Architekt Wagner zu skizzieren. Der frisch gebackene *Stambulle*[390] mit zunächst zweimonatigem Vertrag als Berater der Stadtverwaltung von Istanbul,[391] der sich über seine städtebaulichen Aufgaben noch nicht ganz im klaren ist, bekommt vom Bürgermeister den Auftrag, das ‚Weltbad' in Florya, dem Badevorort Istanbuls am Marmarameer, mit einem Sommerhaus für Atatürk zu projektieren. Geplant war eine größere Siedlung mit versetzt stehenden Häusern, so daß der Blick auf das Marmarameer gewahrt blieb.[392]

Als Atatürk nach zehn Wochen über die städtischen Instanzen hinweg Seyfi Arkan mit dem Gebäude beauftragt, läßt Wagner nicht nur seiner Enttäuschung freien Lauf, sondern setzt zu einer grundsätzlichen Kritik an der türkischen modernen Architektur an. Wagner geißelt die unkritische Übernahme der mitteleuropäischen Moderne durch junge türkische Architekten in ungewöhnlicher Schärfe. Er leitet damit die Diskussion um die Transformation der modernen Architektur im türkischen Exil ein, die Bruno Taut als definitiver Nachfolger von Ernst Egli programmatisch steigern sollte:

Es fehlt ihm [Atatürk] die Sicherheit und der Instinkt für die große Form. Und so schaut er nach Europa und läßt sich Modeschneider kommen. Gropius, wenn sie hier sehen würden, was Corbusier und was die Modernen sich hier versündigt haben, dadurch, daß sie Modeschneider und nicht Architekten erzogen haben, sie würden alle Nachläufer aus dem Tempel jagen. Die Jugend der Türkei hat in Europa zeichnen, aber nicht bauen gelernt. Ein junger Talmi-Schüler von Poelzig, der zwei Semester herumgebummelt hat, kam nun mit dem Ruf seines Meisters hierher und zeichnet mit überflotter Hand so ein Mischmasch von Corbusier und Mies in die Landschaft. Bei einer Badeanstalt in Florya, einem Vorort von Istanbul, standen wir uns gegenüber. Er hatte – ohne mein Wissen – den Auftrag von Ata Türk persönlich erhalten und ich hatte den Auftrag von meinem Vali bekommen, auf dem städtischen Terrain ein ‚Weltbad' zu planen, in dem auch Ata Türk ein Bade- und Sommerhaus mitten im Meer bekommen sollte. Sie können sich denken, wie mich die Aufgabe nach Wannsee [Strandbad Wannsee mit Richard Ermisch 1928/30] packte. Das Resultat war nun, daß Seyfi [Arkan] ein Landhaus von Wannsee mitten ins Meer stellte und dass ich als Berliner auf die Funktion der herrlichen Kioske in Konstantinopel zurückgriff und ein wirkliches Lustschlösschen ins Wasser stellte. Ich bin sehr stolz auf meinen Entwurf, weil er mit den vier Elementen (Wasser, Wind, Licht, Luft) und nicht gegen die Elemente gebaut und weil er überhaupt gebaut und nicht gezeichnet ist. Aber bevor ich meinen Entwurf fertig hatte, durfte Seyfi den seinen schon ausführen. Der Ata Türk hatte über den Kopf der Stadt verfügt, dass ihm sein Haus in 4 Wochen gebaut werde. Na, und so wurde es denn auch. Das Schlimme ist, war, dass solch ein ‚modernes' Haus gefällt, weil es den Anschein hat, ein ‚Funktionshaus' zu sein und in Wahrheit von seinen wesentlichen Funktionen weit entfernt ist.[393]

Seyfi Arkans modernes ‚Funktionshaus' (Abb. 110) auf einer Landungsbrücke im Meer stellte den Direktimport seiner Berliner Erfahrungen bei Poelzig dar. Das Gebäude ist keineswegs, wie Wagner suggeriert, dysfunktional, sondern verkörpert schon nach außen die Stufe von Wohnkultur, wie sie Egli am Haus Ragıp Devres umgesetzt hatte.[394] Es war diese implantierte Moderne, die Wagner auf die Barrikaden brachte, weil er die Verbindung mit der türkischen Tradition als unverzichtbar ansah. Seine zahlreichen Skizzen türkischer Wohnhäuser sprechen für eine intensive Auseinandersetzung mit dem baulichen Erbe (Farbabb. XVII). Das bedeutete selbstverständlich keinen neuen Historismus, sondern eine intensive Auseinandersetzung mit den Gegebenheiten des Landes, die Egli ja theoretisch propagiert, aber praktisch kaum ausgeführt hatte.[395]

Im Juni 1935 erhält Wagner einen Zweijahresvertrag als *technischer Beirat*. Endlich ist für ihn eine existentielle Sicherheit vorhanden; seine Familie kommt nach Istanbul.[396]

Die berufliche Situation sieht weniger rosig aus. Das Istanbuler Städtebaubüro besteht aus einem Direktor, Ziya bey, und drei Architekten. Davon hatte allein Sabri

110 Seyfi Arkan, Atatürk-Pavillon, Seebad Florya, Marmarmeer 1935.

111 Bernhard Wager, Zeichnung eines türkischen Hauses, ca. 1970.

Oran, als Assistent von Bonatz in Stuttgart, etwas Erfahrung im Städtebau. Wagner kritisiert die fehlenden Planarbeiten, er stehe vor dem Nichts.[397] Als *Hochstand architektonischer Kultur* entwirft er in diesen ersten Monaten die Grundlagen eines Bebauungsplans und ein Baugesetz. Aber alles geht nur langsam voran, und in Istanbul herrschen – wie in Ankara – die Bauunternehmer. In diese Zeit fällt auch der Wettbewerb für den Generalplan von Istanbul, an dem sich von deutscher Seite aus Hermann Jansen und Hermann Ehlgötz, dessen Plan, so Wagner, *nichts als Bilderbogenarbeit* sei,[398] beteiligen. Jedoch bekommt keiner von beiden, sondern Henri Prost, den Auftrag. Dieser wird 1937 direkt vom Innenminister unter Umgehung der Istanbuler Stadtverwaltung engagiert.[399]

Durch die Berufung von Prost, dem *alten Konkurrenten von Le Corbusier*, fühlt Wagner seine Arbeit als überflüssig: *Nachdem ich die erste selbständige Arbeit von Prost gesehen habe, wäre es für mich ganz unmöglich, mit ihm zusammenzuarbeiten, weil uns Zeiten und Welten voneinander trennen. Mit Prost war keine Auseinandersetzung möglich.* Ohnmächtig gesteht er ein, daß kein Volk aus seiner Erinnerung heraus kann:

Das sahen wir in Russland, das im künstlerischen und kulturellen nun wohl erst alle Irrwege gehen muss, die der Kapitalismus in Europa auch gegangen ist. Die Türkei untersteht dem gleichen Gesetz: Hier gefällt zunächst nur das, was in Europa veraltet ist. Prost hat darum ein leichtes Spiel, wenn er hier den überlebten Pariser Städtebau propagiert. [Er] hat sich durch seine ‚Kunst' des vorigen Jahrhunderts und der école des beaux arts besser durchgesetzt, als ich mit meiner modernen Auffassung vom Städtebau.[400]

Hierin drückt sich ein prinzipieller Streit um die richtige Form des Städtebaus aus: der Stadttechniker gegen den Stadtbaukünstler; Positionen, wie sie bereits in Zusammenhang mit Jansens Ankara-Plan umrissen wurden.

Wagner zog sich mehr und mehr auf das publizistische Feld zurück und veröffentlichte in der Zeitschrift *Arikitekt* eine Reihe von Artikeln. 1937 kommt er am Beispiel Ankaras mit dem Artikel *Ein Volk, das nicht baut, lebt nicht*, zu einer Modifizierung des technologisch und soziologisch determinierten Städtebaus: Trotz allgemeiner Grundlagen, die das Industriezeitalter mit sich brächten, sollten die Städte nach der Lebensweise des Volkes und den naturräumlichen Faktoren gestaltet werden.[401]

Wagner legte zusammen mit dem Architekten Emin Onat, der später durch das Atatürk-Mausoleum berühmt werden sollte, 1937 eine Verkehrsanalyse für Istanbul (Abb. 112) vor, die im Gegensatz zu den Achsenplanungen von Prost stand. Dabei definierte er wesentliche Strukturelemente, die in die Planungen nach 1945 einfließen sollten. So sah er beispielsweise mehrspurige Uferstraßen an allen Küstenlinien vor, eine zweite Brücke über das Goldene Horn sowie den damit zusammenhängenden Durchbruch des heutigen Atatürk Bulvarı über Aksaray zum Marmarameer.[402]

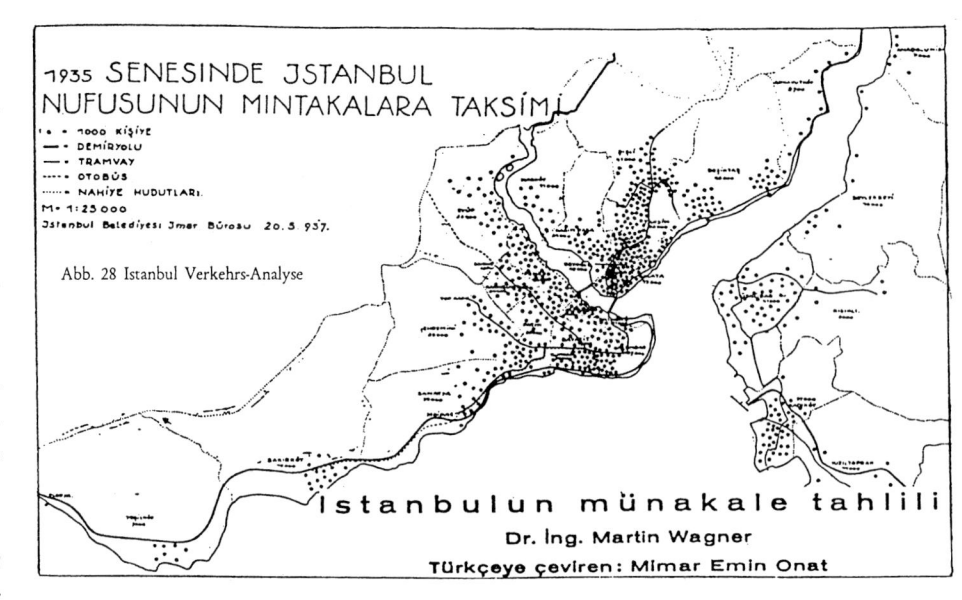

Zu diesem Zeitpunkt steht Wagner schon in Verhandlung mit Gropius über eine Städtebauprofessur in Harvard. Einen Lehrauftrag für Städtebau nahm er in Istanbul an der Akademie unter Bruno Taut wahr.

Wagners Vertrag in Istanbul wird Ende 1937 nicht verlängert, und er bekommt einen Beratervertrag im Ministerium für Öffentliche Arbeiten, nachdem er sich geweigert hat, eine wohlklingende, aber völlig machtlose Stelle als *Leiter des Städtebaus der gesamten Türkei* zu übernehmen:

Ich arbeite nun schon seit dem 10. Dezember in Ankara und war nur zu den Festtagen nach Istanbul in mein Heim geflüchtet, das meine Frau vorerst noch nicht in die Wüste verlegen will. Hier ist zwar das Wohnen, dort [in Ankara] das Arbeiten schöner. Das sage ich nun so, obgleich ich zu arbeiten kaum begonnen habe. Der Minister für öffentliche Arbeiten hat mir nämlich die neue Organisation und Leitung des ganzen Städtebaus in der Türkei übertragen. Wie schön sich das anhört, wie? In Wirklichkeit ist an Organisation und Kräften so gut wie nichts vorhanden und alles ganz neu aufzubauen. Dabei ist das Land blutarm, aber die bisher aufgestellten Pläne so, als ob Amerika nur ein armseliger Bettler ist. Nun machen Sie mal was aus diesem Gegensatz zwischen Wollen und Können.[403]

Abb. 28 Istanbul Verkehrs-Analyse

112 Martin Wagner, Emin Onat (Mitarbeit), Verkehrsanalyse Istanbul, 1937.

Rechte Seite:

113 Martin Wagner, Ausstellungsplan, Dolmabahçe-Palast, Istanbul, 1937, Grundrißplan.

114 Martin Wagner, Iglu-Häuser, 1940.

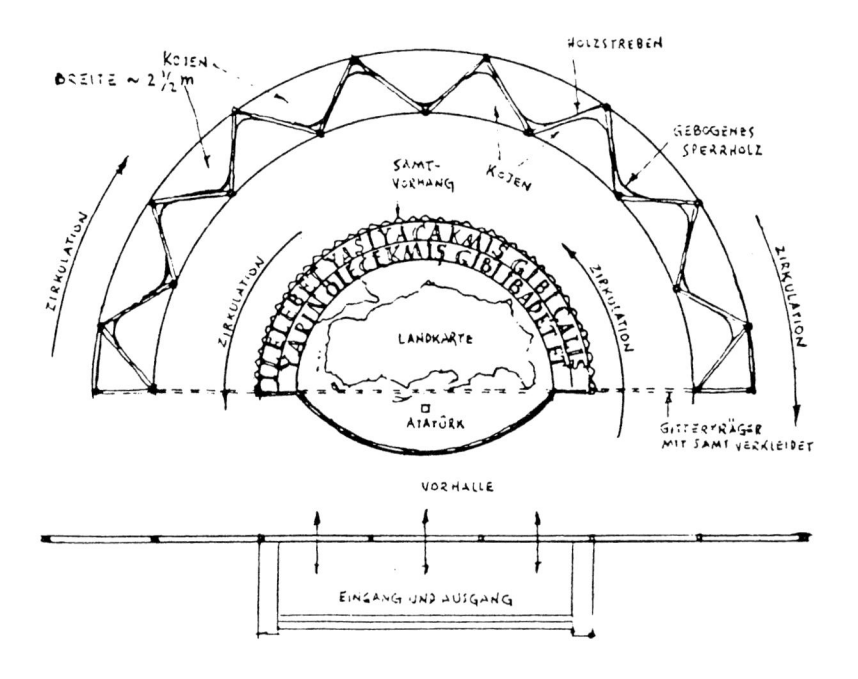

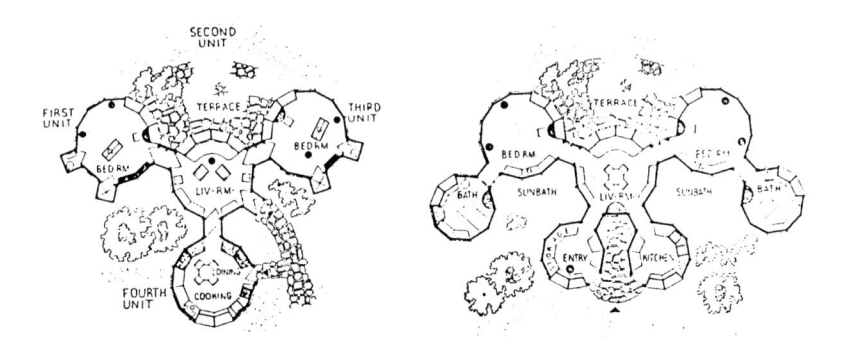

Schon Anfang 1937 hatte Wagner Kontakte nach Ankara geknüpft und dort an der Hochschule für Staatswissenschaft drei Städtebauvorträge gehalten. Im Zusammenhang mit der Neueinrichtung eines Instituts für Städtebau an der dortigen Hochschule setzte er sich sehr für Ernst Reuter ein, den er als den geeigneten Professor für Kommunalwissenschaft sah.[404] Reuter hat diese Stelle dann auch ab 1939 bekleidet. Schon zuvor hatten sich beide unabhängig voneinander bei Gropius in Harvard um Unterstützung für eine Stellung in den USA bemüht, woraufhin dieser gönnerhaft ausführt:

Übrigens finde ich, dass auch wagner in konstantinopel nicht seinen fähigkeiten entsprechend tätig sein kann, dass sie und wagner dort wegtendieren, verstehe ich nur zu gut, weil natürlich der kulturzustand der türkei gar keine möglichkeiten gibt, sich dort zu entfalten.[405]

Als einzig konkretes Projekt realisiert Martin Wagner im Sommer 1937 die Ausstellungsarchitektur für eine Kemalismusausstellung (Abb. 113) im Dolmabahçe-Palast, die in wenigen Wochen umgesetzt wurde.[406]

Als er ein Jahr später die Türkei in Richtung Harvard verläßt, bleibt er seinen alten Freunden, besonders Ernst Reuter, in der Türkei verbunden. Begeistert schreibt von ersten Projekten zu *prefabricated houses*, in Weiterentwicklung der Berliner Bauausstellung 1932. Mit Gropius, so hofft er, will er die *unsichtbar gemachte Führung* der Schule übernehmen:

Wir wollen in der Schule und in allen Klassen der drei Abteilungen (Architektur, Städtebau und Landschaftsgärtnerei) nur das eine Thema: Die neue Stadt bearbeiten lassen. Es sollen Städte sein, die sich an den neuen von Roosevelt geplanten Autostrassen (14 000 Meilen!) durch das ganze Land hindurch ziehen.[407]

Über die Projekte des vorfabrizierten, wachsenden Hauses, die unter anderem auch für Notstandsgebiete und militärischen Einsatz gedacht waren, kam er nochmals mit der Türkei in Verbindung. Nach einer Erdbebenkatastrophe in Ostanatolien 1939, bei der 20 000 Menschen umkamen, bot er, übrigens erfolglos, die Iglu-Häuser (Abb. 114) dem türkischen Botschafter in Washington an. Publiziert wurden die Häuser 1940 in der Zeitschrift *Arkitekt*.[408]

Wagners spätere Einschätzungen zur Lage in Deutschland und der Türkei werden uns noch beschäftigen. Für die Türkei war er ein entscheidender Mittler, der vor allem publizistisch mit insgesamt zwölf Artikeln und einem Buch außerordentlich wirksam war. Mit seinen alten Berliner Kollegen und Freunden, wie Taut und Poelzig, sah er die Chance, eine neue Moderne zu kreieren, ohne dies aufgrund der widrigen Umstände und seines ausgeprägten Individualismus umsetzen zu können, um sie schließlich bei Gropius – durchaus nicht weniger konfliktreich – in den USA zu suchen.

Hans Poelzig – Der Tod als Exil

Poelzig hatte Anfang 1935 den Wettbewerb für Oper und Konservatorium in Istanbul (Abb. 115) mit einem wesentlich moderneren Entwurf als seinem zeitgleichen Entwurf für das Theater in Dessau gewonnen.[409] Daraufhin brach Poelzig zu einer ersten Reise nach Ankara auf, um über die Ausführung zu verhandeln. Schon damals geht es um den Ruf an die Akademie der Schönen Künste in Istanbul, obwohl Egli noch im Amt war. Gleichzeitig wurde auch Wagners Stelle in Istanbul verhandelt, auf deren positiven Bescheid dieser über Poelzig aus Ankara hofft. An Gropius orakelt Wagner: *Seltsam wäre es, wenn wir bald wieder zusammenarbeiten würden.*[410] Poelzig hatte sich nach Wagners Entlassung wiederholt für diesen eingesetzt. Im September 1933 empfahl er ihn dem deutschen Generalkonsul in Shanghai für den dortigen Architekturposten.[411] Im März 1935 hatte Poelzigs Aufgabenfeld in der Türkei bereits Kontur angenommen, wie Wagner an Gropius berichtet:
Poelzig ist sehr zufrieden von Stamboul nach Ankara zurückgekehrt. Der Theaterbau [in Istanbul] ist ihm zugesagt. Die Schulleitung, die D.[emuth] Ihnen [Gropius] und dann ihm anbot, ist gar nichts für uns, wie er sich an Ort und Stelle überzeugt hat. Es ist eine biedere Bauschule mit niedrigem Einkommen. Man hat ihm aber in Ankara die Stellung eines ‚Chefarchitekten der Türkei' angeboten. In dieser Form hat Poelzig aber abgelehnt, weil er dann in der ‚Wüste' Ankara hätte leben müssen. Diese Stadt sei von europäischen Städtebauern ganz furchtbar zugerichtet worden. Er verhandelt noch mit Sitz in Stambul und Anschluß an ein Meisteratelier der Hochschule, wo er den ‚neuen türkischen Stil' schaffen soll. Wie naiv doch all diese neuen Staaten sind! Jeder will gleich mit einem neuen Stil in die Geschichte eingehen.[412]
Wagner war sich mit Poelzig einig darüber, daß es sich bei der Tätigkeit in der Türkei nur um eine Anschubhilfe handeln könnte. Diese Form der Entwicklungshilfe sollte jede Form von Normativität auschließen und vor allem Handwerkszeug vermitteln:
Unsere Hilfe muß zeitlich begrenzt sein und soll nur versuchen, die jungen Leute in den Sattel zusetzen, die ja durchschnittlich noch nicht reif genug sind, um große Pro-

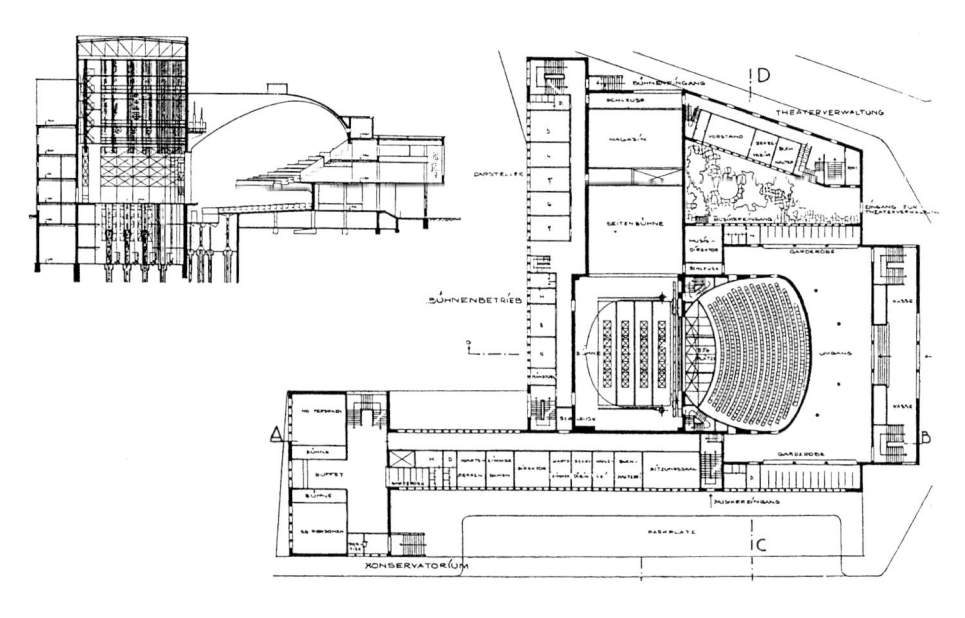

115 Hans Poelzig, Theater und Konservatorium Istanbul, 1935, 1. Preis des Internationalen Wettbewerbs.

jekte auszuführen, die sie jetzt trotzdem schon in die Hände bekamen.[413]

Die Berufung Poelzigs verschiebt sich immer wieder, zunächst wegen bürokratischer Hemmnisse in Ankara. Schließlich wird er im September 1935 von Wagner in Istanbul erwartet.[414] Als Poelzig im Dezember 1935 zu einer zweiten Reise nach Istanbul aufbricht, bekommt er neben dem Theater- und Kinobau auch noch einen Fünfjahresvertrag für eine Professur an der Akademie der Schönen Künste angeboten, die Stelle, welche durch Eglis Rücktritt jetzt tatsächlich freigeworden war.[415] Silvester 1935 hat Poelzig die Verträge in der Tasche und verhandelt noch mit dem Generaldirektor für das Schul- und Hochschulwesen im Unterrichtsministerium Cevat Dursunoğlu in Ankara über die Übernahme von weiteren Professoren an der Akademie: Rudolf Belling für Bildhauerei und Max Pechstein für Malerei. Gropius freut sich mit Wagner, daß dieser durch Poelzig, *dessen urhumor ihnen immer ein solches vergnügen bereitet hat, bald Unterstützung bekommt.*[416]

Poelzig zögert die Vertragsunterzeichnung immer wieder hinaus, bis er im März 1936 vom Reichsministerium für Wissenschaft, Erziehung und Volksbildung die Genehmigung zur Ausreise erhält, die man ihm unter Halbierung seiner Pension als Professor an der TH Charlottenburg auch genehmigt. In diesem Zusammenhang wird von der deutschen Botschaft in Ankara die außerordentliche Bedeutung dieses Rufs für die deutschen Interessen in der Türkei unterstrichen, als Brechung *des bisherigen französischen und schweizerischen [sic] Einflusses auf dem Gebiet der schönen Künste.* Als weitere Projekte werden *die neue Universität in Ankara sowie verschiedene medizinische Institute in Istanbul* genannt.[417]

Konkret überliefert sind nur die beiden Varianten (Abb. 116, 117) eines Gästehauses der Regierung, meist mißverständlich als Diplomatenhaus bezeichnet. Die zweite

116 Hans Poelzig, Diplomatenhaus, erster Entwurf, Ankara 1935, Perspektive.

117 Hans Poelzig, Diplomatenhaus, zweiter Entwurf, Ankara 1935, Perspektive.

Variante zeigt den Rückgriff auf den Terrassenhaustyp, wie ihn Poelzig 1916 beim Wettbewerb zum Haus der Freundschaft in Konstantinopel in seinem aufsehenerregenden Entwurf verwendet hatte. Er war einer der wenigen Teilnehmer gewesen, die nicht den Bauplatz besichtigt hatten. Sein Orientbild entstand als deutscher Blick aus der Distanz und sollte mit den Realitäten 20 Jahre später nicht mehr viel zu tun haben.[418]

Der andere Entwurf über segmentförmigem Grundriß, durch Eckrisalite betont und in Terrassen abgestuft, bezieht sich auf sein berühmtes IG-Farben Gebäude in Frankfurt/M., ist aber auch in direkter Auseinandersetzung mit Eglis Kız Lisesi (Abb. 116, 13), 1930, zu sehen, das seinerseits wiederum das IG-Farben Gebäude verarbeitet hatte. Dem mit Hausteinen verkleideten Bau ist ein zweigeschossiger runder Saalbau vorgelagert, der strukturell Vorbild auf die 1938 entstandene Erweiterung des genannten Kız Lisesi durch Margarete Schütte-Lihotzky (Farbabb. XXXII) gewesen sein kann.[419] Die Grundrißform des Gästehauses blieb für den wohl Anfang 1936 nach Istanbul gekommenen Assistenten Poelzigs, Zimmermann, verbindlich, als er ein erstes Projekt für die Literaturfakultät in Ankara entwarf (Abb. 119, 118), das aber durch Bruno Taut verworfen wurde.[420]

Poelzigs Architektursprache der Moderne, die er besonders im Theaterbau einsetzte, änderte sich gegenüber seinen deutschen Projekten nur unmerklich. Die Steinverkleidung spricht für den hohen repräsentativen Anspruch, dem man dem Bau zumaß, war aber auch ein Element, das er bereits in den deutschen Bauten angewendet hatte. Strukturell geht er mit der Form der Eckrisalite auf Bauten Eglis ein, monumentalisiert sie aber souverän, wie er es bereits im IG-Farben Gebäude vorgeführt hatte. Der in Terrassen zurückspringende Hauptbau stellt seinen Beitrag zu einer mitteleuropäischen Moderne im ‚Orient' dar, die aber nicht aus der direkten Auseinandersetzung mit den örtlichen Gegebenheiten hervorgegangen ist, sondern eher in einer Reihe mit thematisch ähnlichen Bauten von Adolf Loos oder Peter Behrens steht.

Obwohl Poelzig seinen Vertrag für die Professur an der Akademie und den Theaterbau schon abgeschlossen hat, schreibt er Anfang 1936 an Julius Posener nach Tel Aviv in fast resignierendem Ton:

Mir geht es bisher noch gut. Es ist möglich, ja fast wahrscheinlich, daß ich für einige Jahre nach Istanbul gehe, um dort die Leitung der Architekturabteilung an der Akademie zu übernehmen. Da das aber noch nicht ganz spruchreif ist, bitte ich Sie [...] noch zu schweigen.[421]

Poelzig bekommt in fortgeschrittenem Alter einen der attraktivsten Posten in der Türkei angeboten. Sein Nonkonformismus in Fragen des architektonischen Stils, seine Materialsicherheit und sein unbedingt funktionaler Anspruch an seine eigenen Bauten mit dem ihm eigenen Überbau hätten ihn zu einer großen Leitfigur für die jungen türkischen Architekten werden lassen können. Seyfi Arkan und Arif Hikmet Holtay waren schon in Berlin seine Schüler gewesen.

Poelzig zweifelt, ob er noch ins Ausland gehen kann. Exil wird für ihn zu einer existentiellen Frage. Er ist kein Exilant, im Grunde ist er ein ‚Nationaler', durch und durch mit der deutschen Heimat verbunden; aber auch ein Januskopf mit seiner Teilnahme an den Wettbewerben von Charkow und Moskau, von der Rechtspresse attackiert. Kurze Zeit später ist er in die Gleichschaltung von Akademie und Deutschen Werkbund verstrickt.[422]

Nun sei es so weit. In acht Tagen solle er fortgehen. Dafür sei man 67 Jahre alt geworden, dafür habe man ein langes und erfülltes Leben gelebt, um nun in die Türkei zu gehen, und den jungen Türken deutsche Kultur beizubringen. Aber er würde dieses zu verhindern wissen, er wüßte, er ginge nicht, es sei eine innere Unmöglichkeit. Wozu denn? Es sei doch nichts anderes dort. Auf den vorsichtigen Einwurf des Zuhörers [Joachim Matthaei], daß er doch in Stambul oder Ankara wieder ans

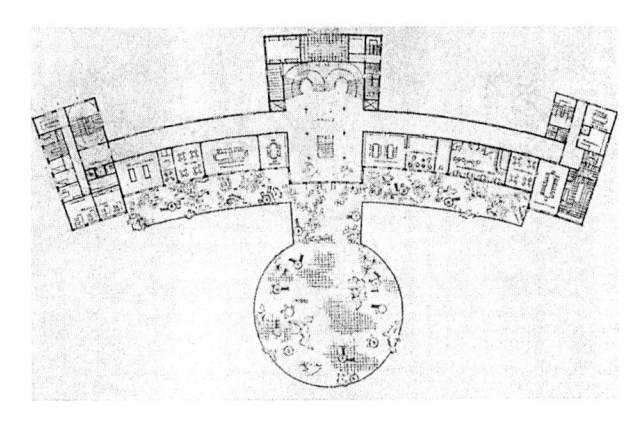

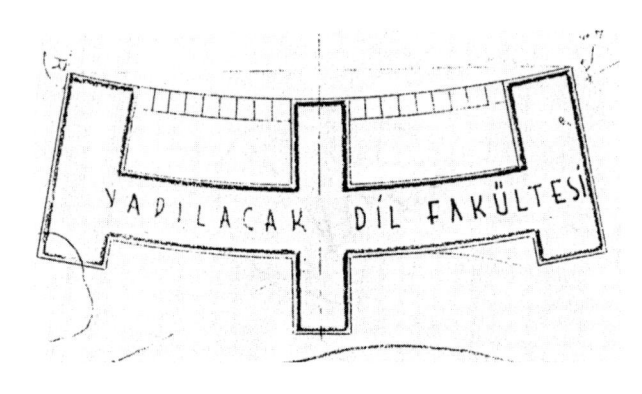

118 Hans Poelzig, Diplomatenhaus, erster Entwurf, Ankara 1935, Grundriß.

119 Zimmermann, 1. Projekt für die Literaturfakultät, Universität Ankara, 1936, Grundriß.

Bauen käme, erfolgte eine fast noch leidenschaftlichere Absage. Er könne dort nicht bauen. Als er einst das Haus der Freundschaft projektiert habe, habe er sich eine Vorstellung vom Orient gebildet. In dem Orient habe man bauen können. Aber die Wirklichkeit sehe ganz anders aus. Sie kenne keine Nuancen und keine Übergänge. Er könne den Himmel nicht ertragen, diesen ständig ‚zum Kotzen blauen' Himmel, diese grelle, harte Sonne.[423]

Sein Instinkt sagte ihm, daß er am Ende war. Er stirbt am 14. Juni 1936 in Berlin.

Der Tod ist doch ein gar gewaltiger Schöpfer! Was sagte Poelzig über ihn? ‚Man macht eine Türe auf, und ist in einem anderen Raum!' In stillen Stunden sprach ich oft mit ihm über diesen anderen Raum. Als Schöpfer hatte er niemals Furcht vor ihm. Er macht ihn ganz kurz entschlossen auf (nach seinem dritten Schlaganfall), weil das dritte Reich ihm keine Schöpferfreude mehr darbot, und weil er genau wusste, dass ihm diese Freude nur im eigenen Lande, in der Heimat geboten werden konnte. So hat er sein neues Amt hier in Istanbul erst garnicht angetreten. Sein langes Zögern, den Vertrag überhaupt zu unterschreiben, liess schon darauf schliessen, dass seine Seele mehr wusste als sein wacher Verstand. Die Enge des Geistes und des Lebens war ihm unerträglich geworden. Er wollte fliehen.[424]

Auf maßgebliche Intervention von Wagner tritt nicht der von deutschen Stellen vorgeschlagene Breuhaus de Groot, sondern ein ebenfalls alter Vertrauter Martin Wagners, Bruno Taut, am 10. November 1936 die Nachfolge Poelzigs und Eglis an.[425]

IN ORIENTE LUX – BRUNO TAUTS REVISION DER MODERNEN ARCHITEKTUR 1936 – 1938

Hier ist die architektonische Linie fast von Grund auf neu zu schaffen.[426]

Bruno Taut an Walter Gropius, 19. Februar 1938

Bruno Tauts Tätigkeit in der Türkei steht unter wesentlich anderen Voraussetzungen, als wir sie bei Martin Wagner und Hans Poelzig kennengelernt haben. Taut ist zwar, ebenso wie Wagner, Exilant, aber er hat bereits ein dreijähriges Exil in Japan hinter sich, das seine architektonischen und künstlerischen Prämissen entscheidend verändert hatte.[427] In einem ersten Brief an Martin Wagner schreibt er 1936 aus Japan:

Vom Bauen zu sprechen, habe ich eigentlich erst angefangen. Das beschäftigt mich am meisten und immerfort, trotzdem ich keinen Auftrag habe. Im letzten Winter [1935/1936] habe ich selbst hauptsächlich bis spät in die Nacht hinein, 170 Seiten rein theoretischer Art über Architektur geschrieben, ohne den Gedanken einer sofortigen Veröffentlichung, einfach so für mich: ‚Überlegungen' [Vorarbeiten zur Architekturlehre]. Man kommt dabei manchmal zu überraschenden Ergebnissen, zu negativer Kritik auch gegen sich selbst, zu manchem, was man für einen Schlüssel zu halten glaubt.[428]

Durch die Vermittlung Wagners[429] wird er nach dem Tode Poelzigs engagiert, obwohl von staatlichen deutschen Stellen versucht wurde, den regimekonformen Cornelius Breuhaus de Groot durchzusetzen.[430] Dem gingen offenbar intensivere innertürkische Debatten voraus. Cevat Dursunoğlu, der zuständige Staatssekretär im Unterrichtsministerium, vertrat auch gegenüber der deutschen Botschaft seine prodeutsche, aber eindeutig ‚modern' ausgerichtete Linie:

Cevat erklärte hierbei, er lege großen Wert darauf, daß die Tradition der modernen deutschen Architektur [!] für die Türkei erhalten bleibt und möchte trotz der grossen ausländischen Konkurrenzangebote wieder einen Deutschen anstellen.[431]

Arif Hikmet Holtay wurde nach Deutschland zum Sondieren geschickt.[432] Der gut informierte Wagner schreibt im Sommer 1936 an Hans Scharoun:

Man spricht darum trotz aller politischer Rücksichten wieder von Deutschen. Und zwar habe ich die Namen Gro-

pius (der wohl kaum kommen wird, weil er in England eine herrliche Bauaufgabe hat), Mies van der Rohe, Bruno Taut (der sicher kommen würde, weil es ihm in Japan nicht sehr gut geht), Elsässer und Erich Mendelsohn gehört. Ich selbst habe mich in diese Frage nicht hineingemischt, weil – na, Sie werden es verstehen, dass ich sehr viel Zeit brauche, um die Flucht Poelzigs überwinden zu können.[433]

Die Ankunft Tauts am 10. November 1936 war nach dem plötzlichen Tod Poelzigs ein neuer Hoffnungsschimmer für Wagner:

Taut ging es in Japan schlecht. Er hatte Tagebuchblätter mit Gedanken an ein Abkratzen gefüllt. Da machte ihm Poelzig Platz. Es gelang mir, die Regierung davon zu überzeugen, dass Taut und nicht Breuhaus der Nachfolger von Poelzig sein müsse. Ich liess mir von Taut Vollmacht geben und unterschrieb hier den Vertrag für ihn. Das war für mich ein grosses Wagnis, weil ich gar nicht wusste, ob Taut die Reise überstehen werde. Aber er überstand sie. Ob es die Freude auf wirkliche Arbeit oder der Klimawechsel war, das weiß ich nicht. Jedenfalls kam er hier, wenn auch schon mit angegrautem Haar, ganz munter an und ist nun wieder ganz aufgelebt. Bei seinen 1 500 R.M. Gehalt im Monat kann er schon ganz sorglos leben. Wenn nun morgen sein alter Freund Belling hierher kommt, dann wird es ihm wohl noch besser gefallen. Wir haben hier überhaupt einen sehr netten Kreis von Deutschen und Türken zusammen. Leben lässt es sich schon. Nur Arbeitserfolge werden wir nicht viel sehen.[434]

In diesem letzten Punkt sollte sich Wagner gewaltig irren. Bereits auf der ersten Ankara-Reise Anfang Dezember 1936 wurde Taut nicht nur als Leiter der Architekturabteilung an der Akademie in Istanbul bestätigt, sondern das Arbeitsministerium angewiesen, die Mittel für das Baubüro, die nach dem Rücktritt Eglis dort gebunden waren, für eine Neugründung des Baubüros am Unterrichtsministerium bereitzustellen.[435] Damit wurde Taut in die alte Stellung Eglis eingesetzt, deren räumlicher Schwerpunkt nun in Istanbul lag, und hatte freie Hand, ein völlig neues Team zusammenzustellen.

Taut sah seine Chance nur zu deutlich:

Es sieht so aus, daß die Architektur-Abteilung der Akademie eine Art architektonisches Zentrum der Ministerien [!] wird; bereits jetzt gibt man mir Umarbeitungen für Sachen des Arbeitsministeriums. Eine Autorität in Architekturdingen scheint nicht vorhanden zu sein.[436]

Im Gegensatz zur eher kontemplativen Atmosphäre seines japanischen Exils bricht in den zwei türkischen Jahren eine wahre Arbeitsflut über ihn herein, an der er letztendlich zugrunde gegangen ist. Als letztes Werk entwarf er den Katafalk anläßlich Atatürks Begräbnis im November 1938; vier Wochen später, Weihnachten 1938, stirbt Taut.

Insgesamt sind zur Zeit 24 Projekte nachweisbar, von denen immerhin fünf öffentliche Großbauten, ein Ausstellungspavillon sowie sein Privathaus in Ortaköy am Bosporus realisiert wurden. Dazu kommt als theoretisches Grundlagenwerk die *Architekturlehre*.[437]

Die Mitarbeiter teilten sich in zwei Gruppen: die erste an der Akademie für die Lehre, die zweite für das ministerielle Baubüro: Bereits bei Tauts Ankunft anwesend waren Eglis türkische Mitarbeiter Arif Hikmet Holtay und Sedad Hakkı Eldem, der aber 1938 ausschied. Ferner hatte Poelzig seinen Assistenten Zimmermann für das Baubüro vorausgeschickt, der mit Taut wegen der Literaturfakultät (Abb. 122, 119) und aufgrund des unterschiedlichen *architektonischen Empfindens* allgemein heftig aneinandergeriet, sowie Mundt und Runge, die wahrscheinlich auch zum Stab von Poelzig gehörten oder bereits früher in Ankara bzw. Istanbul waren.[438]

Tauts eigene Mitarbeiter waren Hans Grimm (Ankunft, 25. Mai 1937), seit 1914 im Büro von Taut und Hoffmann, Hans Hillinger (8. Juli 1937), langjähriger Architekt der GEHAG in Berlin, der die Leitung der Bauten nach Tauts Tod übernahm, Konrad Rühl aus Magdeburg (3. August 1938), der Wagners Städtebauunterricht fortführte, sowie Wilhelm Schütte und Margarete Schütte-Lihotzky (26. August 1938), die als erstes Projekt des Baubüros die Festdekorationen zum 15. Jahrestag der Republik entwarfen (Farbabb. XXXI). Abgelehnt zu kommen hatten Werner Segal (7. März 1937), als Pendant zu Zimmermann, später zu Hillinger, sozusagen als Chefassistent der Akademie, sowie Carl Krayl, der alte Magdeburger Freund, für den Bau der Oper (Juni 1938)[439]. Am Baubüro arbeiteten ferner türkische Kollegen wie Asım Mutlu, Eyüp Kömürcüoğlu, der an der TH Charlottenburg ausgebildet worden war und das Atatürk Lisesi mitbearbeitete, sowie Mehmet Ali Handam, der den Eingangsbereich der Literaturfakultät ausführte. Schließlich ist noch Mahmut Bilem für den Spezialauftrag des Katafalks zu nennen.[440]

Tauts Büro war also wesentlich größer als das Eglis und tatsächlich darauf ausgerichtet, neue Standards in der Architektur der Türkei zu setzen. Damit verband sich eine intensive Lehrtätigkeit, die mit einer umfassenden Reform der Architekturausbildung verknüpft war. Die neue Arbeitsfülle bezeugt sein Istanbul-Journal, das im Vergleich zum Japan-Tagebuch wesentlich knapper und nur noch stichpunktartig gefaßt ist. Dadurch entfällt auch das wesentliche Element der Introspektion, der Reflexion über die Situation des Exils. Dagegen sollte sein weitgehend beschäftigungsloser Freund Wagner bis zu seiner Abreise nach Amerika im Sommer 1938 weiterhin solche Innenbetrachtungen anstellen.

Taut reagiert aber insofern auf die Situation des Exils, als er eine spezifische Achitektur entwickelt, die ohne sein Exilanten-Dasein gar nicht zu erklären ist. Sie entstand aus einem künstlerischen Schöpfungsakt, der sich, vergleichbar gewissen Strömungen im literarischen Exil, immer wieder selbstreferentiell auf das eigene Œuvre beruft und dies in dem Traktat der *Architekturlehre* auch theoretisch untermauert. Bevor diese Seite der Neuformulierung oder auch Revision der Moderne anhand der Bauten beleuchtet wird, soll zunächst die Akademiereform, der neue Ansatz der Architekturausbildung, im Vordergrund stehen.

New Dessau am Bosporus – die Akademiereform

Kaum angekommen, wurde Taut bereits mit den internen Problemen an der Akademie konfrontiert, welche durch die fast einjährige Vakanz der Leitung der Bauabteilung seit dem Weggang Eglis entstanden waren. Zimmermann, Sedad Hakkı Eldem und Arif Hikmet Holtay waren ganz verschiedene und durchaus eigenwillige Individualisten, die schwer oder gar nicht bereit waren, sich einer neuen Autorität zu unterstellen. Dazu kam die Person des Direktors der Akademie der Künste, Burhan Toprak, der zwar verhaltene Reformen wünschte, sie im Grunde aber bremste und den ausländischen Einfluß an der Akademie mit äußerstem Mißtrauen begegnete.

Ganz allgemein beklagten Toprak und auch Cevat Dursunoğlu gleich nach der Ankunft Tauts im Dezember 1936, *daß die Architekturabteilung seit Egli schlechter sei.*[441] Querelen über den neuen Stundenplan mit Zimmermann überschatteten das Arbeitsklima. Erst im Februar 1937 wurde mit dem Ministerium und Toprak ein Akademieprogramm und ein neues Budget ausgehandelt.[442] Die Akademie hatte zu dieser Zeit die vergleichsweise geringe Zahl von 95 Architekturstudenten, denen 150 Maler und Bildhauer gegenüberstanden.[443]

Tauts Interesse bestand nun in einer Effektivierung und Straffung des fünfjährigen Studiums, in dem die Studenten von nutzlosen Arbeiten befreit wurden, gleichzeitig aber ihre Beziehung zur Baupraxis verändert werden sollte. Zu diesem Zweck führte Taut einen Grundkurs in Anlehnung an den Vorkurs des Bauhauses ein, der z. B. Materialkunde und Freihandzeichnen beinhaltete. Auch ein Sommerkurs für auswärtige Interessenten wurde 1937 erstmals durchgeführt. Die ganze Ausbildung erschien ihm zu starr und unflexibel, und er wollte eine größere Variabilität in den Diplomarbeiten durch neu eingeführte Projektseminare erreichen.

Das Problem lag, Taut zufolge, weniger bei den Studenten als vielmehr in der Vernetzung der einzelnen Spezialfächer. Grundsätzlich forderte er die autonome Stellung aller Lehrenden, auch Schülervertretungen etc., meldete aber auch seine berechtigte Kritik gegenüber den Kollegen an: *Diskutabel werden dann die Resultate und die von den einzelnen Lehrern angewandten Methoden, wenn die Resultate nicht befriedigen.*[444]

Die Frage nach der Akademiereform, mit der er ein international konkurrenzfähiges Niveau erreichen und sich in Austausch mit anderen Hochschulen begeben wollte – so der Architekturfakultät in Harvard unter Gropius –, machte er zu seiner persönlichen Sache: In Tauts abschließendem Bericht über die Architekturabteilung von 1938 an das Ministerium, kommen die Gründe für seine Probleme deutlich zum Vorschein: Es sind mangelnde Kollegialität sowie die Ablehnung der ungewohnten Neuerungen.[445]

Das Urteil über das System [der Lehre] ändert sich sehr erheblich je nach dem Grade der architektonischen Auffassung, von der der Leiter der Architekturabteilung beseelt ist. Insofern sein eigenes Lebenswerk von seinen einzelnen Kollegen im Lehrerkollegium respektiert wird, wird man seine Anregungen als solche annehmen, die dem Lande nutzen, und – im Manuskript gestrichen – *andernfalls aber müssten sich bei dem besten Willen des Leiters automatisch Gekränktheiten und Ressentiments einstellen, die den Ausbildungsgang der Studenten behindern und schließlich schädigen,* um zu schließen: *Soweit das nicht geschieht, leiden darunter am meisten die Studenten. Ich halte es für notwendig, daß das Ministerium diese Erscheinung kennt.*[446]

Im Ministerium, besonders in der Person Cevat Beys, sah er einen mächtigen Verbündeten, der letztendlich als Dienstvorgesetzter über die Akademie bestimmen konnte. Der direkte Kontakt zum Ministerium über den Direktor hinweg zeigt, wie sehr Bruno Taut sich in seiner Persönlichkeit und Kompetenz durch die Akademiequerelen angegriffen fühlte und seine Reformbestrebungen gefährdet sah.

Taut hatte einen hohen Begriff von seiner Person und seinem eigenen Œuvre, den er offen zur Geltung brachte, wodurch er sich den Zorn verschiedener Kollegen zuzog: Die Stellung Tauts wurde als so dominant empfunden, daß Toprak bereits im April 1937 die Trennung von Baubüro und Akademie wegen angeblicher *Überlastung* vorschlug. Taut wies diesen Vorschlag zurück, seine *Überlastung* rühre einzig aus *der Unfreiheit im Disponieren* her. Das alles sei doch ein Frage der Personen und des Bürokratismus, der vereinfacht werden müsse.[447] Nach dem *taktisch unklugen* vorläufigen Bericht zur Akademie-Situation vom April 1938, in dem Taut die Disziplinlosigkeit der Lehrer angeprangert hatte,[448] spitzt sich die Situation weiter zu. Sedad Eldem griff Hillinger an und wollte als junger aufstrebender Architekt nicht mehr als Assistent eingestuft sein. Die Rivalität zwischen dem jungen und dem erfahrenen älteren Architekten geht darüber hinaus auch um die Vorherrschaft von türkischen und ausländischen Spezialisten. Taut appellierte an die Kollegialität,[449] ließ aber keinen Zweifel an seiner herausragenden Stellung:

Seitdem die türkische Regierung sich entschlossen hat, Künstler von internationalem Rang an die Spitze der Abteilungen der Akademie zu setzen, muß sich automatisch der ganze Aspekt gegen frühere Zeiten ändern. Eine künstlerische Persönlichkeit wäre nicht eine solche, wenn ihr persönlicher Einfluß auf die Studenten sofort fühlbar wäre.[450]

Trotz aller Widerstande von Toprak[451] wurde die Akademie in Tauts Sinne reformiert und das dadurch gesetzte Niveau auch von späteren Professoren nicht mehr verlassen. Aus den Berichten seiner Schüler und Mitarbeiter geht hervor, wie stark sie die Neuerungen unter Taut empfunden haben:

Man kann sagen, die bewußte Architekturausbildung hat mit Professor Taut erst angefangen. Wir haben uns – meine Generation erst während seiner Lehrzeit – daran gewöhnt, Skizzen anzufertigen. Mit anderen Worten: Vorher kannten wir den Begriff gar nicht [...] Wir waren neun Studenten im Atelier. Am Anfang des Studienjahrs erklärte er, daß wir zusammen ein Projekt zu entwerfen hatten. Auch das war eine Neuigkeit, die er in der Akademie einführte.[452]

Von den Schülerarbeiten sind nur zwei Siedlungsprojekte überliefert, eine Beamtensiedlung in Ankara (Abb. 120, 121) und eine Siedlung für Istanbul-Fatih, wo die Erfahrungen aus seiner Berliner Lehrtätigkeit an der TH-Charlottenburg weiterentwickelt wurden.[453] In Ankara war auf dem Gelände, wo später die Saraçoğlu-Siedlung von Paul Bonatz errichtet werden sollte (Abb. 166, 167), von der Monopolverwaltung in nächster Nähe zum Regierungsviertel eine Anlage mit 400 Häusern vorgesehen. Die Bauten sollten drei Typen folgen und klimagerecht, mit Rücksicht auf die Topographie errichtet werden. In den publizierten Plänen der Absolventen Kemal Ahmet und Süleyman Köktürk wird der Gartenstadtgedanke in zwei unterschiedlichen Varianten verfolgt: einmal in Form der gebrochenen Zeilenbauweise, etwa in Abwandlung der grunewaldseitigen Teile der Onkel-Tom-Siedlung in Berlin; das andere Mal in einer stärker topographisch orientierten Struktur, die ähnlich den früheren Gartenstadtprojekten Bruno Tauts oder der Siedlung Gmindersdorf bei Reutlingen, von Theodor Fischer 1903 – 1915, wo Taut als Bauleiter eingesetzt war, mit betonten Torsituationen und Grünräumen, arbeitet. Die Einzelgrundrisse folgen im Prinzip den Formblättern, die Taut mit Hillinger und Walter Neuzil 1932/1933 in Anlehnung an die GEHAG-Grundrisse als Grundlage für das Seminar *Wohnungs- und Siedlungswesen* an der TH Charlottenburg entwickelt hatte.[454] In der Architektur wurden klimatische Anpassungen wie überstehende Dachtraufen und Sonnenblenden an den Fenstern vorgesehen und durchweg Walmdächer verwendet.

Trotz all dieser Neuerungen und Erfolge stand Taut unter enormem psychischem Druck, der im Juli 1938 in dem

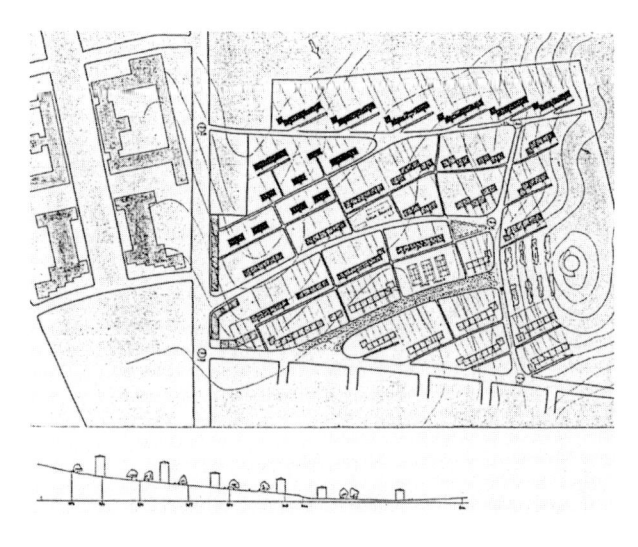

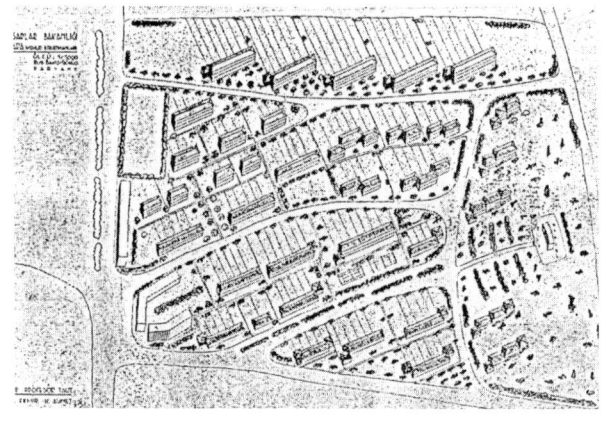

120 Istanbul Akademie der Schönen Künste, Architekturklasse Bruno Taut, Kemal Ahmet, Beamtensiedlung Ankara, 1937.

121 Istanbul Akademie der Schönen Künste, Architekturklasse Bruno Taut, Süleyman Köktürk, Beamtensiedlung Ankara, 1937

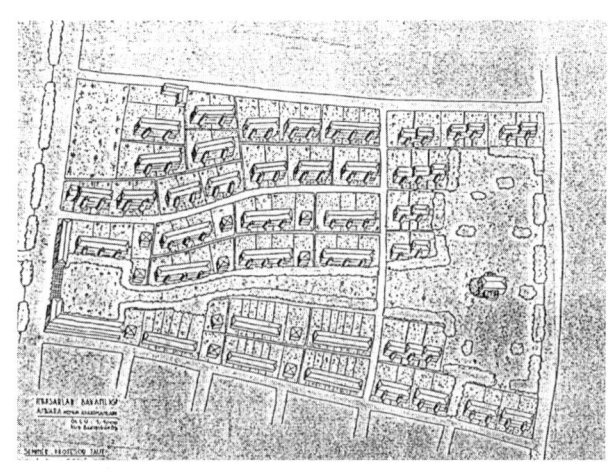

Hilfeschrei gipfelt: *grosse Krise, grösstes Tief, dazu Schwüle, Darmkartarrh, Erholungsbedürfnis – ich möchte alles vergessen.*[455]

Schon im April 1938 hatte er versucht, seine überragende Stellung mit einem neugefaßten Arbeitsvertrag zu festigen. Mit zehn Jahren Laufzeit, Lohnfortzahlung im Krankheitsfall und einem 1%igen Architektenhonorar, bezogen auf die Bausumme der Regierungsbauten, wäre es der weitreichendste Vertrag gewesen, der je mit einem ausländischen Spezialisten in der Türkei abgeschlossen worden wäre.[456] Normalerweise betrug die Laufzeit von Verträgen mit ausländischen Spezialisten ein bis drei Jahre.

Ähnlich wie Poelzig bekam Taut schließlich Anfang September 1938 einen Fünfjahresvertrag mit Zwischenkündigungsrecht seinerseits. Der von ihm geforderte Extravertrag für die Leitung des Baubüros war zunächst abgelehnt, Ende Oktober aber für den Neubau der medizinische Fakultät in Ankara bewilligt worden.[457] Der Einjahresvertrag seines Nachfolgers Robert Vorhoelzer, 1939 unter ganz anderen politischen Bedingungen abgeschlossen, verkehrte die Rolle des Künstlers-Stars als Staatsarchitekten wieder in die des Staatsbeamten als Architekturlehrer.

Taut versprach sich von seiner Reform der Architekturabteilung eine veränderte, breitgefächerte Architektur. Er hatte kein Interesse daran, lauter ‚kleine Tauts', sklavische Nachahmer des Meisters, hervorzubringen, wie es bei Eglis Lehrtätigkeit der Fall gewesen war. Im Gegenteil, er sah seine Lehre als Beitrag für die Herausbildung einer eigenständigen türkischen Architektur:
Unbefangen, aber ernst soll die Jugend alles prüfen [...]. Die Jugend soll ihre eigenen Wurzeln finden, damit aus ihr einmal die neuen türkischen Meister hervorgehen können.[458]

Theoretisch fundierte Taut seine Reform in der *Architekturlehre*, in der er sich von dem traditionellen Stilbegriff seit den Reformbewegungen ab 1910, auch dem der Moderne nach 1930, deutlich absetzte. Anläßlich der Eröffnung seiner Retrospektive im Juni 1938 faßte er seine Konzeption folgendermaßen zusammen:
Was wir suchen müssen, ist die Synthese zwischen der alten Tradition und der modernen Zivilisation. Diese sollte jede Einseitigkeit ausschließen. Ich persönlich ging in dieser Meinung soweit und tue es heute noch, daß mir nichts daran lag, an bestimmten äußerlichen Formen festzuhalten und etwa einen persönlichen Stil herauszuarbeiten, auf den man mich sofort abstempeln könnte. Die Vielseitigkeit der alten Meister lehrt mich auch heute noch so wie früher, daß eine solche Absicht nicht zur Qualität führt.[459]

Die Fundierung der Synthese – die Architekturlehre

Taut argumentiert in der *Architekturlehre*, 1938 in Istanbul erschienen, in deutlicher Anlehnung an die Theoretiker des 19. Jahrhunderts, insbesondere bezieht er sich auf Gottfried Semper und Otto Wagner. Gleichzeitig schließt er gewissermaßen die Diskussion, die in der Moderne als Kritik ihrer selbst geführt wurde, mit dem negativen Fazit, *dass es sich heute nicht um eine Architekturepoche handelt, sondern bestenfalls um eine solche, in der man eine spätere Architekturepoche vorbereiten kann*.[460] Damit drückt er aus, was viele der Architekten und auch andere Künstler empfanden: eine Zeit des Übergangs, in der es keine klaren Kriterien für eine formale Fundierung gab. Tauts *Architekturlehre* ist ein sinnfälliges Dokument der kulturellen Krise am Vorabend vor dem Ausbruch des Zweiten Weltkriegs.

Wohl wissend, daß die moderne Architektur durch innere und äußere Bedingungen ihrer eigenen avantgardistischen Grundlage beraubt wurde,[461] beharrt Taut scheinbar in rein retrospektiver Manier auf der Architektur als Kunst, als autonomem schöpferischem Akt, ist aber damit keineswegs allein, wie z. B. Giedions Aufsätze in den dreißiger Jahren zeigen.[462] Taut kritisiert, wie bereits im *Frühlicht* 1920, die aktuelle Suche nach ‚dem Stil'. Die Frage nach einem Zeitstil sei entschieden zu früh gestellt worden und gehe am Kern der Sache vorbei.[463]

Wenn Architektur als Kunst begriffen werde, dann, so sagt er in Weiterentwicklung der *Modernen Architektur* eines Otto Wagner, müssen sich Technik und Konstruktion einem künstlerischen Prinzip unterwerfen, der Proportion. Die Proportion ist der Schlüssel zur Qualität und nur darum gehe es, um gute oder schlechte Architektur.[464] In diesem Sinne, darin ist er sich mit Gropius einig, kann Architektur auch per se nicht politisch sein[465]; sie kann zwar politisch instrumentalisiert werden, aber das liegt nicht mehr in der Hand des Architekten.[466] Taut baut so eine doppelte Frontstellung aus den Erfahrungen der Politisierung der Architekturdebatte gegen das Neue Bauen um 1930 auf. Gleichzeitig lehnt er die politische Forderung nach einer nationalistischen Architektur seitens der autoritären Staaten wie Rußland, NS-Deutschland, Italien und auch der Türkei ab: *Jede gute Architektur ist national [im Sinne von landesverbunden] – jede nationale Architektur ist schlecht.*[467] Aber auch Taut verlangt, wie Elsaesser bereits 1933, eine neue Sinnstiftung für die Architektur[468], die jedoch nicht zur Anbiederung an die neuen Machthaber führt, sondern zur Entwicklung neuer Kriterien.

Wir Armen müssen heute mit Logik und rationalen Schlüssen uns anstrengen, um überhaupt irgendwelche Gesetze für die Architektur zu finden. Und wir müssen dabei noch äußerst vorsichtig sein, um nicht in Verirrungen zu geraten, die mit der Renaissance begonnen und im 19. Jahrhundert schliesslich sich selbst widerlegt haben.[469]

Damit bezieht er sich nochmals auf die Theorien von Viollet-le-Duc, Berlage und Frank Lloyd Wright, ein Strang der Architekturtheorie, der sich explizit gegen den Neorenaissance-Kanon gewendet hatte. Andererseits reflektierte er aber auch Otto Wagners Forderung der *Naissance* sowie den kunsttheoretischen Diskurs um 1910.

Unterstützt durch seine sowjetischen und japanischen Erfahrungen[470] beleuchtet er nochmals kritisch die Rolle der Architekturtheorie in den zwanziger Jahren, die den Funktionalismus als Gegenbewegung zu den historischen Stilen aufgebaut hatte:

Diese nüchternen Theorien waren wie ein Katzenjammer, der auf den Rausch folgte. Doch waren es eben auch Theorien, die sich nur um das äussere Kostüm der Architektur kümmerten. Sie bekämpften das Vorhergehende und mussten sich wie jeder Kämpfer auf die gleiche Ebene mit dem stellen, was sie bekämpfen wollten. So wurden auch diese Theorien selbst zum Rausch, auf den heute bereits der Katzenjammer gefolgt ist. Man fühlt, dass es auch auf diesem Weg nicht mehr weiter geht. In dieser Situation aber darf man nun nicht mehr dasselbe Spiel fortsetzen, in einen neuen Rausch verfallen und sich, wie heute z. T. in der Sowjet Union, an den historischen Stilen begeistern.[471]

In einem heute wieder aktuellen Sinne prangert Taut die Fabrik-Ästhetik und den Dysfunktionalismus des *International Style* an, wo Architekturen gegen die jeweiligen klimatischen Bedingungen als reine, abstrakte Idee errichtet wurden:

Die Technik als Herrscherin der Architektur aber will das Haus mit Apparaten, Schutzvorrichtungen, speziellen Materialien, Installation u.s.w. versehen, die es ermöglichen, dass dieses Haus überall benutzbar ist. Damit wird das Haus aus der Hand des Architekten genommen und in die des Ingenieurs gegeben. Es entsteht schliesslich dasselbe Ergebnis wie bei den Maschinen, die, wie bereits ausgeführt, überall auf der ganzen Erde ohne Veränderung ihrer Form zu gebrauchen sind. Das Ergebnis ist eine Allerweltsarchitektur, es sind die vielen modernen Bauten, die man heute in allen Zeitschriften abgebildet findet. Wenn nicht das Land oder der Ort, wo sie gebaut sind, unter diesen Photographien genannt wäre, so könnte niemand wissen, ob sie in der Türkei, in Deutschland, Frankreich, England, Amerika, Japan, Russland u.s.w stehen. Ein bekannter Architekt ging in seiner Begeisterung für einen solchen platten Internationalismus so weit, dass er die These verkündete: ‚in Zukunft wird man im hohen Norden ebenso bauen wie am Mittelländischen Meer' [Le Corbusier]. In wenigen Jahren hat sich seine Forderung erfüllt; die Architektur hat eine schwere Niederlage erlitten, dass sie sich nur sehr langsam davon erholen kann. Wäre es nur ein ästhetischer Irrtum gewesen, so wäre es nicht einmal so schlimm. Aber die Natur, in diesem Falle das Klima, wird mit ihrer Rache dafür, dass sie so sträflich vernachlässigt wurde, nicht lange auf sich warten lassen: alle gedankenlosen Imitationen von Bauten, die in einem bestimmten Land richtig sein mögen, werden sich in anderen als unbrauchbar erweisen. [...] In diesem Falle hat die Technik der Architektur, der Kunst der Proportion, die erste wichtige Basis für ihre Existenz entzogen. Und tragischerweise waren es die Architekten selbst, die mit einem Teil ihrer lautesten Wortführer die Technik über die Architektur stellten und damit ihre eigene Kunst vernichteten.[472]

Dieser Kritik an der Maschinenkunst eines Corbusiers oder am Formalismus eines Mies van der Rohes, die kurz zuvor auch von Martin Wagner geäußert worden war, bedeutete nicht, wie man vorschnell meinen könnte, die Hinwendung zu einer neuen historischen Architektur, sondern die Verbindung der im europäischen Denken unvereinbar scheinenden Begriffe von Tradition und Moderne, unter Wahrung des funktionalen Prinzips. Der japanische Landsitz eines Prinzen, die Villa Katsura aus dem 16. Jahrhundert, war für Taut in ihrer ebenmäßigen Schönheit und Schlichtheit aller Formen, harmonischen Proportionen sowie virtuosen Materialbeherrschung der Inbegriff an Übereinstimmung von Funktion und Form, darüber hinaus von Tradition und Moderne, ein vollendetes Vorbild moderner Baukunst:

In Katsura kann man wirklich sagen: Was gut funktioniert, sieht gut aus.[473] *Katsura erklärt umittelbar, welche Bedeutung die Funktion für die Architektur hat. Es ist gewissermassen die gebaute Definition für den Begriff der architektonischen Funktion.*[474]

Indem Taut auf den Diskurs der Architektur vor dem Zeitalter des Historismus verweist, gibt er gleichsam sein Konzept zur Überwindung historistischen Denkens in der Architektur preis, nämlich die Verschmelzung von Zeitlosigkeit sowie Zeit- und Ortsgebundenheit in einem Bauwerk:

Das, was von uns heute mit der Forderung der Tradition verlangt wird, kannte die Gotik und das alte Griechenland nicht. Das letzte jeweils gebaute Werk enthielt naturgemäß alles. Da gab es keinen Zweifel am Stil, an der allgemeinen Konzeption – der Weg war sehr einfach offen für das neue Werk und für die neuen Züge, die man ihm geben wollte. Nach heutigen Begriffen konnte man zur gleichen Zeit ‚modern' und ‚traditionell' sein.[475]

Die Idee, das ein Bauwerk gleichsam alles enthalten konnte, beschäftigte Taut seit seinem japanischen Schlüsselerlebnis Katsura. Er unternahm den gewagten Versuch, diese Konzeption auf den Repräsentationsbau der neuen türkischen Hauptstadt anzuwenden und war sich des experimentellen Charakters durchaus bewußt.

Bei den öffentlichen Bauaufgaben, Literaturfakultät, Technische Hochschule etc., konnte es nicht ausbleiben, daß er sich mit dem Problem der Repräsentation, der symbolischen Bedeutung von Architektur und damit der Bedeutung der Fassade im Bau, auseinandersetzen mußte.

Allerdings stellte er die funktionale Struktur seiner Bauten, die er in Berlin weitestgehend erprobt hatte, nicht mehr in Frage.

Die *Architekturlehre* – von denen die Kapitel *Proportion* und *Technik* vorab vom Herausgeber Zeki Sayar in der Zeitschrift *Arkitekt* publiziert wurden – war Tauts Vermächtnis und gleichermaßen die theoretische Begründung seines freien Anknüpfens an die Architektur seines Lehrers Theodor Fischer und seiner eigenen Bauten um 1910. Sachlichkeit, Funktionalität und Materialbeherrschung waren die Ansatzpunkte. Damit bezog sich Taut auf fundamentale Positionen, die in der Werkbunddebatte um 1910 eine entscheidende Rolle gespielt hatten. Taut versuchte in einen neuen Anlauf, Sachlichkeit und Repräsentation zu vereinen, ohne die strukturellen Errungenschaften der zwanziger Jahre zu leugnen. Hierin ist eine Reform der Moderne aus sich selbst heraus angelegt, eine Kritik der *Moderne mit den Mitteln der Moderne*[476] selbst. Sie unterscheidet sich prinzipiell von den neohistoristischen Konzepten der Staatsarchitekten in Deutschland und der Sowjetunion nach 1936.

Neue Architektur, aber kein neuer Stil

Mancher der alten Freunde, wie Martin Wagner, fand Bruno Tauts Entwicklung durchaus nicht folgerichtig, war aber auch neidisch auf die ungeheuren Möglichkeiten, die Taut geboten wurden:

Bruno Taut, nach dem Sie fragen, hat sich hier wahrlich nicht zu beklagen. Nachdem ich ihn hier in das Bett von Poelzig gelegt und den Vertrag für ihn selbst unterschrieben hatte, als er noch Jammerbriefe aus Japan schrieb und von seinem Glück nichts wusste, greift nach seinem Glück so selbstverständlich, dass er neben seinen großen Projekten etwas anderes nicht mehr kennt und sieht, Russland und Japan haben ihn menschlich gewiss nicht verbessert, und ich finde auch, dass er den grossen Zug in seiner Architektur verloren hat. Schade um diesen Avantgardisten![477]

Es ist fraglich, ob Taut sich zu diesem Zeitpunkt überhaupt noch als Avantgardist bezeichnet hätte. Sein *architektonisches Debut* in Ankara, die Sprachen-, Geschichts- und Geographie-Fakultät (i. F. Literaturfakultät) (Farbabb. XVIII – XXI, Abb. 122 – 123) sollte ein Auftakt der neuen Bauweise werden: Einfühlung in die Landschaft, *Klima* als zur Zeit die eine *armselige Grundlage* einer neuen Architektur, dazu kommt *das Temperament der verschiedenen Völker*, der besondere Charakter, die

*Klangfarbe.*⁴⁷⁸ Hinzu kommt die künstlerische Unabhängigkeit von den staatlichen Stellen. Es ist ein erstes Suchen nach einer neuen Bauweise, die Erica Taut nach seinem Tod 1939 als Auffassung eines *ganz neuen Bruno* charakterisieren sollte.⁴⁷⁹ In einem Brief an den japanischen Freund Isaburo Ueno vom November 1937 schreibt Taut:

*Jetzt wird der große Bau für die Universität in Ankara angefangen. Da er als Sprach-, Geschichtsinstitut u.s.w. sozusagen das Zentrum der neuen türkischen Kultur sein wird, so hat man für die Architektur sehr schönes Steinmaterial genehmigt, und, was mich besonders freut, mir künstlerisch vollständige Freiheit gegeben. Die Einzelheiten dieser Sache arbeite ich mit meinen Mitarbeitern etwa so aus, wie man Noten einer Symphonie mit verschiedenen Instrumenten u.s.w. aufschreibt. Das wird nicht ‚Kubik' (Cubique), das ist hier der Ausdruck für Modernismus. Ich verarbeite dabei sogar verschiedene türkische Motive.*⁴⁸⁰

Eine Stoßrichtung ging also gegen den Modernismus eines Ernst Egli, dessen İsmet Paşa Institut ja genau neben der Literaturfakultät stand, sowie gegen den Vorentwurf von Zimmermann (Abb. 119), der das Gebäu-

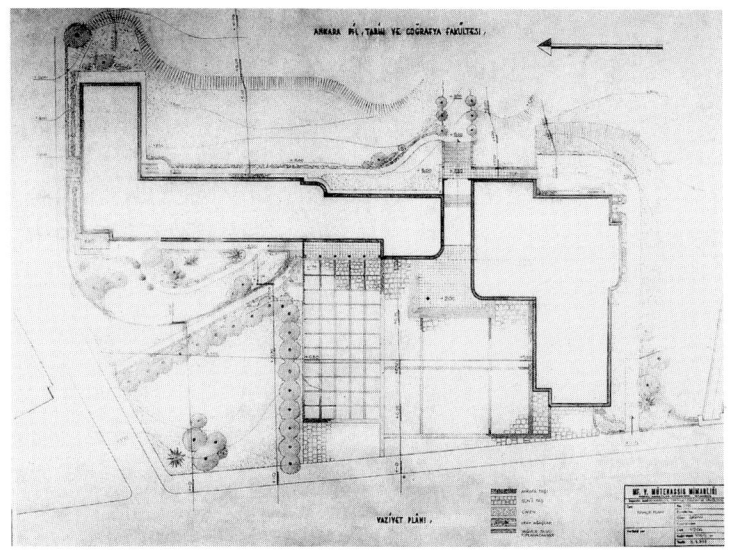

122 Bruno Taut, Literaturfakultät Ankara, Entwurf 1937, Perspektive.

123 Bruno Taut, Literaturfakultät Ankara, Entwurf 1937, Grundriß.

124 Bruno Taut, Literaturfakultät Ankara, Theatersaal und Aula, Foto 1995.

de, ähnlich wie Poelzigs Diplomatenhotel (Abb. 118), als segmentförmigen Bau mit drei Risaliten konzipiert hatte.[481]

Jansen, der diesen Plan als Bestätigung seiner Konzeption einer sich langsam zum Musterkrankenhaus auf dem Hacettepe hin steigernden Baugruppe sah, war tief enttäuscht, als nun von Taut ein bis zu fünfgeschossiges dominantes Entree für das dortige Universitätsviertel mit den geplanten medizinischen Instituten errichtet wurde. Im Januar 1937 entzog Cevat Bey Zimmermann das Projekt, mit dem Argument: *in der Anlage falsch, daher Architektur also[?] schlecht.*[482] Alle Einwände Jansens, die Gebäudemasse in mehrere Teilgebäude aufzugliedern, wurden abgelehnt.[483]

Die nun ganz anders ausgelegte Literaturfakultät zeigt eine repräsentative Eingangsfront mit Risalit, dem eine bossierte Hausteinfassade vorgeblendet ist. An den asymmetrisch angefügten Seitenflügeln wird mit durch Ziegelschichten gegliederte Hausteinfassaden gearbeitet. Diese neue ‚architecture parlante' wird mit einem modernen Grundriß kombiniert, wie ihn Taut 1931/1932 in seinem ersten ausgeführten Schulgebäude in Senftenberg realisiert hatte. Als durchgängiges Motiv werden die repräsentativen Elemente durch Asymmetrien gebrochen (Farbabb. XIX, XX). Der Haupteingang als Treppenaufgang zum neuen Hochschulviertel und der seitlich vorgelagerte Pavillon mit der Aula sind eigenwillig gesetzte Akzente. Die Disposition der Aula verweist auf das Dorotheenlyzeum seines Bruders Max in Berlin-Köpenick. Die großen Hörsäle stehen mit ihrer sichtbaren Rahmenkonstruktion aus Stahlbeton (Abb. 124, Farbabb. XXIV) in Tradition der Berliner Gewerkschaftshäuser von Max und Bruno Taut, von denen das Haus des deutschen Verkehrsbundes in Berlin-Mitte, das 1927 entworfen und 1930/1931 kurz vor dem Weggang Bruno Tauts in die Sowjetunion entstanden war.[484] Dort sind bereits die Risalitbildung und die abgerundeten Eingangsgewände zu beobachten. Auffällig sind der segmentbogenförmige Giebel des Risalits, das japanisch anmutende Eingangsdach, wie auch die in der verputzten Seitenfront auslaufende Quaderung (Farbabb. XX, XXI), die Speidel überzeugend auf den Hauptrisalit der Universität Jena von Theodor Fischer (Abb. 125) zurückführt, deren Durcharbeitung Taut 1905 – 1908 übernommen hatte.[485] Die Literaturfakultät ist ein überzeugendes Beispiel dafür, in welch modifizierter Art und Weise der Verweis

141

auf die Reformarchitektur um 1910 bei Taut in der Praxis erfolgte.

Allerdings zeigen die Unterschiede in der Proportionierung – Wechsel der Fensterformate, Spiel mit Horizontal- und Vertikalgliederungen im linken Seitenflügel, die verschiedenen Wandebenen der Flügel –, wie souverän Taut aus dieser ‚Rückbesinnung' nach vorne geht.

Geradezu kontrapunktisch zur Fassade steht die Rückfront, die als einfacher Putzbau mit sorgfältig durchgestalteten verglasten Treppenhäusern ausgeführt wurde (Abb. 128, Farbabb. XXII). Hier wird die Brücke von der knappen, modernen Formensprache von Senftenberg hin zu anderen Schulbauten wie dem 1937 – 1939 entstandenen Atatürk Lisesi in Ankara geschlagen (Farbabb. XXIX). Auch Taut verwendet – ähnlich wie Egli – unterschiedliche Fassaden, nun allerdings bewußt, um unterschiedliche Aussagen zu treffen.

Das große Foyer mit der Haupttreppe (Abb. 126, Farbabb. XXV, XXVI), die ebenfalls an Jena erinnert, thematisiert türkische Motive, einmal die in Anlehnung an Moscheebauten weit heruntergezogenen Fenster mit direktem Blickkontakt zur außen befindlichen Grünfläche, andererseits die Gliederung der Kalksteinverblendungen der Wände durch türkisgrüne, glasierte, doppelte Ziegelbänder (Farbabb. XXVI). Details wie Treppengeländer oder auch gestaffelte Oberlichter des Treppenaufgangs sind wiederum mit japanischen Vorbildern zusammenzubringen.

Speidels Kritik an dem Experiment Literaturfakultät entzündet sich, ähnlich wie es schon Jansen formuliert hatte, im Vergleich zu Eglis İsmet Paşa Institut. Im Gegensatz zu dieser *einfach, eindringliche[n] Bauskulptur [...] wirkt Tauts Steinfassade wie eine riesige, edle Maske, die das Gesicht nicht vollständig bedeckt, weil sie seitlich in Putzflächen überführt. Wollte Taut den Bau mehr erscheinen lassen, als er ihm tatsächlich zu geben vermochte?*[486] (Farbabb. XXI) Eglis gelungene Adaption der Moderne im İsmet Paşa Institut folgte jedoch einer anderen Konzeption.

Taut wollte eine symbolhaften Architektur kreieren, nämlich die Verbildlichung dessen, was er in dem Brief an Ueno *das Zentrum der neuen türkischen Kultur* genannt hatte. Die Literaturfakultät ist primär auf die Achse des Atatürk Bulvarı von Süden her bezogen und aus dieser Perspektive als Pendant zum Regierungsviertel eines Clemens Holzmeister gedacht. In der nur von dort aus sichtbaren Verkürzung wirkt der Bau fast symmetrisch, aber eben nur fast. Der risalitartige vorgezogene Mittelteil betont den Ankaraner Charakter durch den roten Granitstein, wohingegen die nur dort verwendeten quadratischen Fenster mit weißen Gewänden fast zu Bändern verschmelzen. Als Ganzes ist die Fassade nur aus dieser Perspektive wahrzunehmen, von der anderen Seite weicht sie zurück und zerfällt in einzelne Kompartimente, läßt dem Egli-Bau sogar den Vortritt. Das Entree bricht auf subtile Weise die Symmetrie und formuliert den Aufgang zur geplanten medizinischen Fakultät äußerst sensibel. Der Blendcharakter der Fassade wird thematisiert und nicht, wie im Regierungsviertel, verschleiert. Mit ganz ähnlichen Details arbeitete Taut auch beim Atatürk Lisesi in Ankara 1937 – 1939 (Farbabb. XXVIII, XXIX), das aber aufgrund des völlig anderen repräsentativen Charakters ganz sachlich mit einfachen Putzfassaden ausgeführt wurde.

Hillinger faßt die Entwurfselemente bei Taut in der Rückschau folgendermaßen zusammen:

Die grossen Baumassen sind gegliedert, in kleine Einheiten aufgeteilt, die der Umgebung angepasst werden konnten; ausserdem hat er bei seinen Bauten sowohl die Farben als auch die tektonischen Elemente mit traditio-

125 Theodor Fischer, Universität Jena, Hauptgebäude 1903–1908, Eingangsbereich.

126 Bruno Taut, Literaturfakultät Ankara, Eingangshalle, Foyer, Foto 1995.

127 Bruno Taut, Literaturfakultät Ankara, Durchgang zum projektierten Universitätsviertel, Foto 1995.

nellen Bauten in Einklang zu bringen versucht. [...] Auch wenn der Bau modern wirkt, so erinnern die tektonischen Elemente an die dortigen historischen Bauten. Er vermied es, scharfe Baukanten gegen den stark blauen Himmel zu setzen; daher die weit vorkragenden in weichen Linien gehaltenen Gesimse, die einen Schatten auf das Gebäude werfen und somit sich auch in dieser Beziehung der dortigen Bauweise anpassen. Taut hat stets peinlich darauf gesehen, dass die funktionellen Forderungen des Baus voll erfüllt werden, ohne die geringsten Konzessionen in architektonischer Hinsicht zu machen.[487]

Die implizite Gegenposition zur autoritären Architektur Holzmeisters bezog Taut in einem anderen Komplex, dem Vorprojekt der Technischen Hochschule Ankara (Abb. 129), das er mit Mundt ausarbeitete.[488] Am westlichen Stadtrand in unmittelbarer Nähe des Gazi-Lehrer-Seminars gelegen, wirkt es auf den ersten Blick wenig unterschiedlich zu Holzmeisters Bauten. Der barock strukturierte Ehrenhof führt mittels horizontal gestaffelter zeilenartiger Flügel auf den Hauptbau zu, ähnlich wie es Jansen schon für die Bebauung des Regierungsviertels gefordert hatte. Die Flügel sind durch zurückgesetzte eingeschossige Verbindungstrakte verbunden und alle un-

143

terschiedlich lang. Die Monumentalität des symmetrischen Hauptbaus wird durch Zurückweichen des Trakts gemildert und durch das offene Untergeschoß aufgebrochen. Der aufgeständerte Bau kann frei durchschritten werden, ähnlich wie es bei den Gymnasien in Ankara und Trabzon der Fall ist (Abb. 128, 134). Auch sind Bezugnahmen auf das eigene Œuvre, wie auf den Wettbewerbsentwurf zum Leipziger Hauptbahnhof, 1907, (Abb. 130) festzustellen, wo die Hauptfront, die Halle des Querbahnsteigs, zurückgesetzt und die gesamte Vorderfront im Erdgeschoß durchbrochen ist.[489] Gleichwohl schuf Taut durch die Verbindung verschiedener Systeme, Flügel – Hauptbau, eine Synthese. Für den Gesamtgrundriß verfolgte er, ebenso wie in der Fassadengestaltung der Literaturfakultät, das Prinzip der *asymmetrischen Symmetrie*,[490] beides Grundlagen in seiner *Architekturlehre*:

Erst mit dem Loslösen von der Achse und der freien Beherrschung des Unsymmetrischen, des nicht Frontalen, des freien Spiels der Baukörper und Details werden wir auch die Funktion zum Architekturprinzip erheben können. Es ist keine Frage, dass das die Aufgabe der modernen Architektur ist.[491]

Auf dieser Grundlage enstand gleich zu Beginn, noch 1936, der Entwurf für das Mädchengymnasium in Izmir (Abb. 131), wobei der nicht ausgeführte Haupttrakt mit den in die Dachzone gezogenen Fenstern interessanterweise auf die Saalbauten von Bruno Schmitz, dem Rosengarten in Mannheim oder dem Weinhaus Rheingold in Berlin verweist.[492]

Taut zeigte sich in der Tat äußerst variabel, was die ver-

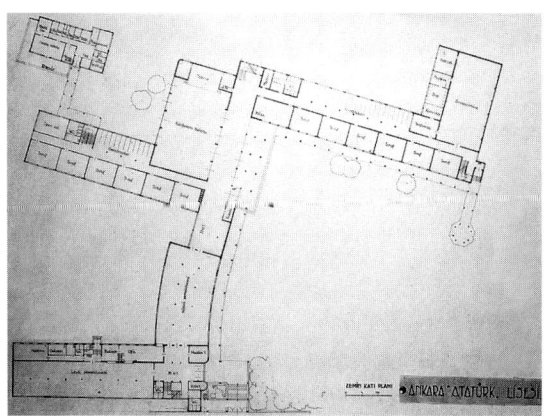

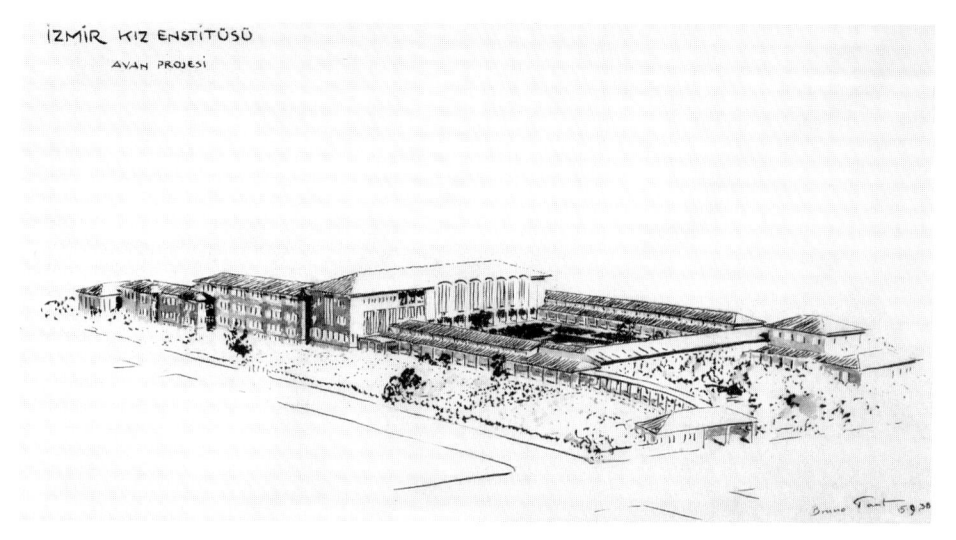

Linke Seite:

128 Bruno Taut, Atatürk Lisesi, Ankara, 1937/1938, Hofansicht, Foto 1995.

128a Bruno Taut, Atatürk Lisesi, Ankara, 1937/1938, Grundriß.

129 Bruno Taut, Technische Hochschule, Entwurf Hauptgebäude 1937, Perspektive.

Rechte Seite:

130 Bruno und Max Taut, Hauptbahnhof Leipzig, Wettbewerbsentwurf, 1907.

131 Bruno Taut, Cumhuriyet Lisesi, Izmir, 1936–1938 (teilausgeführt), Gesamtentwurf 1936.

132 Bruno Taut, Kulturpavillon, Landesausstellung Izmir, 1938, Foto 1938.

133 Bruno Taut, Träger-Verkaufskontor, Berlin 1910.

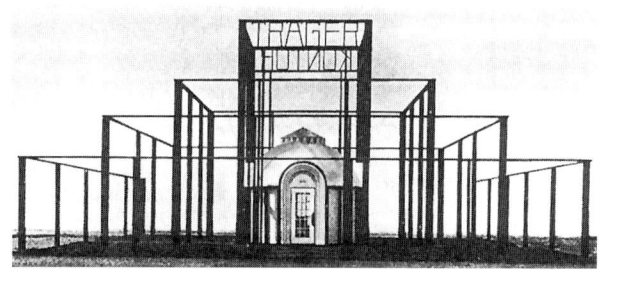

schiedensten Lösungen anbelangte. Der 1938 mit Hillinger und Grimm realisierte Kulturpavillon des Unterrichtsministeriums auf der internationalen Ausstellung in Izmir (Abb. 132) stellt in seiner gestaffelten Kubatur die verfestigte Variante des Träger-Verkaufskontors von 1910 (Abb. 133) in Berlin dar.[493] Das Chemische Institut für die Universität Istanbul, seit 1936 in Planung und ebenfalls nicht ausgeführt, nahm hingegen Elemente aus den zwanziger Jahren auf, so die Lokalisierung der Säle und Laboratorien an den Endtrakten des Baus, bereicherte jedoch die Verbindung der L-förmigen Anlage um einen schräggestellten Gebäudetrakt. In der additiven Abstufung des Baukörpers ist eine Vorwegnahme von Bauten der fünfziger Jahre zu erkennen, wie das gleichzeitig auch bei Projekten Mendelsohns zu beobachten ist. Fünfziger-Jahre-Elemente im eher traditionellen Sinne sind bei den Schulbauten in Ankara-Cebeci und in Trabzon (Abb. 134) vorweggenommen, wobei sich ‚traditionell' in erster Linie auf das Walm- bzw. Satteldach bezieht. Frei gestaffelte Baukörper, abgerundete Ecken etc. sind die erprobten Elemente, die mit den für Taut typischen Fenstern mit fest installierten Sonnenblenden kombiniert werden. Diese hatte er in Form durchgängiger überstehender Gesimse erstmals im Wohnhaus Okura in Japan eingesetzt. In der türkischen Form gehen sie allerdings auf den Sümerbankbau Martin Elsaessers zurück, der seit Anfang 1935 in Ausführung begriffen war und dessen Rohbau Taut gesehen hatte.

Höhepunkt und zweifelsohne ambivalentestes Projekt war das Theaterprojekt in Ankara, dessen Aufrisse verschollen sind. Der Grundriß (Abb. 135) hat sich aber in den Planunterlagen Jansens erhalten.[494] 1937/1938 bearbeitete Taut das Projekt zusammen mit Mundt, dar gegenüber dem Gençlik-Park anstelle der von Poelzig geplanten Oper errichtet werden sollte.[495] Dazu hätte er gerne seinen Magdeburger Mitarbeiter Carl Krayl nach Istanbul geholt:

Ihr Herkommen? Schon nach Ihrem Brief kamen wir beide [Bruno u. Erica] zu dem Eindruck, dass man es nicht betreiben sollte. Ja, schöne Aufgaben, und in solcher Freiheit (innerhalb des Vernünftigen, den Voraussetzungen Rechnung Tragenden, Natürlichen – was für mich heisst: Unmodischem), dass sie viell[eicht] tief aufatmen würden. [...] So lieber Freund, – es wär so schön gewesen und würde es am Ende doch nicht sein.[496]

Der Grundriß zeigt den Hauptbau mit großem in Ränge unterteilten Zuschauerraum, querhausartiger Seiten- und tiefer Hauptbühne. Die Fassade war durch Säulen gegliedert, was die Kritik Martin Wagners auslöste. Möglicherweise hatte zunächst Mundt die ersten Fassadenentwürfe gemacht.[497] Strukturell verarbeitete Taut Elemente seines Kulturzentrums mit einem Theater, das

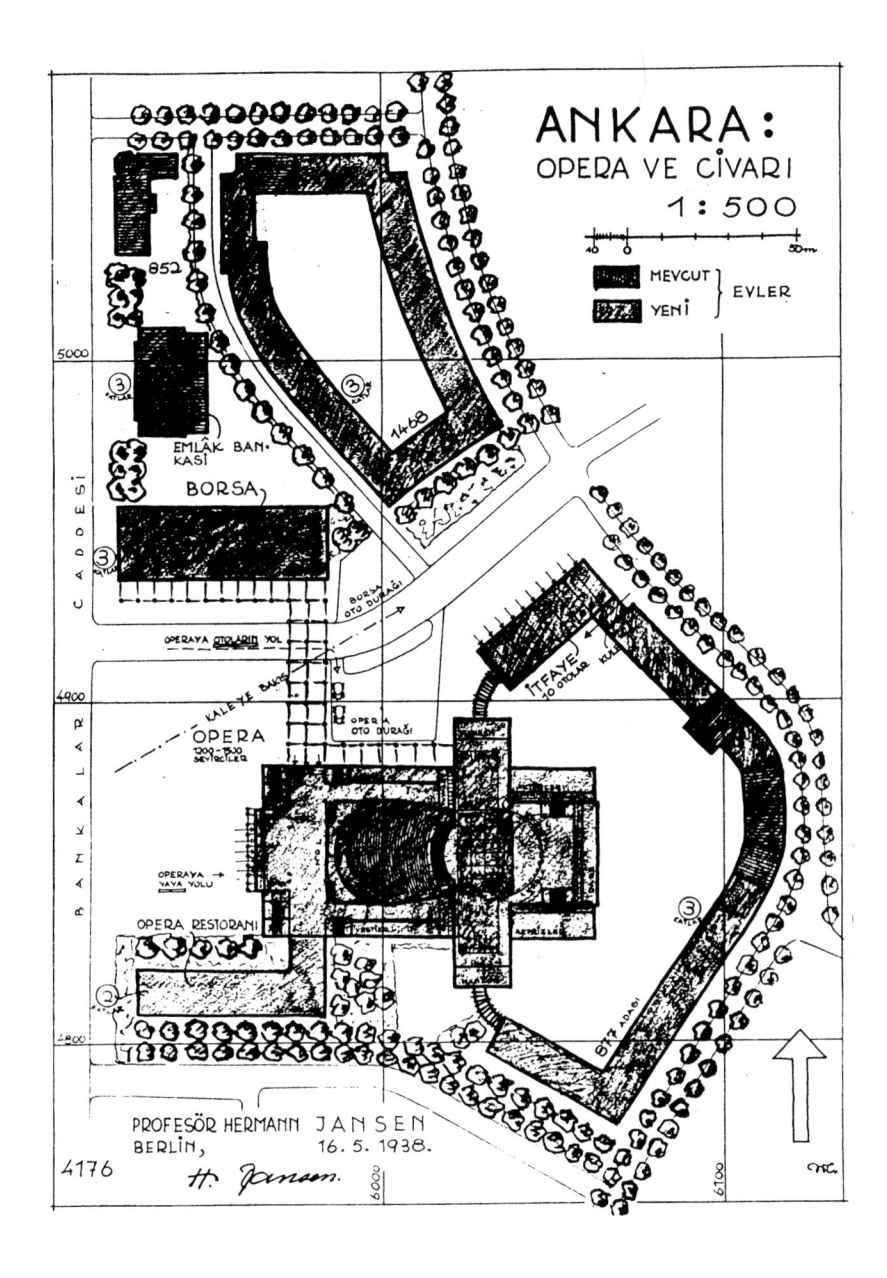

Linke Seite:

134 Bruno Taut, Gymnasium Trabzon, 1937–1939, Nordfront, Foto 1995.

134a Bruno Taut, Gymnasium Trabzon, Hofansicht, Foto 1995

Rechte Seite:

135 Bruno Taut, Opernhaus Ankara, 1937/1938, Grundriß im Bebauungsplan von Hermann Jansen.

1934 für den Wettbewerb *Haus der Arbeit* in Berlin entstanden war.[498] Vergleichbar sind die Anordnung von Zuschauerraum und Bühnenhaus. Der Platz vor dem Jugendpark wird asymmetrisch gefaßt und durch Kolonnaden verbunden, deren nördlicher Teil die Straße zum Burgberg überspannt. Der rechtwinklig an die Oper anschließende Südflügel war als Restaurant vorgesehen, der Nordflügel sollte die Börse aufnehmen.

Wagner sah in diesem Bau den größten Rückschritt, einen Neohistorismus, den er keinesfalls billigen wollte: *Sein Entwurf für das neue Theater in Ankara – das Poelzig bauen sollte – hat mich riesig enttäuscht. Von Funktion ist da keine Rede mehr. Er verfällt wie viele, die ins Alter kommen, in die Grundsätze der Renaissance und findet keinen Weg mehr in das Neue! Ich bin tief enttäuscht und hoffe nur, dass er mit steigender körperlicher Kräftigung auch wieder einen neuen Glauben finden möge. Seltsam, wie eine Zeit der Pest auch das Seelisch-Geistige auffrisst. Was soll für später übrig bleiben, wenn es wirklich wieder gilt, Kräfte für ein Grosses einzusetzen? Ich weiß es nicht!*[499]

Der gezwungenermaßen zum Theoretiker gewordene Wagner, und das ist der große Unterschied zu Taut, sah sich weiterhin als Avantgardist auf dem Weg in das Neue, während Taut diese Epoche als eine Zeit des Übergangs, des Innehaltens und Überdenkens ansah. Die Gestaltung der Oper war für Taut, ähnlich wie bei der Literaturfakultät, eine Aufgabe, die neue Türkei zu repräsentieren Wie allerdings Pathosformeln wie Säulen oder gar Portikus eingesetzt waren, läßt sich nicht mehr ausmachen, da die Aufrisse verloren sind. Dysfunktional im Sinne Wagners ist der Bau keineswegs; er war mit dem Intendanten Ebert, ebenfalls einem Exilanten, bis ins letzte durchkonzipiert worden.[500]

Versucht man ein Fazit dieser auf die Reformbewegung um 1910 bezogenen Repräsentationsarchitektur, dann bleibt keineswegs nur ein retrospektiver Taut übrig, sondern einer, *der immer neue Pfade suchte.*

In einem Sinne, den die Kunstwissenschaft an Künstlern vergangener Zeiten außerordentlich schätzt, bei modernen Architekten jedoch überlicherweise verwirft, verfügt Taut in der Situation des türkischen Exils souverän über sein gesamtes Œuvre. Er kann unter diesen besonderen Bedingungen je nach Bauaufgabe ganz unterschiedlich gestalten. Neben seiner allgemeinen Forderung des Bauens jenseits von Stilen – *Ich bin dafür, dass man alle Debatten über die Art der architektonischen Formen und über ihren Stil aufgibt,*[501] – ist diese Haltung auch als Selbstvergewisserung des eigenen Lebenswerks angesichts der Situation des Exils zu sehen. Die Entwurzelung aus dem angestammten Kulturkreis wird kompensiert mit einer Rückbesinnung auf die eigenen Werke.

Hinzu kommt, daß Taut nach 1930 innerhalb weniger Jahre mit drei völlig verschiedenen architektonischen Kulturen konfrontiert wurde: denen der Sowjetunion, Japans und schließlich der Türkei. Verließ er die Sowjetunion letztendlich enttäuscht, so betrat er Japan als Lernender. Die Konfrontation mit der ostasiatischen Kultur, die gleichzeitige Rückbesinnung, ermöglichen die Verknüpfung der dezidierten Künstlerpositionen innerhalb seines Werks. In Japan werden die Verbindungen zur *Gläsernen Kette*, zur *Auflösung der Städte* und zum *Frühlicht* sowie zu den frühen Choriner Malereien sinnfällig. Auch theoretisch war Japan der Angelpunkt für seine künftige Entwicklung. Die Türkei betrat Taut durchaus selbstbewußt mit einem architektonischen Konzept, das für ihn Aufbruch aus der Retrospektive hieß. Es war schließlich eine freiwillige Mitarbeit am großen Projekt des Aufbaus der Türkei, die in dem utopischen Parlamentsprojekt – einer Paraphrase der Stadtkrone – gipfelte, das er 1937 außer Konkurrenz einreichte, um ein Signal zu geben.

Taut sah hier wohl die einmalige Möglichkeit, die Gesamtkunstwerk-Konzepte, die 1916 – 1921 in utopisch-sozialistischem Kontext entwickelt waren, auf einer neuen Ebene zu realisieren. Daß in diesem Anspruch der *grand récit*, der Idee des Gesamtkunstwerks, Bruno *Taut einem konservativen Romatisieren näher als einer avantgardistischen Moderne* stünde, wie Bülent Tanju ausführt[502], verkennt zweierlei. Einmal trug das neo-romantische Konzept von 1918 – 1920 keine konservativen Züge per se, sondern war als Avantgarde-Projekt einer neuen Sinnstiftung gedacht. Er wurde nach 1922 unter theoretischer Leitung von Adolf Behne in eine Neue Sachlichkeit überführt.[503] Der Avantgarde-Anspruch der klassischen Moderne war nach 1930 verebbt, der Wunsch nach Sinnstiftung durch Architektur aber geblieben. Eines der schlagendsten Beispiele ist Le Corbusiers Kapitol für Chandigarh, das in den fünfziger Jahren als eine Akropolis des 20. Jahrhunderts konzipiert wurde. Zum zweiten verkörperte Taut in den zwanziger Jahren die soziale Variante des Neuen Bauens und verfolgte darin ein induktives Konzept gegenüber stärker formal oder theoretisch abgeleiteten deduktiven Konzepten, beispielsweise von Le Corbusier, der bezeichenderweise Taut 1944 wiederentdeckte.[504] Die Unmöglichkeit des normativen Gesamtkunstwerks ist erst nach 1945, um mit dem Wort Adornos zu sprechen, *nach Auschwitz*, offenkundig geworden. Erst danach wird die Fragmentierung, der Zerfall eines einheitlichen Weltbildes endgültig zur künstlerischen Norm dieses Jahrhunderts.

Ist es zutreffend, daß *daher Tauts Auseinandersetzungen mit der Moderne [...] ganz im Gegensatz zu den Ergebnissen des Prozesses, den die Kritik seit den 30er Jahren bis heute durchlaufen hat stehen*?[505] Das hieße die Moderne-Rezeption verkürzen und die Amerikanisierung, die Verwestlichung der Architekturdebatte als einzig mögliche Lösung zu betrachten. Die geschichtlichen Umstände haben sie dazu gemacht, daran besteht kein Zweifel. Und doch sollte nicht übersehen werden, daß Tauts Ansätze 30 Jahre später in der Diskussion der Nach-Moderne um eine neue Stellung des Bauwerks, der Architektur insgesamt, wieder auftauchen: Venturis *Complextity and Contradiction in Architecture* sowie Aldo Rossis *L'Architettura della Città* (beide 1964 und 1966) sind dafür bezeichende Beispiele. Sie sind als Grundlagen einer symbolhaften Baukunst des späten 20. Jahrhunderts zu werten.[506]

In einer direkten Rezeption, in seiner Verwendung landesgebundener Formen und Materialien kann Taut als einer der Begründer des *Zweiten Nationalen Stils* gesehen werden, der nach 1938 in der Türkei die *Kübik*-Bauweise ablösen sollte. Sedad Hakkı Eldem war nach Tauts Tod zunächst der Wortführer, bis er 1943/1944 von Paul Bonatz abgelöst wurde. Dieser gab der ganzen Richtung eine Wendung hin zur Staatsarchitektur NS-Deutschlands, wie sie schließlich im Atatürk-Mausoleum, dem Hauptwerk des Zweiten Nationalen Stils, sichtbar werden sollte.[507]

Die Jahre 1937 bis 1942 sind vor allem geprägt von der Auseinandersetzung um die Rolle der ausländischen Architekten. Den Gegnern ging es darum, endlich die eigenen türkischen Architekten bauen zu lassen. Sie selbst sollten eine national gebundene Architektur prägen. Nachdem Bruno Tauts Literaturfakultät im Entstehen war und klar wurde, daß sie dezidiert türkische Motive aufnahm, entbrannte eine Kritik mit dem Ziel, den türkischen Architekten das Exklusivrecht auf eine eigene türkische Architektur einzuräumen:

Zeki Sayar, der einflußreiche Herausgeber der maßgeblichen Architekturzeitschrift *Arkitekt*, schrieb im Februar 1938 über die unbefriedigende Situation für die türkischen Architekten. Das Land sei voll von ausländischen Architekten und der Zustand sehr ärgerlich, daß es keine den kemalistischen Umwälzungen adäquate eigenständig geschaffene *Revolutionsarchitektur* gebe. In einer zweiten Ebene wendet sich Sayar gegen das Verfahren von Taut: Betonbauten – die Fakultät war zu großen Teilen ein Mauerwerksbau – sollten keine Ziegel-

oder Steinverkleidungen bekommen, überstehende Dächer seien abzulehnen. Türkische Motive dürften nur nach gründlicher Untersuchung verwendet werden, sonst könne man keine guten Resultate erwarten. Damit war indirekt eine Parteinahme für Ernst Egli ausgesprochen, der noch im Land war und mit Sedad Eldem eine systematische Untersuchung der traditionellen türkischen Architektur eingeleitet hatte.[508] Dabei war Sayar, der Taut durchaus freundlich gegenüberstand,[509] seiner Architektenlobby verpflichtet, die endlich den ausländischen Einfluß brechen wollte. In erster Linie ging es also um Auftragsanteile, und die formale Kritik war eher das Mittel zum Zweck.

Wagner hatte in diesem Zusammenhang schon Mitte 1937 auf die mangelnde Öffentlichkeit der Diskussion über die Architektur der Türkei verwiesen: *Eine türkische Architekten-Organisation, die sich mit einer eigenen Meinung hervorwagen könnte, gibt es im Lande der Diktatur nicht und die Tagespresse ist jedem Fremden völlig unzugänglich.*[510] Taut kam jedoch in *Arkitekt*[511] mit seinem Parlamentsentwurf zu Wort und erreichte auch eine gewisse Öffentlichkeit durch die Retrospektive in der Akademie der Künste Mitte 1938. Sein Einfluß auf die Entwicklung der türkischen Architektur wäre, gefestigt durch seinen bis 1943 geltenden Vertrag, zweifelsohne bedeutend gewesen.

Der Wohnsitz des Exilanten – ein neues Dahlewitz

Ein neues Dahlewitz steigt hier auf, ganz anders am tiefblauen Bosporos, auf 15 m hohen Betonpfeilern, ein ‚Taubenschlag' des bald 900jährigen Noah.[512] Hillinger hat diesen Bau aus der Erinnerung als Baumhaus gezeichnet (Abb. 138), und damit den Schwerpunkt auf den zentralbauartigen Kopfbau gelegt, der das Haus als Paraphrase expressionistischer Architekturen, wie Max Tauts drehbares Haus in den Dünen der Kurischen Nehrung 1920/1921, erscheinen läßt. Tauts Haus ist ein neues und gleichzeitig antithetisches Dahlewitz. Als Brückenhaus konzipiert, nimmt es im Brückenteil Eßraum und kleines Wohnzimmer nach Osten hin sowie Schlaf- und Gästezimmer nach Westen hin auf (Abb. 136 – 138). Am nördlich gelegenen Eingangsbereich befinden sich Küche und Badezimmer.

Der Brückentrakt öffnet sich pavillonartig nach Süden zum Bosporus hin, so daß der Salon dreiseitig durchfenstert ist und den wohl grandiosesten Blick auf das alte, ungefähr fünf Kilometer westlich gelegene Stambul mit Hagia Sofia, Sultan Ahmet-Moschee und Topkapı-Saray bietet, wobei asiatisches und europäisches Ufer immer im Sichtfeld bleiben, bis sich in der Ferne das Marmareer öffnet. Dieser schmaler als der Brückentrakt gestaltete Pavillonbau hat seinen Höhepunkt in dem oberhalb gelegenen zentralbauartigen Studiolo (Abb. 137a), das über eine schlanke Wendeltreppe zu erreichen ist. Die Kajütenatmosphäre – auch im Wohnraum durch die beiden seitlichen Balkone erfahrbar – erinnert an Mendelsohns Arbeitsräume im Einsteinturm, hier aber wird der Raum komplett durchfenstert und erhält so eine enorme Lichtfülle. Im Gegensatz zu Dahlewitz ist der Kontakt zur Natur nicht auf die spitze Ecke eines Segments zugespitzt, sondern nach außen gewendet. Der Bau ist ganzheitlicher gedacht und paraphrasiert weniger, wie die türkischen Architekten meinten, japanische Vorbilder als die Gartenpavillons der Sarays, die Köşks mit ihren einfachen Räumen, die entlang der Wände mit Sitzbänken oder auch nur Kissen möbliert waren. Die Innenräume stellen in ihrem klaren Aufbau und der künstlerischen Gestaltung bis ins Detail eine konsequente Weiterentwicklung der eigenen Wohnräume Tauts seit 1919 dar. Die Häuser in Dahlewitz und die japanische

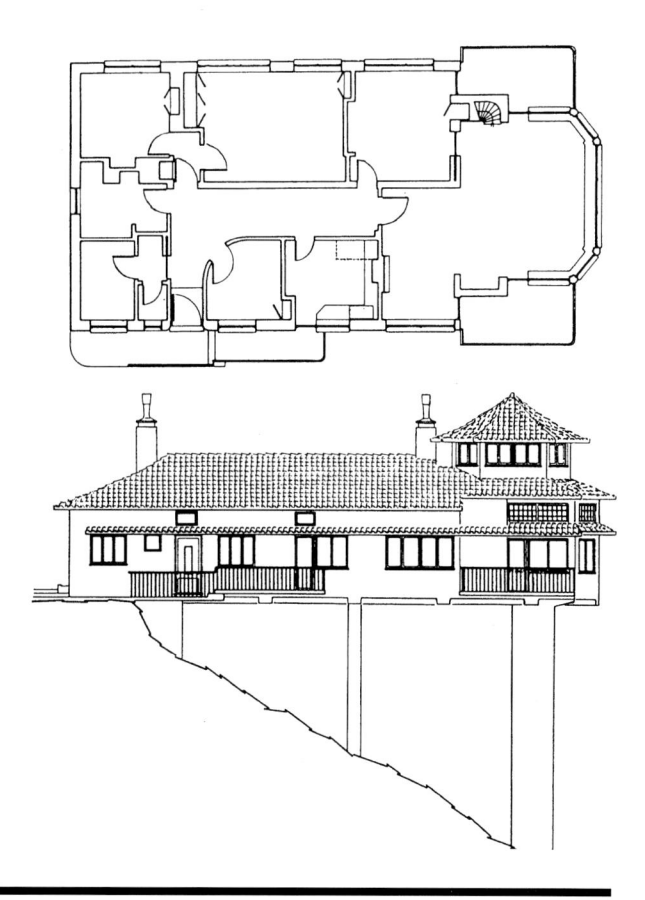

136 Bruno Taut, eigenes Wohnhaus, Istanbul-Ortaköy, 1938, Grund- und Aufriß.

Hyuga Villa in Atami 1936, wobei allerdings auf Farbigkeit verzichtet wird, sind die Schritte auf dem Weg nach Ortaköy. Helle Töne bestimmen die Räume.

Indem Taut die Metapher der Arche benutzt und sich selbst als Noah charakterisiert, verkörpert dieses Gebäude wie kaum ein anderes den sicheren Hort des Exilanten in einer ihm fremden Welt. Auch Wagner hatte das indirekt Bild der Arche Noah zur Beschreibung der Situation seines eigenen Exils gebraucht.[513] Das dem Bau innewohnende expressionistisch-kristalline Element, die Losgelöstheit vom Grund, die Öffnung zur Landschaft und zum Himmel unterstreicht die Schiffsmetapher und erhebt das Haus zum gebauten Manifest. Nicht nur die Synthese verschiedener architektonischer Positionen seines Schaffens ist hier erreicht, sondern darüber hinaus der Aufbau eines eigenen persönlichen Zentrums. Es ist der Versuch des heimatlosen Exilanten, sich hier in gewisser Distanz eine neue Heimat zu schaffen.[514]

137 Bruno Taut, eigenes Wohnhaus, Istanbul-Ortaköy, 1938, Salon 1998.

137a Bruno Taut, eigenes Wohnhaus, Studiolo, 1994.

138 Bruno Taut, eigenes Wohnhaus, Skizze von F. Hillinger, 1966.

Rechte Seite:

138a Bruno Taut, eigenes Wohnhaus, Außensicht 1994.

Plötzlicher Tod und Nachfolgefrage

Eine ähnliche Synthese schuf Bruno Taut in seinem letzten Bau, dem Katafalk für den am 10. November 1938 in Istanbul gestorbenen Atatürk (Farbabb. XXX), der Ende November nach Ankara überführt werden und vor dem Parlament aufgebahrt werden sollte. Der leichte Bau aus Holz besteht im Kern aus vier 14 Meter hohen Pylonen, bekrönt mit Flammenschalen, die den Raum des Sarkophags begrenzen. Die traditionelle islamisch-grüne Färbung der Pfeiler kontrastiert mit der roten Staatsflagge zwischen den rückwärtigen Pylonen. Die abgesetzten offenen Seitenräume ziehen die Anlage in die Breite und nehmen strukturell auf den Träger-Verkaufskontor Bezug. Darüber hinaus ist die Farbigkeit aus japanischen Festdekorationen zu erklären, beispielsweise den mit frischem Grün dekorierten Shinto-Schreinen.[515]

Der Katafalk entstand in einem dramatischen Kraftakt innerhalb von 36 Stunden am 14./15. November aufgrund des persönlichen Auftrags des Unterrichtsministers Arıkan, nachdem der Bürgermeister von Ankara Tandoğan die zuvor erstellten Entwürfe von Elsaesser abgelehnt und Cevat Dursunoğlu Taut vorgeschlagen hatte. Der bereits schwerkranke Taut erstellte den Entwurf zusammen mit Mahmut Bilem sowie Mundt und Runge.[516] Er sah es als eine ehrenvolle Pflicht an, dem von ihm so geschätzten Staatsgründer ein ephemeres Denkmal zu setzen und lehnte jedes Honorar entrüstet ab.

Beim Aufbau des Katafalks vor der Nationalversammlung am 19./20. November, der mit der Ausstattung des provisorischen Mausoleums und dem Fackelschmuck aller drei Atatürk-Denkmäler in Ankara einherging, erkältete sich Taut erneut; verbunden mit seinem chronischen Herz-Asthma führte dies am 24. Dezember 1938 zu seinem plötzlichen Tod in Istanbul.[517]

Die politische Situation hatte sich nach Atatürks Tod außerordentlich verändert, wobei die Kreise der Exilanten besonders betroffen waren. Der neue Präsident İsmet İnönü und der Ministerpräsident Celal Bayar veranlaßten ein umfassendes Revirement der gesamten Administration, in deren Verlauf nicht nur die meisten Minister, sondern auch Staatssekretäre und andere hohe Ministerialbeamte ausgewechselt wurden. So wurde Tauts kongenialer Mentor Cevat Dursunoğlu in *einer Art ehrenvollen Pensionierung* im März 1939 zum Abgeordneten des Parlaments gewählt, hatte aber noch Einfluß auf die Nachfolge Tauts.[518]

Neben der Nachfolge an der Akademie war natürlich die Frage, wer die angefangenen Bauten vollenden sollte? Erica Wittich, die seit Japan mit Erica Taut unterzeichnete, sah sich gewissermaßen als Tauts Testamentsvollstreckerin:

Ich habe durch Herrn Hill[inger] im Minist[erium] anregen lassen, daß man Brunos letzten Wunsch erfüllt, wenn Max [Taut] die angefangenen Bauten zu Ende führt [i. Text gestrichen] beaufsichtigt. Hill[inger] und Grimm wissen so genau Bescheid, daß sie mit Max zusammen das, soweit andere Menschen es können, im Sinne Brunos vollenden. Es war immer eine quälende Angst, daß ein angefangener Bau von fremden Händen vollendet, unter seinem Namen bestehen wird. Und er [Bruno] sagte mir oft: nur [i. Text] Max könnte ungefähr in meinem Sinne eine Arbeit vollenden.[519]

Max Taut verhandelte bereits im Januar 1939 in Ankara um die Fortführung der Bauten.[520] Doch konnte Bruno Taut bei seinem letzten Wunsch kaum mehr einschätzen, welche künstlerische und politische Position der Max Taut des Jahres 1939 vertreten würde. Erica Taut hatte angesichts der Besichtigung des Rohbaus der Literaturfakultät *den Eindruck, Max wäre auch mit dem lebenden Bruno nicht ganz mitgegangen. Allein seine Überlegung, daß der Tod Brunos jetzt wohl ganz logisch war, beweist das. Bruno stand vor unerhörten, großen Aufgaben, die er als ganz neuer Bruno Taut zu lösen gedachte [..] Für mein Gefühl, hart ausgedrückt, ist Max bei der neuen Sachlichkeit (hauptsächlich Konstruktion) stehen geblieben.*[521]

Der letztlich erfolglose Versuch von Max' Engagement lag *nicht bei den Behörden, sondern einem seiner Hauptmitarbeiter, Ganz unverständlich für alle [...].*[522]

Sicherlich lag bei Max Taut auch ein Problem in seiner Haltung zum NS-Staat und, damit verbunden, der latente Widerwille, ins Ausland zu gehen bzw. die Rolle des Bruders als Exilant anzuerkennen. Ernst Reuter fällte nach dem Krieg ein vernichtendes Urteil über den Besuch Max Tauts in Ankara:

Er kam auf Veranlassung von Frau Taut, die ja von einer entwaffnenden Dummheit sein konnte, hier in Ankara zu mir, als er Bruno Tauts Erbe antreten wollte. [...] Aber der Maxe sass da wie die karikierte Miniaturausgabe seines Bruders und schaute aus wie ein saechsisch[er] Schullehrer. Meine Frau hatte – leider – ein sehr gutes Mittagesssen bereitet, als Frau Taut anrief und sich mit ihm einlud. Dann legte er in solchen Tönen darüber los, wie großartig es in Deutschland sei, und dass wir das alles falsch beurteilten und dass die Arbeiter gar keine Ablehnung zeigten (das war überhaupt bei Vielen dieser Intellektuellen der Vorwand, mit dem sie ihre eigene Charakterlosigkeit bemaentelten) und nun; es würde grosses geleistet und wenn der grosse Führer auf den Knopf drückt, dann wird eben wupp enteignet und schon geht die grössenwahnsinnige Bauerei los. Achsen und Strassen und Riesenbauten schaffen kannnnnnn mannnnn [i. Text]. Ich wurde eisiger und eisiger und sehe noch meine arme Frau mühsam und krampfhaft die Unterhaltung weiterschleppen, bis wir um viertel nach drei Uhr ihn herauskomplimentierten. In Istanbul hat er dann gesagt: nein, solche Leute wie der Reuter, die dürfen nie wieder nach Deutschland zurück [...].[523]

Schon im Februar war als Nachfolger an der Akademie in Istanbul Robert Vorhoelzer aus München im Gespräch, der die Stelle im April 1939 annahm.[524] Franz Hillinger charakterisierte die Situation damals folgendermaßen:

Hier hat sich seit seinem Tode vieles sehr verändert. Nachdem nun seine starke Persönlichkeit, die es verstand, die widerstreitendsten Strömungen auszugleichen und immer wieder neue Impulse zu geben, für immer dahin ist, fällt allmählich alles auseinander. Die Gegensätze treten so stark hervor, dass das Arbeiten unerfreulich wird. Hinzukommt, dass die starke private Bautätigkeit, die eben nur türkischen Architekten offen steht, die meisten türkischen ehemaligen Mitarbeiter B.T.'s [Bruno Tauts] veranlasst hat, das Büro der Akademie zu verlassen und besser bezahlte private Stellungen anzunehmen. Für eine ganze Reihe angefangener Bauten fehlen mir nun die zur Fertigstellung nötigen Kräfte. Wesentlich für die totale Änderung ist auch, dass nach den neuen Wahlen grosse Veränderungen in den leitenden ministeriellen Stellungen eingetreten sind, und zwar ist man jetzt dort der Auffassung, dass die angefangenen Bauten auch ohne eingehenden [sic] architektonische Detailgestaltung von Unternehmern zu Ende geführt werden können, so dass ich z. Zt. nicht weiss, ob es mir möglich sein wird, die Bauten so zu Ende zu führen, wie es gedacht war. – Prof. Vorhölzer hat nun vor zwei Tagen seine Tätigkeit hier angefangen. Es ist der ehemalige Postbaurat, wie Sie vermuteten, und ich glaube, dass ich von seiner Seite keine positive Förderung zu erwarten habe.[525]

Diese Situation an der Akademie auf der einen Seite und die Absage von dem Schwager Max Taut auf der anderen Seite war so frustrierend, daß Erica Taut klagend ausrief: *Hier ist alles, aber auch alles so in ein Nichts zerfallen.*[526]

Was bleibt als Resümee der kurzen Ära Tauts in der Türkei? Bruno Taut hat eine Neuformulierung der Architektur versucht, die nicht nur auf die Türkei bezogen war, sondern die Summe aus zehnjähriger Diskussion um das Neue Bauen gezogen hat. Dabei hatte er als Baukünstler argumentiert, der jenseits der Debatte um den neuen Stil, eine auf Materialgerechtigkeit, Proportion und Qualiät ausgerichtete funktionsbedingte Architektur je nach Bauaufgaben abgestuft schaffen wollte. Der Vorwurf eines retrospektiven Historismus geht ins Leere.

Bruno Taut war vielleicht kein so hundertprozentig grader Charakter und hatte immer so einen kleinen Einschlag vom Filou. Aber er war doch etwas und niemand wird ihm abstreiten, dass er ein Künstler war. Selbst der Raffke Bonatz hier muss es widerwillig zugeben.[527] *[...] Seine Fakultaet ist hier ein Torso geblieben und er ist darüber weggestorben. Aber waehrend man die Kaesten des Herrn Holzmeister schon am ersten Tag nicht mehr sehen konnte, von anderen nicht zu reden, wird man Tauts Fakultaet immer sehen können, weil sie Charakter und Phantasie hat.*[528]

Die spezifische Situation des Exils wird bei Taut m. E. in der Selbstreferentialität auf seine Werke vor 1914 deutlich, wobei er aber die funktionalen Lösungen der zwanziger Jahre, besonders in den Grundrißschemata beibehält. Interessanterweise kann man bei Taut von einer Weiterentwicklung der Werkbundästhetik vor 1914 sprechen. Sachlichkeit, Gebrauchswert und repräsentativer Anspruch der öffentlichen Bauten sind Grundsätze, welche die Werkbunddiskussion entscheidend geprägt hatten. Aufgrund der äußeren Umstände blieben Tauts Reformansätze jedoch weitgehend unbekannt und konnten in die Nachkriegsrezeption der Moderne nicht einfließen. Diese nordamerikanisch dominierte Rezeption hat dazu geführt, daß Positionen, wie sie Bruno Taut oder auch Erich Mendelsohn vertraten, erst zögerlich in den sechziger Jahren wieder bekannt wurden. Für die dreißiger Jahre steht Tauts Transformation der Moderne, – oder wie Nerdinger es ausgedrückt hat, *die Transformation der Prinzipien des Neuen Bauens*[529] – für eine Architektur einer *anderen Moderne*, die mit dem Dogma der ‚weißen Moderne' gebrochen hat.

Daß Tauts Konzeption von Architektur und Städtebau nicht hermetisch, sondern im modernen Sinne extrem entwicklungsfähig war, räumte 1944 sogar der kritische Antipode Le Corbusier anhand Tauts Buch *Die Auflösung der Städte*, 1919/1920 erschienen, ein: *Ich habe Bruno Taut völlig verkannt, in völliger Mißachtung und vor allem im Befolgen einer Zurückweisung plastischer Art.*[530]

POLITISCHE VERWICKLUNGEN – MARGARETE SCHÜTTE-LIHOTZKY, WILHELM SCHÜTTE UND ROBERT VORHOELZER 1938 – 1941

Das Wirken von Schütte-Lihotzky auf der einen sowie von Robert Vorhoelzer auf der anderen Seite ist auf eine sehr kurze Zeitspanne von gut zwei Jahren beschränkt. Es hatte daher nur marginalen Charakter, bekommt aber Bedeutung aufgrund der Tatsache, daß architektonische Tätigkeit und politisches Engagement in beiden Fällen zu tragischen Verwicklungen führte. Diese können als typisch für die Situation der Zeit um 1940 angesehen werden.

Margarete Schütte-Lihotzky und ihr Mann Wilhelm Schütte kamen im August 1938 auf Vermittlung von Bruno Taut nach Istanbul.[531] Sie betrachteten sich nicht als Exilanten im klassischen Sinn, denn sie waren nicht aus Deutschland emigriert, sondern kamen nach siebenjährigem Aufenthalt in der Sowjetunion als Spezialisten für Schul- und Kindergartenbau sowie Kindermöbelentwurf über Frankreich nach Istanbul. Als sie zusammen mit Hans Schmidt 1937 die UdSSR verließen, hatten sie jedoch eine Form von ‚Emigrantenbewußtsein', weil sie als Sympathisanten des Sozialismus sowjetischer Prägung ihre Aufgabe im Beitrag *zum sozialistischen Aufbau* sahen. Unter solchen Voraussetzungen blieb es für Schütte-Lihotzky und Schütte undenkbar, in das NS-Deutschland zurückzukehren. In Paris, wo beide Mitte 1938 Kontakt zur neu gegründeten Österreichischen Kommunistischen Partei im Untergrund hatten, setzte eine starke Politisierung ein. Für Margarete Schütte-Lihotzky war ab diesem Zeitpunkt klar, daß sie aktiven Widerstand gegen das NS-Regime leisten wollte. Es war dies der Eintritt in das *kämpferische Exil*,[532] wie es Loewy kategorisiert hat. Mit ihrer beruflichen Tätigkeit als Architektin hatte das nur noch am Rande zu tun.

Das Ehepaar Schütte-Lihotzky wurde bald nach seiner Ankunft mit den Veränderungen konfrontiert, die nach Atatürks Tod in Regierung und Administration vorgenommen wurden. Durch den Tod Tauts waren diese Veränderungen direkt spürbar. Mit dem offiziell von den deutschen Regierungstellen entsandten Robert Vorhoelzer kam ein Nicht-Emigrant als Nachfolger von Bruno Taut nach Istanbul. Die Emigranten standen mit einem Mal einem sogenannten Reichsprofessor gegenüber, was zu nicht unerheblichen Spannungen führte.

1938/1939 verschärfte sich überdies die politische Lage in Mitteleuropa zusehens: Österreich war im März 1938 von NS-Deutschland unter großer Zustimmung der einheimischen Bevölkerung annektiert worden. Für viele Intellektuelle und Künstler blieb nur die Emigration. Clemens Holzmeister beispielsweise, einer der kulturellen Exponenten des austrofaschistischen Ständestaats und erklärter Gegner des *Anschlusses*, verlor 1938 seinen Präsidentenposten an der Akademie der bildenden Künste in Wien und ging ins Exil nach Istanbul. Sein offenes Haus am Bosporos sollte sich bald zu einem Zentrum des österreichischen Exils entwickeln, unabhängig von der politischen Einstellung der jeweiligen Exilanten.[533]

In der Türkei kam es nach 1938 zu einer stärkeren Politisierung des Exils, obwohl es den Exilanten bei Androhung der Ausweisung nach Deutschland verboten war, sich politisch zu betätigen. Die Gefahr eines von Deutschland ausgehenden europäischen Krieges wurde immer drohender, und es war nicht genau abzuschätzen, wie die türkische Regierung sich im Falle eines Kriegsausbruchs verhalten würde.

Margarete Schütte-Lihotzky ist ein schlagendes Beispiel für diese Politisierung innerhalb der Emigration. Zusammen mit ihrem Mann trat sie in Istanbul 1939 der Kommunistischen Partei Österreichs im Untergrund bei, der neben dem Nationalökonom Josef Dobretsberger auch die bei Holzmeister beschäftigten Architekten Inez Maier und Herbert Eichholzer angehörten. Beide haben ihre Aktivitäten nach der Rückkehr in die Untergrundarbeit in Österreich mit dem Leben bezahlen müssen. Auch Margarete Schütte-Lihotzky (geb. 1897), die Ende 1940 mit einem Parteiauftrag *aus dem sicheren Exil* nach Wien aufbrach und im Januar 1941 verhaftet wurde, ist 1942 nur wie durch ein Wunder der Enthauptung entgangen. Das alles hat Schütte-Lihotzky in ihren *Erinnerungen aus dem Widerstand* detailliert geschildert.[534] Dort wird nachvollziehbar, wie aus der sozial engagierten Architektin des Wien der Siedlerbewegung, des Neuen Frankfurt und schließlich des Neuen Rußland eine politisch handelnde Person wurde.

Ihre Architekturprojekte in der Türkei verloren für sie selbst, in der schwierigen Zeit unter Vorhoelzers Tätigkeit an der Istanbuler Akademie 1939/1940, immer mehr an Bedeutung.[535] Gleichwohl muß es hier unser Interesse sein, die Architektin Schütte-Lihotzky mehr in das Blickfeld zu rücken, denn auch sie kommt unter diesen spezifischen Bedingungen zu sehr bemerkenswerten Synthesen.

Fast vergessen und in keinem Handbuch der Emigration erwähnt ist Wilhelm Schütte (1900 – 1968), der bis 1946 in der Türkei lebte und als Dozent, möglicherweise auch als Professor, an der Akademie der Künste und wohl auch an der Fachhochschule in Istanbul-Beşiktaş arbeitete. Erschwerend kommt hinzu, daß sein Œuvre zuerst einer Damnatio memoriae im Nachkriegsösterreich des Kalten Krieges verfallen war und neuerdings von dem späten und zurecht bestehenden Ruhm der Margarete Schütte-Lihotzky vollends überstrahlt wurde. Die Rekonstruktion seines Werks muß zwangsläufig schemenhaft bleiben. Aber als politisch handelnder Person kommt Schütte eine Schlüsselstellung bei der Rettung seiner Frau wie auch in den bis nach dem Krieg anhaltenden Auseinandersetzungen mit Robert Vorhoelzer zu.

Vorhoelzer hingegen war, oberflächlich betrachtet, der Typ des *Reichsprofessors*, der mit offiziellem *Führerauftrag* nach Istanbul geschickt wurde.[536] Als Exponent der Moderne in München – bis 1931 Leiter der Hochbauabteilung für die Bayerische Post – hatte er 1933 seinen Lehrstuhl an der Technischen Hochschule zur Verfügung stellen müssen und war als Professor in den *Wartestand* versetzt worden. Persönliche Beziehungen des Parteimitglieds zum Stellvertreter Hitlers, Rudolf Heß, gaben ihm einen gewissen Schutz und die Möglichkeit, nach Istanbul zu gehen. Seine Tätigkeit ist bisher vor allem unter dem Gesichtswinkel betrachtet worden, ob er sich dort als Denunziant und Spitzel betätigt hat oder nicht? Vorhoelzer kam schließlich in eine unhaltbare Lage und mußte Istanbul 1941 verlassen. Diese Untersuchung wird allerdings ebenfalls seine fachliche Tätigkeit in der Nachfolge Bruno Tauts in den Vordergrund stellen.

Margarete Schütte-Lihotzky als Architektin

Als Architektin in der Bauabteilung des Unterrichtsministeriums arbeitete Schütte-Lihotzky nur zehn Monate vom August 1938 bis Juni 1939.[537] Die Anfangszeit war schwierig, denn *hier in der Türkei aber mußten wir uns richtig einleben. Und dieses Einleben ist mir hier, von allen Ländern in denen ich arbeitete, am schwersten gefallen. Es war das erstemal dort, daß ich nicht in einem Kollektiv gearbeitet habe. Die Ausländer untereinander lebten ziemlich isoliert [...] Taut starb leider schon einige Wochen nach unserer Ankunft. Im Büro arbeiteten wir hauptsächlich mit jungen Armeniern oder Griechen zusammen, fertige Architekten, die aber als nationale Minderheit, nicht dieselben Rechte hatten wie die Türken. Das war bedrückend.*[538]

Die Arbeit im *Kollektiv*, die Schütte-Lihotzky seit den Tagen der Wiener Siedlerbewegung gewohnt war, führte dazu, daß die Frage nach einem modernen Stil in ihrem Schaffen keine entscheidende Rolle spielte, wohl aber die Verbindung von sozialem Anspruch, Funktion und Form. Insofern ist bei Schütte-Lihotzky jede Bauaufgabe auch stilistisch unterschiedlich gelöst. Zur Frankfurter Zeit schreibt sie rückblickend:

Wieder war ich Teil einer Gemeinschaft, der damals verschworenen Gemeinschaft moderner Architekten, geworden, die für bestimmte Prinzipien und Architekturvorstellungen eintraten und dafür auch kompromißlos kämpften.

Es war dies die soziale Komponente der modernen Architektur, die sich im Team, im Kollektiv realisieren sollte.

Diese Form des Arbeitens konnte Margarete Schütte-Lihotzky in den sieben Jahren ihres Lebens in der Sowjetunion[539] zunächst in der Brigade May 1930 – 1934, besonders im Rahmen des Neubaus der Industriestadt Magnitogorsk fortsetzen. Wieder beschäftigte sie sich mit Fragen der Typisierung. Nach Auflösung der Brigade May hatte sie 1933/1934 zusammen mit Hans Schmidt Wohnungstypenentwürfe an der Akademie der Architektur in Moskau erarbeitet. Danach wurde sie vor allem für Sozialbauten wie Schulen und Kinderkrippen eingesetzt. Eines der bedeutendsten Projekte dieser Zeit war Margarete Schütte-Lihotzkys 1932 in hoher Hanglage realisierter Bau des Kindergartens mit Krippe in Briansk/Ukraine, der im Zweiten Weltkrieg zerstört wurde.[540]

Diese Projekte in der Sowjetunion hatten gegenüber mitteleuropäischen Kindergärten mehrere Besonderheiten. So mußte erstens auf die speziellen klimatischen und technischen Bedingungen Rücksicht genommen werden. Fehlende Baukapazitäten brachten es mit sich, daß Briansk von kirgisischen Bauernmädchen hochgemauert wurde. Zum zweiten mußten aufgrund der mangelnden hygienischen Verhältnisse 10 % der Fläche als Krankenstation reserviert und drittens alle Bauteile als Internate geplant werden,[541] Bedingungen, die vergleichbar mit denen in der Türkei sein sollten. Aus diesen Erfahrungen heraus wurde sie vom Bauministerium in Ankara mit der Planung von Berufsschulen für Frauen und Schulhaustypen einfachster Bauweise beauftragt. Das Problem der mangelnden technischen Voraussetzungen der Bauwirtschaft in solchen sich nicht auf dem technischen Standard Mitteleuropas befindenden Staaten und den daraus abzuleitenden Schlußfolgerungen für die Konstruktion moderner Gebäude hatte neben Schütte-Lihotzky auch Bruno Taut bereits in Moskau 1932 beschäftigt:

Besonders die moderne Architektur mit ihrer Freiheit von alten Stilen steht und fällt in ihrer Einfachheit mit der gediegenen Ausführung. So fiel sie infolge der schlechten Ausführung in Russland 1932; die kubischen Bauklöcke, von den Architekten in knapper Sauberkeit gedacht, waren kahle Kästen voller technischer Fehler, sie sahen wie gerupfte Hühner aus. Es war nicht richtig, den Fehler ausschließlich im Baustil zu suchen; er lag vielmehr in der mangelnden Erfahrung der Architekten und darin, dass eine gute Bauleitung fehlte. Man riss das Steuer von ganz links nach ganz rechts herum, stellte nun alte Architekturen wie Theaterkulissen vor Gebäude moderner Struktur und modernen Inhalts und erschwert damit noch mehr den Weg einer gesunden Architekturentwicklung.[542]

Aus den persönlichen Gesprächen war herauszuhören, daß Schütte-Lihotzky und auch Wilhelm Schütte der Tautschen Revision der Moderne, der Neuformulierung des Repräsentationsbaus, wie sie in der Literaturfakultät versucht worden war, nur bedingt folgen konnten. Beide berücksichtigten hingegen bei ländlichen Typenschulbauten die klimatischen und topographischen Gegebenheiten vollständig und errichteten sie in traditioneller Bauweise.

In der Erweiterung des Kız Lisesis von Ernst Egli (Farbabb. XXXII, Abb. 13), dem einzigen Großprojekt der Schütte-Lihotzky, spielten auf der anderen Seite mehr die Frankfurter Erfahrungen und die Auseinandersetzung mit der Architektur Eglis eine Rolle.[543]

Die Erweiterung 1938 sah vor, daß ein zweiter Eingang der Schule in den Pavillon am Hang verlegt und so die Beziehung zum İsmet Paşa Institut hergestellt werden sollte[544]. Auch die Kombination von Pavillon- und Flachbau läßt sich aus der städtebaulichen Lage heraus erklären. *Die städtebauliche Aufgabe auf diesem Platz besteht darin, die beiden schon festgelegten ganz verschiedenen Richtungen der den Platz einsäumenden Gebäude nämlich das Mädchenlyzeums und des Mächeninstituts, so weit in Einklang zu bringen und zu vermitteln und nichts hinzustellen, was der einen oder anderen Richtung entgegenläuft. Aus diesem Grunde hat man bereits bei der früheren Bebauung dieses Grundstücks für die Lösung des Gartens ein mit Mauern eingefaßten Rondeau projektiert und ausgeführt in dessen Mittelpunkt sich die Achsen der beiden Gebäude [...] treffen. Es ist deshalb naheliegend unter Benutzung der schon bestehenden Gartenmauern des Rondeaus einen Baukörper zu errichten der am besten geeignet ist die beiden Richtungen zu vermitteln. Diesem 2 geschossigen runden Baukörper, der durch vorgelagerte und dünne berankte Betonstützen möglichst durchsichtig gestaltet ist, und für die Auf-*

nahme eines großen Saales besonders geeignet erscheint, ist ein 1 geschossiger zum Hauptgebäude parallel laufender Baukörper mit nach Süden gelegenen Klassen angegliedert. [...] Der ganze Neubau mit seinen Balkonene [sic], Terrassen, Pergolen etc. soll sich in voller Anpassung an das reizvolle Gelände möglichst leicht in die Natur einfügen, um so die bereits vorhandenen, auf verhältnismässig kleinem Raum zusammengehaltenen, garso verschiedenartigen grossen Baumassen nicht zu stören und den langweiligen schweren Bau des bestehenden Lyzeums aufzulockern.[545]

Eine ähnliche Komposition aus Pavillon- und Flügelbau hatte Schütte-Lihotzky schon 1929 in der Lehrküche des Berufspädagogischen Instituts mit Max Cetto in Frankfurt realisiert.[546] Auch in den Frankfurter Bauten Elsaessers war das Pavillonmotiv immer wieder aufgetaucht.

Obwohl die Architektur Eglis bei dieser Erweiterung indirekt kritisiert wurde, zeigt Schütte-Lihotzkys Entwurf für das Haus Dr. Kemal Özan, 1939, (Farbabb. XXXIII) in seiner geschlossenen Form starke Anklänge an Eglis Haus Fuat Bulca, das 1936 entstanden war.[547]

Wie die Auseinandersetzung mit der Architektur des neuen Ankara bei dem Ehepaar Schütte-Lihotzky vonstatten ging, läßt sich nicht mehr rekonstruieren. Im gemeinsamen Entwurf der Festdekoration zum 15. Jahrestag der Republik in Istanbul für den Galatabrückenkopf von Karaköy, Ende Oktober 1938, (Farbabb. XXXI) dominiert ein streng gegliederter Pylon in den Farben Rot und Gold mit luftig abgesetzter Deckplatte, die ansonsten klar ortogonal gegliederte Straßenüberspannung. Gewisse Parallelen lassen sich zum kurz darauf enstanden Katafalk für Atatürk von Taut ziehen. Über die von Schütte gefertigte Dekoration für den Taksim-Platz anläßlich Atatürks Totenfeier in Istanbul haben wir keine bildlichen Vorstellungen.[548]

Dem Thema der typisierten Schulbauten hatte sich Schütte-Lihotzky ausgehend von den sowjetischen Projekten in der Türkei mit großer Energie weiter gewidmet.[549] Im Rahmen der Alphabetisierungsmaßnahmen in der Türkei projektierte sie im Auftrag des Unterrichtsministeriums 1939 Typen für anatolische Dorfschulen, die aus einfachen Materialien billig zu bauen und problemlos erweiterungsfähig sein sollten. Auch hier waren die Bedingungen grundsätzlich andere als in Frankfurt. Hatte der Kindergarten von Praunheim 1929 noch einen offenen kreuzförmigen Typ mit zentraler Halle gezeigt, so verbot sich in der Türkei dieser Typ mit je drei Außenwänden pro Einheit aus klimatischen Gründen von selbst.[550]

Die Grundlagen faßte Schütte-Lihotzky in einer 1939 in Buchform erschienenen Denkschrift zusammen.[551] Darin waren klimatische, topographische und wirtschaftliche Bedingungen als ausschlaggebend für eine flexible Bauweise in Holz, Lehm, Ziegel oder Bruchstein angeführt. Die publizierten Grundrisse und dazugehörige technische Angaben waren als Musterbuch für die anatolischen Dörfer und Kleinstädte konzipiert:

Die Architektur der Dorfschulen muss ganz der Landschaft der Umgebung und dem Dorfbild angepasst werden. Trotzdem aber muss die Schule, die in einem kleinen Orte heute ein wichtiges kulturelles Zentrum bildet,

139 Margarete Schütte-Lihotzky, Entwurf für ein Wohnhaus, 1940.

als solches hervorgehoben werden. Dabei spielt nicht die Form des Gebäudes, des Dachs und der Fassade eine Rolle, sondern vor allem auch die Farbe.[552]

Flossen hier direkte Anregungen aus den Schulbauten Bruno Tauts, beispielsweise aus Trabzon, mit ein, so lehnte sich das Dorfschulprogramm an Überlegungen Eglis an, die er zu Beginn der dreißiger Jahre gemacht hatte. Insgesamt wurden sieben Typen vorgeschlagen, einige Schulen sollen nach diesen Plänen ausgeführt worden sein. Vom Erscheinungsbild waren diese Gebäude bodenständige Architekturen mit höchst funktionaler Grundrißgestaltung.

Die Auseinandersetzung mit traditioneller Bauweise, möglicherweise auch durch den Kontakt mit Clemens Holzmeister noch forciert, ist im dem 1940 datierten Entwurf für ein Wohnhaus (Abb. 139) zu sehen, das mit Erker und vorkragendem Dach dem türkischen Holzbau folgt.[553]

Wilhelm Schütte

Wilhelm Schüttes Tätigkeit für das Baubüro der Ministerien läßt sich für das erste Jahr, bis September 1939, lückenlos rekonstruieren.[554] Seit November 1938 war er aufgrund seiner Frankfurter und Moskauer Erfahrungen mit der Planung der Arbeiten einer speziellen Schulbauabteilung für das Ministerium betraut. Im Februar 1939 projektierte er eine Mittelschule in Ankara-Yenişehir und brachte im Juni 1939 Verbesserungsvorschläge für den Innenausbau des Atatürk Lisesis von Taut und Kömürcüoğlu mit ein, die nicht bewilligt wurden.[555]

Bemerkenswert ist ferner, daß Schütte ab August 1939 auf Wunsch Vorhoelzers mit der Ausarbeitung von Programmen für *Typen von Dorfschulen und Kinderanstalten* als Grundlage von Studentenprojekten beschäftigt war, so daß die Annahme naheliegt, Vorhoelzer hätte zunächst weiter auch die Rudimente des Baubüros des Ministeriums betreut.[556] Im Scurla-Bericht wird erwähnt, daß ein – mit Wilhelm Schütte wohl identischer – *Ludwig Schütte* an der Fachhochschule Istanbul-Beşiktaş als Dozent arbeitet.[557]

Annähernd gleichzeitig werden Schütte und auch der Taut-Mitarbeiter Hans Grimm in einer undatierten Seite der Zeitschrift *Mimar* (1943/1944) als Architektur-Professoren an der Akademie der Schönen Künste bezeichnet, so daß nicht auszumachen ist, wo und wie lange Schütte tatsächlich gelehrt hat.[558] In mehreren Artikeln in der Zeitschrift *Arkitekt* hat sich Schütte zu städtebaulichen Fragen, u. a. der Bauweise in Erdbebengebieten geäußert.[559] Monographische Aufsätze erschienen zu seinem Lehrer Theodor Fischer und dem Problem der Proportion, Adolf Loos und Karl Friedrich Schinkel.[560] 1944 bei Abbruch der diplomatischen Beziehungen, wurde Schütte, wie fast alle Emigranten, im anatolischen Yozgat interniert.[561]

Schütte muß während der Zeit bis 1944 noch weiter auch dem Unterrichtsministerium unterstanden haben, wo er mit der Projektierung von Schulen beauftragt war, von denen aber keine gebaut wurde. In dieser Funktion hatte er Kontakt zum Generaldirektor für das Unterrichtswesen, bei dem er 1942 um eine Intervention zugunsten seiner verhafteten Frau nachsuchte. Dies mußte aus außenpolitischen Gründen abgelehnt werden.[562]

Schüttes Position unter den ausländischen Architekten des Exils bleibt ebenso wie seine Lehrtätigkeit diffus, auch über seine politischen Aktivitäten ist wenig bekannt. Schütte muß, ähnlich wie die anderen Taut-Mitarbeiter Grimm, Mundt und Runge, als ein Mann in der zweiten Reihe gesehen werden.

Robert Vorhoelzer – Architekt zwischen den Fronten

Mit Robert Vorhoelzers eineinhalbjährigem Intermezzo als Leiter der Architekturabteilung an der Akademie der Schönen Künste war 1941 der Endpunkt einer vierzehnjährigen ununterbrochenen Tätigkeit deutschsprachiger Professoren erreicht. Jungen Architekten, wie Ernst Egli, der die Moderne für sich erst als architektonisches Mittel entwickeln mußte, folgten jene Architekten, die Teil an der deutschen Bewegung der Moderne hatten. Mit Bruno Taut war schließlich eine Revision der Moderne mittels einer Form der zitathaften Architektur begonnen worden, ohne von den funktionalen Strukturen der Bauten der zwanziger Jahre abzuweichen. Poelzig und Taut hatten ihre Tätigkeit unter den Bedingungen des Exils angetreten bzw. nicht mehr antreten können, bei Vorhoelzer stellte sich diese Problematik nicht. Im Gegenteil, sein Aufenthalt wurde in einem Schreiben des Bayerischen Kultusministeriums als eine deutsche Mission angesehen: *Nach seiner ganzen Persönlichkeit habe ich keine Bedenken ihn im Ausland zu verwenden. Ich bin von seiner einwandfreien Stellung zum nationalsozialistischen Staat überzeugt. Es besteht zweifellos ein Interesse, daß ein Deutscher zum Zuge kommt.*[563]

Unter dem Stichwort *beispielhaft bauen*, hatte der später in der Türkei tätige Paul Bonatz dem Abgesandten der türkischen Regierung Arif Hikmet Holtay schon Mitte 1936 beinahe überschwenglich Robert Vorhoelzer für die Nachfolge von Hans Poelzig empfohlen: *Zu meiner großen Freude ist Professor Vorhoelzer bereit, das Amt anzunehmen, das Ihr Ministerium mir zugedacht hat.*[564] Nicht voll Ehrgeiz oder Eitelkeit sei er, sondern ein Pragmatiker der *sich als Dienender in diese Sache hineinstellt.* Bonatz formuliert auch gleichsam im voraus mit, was er als sein eigenes Programm in der Türkei ab 1943 umsetzen sollte:

Vorhoelzer wäre auch fähig, diejenigen Elemente der türkischen Bauüberlieferung herauszustellen, die als bodenständig zeitlos und immer gültig sind. Man müßte den dortigen jungen Kräften diese so weiterentwickeln und mit den europäischen Erkenntnissen vereinigen, daß daraus nicht das Internationale, sondern das Nationale entstünde.

Schon daraus wird deutlich, wie stark sich die Positionen der ehemaligen Werkbundmitglieder – Bonatz und Taut – am Ende der dreißiger Jahre angenähert hatten, allerdings mit einer doch sehr unterschiedlichen Interpretation des Begriffs des Nationalen.

Vorhoelzer verkörperte den Konflikt des modernen Architekten, der der Faszination des NS-Regime erlegen war, wie kaum ein zweiter. Aufgrund seiner Hochbauten der bayerischen Post wurde er 1933 als Professor amtsenthoben und 1935 auf Dauer als Professor in den Wartestand versetzt. Im Rahmen der ersten ‚Säuberungen' bescheinigt das Bayerische Kultusministerium, *dass die Postbauten, die als typisch bolschewistisch bezeichnet wurden, Herrn Prof. Vorhoelzer zur Last gelegt wurden. Besonders Herr Professor Troost [...] spricht sich negativ über diese Bauten und somit über Herrn Professor Vorhoelzer aus.*[565] Seit 1935 befand er sich in der beamtenrechtlich sehr seltenen Form als *Professor im Wartestand*; auf Betreiben höchster NSDAP-Stellen sollte er weiter bauen, aber nicht lehren dürfen.[566]

Vorhoelzer Weggang in die Türkei hatte zwei Triebfedern, die eine bestand in der Aussicht, wieder bauen zu können, ein Topos, den alle deutschsprachigen Architekten bemühten. Der andere Movens lag in der persönlichen Überzeugung, daß *die Stelle [...] von einem Deutschen bezogen werden [sollte] und [ich] wusste, wenn ich nicht komme, steht ein französischer Architekt in Aussicht.*[567] Die Bedingungen entsprachen im Großen und Ganzen denen Bruno Tauts für seine Akademiestelle, ohne die Leitung des Baubüros, allerdings hat Vorhoelzer nach eigenen Angaben darauf gedrängt, statt einem Vertrag über drei oder fünf Jahre nur einen einjährigen abzuschließen, um sich *damit die Handlungsfreiheit zu sichern.*[568]

Ähnlich wie seine Vorgänger mußte er aufgrund der einsemestrigen Vakanz der Stelle an vielen Punkten wieder von vorne beginnen. Die Studenten waren orientierungslos, und viele der Assistenten von Taut waren, wie Hillinger bedauert hatte, in private Baubüros abgewandert. Zudem befand sich die Türkei seit 1939 im Zustand der Kriegswirtschaft, so daß überall Budgetkürzungen hingenommen werden mußten. Gegenüber dem Tautschen Lehrplan sollte das Studium nun nach dem vierten Jahr abgeschlossen und ein sogenanntes Meisterjahr angeschlossen werden, um den Praxisbezug zu stärken. Vorhoelzer wollte die Grundausbildung im handwerklichen und konstruktiven Sinne stärken, da er, anders als in Westeuropa, ebenso wie seine Vorgänger, das Fehlen jeglicher Qualitätsbegriffe beklagte. Das machte sich vor allem an der Unfähigkeit von Baufirmen fest, architektonische Entwürfe korrekt auszuführen.

Von Beginn an stand ihm mit dem Akademiedirektor Burhan Toprak, mit dem schon Taut Schwierigkeiten gehabt hatte, ein Widersacher gegenüber, der *gegen Deutsche und alles was von Deutschland kommt, [...] im allgemeinen ablehnend* war. So versuchte Toprak beispielsweise, die Professorenstelle für Bildhauerei, die seit 1937 mit Rudolf Belling besetzt war, nach Ablauf des Vertrages mit einem französischen Künstler zu besetzen, was aber nicht gelang. Dazu kam, daß, seitdem Prost den Posten des Stadtbaurats von Istanbul innehatte, die wichtigsten Architekturaufträge an Franzosen gingen. *Unter den jungen [türkischen] Architekten herrscht darüber grosse Verbitterung, zumal sie sich mangels von Bauaufträgen nicht weiterbilden können.* Vorhoelzer sah sich solchermaßen auf einem Vorposten *ohne Nachschub.*[569] Diese Schwierigkeiten, die verschiedenen schulischen Standpunkte im Sinne von Vorhoelzers einheitlich konzipierter Ausbildung annähern zu können, führten Anfang 1941 zu einer Eskalation, als Prost als Professor für Städtebau und Sué für Innendekoration von Toprak als Gegenpole zu Vorhoelzer Lehrkonzept eingesetzt wurden.

Aufgrund einer privaten Intrige wird Vorhoelzer unter dem Verdacht der Spionage – er hatte Luftaufnahmen von Istanbul und dem Bosporos für den Städtebauunterricht angefordert – verhaftet und nur aufgrund der Intervention des deutschen Botschafters Franz von Papen freigelassen. Dieser soll gegenüber dem Außenminister mit dem augenblicklichen Abzug aller deutschen, ‚vom Reich' geschickten Spezialisten gedroht haben, falls Vorhoelzer nicht innerhalb von 24 Stunden frei sei. Vorhoelzer wurde nicht wegen Verletzung des Ausnahmezustandes ausgewiesen, sondern durfte als eine Art ehrenvollen Abgangs selbst zurücktreten. Toprak hatte sein Ziel erreicht. – *Gottseidank, jetzt bekommen wir ihn los noch vor Vertragsablauf.«*[570]

Arif Hikmet Holtay, Schüler Poelzigs und Assistent von Taut, Vorhoelzer und später auch von Bonatz, hat Vorhoelzer, als er 1947 aufgrund eines Privatbriefes von Wilhelm Schütte, in dem er ihn als Nazi und Denunziant bezeichnete, von seinem Posten als Direktor der TH München von den amerikanischen Besatzungsbehörden amtsenthoben wurde, in allen Punkten rehabilitiert. Besonders die Lehrerfolge Vorhoelzers, seine *selbstlose Hingabe an die Erzieherarbeit an der Jugend*, sowie seine kollegiale Haltung bei der Leitung der Architekturabteilung im Gegensatz zu den *Verfügungen* Tauts hob er hervor.[571] Der Konflikt mit Schütte berührt m. E. weniger das Problem der Auseinandersetzung von Emigranten mit sogenannten Reichsprofessoren, sondern eine rein persönliche Konfrontation, die seit Schüttes Tätigkeit in München bei Vorhoelzer schwelte.

Vorhoelzer hat sich in gewissen Punkten ungeschickt verhalten, aber eine Propaganda *für die 5. Kolonne*, eine aktive Parteinahme für die Interessen NS-Deutschlands und gegen den Einfluß der Emigranten, wie sie Scurla in seinem Bericht vom türkischen Unterrichtsministerium eingefordert hatte, kann nicht nachgewiesen werden.[572]

Die Tätigkeit Vorhoelzers am Praxis-Atelier, welches *eine Art Ersatz für das Baubüro [darstellte], das meine Vorgänger Poelzig [sic] und Taut errichtet hatten, das ich aber aus den Verhältnissen heraus nicht übernehmen wollte und um meine ganzen Kräfte der Schule und ihrem Aufbau widmen zu können,*[573] läßt sich nicht rekonstruieren. Weder die Mitarbeiter, mit Ausnahme Wilhelm Schüttes, noch die Bauten, wenn überhaupt welche entstanden, sind bekannt.[574]

Die Tätigkeit von Schütte, Schütte-Lihotzky und Vorhoelzer blieben Episoden in einer Umbruchsituation der Türkei. Sie sind Beispiele für die sich verschärfende Auseinandersetzung zwischen türkischen und ausländischen Kreisen wie auch für das gespannte Verhältnis von Emigranten und Nicht-Emigranten. Auf die Weiterentwicklung der türkischen Architektur der vierziger Jahre, die vom Wettbwerb um das Anıt Kabir und der Person von Paul Bonatz geprägt werden sollte, hatten sie keinen Einfluß.

LA TURQUIE KEMALISTE

DER INTERNATIONALE NATIONAL-STIL 1938 – 1950

*Viele zu hause werden das als veraltet, ja als verbrecherisch ansehen.
Aber niemand zwingt mich hier [in der Türkei], da anzufangen,
wo Le Corbusier 1927 aufgehört hat.*

Paul Bonatz, ‚fünf Jahre müschavir' [Berater], Istanbul 1948

NEO-KLASSIZISMUS ALS INTERNATIONALER STIL

Mich verblüffte, daß Frankreich in seinen repräsentativen Bauten ebenfalls zum Neoklassizismus neigte. Man hat später oft behauptet, daß dieser Stil ein Merkmal der Staatsbaukunst totalitärer Staaten gewesen sei. Dies trifft keineswegs zu. Er ist vielmehr das Merkmal der Epoche und prägte Washington, London oder Paris ebenso wie Rom, Moskau oder unsere Planungen für Berlin.

Albert Speer über seine Eindrücke anläßlich der Pariser Weltausstellung 1937[575]

Als vor eineinhalb Jahrzehnten die These vom *Völkerbundstil* aufgebracht wurde, ging ein Sturm der Entrüstung durch die engagierte Wissenschaft. Traditionen totaltärer Architektur aufzuzeigen, brachte die Protagonisten in den zweifelhaften Ruf der Verharmlosung oder sogar Legitimierung speziell der Architektur unter dem Nationalsozialismus. Vergleiche mit der stalinistischen Sowjetunion waren ebenfalls nicht erwünscht. Vergleichbarkeit schmälerte die moralische Entrüstung und die Einmaligkeit des Phänomens der Architektur eines Albert Speer. Der Verweis auf eine relativ breite Bewegung des neohistoristischen Repräsentationsbaus im Europa der zwanziger Jahre, vor allem in Skandinavien ‚Frankreich, England und Amerika, barg vermeintliche Enthistorisierung in sich. Verabscheuenswürdigen politischen Systemen mußte folgerichtig auch die schlechte – moralisch verwerfliche – Architektur zugeordnet werden. Bauten der Volksfrontregierung anläßlich der Pariser Weltausstellung oder der Mall des demokratischen Washington paßten in diesem Kontext schlecht ins Bild.[576] Wolfgang Pehnt hat die in Frage kommenden Architekturen erstmals lapidar unter kunsthistorischen Kriterien nebeneinandergestellt.[577] Larsson und Borsi dagegen wollten daraus wenig überzeugend ein stilistisches Phänomen konstruieren, die Grundkonstante repräsentativer Architektur seit der Überwindung des Stilpluralismus um 1900.

Die Verkettung in solchen Stilkategorien ist es, welche der Enthistorisierung Vorschub leistet. Bleibt man auf die Moderne oder den Neoklassizismus als sich ausschließende, ästhetische Paradigmen fixiert, werden sich bedingende Phänomene und ihre historische Einordnung nicht gelingen. Weder steht eine Rechtfertigungsstrategie in Rede, wie sie die Verfechter der Völkerbundstil-

These beabsichtigt hatten, noch eine moralische Glorifizierung moderner Architektur, wie sie viele Architekturkritiker mit den Argumenten ihrer eigenen ‚Helden' angestrebt haben. Architektur steht aufgrund ihres öffentlichen Charakters in vielfältiger Weise unter gesellschaftlichen Anforderungen, Zwängen oder Indienstnahmen; überdies muß sie funktionalen Anforderungen genügen, so daß es schwer möglich sein wird, aus der reinen Form auf die reine Gesinnung schließen zu können. Die architektonische Form an sich bleibt wertfrei; sie wird im jeweiligen sozialen oder politischen Kontext instrumentalisiert. Dabei können dieselben Formen für völlig unterschiedliche Bewertungen herangezogen werden. Der Wert einer Architektur, ob gut oder schlecht, mißt sich vor dem Wertesystem, das der Rezipient zugrunde legt, und dieses ist mehrheitlich von außerarchitektonischen Kategorien bestimmt.

Es ist deutlich geworden, in welchem Maß die Architektur des Neuen Bauens um 1930 einerseits politisiert und andererseits einer scharfen Selbstkritik unterworfen wurde.[578] Der Wettbewerb um den Völkerbundpalast nahm dabei insofern ein wichtige Stellung ein, als er das Problem des Repräsentationsbaus unter den Stilmitteln der Moderne offenlegte. Es ging um die Formulierung eines zeitgemäßen Repräsentationsbaus mit den Mitteln einer offenkundigen, retrospektiven oder latenten, eher der Moderne zuzuordnen Monumentalität, wie es Cohen mit allen Zwischenstufen benannt hat. *All diese Strömungen begegnen einander in den Wettbewerben Ende der zwanziger bis Mitte der dreißiger Jahre 1935.*[579] Keinesfalls aber kann die Rede davon sein, daß dieser Wettbewerb in irgendeiner Form eine stilistische Formierung mit sich gebracht hätte. Die Entwürfe waren sehr heterogen und reichten von neohistoristischen Projekten über neoklassizistische sowie den rationalistischen entdekorierten Bauten hin zu funktionalistischen Entwürfen, die entweder selbst tradierten Grundmustern verpflichtet waren oder ganz neue Systeme schufen.[580] Von den acht internationalen Preisrichtern wurden schließlich acht verschiedene erste Preise benannt, ein Verfahren, das kaum geeignet war, sich auf einen Ausführungsentwurf zu einigen.

Der Völkerbundwettbewerb

Es war die erste internationale Konkurrenz für einen überstaatlichen Repräsentationsbau, der eine zunehmend nationalistischer werdende Völkergemeinschaft symbolisieren sollte. Wiesen die modernen Entwürfe den Weg zum ersten Durchgang des Sowjetpalast-Wettbewerbs 1931, so zeigten die unter dem Jurymitglied Tengbom prämierten schwedischen Entwürfe von Erickson und William-Olson wie auch die deutschen Entwürfe von von Puttlitz, Klophaus, Schoch sowie von Bonatz, Scholer die Entwicklung hin zur knappen, neoklassizistischen Formensprache der dreißiger Jahre in Deutschland. Tengbom als Preisrichter spielte insofern eine wichtige Rolle, als er sowohl in der Jury zum Parlamentswettbewerb in Ankara, 1938 als auch 1942 im Preisgericht zum Atatürk-Mausoleum saß.

Daneben gab es die neohistoristischen Entwürfe aus Frankreich und Italien, teilweise offen den Vorbildern aus dem 19. Jahrhundert in Beaux-Arts Tradition verpflichtet, wie der Entwurf von Boni und Boari dem Brüsseler Justizgebäude, teilweise wie Vago und Piacentini abstrahierende Synthesen anstrebend. Symmetrie als beherrschendes Gestaltungsmittel wurde nur von den wenigsten Entwürfen unterlaufen, so im Entwurf von Fahrenkamp, Deneke sowie Fischer, Speidel, beides Entwürfe, die in gewisser Weise der Amsterdamer Schule eines Dudok, besonders dessen Bauten in Hilversum verpflichet waren.

Die Situation war also alles andere als einheitlich. Schließlich wird von einem internationalen mit der Jury nicht identischen Fünferkommitee des Völkerbunds das kombinierte Projekt von Nenot, Flegenheimer, Brogi, Lefèvre und Vago zur Ausführung bestimmt. Le Corbusiers bekannter Kampf, den er als Suisse Roman um sein preisgekröntes Projekt führt, wird allgemein als Niederlage für die Moderne empfunden, eine Meinung, die heute kaum ernsthaft aufrecht erhalten werden kann. Sein Entwurf sowie der von Hannes Meyer und Hans Wittwer sind die meistdiskutierten des Wettbewerbs. Kurze Zeit später baut Corbusier in Moskau das Centrosojus-Gebäude.[581]

Entscheidend bleibt, daß mit dem Bau des Völkerbundpalastes begonnen wird, als die Diskussion um eine neue Form der Architektur 1932/1933 längst an einem anderen Punkt angekommen war. Erst mit der Vollendung des Gebäudes 1935 – 1937 sollten gewisse Impulse von dem Genfer Bau für die Weltausstellung in Paris 1937 und für den Wettbewerb um das Parlament in Ankara ausgehen.

Die Neudefinition der Rolle des Klassizismus in der Architektur fand bereits in den zwanziger Jahren statt. 1927 grenzte Leo Adler den *Akademismus* vom *Klassizismus* ab, indem er sich gegen neohistoristische, reich ornamentierte Bauten aussprach und sich an die Argumentation von Loos in *Ornament und Verbrechen* anlehnte.[582] Als Leitbild sah er eine neue Architektur *vom Geiste der Einfachheit, Wirtschaftlichkit und Sachlichkeit getragen,* die er besonders in dänischen Bauen der Zeit wiederfand.[583] Ein solcher Klassizismus war nach Meinung von Peter Behrens *ganz dasselbe wie die materialistische Geistesarmut der Konstruktivisten.* Adler spricht sich für ein Enthistorisierung des Klassizismus aus, der kein Stilbegriff sei, sondern *eine Erscheinungsform in der Baukunst.*[584]

Die Diskussion um eine Architektur als Bedeutungsträger, einer neuen Symbolform, die bis zur *architecture parlante* wurde vor verschiedenen politischen Interessenlagen ab 1933/1934 intensiv geführt. Es entstand im Repräsentationsbau eine neue internationale Form der Baukunst, bei der neue Techniken wie der Eisenbetonbau zwar verwendet, aber nicht künstlerisch dominieren sollten.[585] Paulsen evozierte 1934 in seinem gegen den *Internationalen Stil* gerichteten Beitrag *Über Bauten* einen *Internationalen Nationalen Stil.* Vor dem nationalsozialistischen Diktum, daß Architektur nun wesentlich vor sich ändernden Begriffen wie Staat, Volk, Nation und Rasse gesehen werden müsse, kommt er dennoch zu einer vergleichenden Sichtweise: *Wie werden ganz gewiß nicht etwa allein stehen, wenn bei uns neue künstlerische Ausdrücke gefunden werden.*[586]

Klassik als Norm

In Deutschland, der Sowjetunion und seit 1936 in Italien wurde eine auf klassizistische Grundmuster rekurriende Architektur als eine würdige, volksnahe und allgemeinverständliche Bauweise gefordert, die die Autorität der diktatorischen Staaten versinnbildlichen sollten.[587] In Italien wurde dies auch bereits zuvor in modernen Formen, allerdings unter der Wahrung klassischer Raster und Proportionen umgesetzt, wie die Casa del Fascio von Terragni in Como zeigt. Restriktive Innenraumorganisation, Memorialcharakter und eine Öffentlichkeit nur suggerierende Eingangssituation sind dafür entscheidende Argumente.

Italien bleibt auch insofern ein Sonderfall, als die Antike als Folie niemals ganz verschwunden war. 1933 auf der modern ausgerichteten 5. Triennale in Mailand wurden die Deutschen und die Italiener als die Schrittmacher gelobt. *Sie haben die Italiener ihre eigenen alten Bauten neu sehen gelehrt.*[588] Mit der zweiten Wettbewerbsstufe des Palazzo del Littorio in Rom, dem seit 1937 bis in den fünfziger Jahren ausgeführten Entwurf von Del Debio, wird ein rationalistischer Neoklassizismus geprägt, der imperialistisch mit dem Programm des Nea-Roma begründet wird.[589] Bisher ist noch nicht untersucht worden, inwieweit auch bei dieser Wendung der italienischen Architektur die deutschen Bauten der ersten Hälfte der dreißiger Jahre, etwa Sagebiels, Fahrenkamps und Firles eine ähnlich Rolle gespielt haben wie die deutsche Architektur der Moderne in Italien um 1930.

Diesem Muster folgten nicht nur italienischen Bauten, die sich jedoch in eine mehr historisch geprägte Variante bei Piacentini und eine rationalistisch beeinflußte, wie sie Liberia vertrat, trennen lassen, sondern vor allem die Bauten des Austrofaschismus. Insbesondere Holzmeisters Rundfunkhaus in Wien 1935 – 1939 weist überraschende Parallelen zum ausgeführten Palazzo del Littoria auf.[590] Österreich hatte ab 1934 mit Clemens Holzmeister und Josef Hoffmann zwei prominente Repräsentanten den ‚Neuen Werkbund Österreichs' gegründet, der entgegen dem *Allerwelts-Internationalismus* eines Josef Frank, eine charakteristische österreichische Architektur schaffen sollte,[591] allerdings keine Ausgrenzung der Moderne betrieb.

Hoffmanns Pavillon für die Biennale in Venedig, 1934 ausgeführt, verband in souveräner Weise Elemente aus dem eigenen Werk mit der rationalistischen Architektur Italiens. Die geschlossene Form, in Kontrast zu dem travertingefaßten offenen Durchgang, die großen Wandflächen im Gegensatz zu dem leichten Glasoberlicht, das das Dach als schwebend erscheinen läßt, unterstützt duch die gerillte Putzfassade, verleihen dem Bauerk einen durch und durch ausgewogenen Charakter. Der Bau kombiniert moderne Elemente mit der Pathosformel des Portals, hier gleichsam abstrahiert in Anlehnung an ägyptische Tempel, wie es Josef Maria Olbrich bereits 1899 im Gebäude der Wiener Secession vorexerziert hatte. Wie genau Hoffmann auf die italienische Situation reflektiert hatte, zeigen seine beiden ganz anderen, nicht ausgeführten Entwürfe für die Weltausstellungen in Brüssel und Paris.[592]

Die Frage eines faschistischen Stils wurde schließlich anläßlich der EUR-Ausstellung, die für 1942 geplant war, neu gestellt. Schon 1937 verkündete der Ausstellungskommissar Cini:

Die Ausstellung von Rom hat die Absicht, den endgültigen Stil unserer Epoche zu schaffen: den Stil des Jahres XX der faschistischen Aera, den Stil ‚E 42'. Er folgt den Kriterien der Prächtigkeit und Monumentalität. Die Bedeutung Roms, dem Synonym für ewig und universal, wird sich – so ist zu hoffen – in der Inspiration und der Ausführung der Bauten, die auf Dauer angelegt sind, überlegen zeigen, so daß in fünfzig oder hundert Jahren ihr Stil weder veraltet, noch – was schlimmer wäre – im Ansehen erschüttert sein wird.[593]

Mit dem EUR-Projekt erreichte die *Civilta Mussolini* ihren Höhepunkt. *Aus der ‚Architettura Razionale' war eine ‚Architettura Nazionale' geworden.*[594]

Im Gestus des ‚Caesarismus' versuchten solche Anlagen imaginäre Vorgängerreiche zu beschwören, an deren Stärke und Macht die jeweiligen Staaten anknüpfen wollten. Neoklassizistische Architektur wurde in diesem Rahmen zur nationalen Identitätstiftung, die jeweils ganz verschieden begründet werden konnte.[595] In der Sowjetunion beschwor man den petrinischen Klassizismus zur Legitimation der eigenen radikalen Innenpolitik, später des siegreichen Vaterländischen Kriegs. In Washington vollendete man die Stadtplanung L'Enfants im Geiste der Aufkärung, die Liberalität und Demokratie verhieß. In der Türkei sollte ein Gebäude, das Parlament, die Souveränität und Identität der neuen Nation verkörpern. In Deutschland schließlich berief man sich mangels Tradition auf den ‚germanischen Klassizismus' in Hinblick auf ein zu eroberndes ‚Groß-Germanisches Reichs.'[596]

Zumindest die großen internationalen Ausstellungen, vor allem die Weltausstellung 1937 in Paris, hätten ihnen [den NS-Machthabern] deutlich machen müssen, daß der deutsche Neuklassizismus kein Exklusiverzeugnis ‚edelster germanischer Tektonik' (Adolf Hitler) darstellte, sondern einem Internationalismus der Säulenreihen, der Symmetrie und Aufmarschachsen und der kolossalen Größenordnungen huldigte.[597]

Das sei der eigentliche Internationale Stil, resümierte Gropius aus Exil.[598]

In Frankreich wiederum stellte sich die Situation nochmals anders dar. Dort hatte das Sprachrohr der gemäßigten Moderne, *architecture d'aujourd'hui*, 1933/1934 unter der Redaktion von Julius Posener,[599] die italienische Entwicklung mit Artikeln zur 5. Triennale, zur Planstadt Sabaudia und zum Wettbewerb des Palazzo del Littorio bekannt gemacht. Gleichzeitig wurde die innerfranzösische Diskussion vorgestellt, vor allem mit den Positionen Auguste Perrets, dem ein ganzes Heft gewidmet wurde, Pierre Vagos und Albert Laprades.[600] Daneben schrieb Posener 1936, erklärt sachlich, *sine ira et studio*, über die *L'architecture du Troisième Reich*. Wenig später erschienen Artikel zu Mendelsohns Bexhill Pavillon sowie modernen Industriebauten, wie der dem Nordsternschacht in Essen von Schupp und Kremer, der Tabakfabrik Linz von Behrens und Popp sowie den Opelwerken in Brandenburg von Braensch.[601]

Anfang 1935 wurde der Wettbewerb zu den Musées d'Art Moderne in Paris vorgestellt. Der vierte Preis von Carlu, Boileau und Azéma zeigte größte Verwandtschaft mit dem Obersten Gerichtshof Clemens Holzmeisters in Ankara, der etwa gleichzeitig entstanden war.[602] Diese Architekten sollten 1936/1937 das Palais Chaillot zur Weltausstellung neu errichten, womit die umfassende Klammer für die teilweise sehr monumentalen Ausstellungsbauten der einzelnen Staaten wie Deutschland und der Sowjetunion geschaffen wurde. Bevorzugt wurde eine reichere Variante mit herausgehobenen Risaliten gegenüber der sehr streng, vereinfachenden Form des Entwurfs von Auguste Perret 1933.[603] Das Musée d'Art Moderne von Dondel, Aubert, Viard und Dastugue als neues Trocadero hingegen folgte der strengeren Variante, wie sie bereits Anfang der dreißiger Jahre in Frankreich mit dem Kolonialmuseum realisiert worden, gleichzeitig aber auch in anderen Ländern, so der Leninbibliothek in Moskau 1932 – 1935 von Schtschukow und Helfreich, zu finden war.[604]

Mit der Weltausstellung Paris 1937 schienen alle ideologischen Gegensätze überwunden zu sein. In der französischen Presse wurden der deutsche, der sowjetische und der italienische Pavillon gleichermaßen gelobt, alle bekamen Architekturpreise. Das Tertium compartiones lag im *Œuvre totale*, dem Gesamtkunstwerk, an dem ,Ingenieur, Architekt, Bildhauer und Maler', gemeinsam schufen; Giedion nannte es Pseudo-Monumentalität.[605] Es war eine brüchige Illusion vom Frieden der Völker Europas. Die deutschen Kritiker taten in diesem Zusammenhang die Friedensäule am Palais Chaillot als *Propaganda des Völkerbunds* ab. Die Monumentalbauten Frankreichs wurden hoch gelobt.[606] Alfons Leitl machte jedoch klar, daß die Speersche Architektur – der *Karton mit Säulen*, wie Paul Westheim ihn spöttisch genannt hat[607] – grundsätzlich anders war als die *Machtarchitektur* des sowjetischen Pavillons oder auch die Bauten des *französischen Klassizismus*.[608]

Paris 1937 war so etwas wie der ,melting pot' dieser Strömungen. Mit Ausnahme von Deutschland wurden die verschiedenen Varianten des Repräsenationsbaus in den Architekturzeitschriften freimütig diskutiert. Die künstlerischen Positionen waren bekannt, die politischen Implikationen wurden oftmals bewußt außer acht gelassen. Das identitätsstiftende Gesamtkunstwerk sollte angesichts der offensichtlichen Krise Europas am Vorabend des Zweiten Weltkrieges noch einmal Gemeinsamkeiten demonstrieren, die es nicht mehr gab. Der internationale Formenkanon dieser repräsentativen Architektur war bereits national umgedeutet.

Unter diesen Gesichtspunkten ist der internationale Wettbewerb zum Parlament in Ankara als Summe dieser Diskussion der dreißiger Jahre zu sehen. Vertreter der Moderne, wie Martin Wagner, sahen dies mit äußerstem Unbehagen:

Das Gefährlichste aber sind die Vorbilder. So hat man sich das Prinzip des Baus des Völkerbundpalastes in Genf zum Vorbild genommen und will nun drei ganz große ‚Kanonen', die von den Regierungen der europäischen Länder ausgesucht werden sollen, zusammen tun für den Bau des neuen Parlamentsgebäudes in Ankara.[609]

VOM PARLAMENT ZUM ANIT KABİR 1937–1942

Die Ausländer, die in der Türkei Schlagworte wie 'Einparteien[staat]' und „Demokratie' Seite an Seite gestellt sehen, schütteln sicherlich den Kopf und stellen sich dabei mit einem Hauch von Zweifel vor, ob es sich nicht um ein Mittel handelt, vor den Augen des Landes ein diktatorisches Regime zu rechtfertigen.[610]

Falih Rıfkı Atay, 1939 als Einleitung zur neu gewählten Nationalversammlung

Voraussetzungen und Entwürfe

Mit dem Bau der Großen Nationalversammlung wurde ein Gebäude höchster Symbolkraft für die junge, kemalistische Republik der Türkei ausgeführt. Noch 1939 mußte Falih Rıfkı Atay die demokratische Ausrichtung des Kemalismus rechtfertigen. Er verteidigte vehement die Rolle des Parlaments als Souverän und hob die Kontrollfunktion für die Regierung hervor. Das Parlament sei trotz der derzeitigen Einparteienherrschaft der Repräsentant des ganzen Volkes. Atatürk habe mehrere Versuche unternommen, Oppositionsparteien zuzulassen, aber immer wieder haben religiöse und *asiatische* Kräfte die Reformen des Kemlismus zu unterlaufen versucht.[611] Mit dem Tode Atatürks und den nahtlosen Übergang zur Präsidentschaft İnönüs durch Wahl der Nationalversammlung ohne Eingreifen des Militärs war die Funktion der demokratischen Organe unter Beweis gestellt. Dies wurde durch den problemlosen Übergang zum Mehrparteiensystem bei den Wahlen 1946 und 1950 bestätigt.

Der Wettbewerb zum Bau eines Parlaments als Stadtkrone des neuen Ankara, Anfang 1937, erfolgte zu einem Zeitpukt, als alle Tendenzen, die Türkei in eine Einparteiendiktatur nach italienischem Muster umzuwandeln, durch Atatürk selbst zurückgewiesen worden waren.[612] Das neue Parlament sollte Symbol des demokratischen legitimierten Kemalismus und der türkischen Nation zugleich sein. Ähnlich wie der programmatischen Schrift von Cini zum römischen EUR-Gelände wurde gefordert, daß der Bau nicht nur funktional einwandfrei sein sollte, sondern stilistisch die Türkei auch noch *im Jahr 2099* repräsentieren müsse.[613]

Gegenüber den ersten Projekten, die Holzmeister und Jansen zwischen 1928 und 1930 für die Burg und als Abschluß des neuen Regierungsviertels vorgeschlagen hatten, wurde nun das Bauprogramm wesentlich weiter gefaßt und ein internationaler Wettbewerb ausgeschrieben.[614] Als dessen Ergebnis sollte der mit dem ersten Preis ausgezeichnete Entwurf von Clemens Holzmeister von Atatürk zur Ausführung bestimmt werden. Damit wurde eine spezifische Traditionslinie innerhalb der Regierungsbauten gewahrt, Holzmeisters Exildasein entscheidend gefördert und eine neues Kapitel in der nationalen Architekturdebatte der Türkei aufgeschlagen.

Von Anfang an hatte dieser Wettbewerb seine Besonderheiten. Nicht einmal sechs Monate waren vom Termin der Ausschreibung 25. Juni 1937 bis zur Abgabe am 10. Dezember 1937 vorgesehen. Bruno Taut, der außer Konkurrenz einen Diskussionsbeitrag lieferte (Abb. 147), kritisierte bei den geforderten Detaillierungen im Maßstab 1:200 und 1:100 die Zeitspanne als viel zu kurz.[615] Die türkischen Architekten wurden von vornherein benachteiligt, weil sie die Unterlagen erst nach Protest im August und September 1937 bekamen. Im Grunde war es ein eingeladener Wettbewerb, bei dem alle ausländischen Teilnehmer in irgendeiner Form Beziehungen zur Türkei hatten. Die für das Programm nicht verantwortliche Jury bestand aus drei internationalen Fachleuten: Ivar Tengbom aus Schweden, bekannt durch die Jury im Völkerbundpalast 1927, Willem Marinus Dudok,[616] dem Hilversumer Stadtbaurat und Vertre-

140 Alois Mezara, Entwurf zur Großen Nationalversammlung, Ankara, internationaler Wettbewerb, 1937.

141 Seyfi Arkan, Entwurf zur Großen Nationalversammlung, Ankara, internationaler Wettbewerb, 1937.

142 Albert Laprade, Entwurf zur Großen Nationalversammlung, Ankara, internationaler Wettbewerb, 1937, ein erster Preis.

143 Josef Vago, Entwurf zur Großen Nationalversammlung, Ankara, internationaler Wettbewerb, 1937.

ter der Amsterdamer Schule, sowie Howard Robertson aus England. Die Bausumme lag bei 4 Millionen Lira. Insgesamt wurden 14 Projekte eingereicht.

Zeki Sayar bemängelte in der maßgeblichen Fachzeitschrift *Arkitekt*, daß weder die Wettbewerbsregeln durch alle Teilnehmer eingehalten worden und damit die Vergleichbarkeit erschwert worden sei, noch die Anonymität gewährleistet war, so daß die Jury sämtliche Entwürfe kritisch würdigte. Auch die preisgekrönten Entwürfe sollten nur nach gründlicher Überarbeitung zur Ausführung kommen können. Darüber hinaus wurde die mangelnde öffentliche Diskussion beklagt.[617]

Ohne auf alle Projekte eingehen zu können, sollen die wesentlichen Richtungen kurz charakterisiert werden. Der dritte der ersten Preise von Alois Mezara aus Prag (Abb. 140) nahm in seinem faschistisch inspirierten Bau das Motiv der stoaartigen Kolonnade auf, das von Schinkel im Alten Museum zu Berlin für das 19. und 20. Jahrhundert beispielgebend formuliert worden war. Typisch für eine Verhärtung der Form ist die Verwendung von Pfeilern statt Säulen, ein Verfahren, das seit 1910 in der Diskussion war und in den dreißiger Jahren übliche Praxis wurde. Diesem Schema folgte interessanterweise Seyfi Arkan , eine Symbolfigur der türkischen Moderne, der noch 1935 von Martin Wagner aufgrund seines ‚modischen' Seepavillons für Atatürk in Florya (Abb. 141, 110) attackiert worden war.[618] Auch Asım Kömürcüoğlu, Mitarbeiter an Tauts Atatürk Lisesi, nahm diese Pathosformel auf, dynamisierte die Fassade jedoch in mit einem konkaven Schwung.

Albert Laprade (Abb. 142), der zweite der ersten Preisträger, entwickelte zusammen mit Bazin die Säulenfront nach dem Schema des Kolonialmuseum von Paris 1931 weiter und verwendete ungegliederte Pfeiler, die übergangslos an das Kranzgesims stießen. Ganz ähnliche Gliederungselemente setzte Laprade in der 1939 eingeweihten französischen Botschaft in Ankara ein.[619] Gegenüber diesem aus der Perretschen Tradition abgeleiteten französischen Entwurf, stellte Josef Vagos Projekt (Abb. 143) eine interessante Weiterentwicklung aus seiner Mitarbeit am Genfer Völkerbundpalast (Abb. 144) und der Aufnahme orientalischer Formen dar. Der rückwärtige Hauptbau wurde durch eine moscheeartige Kuppel bekrönt und durch minarettartige Pylone flankiert. Zur Stadt hin wurde die strenge Symmetrie der Anlage durch einen Turmbau am linken Seitenflügel durchbrochen, der sowohl an den Entwurf Fahrenkamps für Genf 1927 erinnert als auch an die Turmbauten faschistischer Planstädte wie Sabaudia. Insgesamt disqualifizierte sich dieser Entwurf in der expliziten Wiederaufnahme osmanischer Motive, eine Konnotation, die ja gerade vom kemalistischen Staat abgelehnt wurde. Der *Völkerbundstil* orientalischer Prägung, der eine Einzelposition von Vago bei diesem Wettbewerb darstellte, hatte keine Chance, ernsthaft diskutiert zu werden.[620]

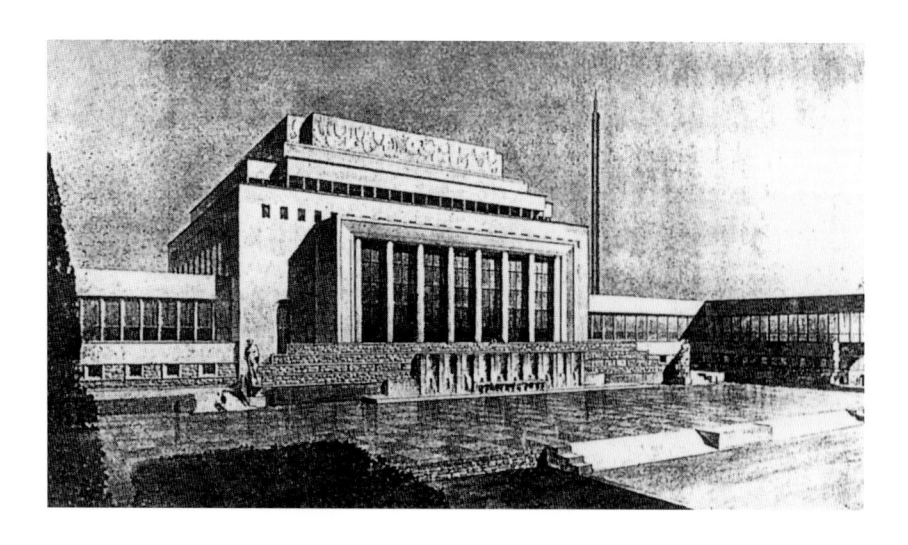

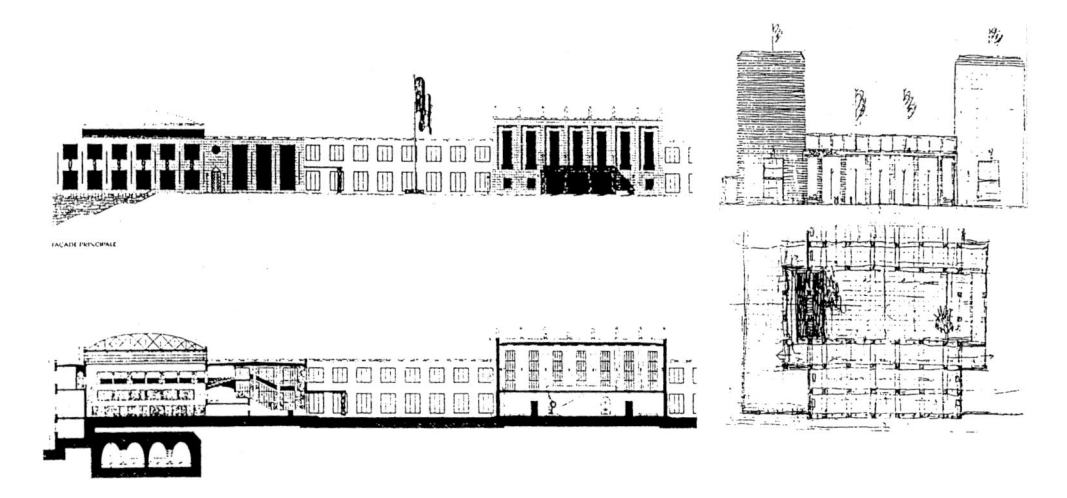

144 Josef Vago, Entwurf für den Völkerbundpalast, Genf, 1929.

145 Martin Elsaesser, Entwurf zur Großen Nationalversammlung, Ankara, internationaler Wettbewerb, 1937, Peristylhof.

146 Josef Hoffmann, Entwurf zur Großen Nationalversammlung, Ankara, internationaler Wettbewerb, 1937.

Neben diesen der türkischen Fachöffentlichkeit bekannten Entwürfen sind die erst in jüngerer Zeit bekannt gewordenen Projekte von Martin Elsaesser und Josef Hoffmann von Interesse.

Elsaesser verfolgt konsequent die Linie weiter, die er mit der bereits vorgestellten medizinischen Fakultät für Ankara angeschlagen hatte. Mit dem Parlament kommt er zu seinem am wenigsten überzeugendsten Entwurf. Die städtebauliche Einbindung ist ungenügend, die große Grünachse prallt auf einen Riegelbau, die Haupteingänge sind undefiniert. Die flankierenden Glaspylone suggerieren eine Offenheit, die die anderen Bauten der Anlage kaum aufweisen. Dem rückwärtigen Peristylhof (Abb. 145) des Hauptbaus werden konventionelle Vierflügelanlagen beigeordnet, die eine genaue Kenntnis mit NS-Verwaltungsbauten in Deutschland verraten.

Hoffmann hingegen stellt eine Art Anti-Projekt vor, das – nur zweigeschossig – die Idee der Stadtkrone negiert (Abb. 146). Die barock organisierte Dreiflügelanlage verlegt die Säle in die Kopfbauten der Seitenflügel und gibt dem Mittelrisalit rein repräsentative Funktion. An der Mittelachse der Gesamtanlage, die Holzmeisters Innenministerium nur minimal überschreitet, werden in verschiedenen Baukörpern eine Ehrenhalle und wohl gegenüber des Innenministeriums Propyläen angeordnet. Hier werden nicht nur Klenzes Propyläen mit geschlossenen Pylonen übersteigert, sondern auf Adolf Loos' Denkmal für Franz Joseph I. 1910 zurückgegriffen. Auch das 1941 geplante anonyme *Monument des Großdeutschen Reichs* auf dem Kahlenberg bei Wien zeigt ähnliche Motive. Die Formensprache Hoffmanns bleibt sehr reduziert, wie es für seine Dreißiger-Jahre-Bauten typisch war.[621] Hoffmann entwarf noch weitere Regierungsbauten. Sekler gibt ohne Angabe von Quellen den Hinweis, daß Hoffmann ein konkretes Angebot hatte, in die Türkei zu kommen.[622] Wie vielfältig Hoffmanns Konzepte schon im Ansatz waren, zeigen die flüchtige Grundrißskizzen zur Gesamtanlage, die asymmetrisch, ähnlich den modernen Projekten des Sowjetpalastes, organisiert waren. Hoffmanns ambivalente Position, die retrospektive und moderne Elemente gleichermaßen beinhaltete,[623] war ebenfalls nicht konsensfähig. Repräsentation sollte an einem eindeutig klassischen Muster ausgerichtet werden.

Akropolis für Ankara – Bruno Tauts Stadtkrone

Der als Diskussionsbeitrag zu verstehende, außer Konkurrenz eingereichte Entwurf Bruno Tauts macht jenseits der monographischen Behandlung der einzelnen Architekten deutlich, in welchem Stadium sich die Debatte um einen neuen Repräsentationsbau in der Türkei Ende 1937 befand (Abb. 147). Holzmeister und Taut dürfen als die Antipoden gesehen werden, welche die Diskussion bestimmten, Bruno Taut zu diesem Zeitpunkt mit mehr Einflußmöglichkeiten in der Lehre und in der Baupraxis. Seine Position sollte aber nach seinem Tod Ende 1938 von anderen Architekten nicht mehr aufrecht erhalten werden können. Bis zu Bonatz' Ankunft 1944 beherrschte Holzmeister die Szene, auch wenn nur sehr wenig in den Kriegsjahren gebaut werden konnte.

Taut argumentiert grundsätzlich und wollte einen theoretischen Beitrag zum Parlament liefern. Er reichte nur zwei farbig angelegte Skizzen und eine städtebauliche Disposition ein.[624] Ob Taut sich tatsächlich Hoffnung auf

147 Bruno Taut, Entwurf zur Großen Nationalversammlung, Ankara, internationaler Wettbewerb, 1937, außer Konkurrenz, Seitenansicht.

eine Realisierung machte oder den Beitrag tatsächlich nur als theoretisch ansah, bleibt offen.[625]
Taut war hier in seinem ureigensten Element der Versinnbildlichung der Stadtkrone als Zentrum der Gesellschaft. Ausgehend von dem Programm, das alle Funktionen unter einem Dach vorschrieb, entwickelte er zusammen mit Hillinger auf der höchsten Stelle oberhalb des Regierungsviertels einen gewaltigen Kubus, der von einem gläsernen Aufbau gekrönt wurde. Innerhalb der Tradition der Baugattung verwies Tauts selbst auf den Berliner Reichstag von Wallot und das Tokyoter Parlament.
Städtebaulich wurden die Ministerien dieser Stadtkrone radikal untergeordnet und das Parlament als neuer Tempel der Burg der Altstadt gegenübergestellt, wobei zum Güvenpark hin auch Tauts Konzeption für den Abschluß des Regierungsviertels zu erkennen ist.[626] Dies bedeutete nicht nur die Steigerung von Jansens Parlamentsentwurf aus dem Jahre 1930, sondern den expliziten Rückgriff auf zentrale Gemeinschaftsmonumente, wie er sie in der 1919 veröffentlichten Schrift *Die Stadtkrone* auch im historischen Kontext vorgeführt hatte. Die Zikkuratform des Entwurfs läßt sich bereits dort in der Beschwörung des Tempels von Assur finden, und es ist gut möglich, daß er an der TH Charlottenburg während seiner Professorenzeit die Rekonstruktionen Walter Andraes von Assur direkt kennengelernt hat. Damit löste Taut seinen Anspruch der Verbindung von Tradition und Funktionalität wiederum in seinem Sinne ein, indem er ein Monument mit quasi kultischem Charakter als Symbol des neuen türkischen Staats vorschlug, das seine Pathosformel nicht aus der westlichen Architektur entlehnte, sondern aus den orientalischen Kulturen bezog. Dieser Blick nach Osten war allerdings bereits seit den expressionistischen Manifesten eines Taut oder Behne fest im Bewußtsein dieser Gruppe des architektonischen Expressionisten verankert gewesen.[627] Vor dem türkischen Kontext reflektierte Taut nicht nur seine eigene Position, sondern ging auch auf die türkische Historiographie ein, die versuchte, die mesopotamisch, speziell die sumerische Kultur, als Urgrund der eigenen Nationalität zu proklamieren. Dies traf sich mit türkischen Versuchen, aus der sumerischen Kultur eine Art ‚urtürkischen' Vorläufer zu konstruieren. Die Bewegung nannte sich *öztürk*.
Die Annahme des Holzmeister-Entwurfs traf Taut persönlich schwer.[628] Er mußte sich in seiner Argumentation unverstanden fühlen, vielmehr noch mußte ihm klar werden, daß man seitens der türkischen Staatsspitze an einer solch differenzierten Architekturdebatte nicht interessiert war.

Holzmeisters Ausführungsentwurf

Gegenüber seinen eigenen Entwürfen aus den Jahren 1930 und 1934 verfolgte Holzmeisters nun ein anderes Konzept. Im Projekt aus dem Jahre 1930 (Abb. 148) hatte Holzmeister eine bollwerkartige Front konzipiert, ähnlich seinen ersten Entwürfen des Verteidigungsministeriums in Anlehnung an den Karl-Marx-Hof in Wien. Das Projekt 1934 zeigte im Detail eine erstaunliche Modernität, die mit dem Entwurf Hoffmanns für den Österreichischen Pavillon auf der Biennale in Venedig zu vergleichen ist. Dabei ging Holzmeister immer noch von der Idee der Stadtkrone aus, die den Riegelbau des Innenministeriums überragen und die Dominante vom Güvenpark aus sein sollte.
Im Wettbewerbsbeitrag von 1938 ließ er diese Idee endgültig fallen. Durch sein Innenministerium hatte er

148 Clemens Holzmeister, Entwurf für die Große Nationalversammlung, Ankara, 1934.

149 Clemens Holzmeister, Entwurf zur Großen Nationalversammlung, Ankara, internationaler Wettbewerb, 1937, ein erster Preis, Gesamtansicht erste Variante.

150 Clemens Holzmeister, Entwurf Große Nationalversammlung, Ankara, 1938, zweite Variante.

die Achse von Kızılay zum Parlament bereits blockiert. Nun entwickelte Holzmeister einen Forumsplan, indem die Dreiflügelanlage des Parlament (Abb. 149 – 150) ein Pendant größeren Maßstabs zum Innenministerium wurde.[629] Hinter dem von der Front fast abgekoppelten Mittelbau verbarg sich der Plenarsaal, der seitlich von zwei weiteren großen Sitzungssälen flankiert wurde. Die Anlage besaß ausgedehnte Seitenflügel für Büroräume. Der Hauptbau wurde durch ein Pfeilerportikus zentriert, dessen herausgehobene Mittelachse von der Statue Atatürks bekrönt wurde.[630] Der überarbeitete Entwurf 1938 (Abb. 150) formulierte die vorgelagerten Seitenflügel mit eingestellten Säulenfronten endgültig aus und gab dem kleinen Sitzungssaal eine markante halbrunde Form. Die Atatürk-Statue vom Mittelportikus wurde auf einen Monumentalpfeiler im Ehrenhof verlagert.[631] Im Ausführungsentwurf 1938 – 1940 (Farbabb. XXXIV), in dem alle Flach- durch Walmdächer ersetzt sind, fehlt dieses Monument endgültig.[632] Damit ging Holzmeister den geradezu umgekehrten Weg, wie ihn Iofan an den Projekten des Palastes der Sowjets durchlaufen hatte. Dort war die Lenin-Statute zunächst auf einem schmalen Turm vor dem Versamlungsbau vorgesehen, in der zweiten Etappe 1932/1933 auf die Spitze eines runden Stufenbaus gelangt und schließlich integraler Bestanteil eines 450 Meter hohen Turmhochhauses geworden, der gleichsam die Idee des babylonischen Turms mit Tatlins Projekt für die III. Internationale verschmolz.[633] Die Gründe zur Reduzierung der memorialen Elemente am Ankaraner Parlamentsbau können nur gemutmaßt werden. Wichtig erscheint jedoch ein Hinweis von İhsan Tansuk, der davon sprach, daß der neue Präsident İsmet İnönü 1939/1940 versuchte, den Atatürk-Kult zurückzudrängen, sich dann aber aufgrund vielfacher Proteste genötigt sah, seine Bilder wieder zuzulassen.[634] Architektonisch münden diese Ereignisse in die Ausschreibung des internationalen Wettbewerbs für das Atatürk-Mausoleum 1942, wobei deutlich wurde, daß nach enttäuschendem Ausgang des Parlamentswettbewerbs nun endlich ein Türke die Ausführung bekommen mußte.

Holzmeisters Entwurf zementierte seine Form der Repräsentationsarchitektur für die Türkei. Alle Versuche einer Neuformulierung eines Bruno Taut wurden damit marginalisiert. Nach Tauts Tod führte Sedad Eldem indirekt diese Richtung fort, wie die Verwendung türkischer Motive an seinem Pavillon zur Weltausstellung New York 1939 zeigt.[635] Es wird jedoch zu zeigen sein, inwieweit sich die Positionen Eldems und Emin Onats, der Architekt des Atatürk-Mausoleums, denen Holzmeisters und später Bonatz' anlehnen, so daß mit der Grundsteinlegung zum Parlament im Herbst 1939 die erste Hochphase des Zweiten Nationalen Stils in der Türkei erreicht wurde.

In den Entwürfen zum Parlament, 1938 – 1940, verläßt Holzmeister nach und nach die rationalistische Komponente der Repräsentationsarchitektur, wie er sie beispielhaft mit dem Bau des Obersten Gerichtshofs ab 1933 formuliert hatte. Diese mit italienischen faschistischen Bauten zu vergleichende Formensprache aus klaren Kubaturen und glatten Pfeilerformen wird im Ausführungsentwurf durch mächtige Kranzgesimse klassizisiert.[636] Ähnlich wie im Italien Mussolinis nach 1937 mit der architektonischen Leitfigur Piacentinis kehrt Holzmeister zu einem neoklassizistischen Habitus zurück. Damit war neben der türkisch traditionellen eine weitere Facette des Zweiten Nationalen Stils umrissen, die sofort Schule machte. Das Verwaltungsgebäude der Staatlichen Eisenbahnen (1938 – 1941) von Bedri Uçar ist in dieser Hinsicht das früheste Beispiel.[637] Durch die Publikation deutscher Bauten aus dieser Zeit läßt sich bis zur Propagandaausstellung *Neue Deutsche Baukunst* 1943

eine stetige Annäherung an den Formenkanon der Architektur NS-Deutschlands beobachten.[638]
Für Holzmeister persönlich bedeutete der Ausführungsauftrag zum Parlamentsbau eine über Jahre hinaus gesicherte Existenz. Der Bau wurde lange nach Holzmeister Rückkehrs nach Wien 1954 erst 1963 eingeweiht.

Das Anıt Kabir

Unmittelbar nach Atatürks Tod hatten Bruno Taut und Clemens Holzmeister Denkschriften zum Standort eines künftigen Mausoleums vorgelegt.[639] Während Tauts Vorschlag unbekannt ist, sprach sich Holzmeister nach einer scharfen begrifflichen Trennung der Begriffe *Mausoleum* und *Denkmal* für eine Errichtung des Grabmals oberhalb des Atatürk-Palais, dem Gazi Evi, aus (Abb. 151). Eine Variante, das Mausoleum in der Burg unterzubringen (Abb. 152), wurde mit Hinweis auf das ruinöse Areal abgelehnt. Es sollte von einer 200 Meter langen und einen Höhenunterschied von 40 Metern überwindenden *monumentale[n] Treppe* erschlossen werden. Für die Form des Mausoleums schlug Holzmeister einen *Ringbau* mit sechs Türmen mit 106 Meter Außen- und 56 Meter Innendurchmesser vor.
Diese aus Ankarastein massiv errichtet, würden ca. 15 m hoch, die von überall wahrzunehmende Silhouette etwa in Ferne einer [sic] mächtigen Krone über der Stadt bilden. Die 6 Türme beschützen und eingrenzen das eigentliche Mausoleum. Zusätzlich von 6 zwischen den Türmen eingeklemmten Portalen öffnet sich die mächtige Pfeilerhalle. In ihrem mittleren Teil um 4 m versenkt, nimmt dieser Grabraum von ca. 20 m Durchmessern den bronzenen Sarkophag auf. Das Licht fließt von oben durch eine mächtige Glasdecke auf flacher Eisenbetonkuppel auf den Sarkophag.[640]
Holzmeisters unpubliziertes Monument greift in mehrfacher Hinsicht Elemente der Denkmalsdiskussion der zwanziger Jahre auf (Abb. 153). Die Skizze in Untersicht des Emsembles ist eindeutig Darstellungen des turmumstandenen Tannenbergdenkmals von Walter und Johannes Krüger entlehnt.[641] Im Unterschied zu Tannenberg sind die Türme jedoch über dreieckigem Grundriß konzipiert, wie es Holzmeister 1935 für das *Denkmal der Heroen der neuen Türkei* im Bosporus vorgeschlagen hatte.[642] Mit dieser Anordnung (Abb. 153, 154) greift der theaterbegeisterte Holzmeister auf den berühmten Filmentwurf der *Burg der Nibelungen* von Hunte, Kettelhut und Vollbrecht für Fritz Langs Nibelungen Film 1924 zurück.[643] Die doppelgeschossige Anlage (Abb. 155) war seit dem Völkerschlachtdenkmal gängig und wurde in der von Holzmeister vorgeschlagenen Form erstmals im Marine-Ehrenmal Laboe bei Kiel 1926 von Munzer verwirklicht. Holzmeister selbst hatte seinen durchaus nationalistischen Beitrag zu einem zentralbauförmigen, allerdings offenem Monument mit dem Schlageter-Denkmal in Düsseldorf geleistet.[644] Im Laufe des Entwurfsprozesses gelangte er zu einen doppelgeschossigen Zentralbau, der mit einer Grabkuppel bekrönt war (Abb. 155).
Das Innenraumkonzept der ersten Projekte hat Holzmeister für sein 1942 eingereichtes Projekt übernommen. Dort hatte er einen an *alttürkische Grabformen* angelehnten Türbenentwurf vorgelegt. Im Innern zeigte er einen Kryptenraum, der durch die Faltkuppel über kreis-

151 Clemens Holzmeister, Vorschlag für ein Atatürk-Mausoleum, Ankara, in Çankaya, Ende 1938.

152 Clemens Holzmeister, Vorschlag für ein Atatürk-Mausoleum, Ankara, auf der Burg, Ende 1938.

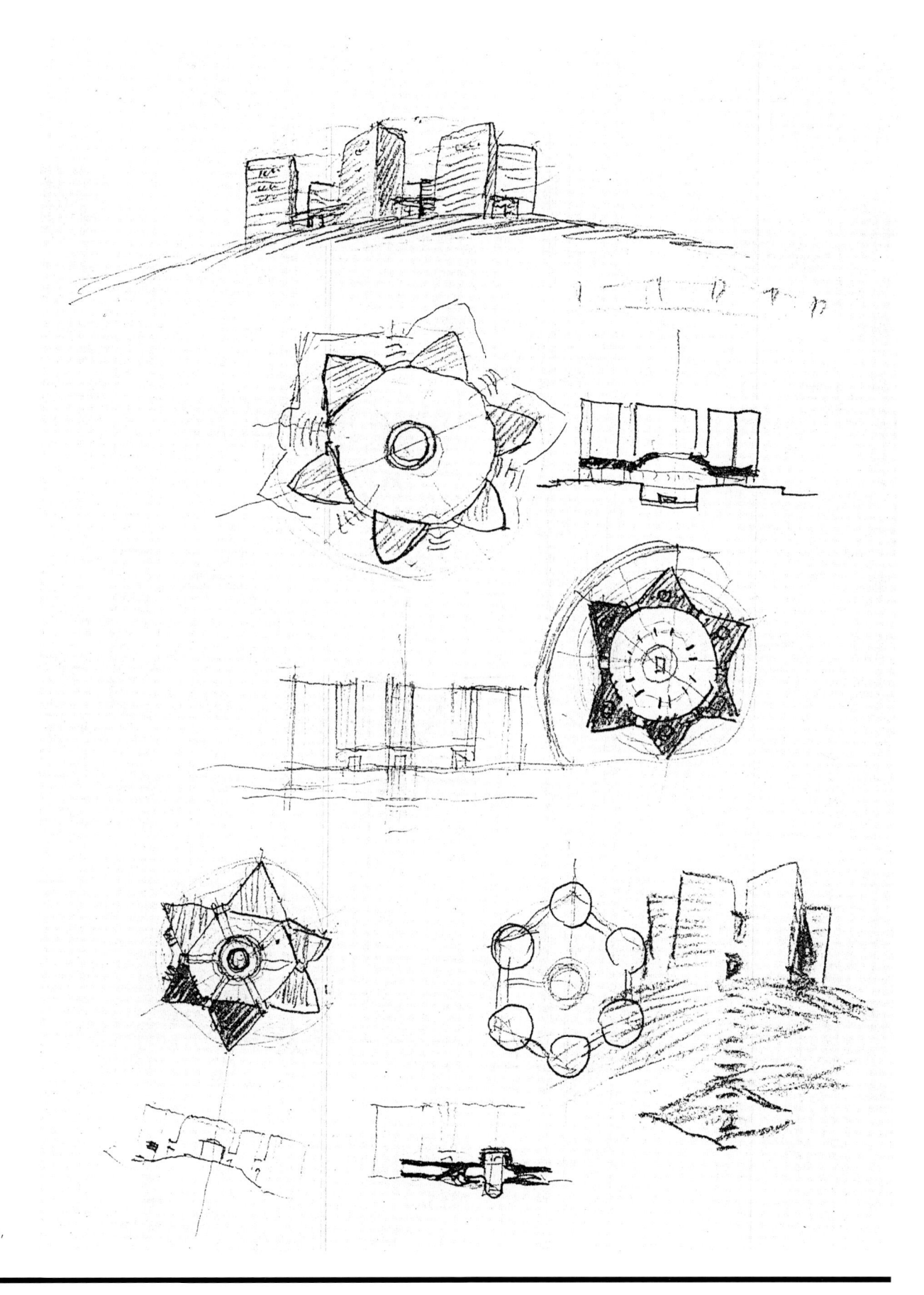

153 Clemens Holzmeister,
Skizzen für ein Atatürk-Mausoleum,
Ankara, ca. 1939/1940.

runder Öffnung mit Licht durchflutet wurde. Der äußere Ringkranz, über dem sich abgestuft der Türbenbau erhob, war deutlich an den deutschen Monumentaldenkmälern der Zeit um 1910, so dem Bismarck-Denkmal für Hamburg von Hugo Lederer und Emil Schaudt entlehnt.[645]

Holzmeister bestand noch 1942 auf seiner einmal gefundenen Unterscheidung zwischen Mausoleum als Grabbau sowie dem Denkmal, obwohl gerade Mausolos diese beiden Stränge in seinem Weltwunder von Halikarnassos vereint sehen wollte.

Es war für Holzmeister der erste Bau, bei dem er explizit osmanische Elemente verwandte (Abb. 156). Seine Verwunderung, darüber, daß diese Form für den Gründer einer nach Westen blickenden Türkei nicht akzeptiert wurde, überrascht. Die Vermutung, Paul Bonatz als Vorsitzender der Jury hätte ihn aufgrund *neoklassizistischer Dogmen* ausjuriert, trifft den Kern nicht, auch wenn die Beziehungen zur Architektur NS-Deutschlands zunehmend enger wurden.[646] Vielmehr war Holzmeister das Opfer seines eigenen neoklassizistischen Paradigmas geworden, das mit dem Parlament ab 1940 realisiert wurde. Diesen Bau schätzten die Preisrichter Paul Bonatz und Ivar Tengbom außerordentlich.

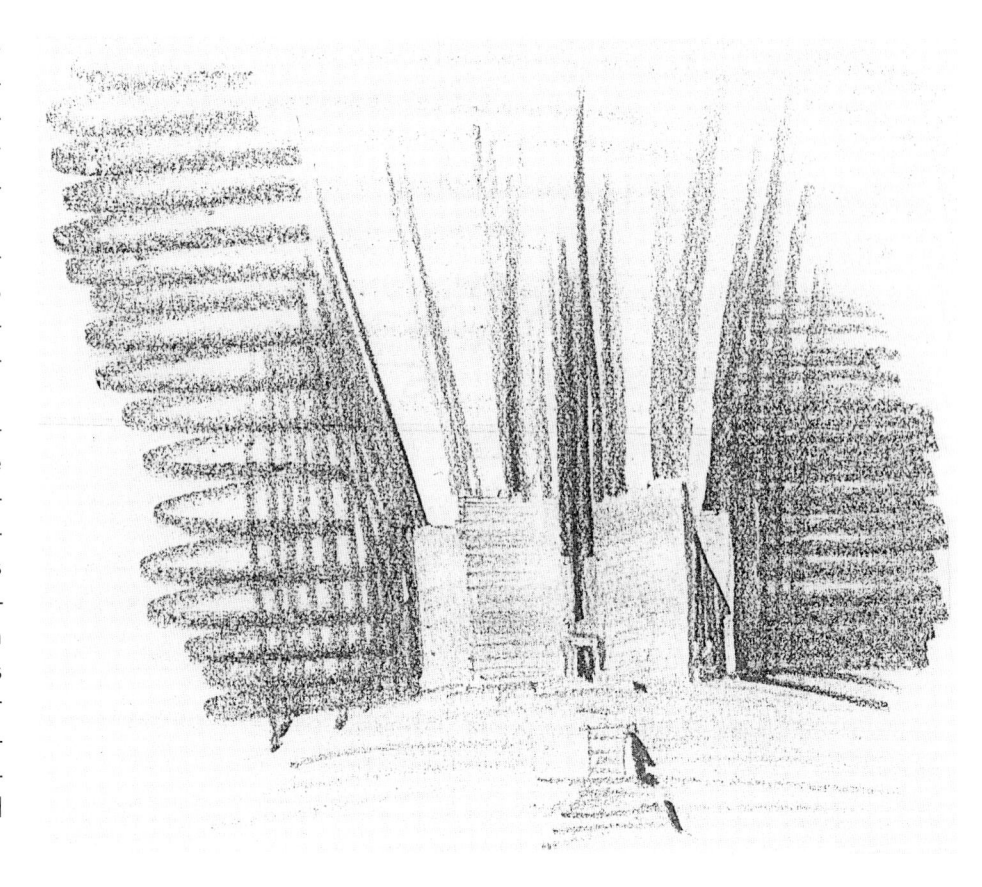

154 Clemens Holzmeister, Skizze zu einem Atatürk-Mausoleum, Ankara, ca. 1939/1940.

155 Clemens Holzmeister, Vorentwurf zum Wettbewerbsbeitrag des Atatürk-Mausoleum, Ankara, vor 1942.

156 Clemens Holzmeister, Atatürk-Mausoleum, Ankara, Wettbewerbsbeitrag 1942.

157 Paul Bonatz: *Vorschlag für das Atatürk-Mausoleum, Ankara, ehe ich Febr. 1942 zur Jury eingeladen wurde*, datiert 9. 11. 1941.

Der Wettbewerb, ausgeschrieben Mitte 1941 bis zum März 1942,[647] war nach dem Parlamentswettbewerb das zweite internationale künstlerische Ereignis, das zudem noch während des Zweiten Weltkriegs stattfand. Die neutrale Türkei, mit Deutschland seit 1941 durch einen Freundschafts- und Nichtangriffspakt verbunden, besetzte ihre Jury mit drei türkischen Vertretern, darunter Muhlis Sertel, dem Baudirektor von Ankara, und Arif Hikmet Holtay, Professor an der Akademie in Istanbul. Die Wahl der drei ausländischen Vertreter wies darauf hin, welch großer Wert von türkischer Seite aus auf die Einbeziehung Deutschlands gelegt wurde. Treibende Kraft hinter diesen Entscheidungen war aller Wahrscheinlichkeit nach der Bonatz-Schüler Arif Hikmet Holtay. Die ausländischen Vertreter des Preisgerichts bestanden aus Paul Bonatz als Vorsitzendem, der im Rahmen des Autobahnbau und von der Generalinspektion der Reichshauptstadt unter Speer Großaufträge erhalten hatte, dem schon bekannten Ivar Tengbom aus Stockholm, als Deutschland wohlgesinnten Neutralen sowie Karoly Weichinger aus dem mit Deutschland verbündeten Ungarn.[648] Bonatz war zu dieser Zeit mit großen Neubauprojekten im Rahmen der NS-Umgestaltung für Berlin und München beschäftigt, so daß er 1941 die Anfrage des türkischen Botschafters in Berlin, Hüsrev Gerede, ob er am internationalen Wettbewerb für das Mausoleum von Atatürk teilnehmen möchte, zwar negativ beschied, sich auf der anderen Seite aber für einen Sitz in der Jury anbot. Die Anfrage war über Geredes Verwandten, den Bonatzschüler Kemali Söylemezoğlu, der damals schon im Erziehungsministerium arbeitete, vermittelt worden. Vom 9. November 1941 liegt ein datierter Entwurf vor (Abb. 157), den Bonatz als *Versuch für das Atatürk Mausoleum, ehe ich Febr. 1942 zur Jury eingeladen wurde*, betitelte.[649] Bonatz schlug einen fortifikatorischen Zentralbau vor, der die genaue Kenntnis von Wilhelm Kreis' Entwürfen als *Generalbaurat für die Deutschen Kriegerfriedhöfe* verrät.
Die deutschen offiziellen Stellen legten größten Wert auf einen ehrenvollen Ausgang des Wettbewerbs. Bonatz berichtete sofort an Rudolf Wolters von der GBI in Berlin.[650] Das Reichsministerium für Wissenschaft, Erziehung und Volksbildung sammelte über das Deutsche Auslandswissenschaftliche Institut Informationen.[651] Neben dem türkischen Entwurf von Emin Onat und Orhan Arda erlangte der deutsche Beitrag von Johannes Krüger tatsächlich den zweiten Preis.[652]
Zeki Sayar kritisierte aufgrund fehlender Synthesen den

Wettbewerb heftig und schlug vor, einen zweiten Wettbewerb auszuschreiben. Die ihm nicht behagende neoklassizistische Richtung führte er auf das Andauern des Krieges zurück, obwohl die wenigsten Entwürfe eine solche Haltung vertraten. In diesem Punkt nahm der sonst so erfahrene Kritiker eine extreme Außenseiterposition ein.⁶⁵³

Die Kriterien der Jury waren recht allgemein gehalten. Ein *symbol monumental*⁶⁵⁴ sollte ausgewählt werden, ferner mußten Annexräume, wie das Museum und die Verwaltung, gut untergebracht sein. Überblickt man die drei Preisträger, so kann kaum eine einheitliche Linie festgemacht werden, sondern in gewisser Hinsicht ein nationaler Proporz, der sich gegenüber dem Parlamentswettbewerb umgekehrt hat. Der erste Preis ging an die Türken Emin Onat und Orhan Arda, der eine zweite Preis an Johannes Krüger aus Berlin, der andere zweite Preis an den Italiener Arnoldo Foschini, ferner wurden fünf Ankäufe vergeben.⁶⁵⁵

Onat und Arda (Abb. 158) schlugen einen Peripteros auf mächtigem Stylobat vor, der jedoch durch einen zikkuratartigen Aufbau verunklärt wurde. Möglicherweise entstand dieses Mixtum compositum weniger aus dem Antrieb, hier westliche und östliche Kulturen symbolhaft zu vereinigen, sondern aus dem Rückgriff auf das Lincoln Memorial in Washington von Henry Bacon 1914 bis 1932 errichtet.⁶⁵⁶

Der Innenhof war kreuzgangartig mit Arkaden gegliedert und durch ein hohes Oberlicht abgeschlossen. Ein solches Motiv konnte der Salvisbergschüler Onat dem Baseler Kunstmuseum von Bonatz und Christ, 1934 bis 1936, entlehnt haben. Die Jury bemängelte den großen Kontrast zwischen Außen- und Innengestaltung.⁶⁵⁷ Ähnlich argumentierte sie bei dem Projekt von Foschini, dessen Turmbau im Innern moscheeartige und frühchristliche Elemente verband und einen mimbarähnlichen Sakrophag vorschlug.⁶⁵⁸ Johannes Krüger schließlich entwickelte einen donjonartigen Festungsturm mit vier Ecktürmen (Abb. 159), der über einen vorgelagerten Hof zugänglich war. Der axial angeordente Eingang wurde eigens hervorgehoben und mit Bossierungen gegliedert, so daß ein Rückgriff auf Monumentalarchitekturen um 1800 deutlich wurde, wie das Friedrichsdenkmal von Friedrich Gilly oder das Würzburger Frauenzuchthaus von Spaeth. Der Turm selbst war eine Modifikation aus Krügers Kasernenbauten in Döberitz bei Berlin. Der schlicht gehaltene gewölbte Innenraum steigerte Raumkonzeptionen der Hindenburggruft in Tannenberg, 1934, oder der Gruft Heinrichs des Löwen im Braunschweiger Dom, 1936, ins Monumentale.

Eindeutige Bezüge zur zeitgenössischen NS-Architektur zeigte auch der Entwurf von Kemali Söylemezoğlu (Abb. 160), der das Schema der Großbunkerbauten von Friedrich Tamms abwandelte und mit einer orientalisch anmutenden Faltkuppel überhöhte. Kemali Bey hatte bis 1938 in Stuttgart bei Bonatz gearbeitet und war in dessen Bauprojekte wie dem Münchener Hauptbahnhof und das Oberkommando der Marine in Berlin involviert. Dieses Projekt empfand Zeki Sayar als eine akzeptable Synthese.⁶⁵⁹ Eine der wenigen aus der Reihe fallenden Projekte war der Entwurf von Vaccaro, der das Mausoleum gleichsam als abstrakte Skulptur auffaßte und wie einen Altarblock auf vier Stützen aufständerte.⁶⁶⁰ Auch Holzmeisters Türbenentwurf gehört in die Reihe der abseits liegenden Entwürfe, ebenso wie die eklektische Mischung aus Tempel und babylonischen Turm, welche Paolo Vietti-Violi (Abb. 161), der die Sport-

158 Emin Onat, Orhan Arda, Atatürk-Mausoleum, Ankara, Wettbewerbsbeitrag 1942, erster Preis, Ansicht.

159 Johannes Krüger, Atatürk-Mausoleum, Ankara, Wettbewerbsbeitrag 1942, ein zweiter Preis, Perspektive.

arena von Ankara erbaut hatte, vorschlug.⁶⁶¹ Ebenfalls ohne Preis blieb Sedad Eldems Monument (Abb. 162), das sich explit auf Denkmalskonzeptionen aus der Zeit um 1910 bezog, wenn man an Entwürfe von Wilhelm Kreis oder von Hoppe denkt. Der von Eldem selbstgewählte Bezug zur ‚reinen Form' eines Louis Etienne Boulée dürfte wohl eher als Interpretation post festum zu werten sein.⁶⁶²

Mit der endgültigen Auftragserteilung an Emin Onat und Orhan Arda und der ab 1944 geplanten Ausführung, die dann kriegsbedingt erst 1953 abgeschlossen wurde, änderte sich unter Bonatz Einfluß das Konzept ganz erheblich.⁶⁶³ Es wurde während der Ausführung nicht nur der Stufenaufbau völlig gestrichen, so daß nur ein reiner allerdings viel höherer Pfeilertempel (Farbabb. XXXV) blieb,⁶⁶⁴ sondern der Innenraum wurde ein Bau von Bonatz (Farbabb. XXXVI). Seine Eingangshalle für den Stuttgarter Bahnhof 1914 – 1923 sowie der Entwurf für das Haus der Freundschaft in Konstantinopel 1916 waren die direkten Vorbilder, nach denen Onat und Arda ihren ursprünglichen Innenhof vollständig überarbeiteten und als neue Weihehalle ausführten.

Bonatz war durch diesen Wettbewerb indirekt, neben Holzmeister, zu einer progammatischen Figur für die Entwicklung der türkischen Architektur im Zeitraum bis 1950 geworden. Spätestens mit seiner endgültigen Übersiedlung in die Türkei im Februar 1944 wurde er zu der schon von Bruno Taut geforderten *Autorität in Architekturdingen*. Der Wettbewerb zum Anıt Kabir gab Bonatz aufgrund der höchst heterogenen Situation erst die Möglichkeit, einen Entwurf, dazu noch einen türkischen, zu favorisieren, der die in Deutschland entwickelten Prinzipien von ‚Baukunst' auf die Türkei übertragbar machte. Insofern hatte Holzmeister durchaus recht, wenn er von der Dominanz nationalsozialistischer, deutscher Architekurvorstellungen in der Jury gesprochen hatte.⁶⁶⁵ Ein weiterer Katalysator für diese Einflußnahme war die 1943 in Ankara und Istanbul gezeigte Ausstellung *Neue Deutsche Baukunst*.

160 Kemali Söylemezoğlu, Atatürk-Mausoleum, Ankara, Wettbewerbsbeitrag 1942.

161 Paolo Vietti-Violi, Atatürk-Mausoleum, Ankara, Wettbewerbsbeitrag 1942.

162 Sedad Hakkı Eldem, Atatürk-Mausoleum, Ankara, Wettbewerbsbeitrag 1942.

Die Ausstellung
Neue Deutsche Baukunst 1943⁶⁶⁶

Mit 140 000 Besuchern, so befindet das Reichspropagandaministerium in Berlin 1943, war die Architekturausstellung in der Türkei propagandistisch *ein außerordentlicher Erfolg für das Reich*.⁶⁶⁷ Mitte August 1942 war Rudolf Wolters mit dem deutschen Botschafter Franz

177

von Papen in Ankara zusammengekommen, um alle Details der Ausstellung zu besprechen.⁶⁶⁸ Unter Anwesenheit des Bauministers Ali Fuad Çebesoy, von Papens und Wolters' wurde die Ausstellung im Januar in Ankara eröffnet. Bonatz und Tamms sollten die Aussstellung von dort aus nach Istanbul begleiten, wo sie im Mai 1943 gezeigt wurde, im August schließlich in Izmir.⁶⁶⁹ Der türkische Katalog (Abb. 163) zeigte Fotos, Entwürfe und Modelle vom Reichsparteitagsgelände in Nürnberg, der Reichskanzlei in Berlin, der Soldatenhalle von Wilhelm Kreis, Autobahnen, Olympiastadion etc.⁶⁷⁰ Bonatz veröffentlichte seine programmatische Rede zur Ausstellung, die ganz im Sinne der NS-Architekturpolitik gehalten war, in *Arkitekt*, dem ein durchaus anders gewichteter Artikel von Abıdın Mortaş vorangestellt wurde.

Bonatz geht von archetypischen Gestaltungsmerkmalen im Repräsentationsbau aus, beschwört das Römische Reich als architektonisches sowie politisches Leitbild und umreißt dann seine eigene Philosophie: *Bauen ist die Pflicht des Starken, ohne diese Eigenschaft ist er verurteilt, vergessen zu werden, ohne einen Zeitgeist zu prägen.*⁶⁷¹ Der obligatorischen Kritik an der Moderne des Bauhauses folgt ein Bekenntnis zum starken Staat. Der neue Stil ist nicht das Produkt des einzelnen, sondern des Nationalen, für die Gemeinschaftsbauten muß es der Rückgriff auf *die klassische Form* sein. Hier sei allerdings nicht die Nachahmung, sondern freie Schöpfung gefragt. Diesem geschlossenen Bild einer Architektur *der Disziplin* setzt Mortaş die Fraglichkeit eines konsistenten Stilbegriffs entgegen. Die Internationalität der verschiedenen Staaten würde die Herausbildung eines genuin nationalen Stils unmöglich machen. Insbesondere verweist Mortaş auf den eklektischen Charakter der Bauten Speers nach 1938 und konstatiert mangelnde *Stilreife*. Mortaş bestreitet den vorbildhaften Charakter der Architektur NS-Deutschland und appelliert an die eigenen Quellen zur Schaffung einer neuen türkischen Architektur. Damit folgte er in großen Zügen der Argumentation, die Bruno Taut 1936 bis 1938 in der Türkei vertreten hatte.⁶⁷²

Bonatz sollte sich durch seine Kontakte, besonders zu Arif Hikmet Holtay, in kluger Voraussicht im September 1943 zum Berater der Bauabteilung des Unterrichtsministeriums machen lassen. Der architektonische Transfer von Deutschland in die Türkei war damit sanktioniert.⁶⁷³

163 Der Generalbauinspektor der Reichshauptstadt (GBI) Ausstellungskatalog: Yeni Alman Mimarısı (Neue Deutsche Baukunst), türkische Ausgabe, Ankara 1943.

HOLZMEISTERS UNFREIWILLIGES EXIL 1938 – 1954

Für den Neuaufbau unserer kulturellen Beziehungen zur Türkei bildet seine Persönlichkeit einen außerordentlich wichtigen Kristallisationspunkt, zumal als Leiter der türkischen Architekturschule.[674]
Franz von Papen über Holzmeister, 22. Oktober 1941

In mehreren Prozessen gegen Kommunisten am hiesigen Volksgerichtshof konnte festgestellt werden, dass häufig sehr prominente Kommunisten im Atelier Holzmeister Beschäftigung und Unterschlupf gefunden haben [... und] sich dort eine sehr bunte interna[t]ionale jüdische Gesellschaft trifft.[675]
H. H. Rössner Amt Wissenschaftsbeobachtung und -wertung, Wien, an die Reichsleitung der NSDAP, 23. Oktober 1942

Holzmeister, Staatsrat und herausragender kulturpolitischer Vertreter im Ständestaat Schnuschniggs, wird in Ankara vom ‚Anschluß' Österreichs an das nationalsozialistische Deutschland überrascht. Die Auftragserteilung für den Parlamentsbau ermöglicht andere Zukunftsaussichten als bei vielen seiner österreichischen Landsleute. *Vor der Rückreise nach Wien, wo die Pläne ausgearbeitet werden sollten, von Wien aus gewarnt, verständigt, besser nicht nach Wien zurückzukommen.*[676] Alle Mandatsträger des austrofaschistischen Systems verloren ihre Ämter und kamen teilweise in Haft. Am 13. März 1938 wurde Holzmeister offiziell seiner Ämter an der Akademie der bildenden Künste in Wien enthoben, ein Jahr später aufgrund des nun auch auf österreichischen Gebiet geltenden ‚Berufsbeamtengesetzes' mit der Hälfte der Pension in den Ruhestand versetzt.[677] Holzmeisters Exil kann insofern als unfreiwillig oder zufällig bezeichnet werden, weil es nicht aus eigenem Antrieb geschah. Holzmeister hatte im Gegensatz zu anderen Emigranten den gewaltigen Vorteil, in der Türkei einen angesehenen Namen, ein großes Baubüro und Aufträge zu haben.

Auf privater Ebene schuf Holzmeister, wie bereits angedeutet, in seinem ‚Sümer-Palas' am Bosporos eine Atmosphäre, die ihn zum Mittelpunkt der österreichischen Emigranten machte. Politisch trat er nicht in Erscheinung. Falls er überhaupt von den Untergrundtätigkeiten von Eichholzer, Schütte-Lihotzky und Inez Mayer wußte, dann konnte er nichts besseres tun, als das zu ignorieren.[678] *Es war eine Insel des Friedens, dieses Atelier und diese Arbeitsgemeinschaft.*[679] In dem ihm überlassenen ehemaligen Hotel des Sümer-Palas lebte und arbeitete er mit seinen Wiener Freunden und Kollegen Fritz Reichl und Stephan Simony sowie deren Familien. Zeitweise wohnten dort auch Herbert Eichholzer und Inez Mayer. Holzmeister hatte andererseits auch keine Berührungsängste mit der deutschen Kolonie und der Botschaft. Deutsche und Österreicher waren ja gezwungenermaßen nun gleichgestellt, was beispielsweise Ernst Egli zur Emigration in die Schweiz veranlaßte, weil er nicht Staatsbürger NS-Deutschlands werden wollte.[680] Holzmeister hingegen versuchte, seine überragende Stellung als Architekt in der Türkei dazu zu benutzen, von Papen davon zu überzeugen, daß seine Tätigkeit im deutschen Interesse läge. Die Kürzung der Pension wurde daraufhin 1942 wieder rückgängig gemacht.[681]

Ebenso wie im Falle Bruno Tauts, der vom deutschen Generalkonsul von Menzigen in der Sache seiner Reichsfluchtsteuer unterstützt wurde, kann dieses Verhalten als typisch für eine Konfliktvermeidungsstrategie der deutschen Botschaft zwischen offiziellen Stellen und Exilanten gesehen werden. Schlüsse auf die moralische Integrität der Einzelpersonen sind daraus nicht abzuleiten. Es kann nur festgehalten werden, daß Holzmeister und auch Taut ihr Exildasein kaum öffentlich thematisiert und sich vollständig auf ihre Architekturprojekte konzentriert haben. Damit ist eine andere Kategorie von Exilanten benannt als diejenigen ‚Kämpfer', die im Exil für ein moralisch erneuertes Österreich oder Deutschland kämpften, wie es Ernst Reuter, Herbert Eichholzer, Margarete Schütte-Lihotzky oder Martin Wagner taten.

Holzmeisters Baubüro bestand neben Reichl und Simony aus dem Bauleiter Arthur Waldapfel, der seit 1928 in der Türkei lebte und bis zu seinem Tod 1947 die Bauleitung des Parlaments innehaben sollte. Am Parlament arbeiteten zusätzlich Eichholzer und Inez Mayer, bis sie 1940 in den Untergrund zurück nach Österreich gingen, sowie Feuersinger.[682] Intensivere Kontakte unterhielt Holzmeister zu Exilanten wie Albert Eckstein, Alexander Rüstow, Alfred Marchioni und Andreas Schwartz.[683]

Die Tätigkeit Holzmeisters war ganz auf den Parlamentsbau, der seit Herbst 1939 anlief, ausgerichtet. Weitere Projekte, die er mit großem Elan bearbeitete, sollten aufgrund der Kriegswirtschaft der Türkei unausgeführt bleiben, werfen aber ein bezeichnendes Licht auf die sich verändernden Bedingungen der Planungen. Eine halbjährige Reise nach Brasilien 1939/1940 blieb Episode. Dort entstanden Entwürfe für eine gigantische Präfektur in Rio de Janero, die Elemente der Ankaraner

Parlamentsprojekte weiterentwickelte. In Teilen ausgeführt wurde der Zentralbau der Kathedrale von Belo Horizonte, gleichsam ein orientalisierter Gegenentwurf zur Sagrada Familia eines Antioní Gaudi.[684]
Ebenfalls Episode blieb der Aufenthalt von Erich von Boltenstern, der aufgrund seiner engen Beziehungen zu Holzmeister 1938 ebenfalls amtsenthoben wurde. 1940/1941 planten sie zusammen das Klinikum Ankara, das nach den verworfenen Projekten von Elsaesser neu konzipiert wurde. Ab 1944 erteilte das Hygieneministerium jedoch dem Franzosen Jean Walter die Ausführung, der den sehr konventionellen Bau 1946 – 1948 ausführen konnte.[685] Obwohl von Boltenstern eine jüdische Frau hatte, nahm er von einer Emigration aufgrund seiner vier Kinder abstand, trat der Reichskulturkammer bei und hielt sich bis 1945 durch Privataufträge über Wasser.[686]
Holzmeisters interessantestes architektonisches Projekt der vierziger Jahre war das *Idealtheater*, das er gemeinsam mit Carl Ebert, dem Leiter des Konservatoriums von Ankara plante. Nachdem alle Versuche gescheitert waren, ein neues Theater- und Opernhaus erst nach Poelzigs, dann nach Tauts Entwürfen zu realisieren, erhofften sie sich beide die Ausführung in Ankara. Diese wurde vom Unterrichtsministerium mit dem Auftrag zum Umbau des Aussstellungshauses in eine Oper durch Paul Bonatz 1947 zunichte gemacht, so daß der Entwurf idealen Charakter erhielt. Holzmeister und Ebert zogen die Summe einer Diskussion um den deutschen Theaterbau der zwanziger Jahre, bei der so berühmte Entwürfe wie Poelzigs Großes Schauspielhaus, Gropius *Totaltheater* oder der Wettbewerb für das Theater in Charkow/Urkaine entstanden waren.
Auch Holzmeister sah sich in einer Tradition:
Es sei hier nur vermerkt, daß wir dabei von Ergebnissen ausgingen, die etwa Hans Poelzig und besonders Oscar Strnad in ihren Vorschlägen für ein neues Theater niedergelegt hatten. Unser Idealentwurf verfolgte zweierlei Ziele: Ein und demselben Haus die Modulationsfähigkeit von der Kleinbühne bis zur großen Oper zu schenken; gleichzeitig schwebte uns die Zerbrechung des Guckkastensystems vor. An seine Stelle sollte das vollplastische Spiel umgeben von mimisch Gegenständlichen an Bühnenausstattung gesetzt werden.[687] In der Türkei erhielt Holzmeister wesentliche Anregungen für die Erweiterung des Salzburger Festspielhauses in den fünfziger Jahren.

Die Technische Hochschule Ankara

Das unausgeführte Projekt der Technischen Hochschule Ankara, für die bereits Taut 1938 einen Entwurf vorgelegt hatte, ermöglicht einen tiefen Einblick in die Arbeitsteilung zwischen ausländischen und türkischen Architekten. Das Unterrichtsministerium versuchte nun, in größerem Umfang türkische Architekten mit großen Projekten zu betrauen, konnte aber offensichtlich aufgrund mangelnder Erfahrung nicht ganz auf ausländische Hilfe verzichten.
Der vom 8. Juli 1942 datierte Entwurf ist von Sedad. H. Eldem, Clemens Holzmeister, Gustav Oelsner und Emin Onat unterzeichnet.[688] In ähnlicher Weise sollte bei der ausgeführten geisteswissenschaftlichen Fakultät von Onat und Eldem 1943 – 1945 in Ankara Paul Bonatz als Supervisor angestellt sein. Der Anteil, beispielsweise von Franz Hillinger am Chemischen Institut der Universität Istanbul, das 1942 – 1945 ebenfalls von Onat und Eldem errichtet wurde, bleibt unklar. Aller Wahrscheinlichkeit nach kommt ihm aufgrund seiner Erfahrung mit den Schulbauten eine ähnliche Funktion zu wie Holzmeister oder Bonatz.
Im Gegensatz zu den späteren Projekten besaß Holzmeister hier noch eine führende Position, wie seine Denkschrift zum Lageplan zeigt. Die Konzeption war insofern gegenüber dem Projekt Tauts (Abb. 129) vollständig geändert worden, als daß ein *Pavillonsystem in Flachbauweise* mit eingeschossiger Bebauung für die Schultrakte zwingend vorgeschrieben war.
Hierdurch entfaellt die Möglichkeit mittels hoher Baumassen plastische Wirkungen zu erzielen und es musste auf andere Art versucht werden, der studierenden Jugend einerseits die Grösse und Wichtigkeit dieses ausserordentlichen Bauvorhabens eindrücklich vor Augen zu führen.[689]
Auch für die Architektur sah Holzmeister eine auf den Zweck bezogene Formensprache vor:
Schon die strenge Gruppierung soll den angehenden Techniker an seine zukünftige Tätigkeit gemahnen. Aber auch die Detailierung sollte eine gewisse Härte und Präzision betonen. Die Konstruktion ist als Eisenbetonskelett mit Ziegelfüllmauerwerk, aussen mit Kunststeinplattenverkleidung (an wenigen Stellen mit Stein) gedacht. Alle Gebaeudeteile sind einem strengen, einheitlich durchgeführten Achsensystem angepasst: Die Einheit ist 3.50 m.[690]
Strenge Symmetrie und ein Modulsystem waren demnach die Grundlagen des Entwurfs. Der Modulierung von Baumassen mit gerundeten Kanten, wie sie Taut praktiziert hatte, wurde ein strenges klassizisierendes

Schema entgegengestellt. Alle Teile waren als Solitäre geplant. Das Hauptgebäude an der Mittelachse, das Haus des Rektors bildete den repäsentativen Mittelpunkt. Sedad Eldem entwarf es als Tempelbau mit dahinterliegenden Verwaltungstrakt (Abb. 164), der vom Duktus mit dem Entwurf von Onat und Arda zum Anıt Kabir vergleichbar ist.[691] Diese seit Ledoux' Rektorhaus für die Salinen von Arc-et-Senan, 1772, zum Topos gewordene Zentrierung der Verwaltung, schuf einen Mittelpunkt, um den sich die Schul- und Internatsgebäude gruppierten. Holzmeister plante als Entree die Pendants des Technikums sowie das Minenuntersuchungs-Technikamt. Die Eingänge waren durch Portiken betont, die Anlagen als gegliederte Baugruppe relativ kleinteilig gestaltet. Durchblicke durch die jeweils vier Höfe wurden durch kolonnadenartige Durchgänge erreicht, die den Höhen teilweise den Ausdruck von Patios geben. Offene und geschlossene Elemente kontrastieren scharf (Abb. 165). Insgesamt kann von einer Synthese aus regionalen und neoklassizistischen Elementen gesprochen werden. Im Innern bevorzugte Holzmeister schmucklose, aber prächtigen Materialien, die an seine Ausstattungen aus den frühen dreißiger Jahren anknüpfen.

Von den insgesamt 19 Einzelinstituten, Internats- und technischen Gebäuden sollten insgesamt fünf von Holzmeisters, weitere sechs von Eldem sowie dieselbe Anzahl von Onat errichtet werden. Den einzelnen Bauten waren Bauleiter zugeordnet, die teilweise aus dem Baubüro von Bruno Taut – wie Mamut Bilem und Franz Hillinger – stammten. Diese Ausführungsarchitekten waren keinem der entwerfenden Architekten speziell zugeordnet, sondern betreuten die Einzelbauten baubezogen. Neben den beiden genannten sollten noch Fritz Reichl, Feridum Kıp und Orhan Alnar tätig werden. Diese Verteilung ist um so interessanter, weil sie Rückschlüsse auf die Arbeitsmöglichkeiten von Architekten der zweiten Reihe zuläßt. Für fast alle läßt sich sagen, daß sie dem Unterrichtsministerium zugeordnet waren, während Onat, Eldem und Holzmeister den Status unabhängiger Architekten hatten.

164 Sedad Hakkı Eldem, Verwaltungsbau Technische Hochschule Ankara, Projekt 1942.

165 Clemens Holzmeister, Bauten der Technischen Hochschule Ankara, Projekt 1942.

Im Falle von Hillinger läßt sich erstmals die Verbindung zu Holzmeister herstellen, die schließlich dazu führte, daß er wohl nach Waldapfels Tod oder nach seiner Rückkehr aus Kanada, wo er 1951/1952 war, die administrative Bauleitung des Parlaments übertragen bekam. 1954, nach seiner Weitermigration in die USA, übernahm diese Aufgabe Ziya Payzın, der seit 1947 der praktische Bauleiter war; aus Österreich kam Hermann Schmutzer hinzu.

Auch als Lehrer konnte Holzmeister wieder Fuß fassen 1940 – 1947 lehrte er als Professor an der neugegründeten Technischen Universität Istanbul, wo er ab 1944 in einer gewissen Konkurrenz zu Paul Bonatz stand. 1947 siedelte er schließlich nach Ankara über, um intensiver an der Ausführung des Parlaments beteiligt sein zu können.[692] Holzmeister pendelte zwischen 1947 und 1954 immer häufiger zwischen Ankara und Wien, behielt aber seinen Lebensmittelpunkt in Ankara. Diese letzte Phase bleibt in vieler Hinsicht mit der Biographie von Paul Bonatz vergleichbar.

Holzmeisters Exilzeit trägt gewissermaßen exiluntypische Züge. Die Grundlagen seiner Architekturauffassung waren nicht in Frage gestellt. Er konnte nahtlos dort anknüpfen, wo er mit dem Regierungsviertel in Ankara 1935 aufgehört hatte. Allerdings wurde er mit Ausnahme des Parlaments nun zur Teamarbeit gezwungen. Das führte am Beispiel der Technischen Hochschule zur Aufnahme regionaler Motive. Aufgrund seiner überragenden gesellschaftlichen Stellung konnte er im privaten Rahmen ein Zentrum der österreichischen Exilanten bilden. Seine Atelier- und Lebensgemeinschaft trägt ausgesprochen paternalistische Züge. Das offene Haus in Tarabya ermöglichte die Zusammenkunft von Personen der unterschiedlichsten Einstellungen. Dagegen war eine Reflexion über das Phänomen Exil für ihn nicht akzeptabel. Aus seiner Selbstbiographie wird deutlich, wie sehr er bemüht war, eventuelle Brüche zu glätten und diese Zeit als integralen Bestandteil eines Lebensplans gelten zu lassen.

EIN GENTLEMAN ALS CHEFIDEOLOGE DES ZWEITEN NATIONALEN STILS – DER FALL PAUL BONATZ 1943 – 1954

Wenn Ihr mich fragt: Warum hast Du bei dem Blödsinn mitgemacht, so muß ich Antwort geben. Wir Architekten wollen u[nd] müssen bauen. Um zu arbeiten, bin ich sogar in die Türkei gegangen, als es bei uns aus war, u[nd] hier bin ich mit Begeisterung dabei.[693]

Paul Bonatz, Politisches Tagebuch, 10. Juli 1944

So bin ich hier nicht nur aus dem Raum, sondern auch aus der Zeit.[694]

Paul Bonatz, Tagebuch, 4. Juli 1947

Als Paul Bonatz sich am 18. Februar 1944 endgültig in der Türkei niederließ, war er sowohl in Deutschland als auch in der Türkei eine bekannte Persönlichkeit. Seit 1910 stets mit großen Bauaufgaben betraut, als Professor an der Technischen Hochschule in Stuttgart einer der wichtigsten Architekturlehrer in Deutschland,[695] verließ er aufgrund seiner vielfältigen Beziehungen zur Türkei das nationalsozialistische Deutschland, zu einem Zeitpunkt, als der hehre Traum von einer neuen deutschen Baukunst ausgeträumt war, alle Bauvorhaben eingestellt wurden und die alliierten Bomber eine Stadt nach der anderen in Schutt und Asche legten.

Als Beteiligter ins Exil

Wenn von Holzmeisters Exildasein als einem unfreiwilligen gesprochen wurde, dann kann die Emigration Bonatz' mit den vorher entwickelten Kategorien gar nicht gefaßt werden. Bonatz kam weder als offizieller Vertreter NS-Deutschlands, wie er es noch 1943 bei der Propagandaausstellung *Neue Deutsche Baukunst* gewesen war, noch als Emigrant. Es war kein Exil im herkömmlichen Sinne, sondern der unbändige Wunsch, weiter bauen zu können, eine Triebfeder, die den Sechsundsechzigjährigen ebenso beherrschte wie einst Hans Poelzig. Anhand der erhaltenen Tagebücher und Briefe können wir uns ein außerordentliches gutes Bild über die Beweggründe und den Verlauf der Ereignisse aus Bonatz' Sicht machen. Die Eintragungen der Jahre 1944 und 1945 belegen eindrucksvoll, unter welchem Rechtfertigungszwang Bonatz sich selbst, seiner Familie und Freunden gegenüberstand. Dieses Unbehagen über die Flucht aus Deutschland wich allmählich dem unbeschreiblichen Glück, in der Türkei bauen zu können. Die schmerzliche Erfahrung, daß seine Architektur sich in der Türkei nach 1945 selbst überlebte, war für den nunmehr Siebzigjährigen leichter zu verkraften als die teilweise harsche Kritik, die ihm im Deutschland der fünfziger Jahre entgegen schlug.

Bonatz gehörte zu den Janusköpfen der Architekturszene, die keinerlei Berührungsängste mit den Vertretern der staatlichen Macht hatten. Geleitet von einer absoluten ‚Sicherheit im Maßstab' reizte Bonatz gerade die Lösung der Bauaufgabe Monumentalbau, für die er mit dem Stuttgarter Hauptbahnhof und der Stadthalle von Hannover noch vor dem Ersten Weltkrieg auch einen von anderen als vorbildlich beschriebenen Weg beschritten hatte.[696] Trotz partieller Kritik an der Bautätigkeit des NS-Staates ließ Bonatz sich mit seinen Großprojekten für die Generalbauinspektion der Reichshauptstadt und für München, dem Oberkommando der Marine, dem Polizeipräsidium sowie dem Hauptbahnhof auf eine Ebene ein, die ihn fest in das System der Technokraten des ‚Dritten Reichs' einbanden. Höchsten Ausdruck fand diese Verflechtung in dem Autobahnbau der Organisation Todt.[697]

Dabei hatte Bonatz durchaus seine Zweifel am langfristigen Erfolg der NS-Diktatur. Gesprächsweise äußerte er in Basel im April 1933, daß Hitler *Deutschland um 500 Jahre zurückwerfen* würde. Durch Denunziation der Mitarbeiter an der TH Stuttgart, Storz und Schumacher, kam er in Konflikt mit der GESTAPO, die Todt zwang, den Fall Bonatz politisch zu betrachten.[698] Gleichzeitig kritisierte er die Umgestaltung des Münchener Königsplatzes von Paul Ludwig Troost, so daß er bei Hitler in Ungnade fiel.[699] Auf Intervention von Rudolf Hess und Gerdy Troost bestätigte Hitler ihn als Berater für die Gestaltung der Bauwerke der Reichsautobahn im Frühjahr 1934. Engster Kollege bei Todt wurde Friedrich Tamms, neben den Ingenieuren Karl Schaechterle und Fritz Leonhardt.[700] Zwischen 1935 und 1941 entstanden die wichtigsten Brückenbauwerke, die Hängebrücke Köln-Rodenkirchen, die Kastenbrücke über die Elbe bei Dessau und die Bogenbrücken aus Naturstein über das Waschmühltal bei Kaiserslautern sowie die Lahnbrücke bei Limburg.[701]

Ganz im Gegensatz zu seiner tatsächlichen Situation schrieb er an Martin Elsaesser 1937 über seine für ihn ambivalente Lage: *Bin seit vier Jahren zu Zweitdritteln hochgeehrt und heimgehohlt, zu einem Drittel angestänkert und unterminiert. Dieser Zustand bedeutet doppelte Eindringlichkeit bei den schönen Dingen, die man noch tun darf.* Als Illustration legte er einen Rundbau, *eine Spielerei, ganz unamtlich* bei, die als indirekte Kritik an den Projekten des Nürnberger Reichsparteitagsgeländes zu verstehen ist.[702]

Solche Binnendifferenzierung in gute und schlechte Teilbereiche innerhalb der NS-Architektur mag zwar zur Erklärung gewisser Phänomene beitragen, ändert aber wenig an der rückhaltlosen Unterstützung und Faszination des menschenvernichtenden Systems.[703] Trotz des latenten Unbehagens, das in dem Brief an Elsaesser anklang, arbeitete Bonatz mit voller Kraft, bis 1943 alle Planungen für die Neugestaltungen kriegsbedingt eingestellt wurden.[704]

Bonatz bleibt typisch für eine gewisse Architekten- und Künstlerspezies, die eine Metaebene der vermeintlich reinen Künstlerschaft entwickelten und deren persönliche Kategorien in *Führer* und *Gefolgschaft* bestand:[705]
Mit Begeisterung habe ich Todt geholfen u[nd] seine schönen Brücken in Limburg und Köln gebaut. Mit Begeisterung ging ich auch vor dem Krieg an die Probleme in Berlin und München, Bahnhof. Dies Bahnhofsprojekt war trotz seines falschen Grundgedankens ein Formungsproblem für einen Meister, in das ich mich hineinkniete.[706]

Als durchaus selbstbewußter ‚Meister' trat er auch in der Türkei auf. Daraus ergaben sich Konflikte, die schließlich wie zu Tauts Zeiten in eine prinzipielle Auseinandersetzung um die Tätigkeit ausländischer Architekten in der Türkei mündete.

Bonatz sah in der Unterstützung durch höchste Stellen Rechtfertigung und Bestätigung.[707] Dazu paßte der fast monarchisch zu nennende Arbeitsstil, den er seit den Arbeiten für Todt ungehindert durchsetzen konnte.

Entscheidender Auslöser seines Weggang war die Begleitung der bereits umrissenen Ausstellung *Neue Deutsche Baukunst*. Zusammen mit Tamms reiste er im Januar 1943 zur Eröffnung nach Ankara, um mehrere Vorträge zu halten; im April und Mai ein zweites Mal zur Eröffnung in Istanbul.[708] Damals hatten ihn seine ehemaligen Schüler Arif Hikmet Holtay, Sabri Oran und besonders Kemali Söylemezoğlu, der die Bauabteilung im Unterrichtsministerium leitete, dazu gedrängt, einen Beratervertrag des Ministeriums anzunehmen. Am 20. Mai 1943 schloß er mit Zustimmung des Kultusministeriums in Stuttgart den Vertrag, der von September 1943 bis Mitte Januar 1944 galt.[709] Als Bonatz nach kurzem Deutschlandaufenthalt Anfang Februar 1944 in die Türkei zurückkehren möchte, wird ihm zunächst von der

183

GESTAPO die Ausreise auf dem Flughafen Wien verweigert. Schließlich kann er doch einige Tage später mit der letzten zivilen Maschine in Richtung Istanbul starten.[710] Bonatz ist von der Hoffnung erfüllt, weiter bauen zu können. So beginnt ein neuer Lebensabschnitt, *fast könnte man sagen: ein neuer Beruf*, wie er an seinen Freund Volkert schreibt.[711] Bonatz wird als Berater des Unterrichtsministeriums unter Hasan Ali Yücel dem Büro der Bauabteilung zugeteilt, dessen Chef seit März 1943 Kemali Söylemezoğlu war. Sein Vorgesetzter war der Generaldirektor für die schönen Künste, Staatssekretär war Rüşdü Uzel. Nur durch diese Konstellation ist zu erklären, daß Bonatz unmittelbar nach seiner Ankunft als Architekt und nicht nur als Berater auftreten kann. Bonatz, so berichtete Kemali Söylemezoğlu, war der heimliche Chef: Im August 1944 freute sich Bonatz über die *drei wundervolle Aufgaben, das Müsteschar [Staatssekretärs] Büro, das Hochschulprojekt Ankara [TH], die neue Wohnkolonie*[712], wobei letztere von dem Generaldirektor der Emlak Bankası Millat Yemel in Auftrag gegeben wurde. Einer der Wermutstropfen bestand darin, daß Kemali Söylemezoğlu bereits im Februar 1944 seine Zusammenarbeit mit dem Ministerium wegen unüberbrückbarer Meinungsverschiedenheiten mit Rüşdü Uzel gekündigt hatte. Alle Versuche von Bonatz, eine Versöhnung herbeizuführen, scheitern:

In einem Jahr hätten wir eine Elitegarde erzogen, Jetzt ist alles in Frage gestellt. Wenn ich mich so benommen hätte, wie Kemali, hätte ich niemals einen Bahnhof in Stuttgart gebaut.[713]

Dahin kam der Schock von der Aufkündigung der türkischen Neutralität am 2. August 1944 und die Gefahr der drohenden Internierung, der Bonatz mit Unterstützung des Ministers und des Staatsekretärs entgeht. Nach der Ausweisung der mit NS-Deutschland sympathisierenden Deutschen, bzw. deren Arrest in der Botschaft Ankara und dem Generalkonsulat Istanbul, bleiben vor allem die Emigranten von der Internierung betroffen. Daß Bonatz sich nicht als solcher sieht, gibt er ganz unumwunden zu: *Richtig, ich will mich auch mit diesen nicht gemein machen, mein Freundeskreis auf deutscher Seite wird plötzlich ganz klein.*[714]

Den Zynismus des Glücklichen ließ er gegenüber Frau Eberhardt durchblicken, die ihn um Unterstützung für den kommunistischen Kreisen nahestehenden Wilhelm Schütte bittet, was Bonatz aber schlichtweg ablehnt.[715]

Bonatz begreift sehr schnell, welches Privileg ihm zuteil wurde, denn aus dem Bereich des Unterrichtsministeriums sind nur weitere drei Personen von der Internierung befreit: der Regisseur Carl Ebert, der Kapellmeister Ernst Praetorius sowie der Altphiloge Rohde, daneben noch Persönlichkeiten wie Clemens Holzmeister, Ernst Reuter und Ernst Eckstein.[716]

Das Hierbleiben ist keine so einfache Sache, wie ich es mir in meiner Naivität vorstellte. Ich dachte jeder, der seine Abneigung gegen die Nazis kundgebe, könne ohne weiteres hierbleiben, das ist aber keineswegs so, denn schließlich ist Krieg. Deutsche, die durchaus nicht zurückwollen, weil sie gefährdet sind, müssen trotzdem die Türkei verlassen, sie dürfen wählen, ob sie nach Syrien oder Russland über die Grenze wollen. Nur bevorzugte und irgendwie bewährte dürfen hier im Internierungslager bleiben. Nun sehe ich, welche Ausnahmestellung mir zugebilligt ist, daß ich hier in Amt und Arbeit bleiben darf.[717]

In derselben Zeit beginnt Bonatz neben dem privaten auch ein politisches Tagebuch, in dem er sich offiziell vom NS-Regime lossagt. Larmoyanz und Geplauder im Stile von Herren-Clubs bestimmen diese Passagen, die einzig und allein der Selbstrechtfertigung und -beruhigung dienen. Die räumliche Distanz erleichtert die Verurteilung der Dinge, in die er selber involviert war. Vollends rehabilitiert kann sich Bonatz fühlen, als am 10. September 1944 in der Zeitung *Das Reich* unter dem Titel *Entscheidung ohne Volk* er und Holzmeister als Vaterlandsverräter angegriffen werden, weil sie sich weigerten, mit der deutschen Kolonie zurückzukehren. Kurz zuvor hatte es die GESTAPO in einem Schreiben an die Botschaft in Ankara abgelehnt, deutsche Staatsbürger in der Türkei zu belassen.

Der weitaus grösste Teil ist, wenn er nicht mittelbar oder unmittelbar in irgendeiner Beziehung zu den bekannten Verratsfällen steht, derartig defätistisch eingestellt, dass man den Wunsch, in der Türkei zu bleiben, nur als Versuch bezeichnen kann, legal zu emigrieren.[718]

Bonatz wurden *Hetzreden* und ähnliches vorgeworfen. Konsequenzen entstanden daraus für ihn an der TH Stuttgart, wo der Rektor und andere Kollegen, endgültig mit dem *Fall Bonatz* abschließen wollten. Aufgrund seiner *politischen Unzuverlässigkeit* sperrte das Kultusministerium die Gehaltszahlungen. Aus den Akten wird deutlich, daß es sich um ein Denunziation des Münchner Professors Bödefeld handelte, was dadurch verstärkt wurde, daß die Münchner Kreise um den Generalbaurat Hermann Giesler auf Bonatz aus persönlichen Gründen schlecht zu sprechen waren.[719]

Diese Vorkommnisse und die Nachrichten von den immer stärker werdenden Zerstörungen zuhause – die Luftangriffe auf Stuttgart des Jahres 1944 – verbunden mit seinen Aufträgen machen es Bonatz immer leichter, sich auf einen langen Aufenthalt in der Türkei einzustellen. Er orakelt im März 1945 nicht ganz zu unrecht: *Ich habe die Vorstellung, daß wenn man mich freiwillig hierläßt, ich derjenige Deutsche bin, der am längsten hierbleibt.*[720] Zusammen mit dem Österreicher Holzmeister und Gustav Oelsner, dem 1938 emigrierten Stadtbaurat von Altona, sollte er eine der renommierten Personen sein, die bis 1954 in der Türkei blieb. Dies lag nicht zuletzt daran, daß er in Deutschland nicht mehr Fuß fassen konnte. Nicht nur sein fortgeschrittenes Alter war dafür verantwortlich, sondern auch die unzeitgemäße, teilweise realitätsfremde Haltung, die sich beispielsweise in seiner Position anläßlich des Darmstädter Gesprächs 1951 zeigte.[721]

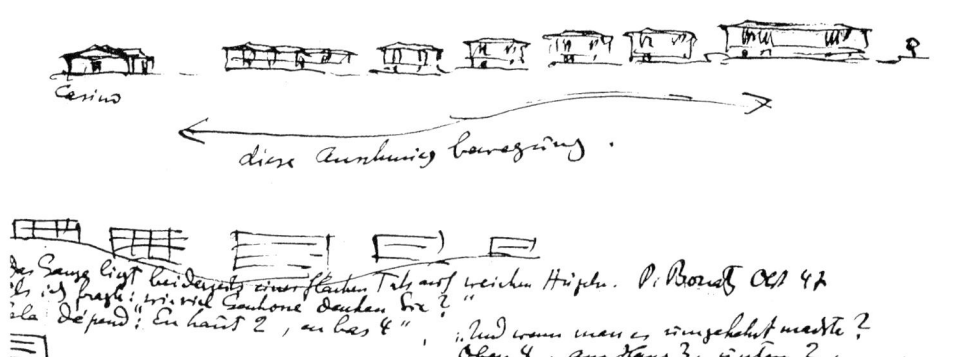

Die Saraçoğlu-Siedlung

Am 15. Juli 1944 verlängerte Bonatz seinen Vertrag um ein weiteres Jahr. Trotz aller Turbulenzen um ihn herum kann er sich offensichtlich ganz auf das Bauen konzentrieren – *war noch nie besser in Schwung mit der Arbeit.*[722] Beflügelt wurde er durch *drei wunderschöne Aufgaben*, wovon die Saraçoğlu-Siedlung in Ankara das erste ausgeführte Projekt darstellte. Die Siedlung wurde Anfang Juli 1944 vom Direktor der Emlak Bank Milhat Yenel, als Grundstücks- und Bodenbank für alle staatlichen Bauvorhaben verantwortlich, endgültig genehmigt:[723] *Die neue Aufgabe muß in drei Wochen in allen Einzelheiten darstehen, daneben das Hochschulprojekt – ich bin – unberufen – in Kraft und in Zuge wie in besten Zeiten.*[724]

Die Şükrü-Saraçoğlu-Siedlung ist die letzte Manifestation der Gartenstadtidee Jansens. Es handelte sich um das Gebiet zwischen Regierungsviertel und Polizeischule, das schon Taut und seine Studenten beplant hatten.[725] Die insgesamt 435 Wohnungen für Ministerialbeamten wurden entlang dreier Straßen in Nord-Süd Richtung erbaut. Insgesamt acht Haustypen, in der Höhe gestaffelt mit dreigeschossigen Bauten auf der Anhöhe, begleitet bergab von zweigeschossigen Häusern (Abb. 166, 167). *Jedes neue Haus steht 1,30 m tiefer, das ganze auch im Grundriss gestaffelt, leichte Kurve bildend, die Haeuser unter sich jedoch parallel. Dadurch ergibt sich ausserordentlich viel Leben im Bild.*[726] Als türkische Motive nahm Bonatz Holzgalerien, Erker und überstehende Dachtraufen auf. Obwohl in offener Bauweise geplant, folgte er an Gartenstadtkonzepten wie Hellerau und Staaken fußend auf den Städtebauideen eines Camillo

166 Paul Bonatz, Saraçoğlu-Siedlung, Ankara, 1944–1946, Skizzen zur Höhenentwicklung, 1947.

167 a,b Paul Bonatz, Saraçoğlu-Siedlung, Einzelhäuser, Foto 1991, unten Zeichnung 1945

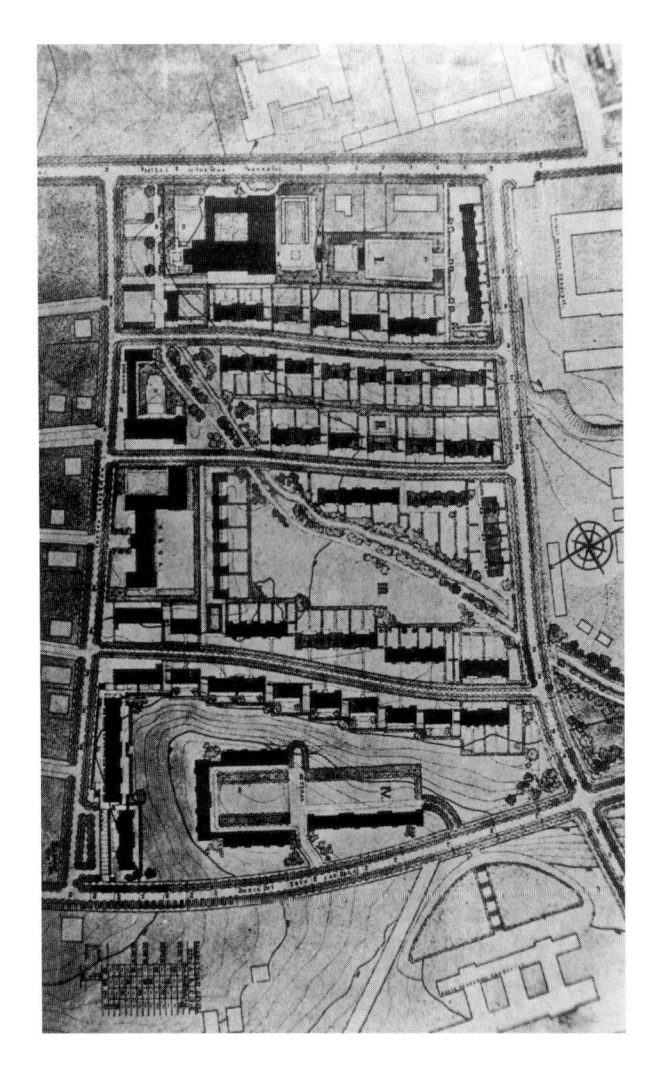

Sitte. Auf der höchsten Stelle neben dem Areal des Verteidigungsministerium enstand eine Blockanlage aus vier nicht verbundenen Flügeln, die fast städtisch auf sechs Geschosse ausgelegt war (Abb. 168). Mit den Vakıf-Appartmenthäusern von Vedat Tek aus dem Jahr 1927 gab es bereits Vorbilder aus der Zeit der Ersten Nationalen Stils, deren historische Gestaltung Bonatz jedoch radikal reduzierte.

Nach der Grundsteinlegung im Oktober 1944 wurde die Siedlung innerhalb eines Jahres aufgeführt. Dies war nur möglich durch die straffe Organisation des Ingenieurs Ferdi Karmann.[727] Doch bereits während der Ausführungsphase im Januar 1945 tauchten Probleme mit der Emlak Bank auf, die das Entwurfsbüro von Bonatz nicht weiter bezahlen, sondern die Ausführung Bauunternehmern überlassen wollen. Unerfahrene Bauleute im Arbeitsministerium korrigieren die Pläne, haben kein Verständnis für die Gesamtkonzeption und *wollen Paul Bonatz Architektur beibringen*.[728] Um das Baubüro noch aufrechterhalten zu können, bietet Bonatz im Juli 1945 dem Generaldirektor der Bank 600 TL von seinem Gehalt an.[729] In zwei Abschnitten wird die Siedlung im Oktober 1945 und im Oktober 1946 eingeweiht. Eine Schule und ein Casino als Gemeinschaftseinrichtungen folgen im Laufe des Jahres 1946.

Höhepunkt und Ende des Zweiten Nationalen Stils

Bonatz kommt in der Saraçoğlu-Siedlung zu einer Synthese, die als Abschluß der mehr als zehnjährigen Diskussion um eine eigene türkische, regional gebundene Architektur gesehen werden kann. Türkische Motive und handwerklich solide Ausführung werden kombiniert, klimatische und topographische Kriterien eingehalten. In diesen Punken ist Bonatz sich einig mit dem neuen Wortführer der türkischen Architektenschaft, Sedad Hakkı Eldem,[730] der seit 1942 Leiter der Architekturabteilung an der Akademie der schönen Künste ist. Nach 15 Jahren Vorherrschaft der deutschsprachigen Architekten in dieser Position übernahm nun erstmals ein Türke die Federführung. Dennoch war Eldem bis zum Bau des Hiltonhotel mit Skidmore, Owings und Merill im Jahre 1952 ganz im Bann von Bonatz. Dieser entwickelte für Eldem nicht nur die Perspektiven zur Technischen Hochschule in Ankara, 1945, (Abb. 169) sondern nahm auch wesentlichen Einfluß auf die dortige naturwissenschaftliche Fakultät. In diesem offiziell von Eldem und Onat ausgeführten Bau kristallisierten sich Pathosformeln, die Bonatz an seinen NS-Bauten erprobt hatte, nun aber umgewandelt wurden in eine *zartgliedrige, enggeteilte Monumentalität*.[731]

Damit sind zwei Seiten von Bonatz' Vorstellung einer neuen türkischen Architektur genannt, einmal der Regionalismus für den Hausbau und ein klassisch, türkisch verbrämter Monumentalismus für öffentliche Bauaufgaben. Dieses Konzept versuchte er in seinen beiden letzten Projekten, dem Stadthaus von Istanbul, das er aufgrund heftiger Proteste der türkischen Architektenschaft nicht realisieren konnte, und im ausgeführten Umbau des Ausstellungsgebäudes von Ankara zur neuen Staatsoper noch zu verfeinern. Doch blieb es trotz aller Qualität im Detail ein additives Verfahren, bei dem türkische Architekturmotive anstelle klassizistischer Elemente verwendet wurden. Hierin zeigt sich einer der wesentlichen Unterschied zur Konzeption Bruno Tauts, der seine Synthese auf abstrakterem Niveau verstand und türkische Motive wie Steinschichtungen oder Innengliederungen

168 Paul Bonatz, Saraçoğlu-Siedlung, 1944–1946, Grundriß 1946.

aus der Gebäudestruktur heraus entwickelte. Aus heutiger Sicht gesprochen liegt diesen Verfahren ein grundsätzlicher unterschiedlicher Ansatz zugrunde: einmal die zitathafte Umformung bei Taut, die an Verfahrensweisen der Postmoderne erinnert und andererseits die Übernahme historisch determinierter Pathosformeln, die zwar keine sklavische Nachahmung bedeuten, aber dennoch auf einer Ebene mit dem neohistoristischen Stilduktus eines Albert Speer stehen. Interessanterweise wurde bei den öffentlichen Auseinandersetzungen um den Opernumbau von Bonatz' wohlgesonnenen Kritikern eine Verbindung zu Bruno Taut gezogen:

Prof. Bonatz [...] versucht in seinen Bauten eine Synthese zwischen der modernen und der türkischen Architektur anzustreben [...] Die zukünftigen Generationen werden mit Bewunderung den unvergleichlichen Dienst anerkennen, den er unserer Architektur geleistet hat [...] Prof. Bonatz zusammen mit dem früh verstorbenen Taut, der uns in unversehene Höhen gebracht hat, sind die wahren Helfer bei den drängenden Fragen, die sich uns unverholen stellen.[732]

In welchem Maße sich Bonatz als Exekutor der gesamten Debatte der vergangenen Jahrzehnte seit Beginn der Modernisierung fühlte, zeigt seine Einschätzung der Architektur Sedad Eldems, die seine eigene Konzeption direkt widerspiegelt:

Sedad ist der Führer der türkischen Architektenschule, das heisst, er hat die Jungen befreit von der Vormundschaft von Mode-Fremden, die jeder nach seiner [sic] Art das leere Zeug hier machten, das Sie kennen. Nach zwei Jahrzehnten billiger Nachahmung nach europäischen – man möchte fast sagen 'Modejournalen' hat Sedad gezeigt, wie man aus der eigenen Wurzel neues Leben weckt, richtig verstandene Tradition, nicht arabische Verzierungen, sondern die ewigen durch Klima, Material und Lebengewohnheit entwickelten türkische Proportion, Rythmus [sic], Handwerk – so wie Sie und ich es billigen.[733]

169 Paul Bonatz, Technische Universität Ankara, Perspektive, 1945.

Ähnliche Argumente hatte schon Martin Wagner 1935 bei seinem Wettbewerb um den Meerespavillon von Florya vorgebracht. Damals war der Vorwurf der ‚Mode-Moderne' noch gerechtfertigt gewesen.[734] Die Vertreter der mitteleuropäischen Moderne arbeiteten selbst an einer Revision des Formalismusvorwurfs. 1946 allerdings konnte von einer unverstandenen Moderne in der Türkei keine Rede mehr sein. Bonatz argumentierte in viel stärkerem Maße gegen die in die Türkei hereinbrechende amerikanische Moderne, die ab 1948/1949 publizistisch voll wirksam wurde. Seine Haltung wurde dabei die eines manchmal sehr starren Konservativen. Sein junger Freund Eldem hatte in den fünfziger Jahren gezeigt, wie flexibel die auch vermeintlich traditionell gebundene Architektur auf diese neue Moderne reagieren konnte. Bonatz' letzte Projekte, bevor er sich seit 1948 nur noch der Lehre widmete, bekommen dadurch den Charakter von Relikten einer mit dem Zweiten Weltkrieg untergegangenen Welt.

Nachdem Bonatz im September 1945 einen Dreijahresvertrag unterschrieben hat, bekommt er im November in Istanbul den Auftrag zum Stadthaus, der eine bis 1948 andauernde Diskussion um den ausländischen Architekten Bonatz mit seiner ‚unzeitgemäßen' Richtung, auslösen sollte:

Der Vali, Governeur und Bürgermeister, Dr. Lütfi Kirdar ließ mich rufen (veranlaßt durch den großen Propagandisten und klügsten Mann Falih Rifki Atay) und gab mir die schönste Aufgabe der Welt: das Stadthaus von Istanbul.

Der historische Bau, der der *architecture civile turc*, den Bosporosschlössern folgen soll,[735] bringt die jungen Architekten auf den Plan, die sich zu recht übergangen fühlen und am 18. Dezember 1945 einen offenen Wettbewerb fordern.[736] Es beginnt, wie schon bei Taut, eine Debatte über die Tätigkeit ausländischer Architekten in der Türkei. Gleichzeitig ist dies Ausdruck eines Generationskonflikts, der zu einem völligen Stilwechsel in der Türkei führen sollte und den beispielsweise Sedad Eldem als einer der Wortführer des Zweiten Nationalen Stils mit dem Istanbul-Hilton 1950 – 1952 unbedingt mit vollzog.[737]

Im Januar 1946 sieht Bonatz sich vor den Protest der Architekten gestellt, erfährt die *völlige Ablehnung [s]meiner Gedanken* durch den schon mit Wagner in Konflikt liegendem Stadtbaurat von Istanbul, Theodor Prost, und erhält keinen Vertrag mehr für das geplante Rathaus.[738] Alle Versuche, mit dem riesigen Modell des Vorentwurfs die Stadtverordneten zu überzeugen, nutzen bei der harsch geführten öffentlichen Diskussion nichts mehr.[739]

Im Gegenzug erteilt ihm der Kultusminister im Februar 1946 den Auftrag zu dem Umbau des Sergi Evi von Şevki Balmumcu, das 1934 als eines der Flaggschiffe der modernen Architektur in der Türkei errichtet worden war (Abb. 86). Das führte zu noch heftigeren Protesten, weil es der Architekt selbst und viele seiner Kollegen nicht einsehen wollten, daß dieses wichtige Monument aus der den frühen dreißiger Jahren verschwinden sollte. Der schon bekannte Zeki Sayar, der bereits Tauts Versuche einer Reformierung der modernen Architektur kritisiert hatte und prinzipiell gegen die ausländischen Architekten eingestellt ist, veröffentlicht in *Arkitekt* unter dem Titel *Architekturpolitik* eine Polemik gegen Bonatz und den Franzosen Walter.[740]

Bonatz wird anmaßenden Verhalten vorgeworfen, ungefragt Entwürfe zu allen wichtigen Bauten vorzulegen. Im Falle des Sergi Evi, des Ausstellungsbaus, sieht Sayar die elementarsten Regeln von Kollegialität innerhalb der Architektenschaft nicht geachtet. Er attestiert Bonatz eine rückwärtsgewandte Architektur und sieht ihn eher als Politiker denn als Architekt. Die deutschen Konzepte sollten gefälligst nicht auf die Türkei übertragen werden. Solch grundsätzliche Kritik war vor dem Paradigmenwechsel zu verstehen, der mit Ende des Zweiten Weltkrieges für die Türkei auch auf architektonischem Gebiet spürbar wurde. Nicht Deutschland, sondern Amerika fungierte nun als architektonisches Leitbild.

Über die persönlichen Attacken hinaus, liegt der Haupttenor auf der Forderung nach mehr Öffentlichkeit. Damit war eine indirekte Kritik an den politischen Instanzen verbunden, die Bonatz oder Holzmeister direkt beauftragten, ohne Wettbewerbe zur Regel zu machen. Sayar machte unmißverständlich deutlich, daß nun nach zwei Jahrzehnten die Zeit der ausländischen Architekten endgültig abgelaufen war. Das Feld sollte von nun an den jungen türkischen Kräften überlassen werden. Doch noch bis 1954 hatte Bonatz durch die Lehre maßgeblichen Einfluß auf die neuen Architektengenerationen. Mit dem Bau der Oper und dem Umbau der Gebäude der Technischen Universität Istanbul in Taşkışla führte Bonatz darüber hinaus noch zwei wichtige Projekte aus, die das Vermächtnis seiner eigenen Architekturauffassung darstellen.

Oper Ankara und TU Istanbul

Das neue Bauprogramm für die Oper erarbeitete Bonatz mit dem Regisseur Carl Ebert und Fritz Reichl, *Holzmeisters rechter Hand*.[741] Mit diesem Umbau in ein klassisches Theater mit türkischen Attributen, gelingt Bonatz eine letzte Manifestation des Zweiten türkischen Nationalstils. Nach mehreren Debatten wird der Bau im Juni 1946 schließlich per Sondergesetz durch die Nationalversammlung genehmigt.[742]

Unter Ausnutzung der alten Raumstruktur des Ausstellungsgebäudes plaziert Bonatz das Bühnenhaus anstelle der ehemaligen Haupthalle (Abb. 170). Der relativ schmale Zuschauerraum, als einfaches Rangtheater konzipiert, schließt sich im Längstrakt an. Repräsentativen Höhepunkt bildet das Foyer mit doppelläufigem Treppenhaus (Farbabb. XXXIX), das mit heruntergezogenen Fenstern Elemente des Baseler Kunstmuseum wieder aufgreift. Die innenliegenden Stahlstützen mit historisierenden Kapitellen werden außen durch einen mächtigen Portikus in orientalisierenden Formen gesteigert, dessen Säulenform als Kolonnade über die gesamte Front geführt wird (Farbabb. XXXVII). Ähnliche Formen – allerdings in noch größerem Maßstab – verwendet Bonatz bei seinem Wettbewerbsentwurf für den Kaiserpalast von Addis Abeba.[743]

Die mehreren Entwurfsvarianten für den Bühnenturm (Farbabb. XXXVIII) zeigen eine intensive Auseinandersetzung mit dem eigenen Œuvre vor 1918. Der Stuttgarter Bahnhofsturm auf der einen Seite und das Projekt zum Haus der Freundschaft in Konstantinopel 1916 auf der anderen Seite sind seine Anknüpfungspunkte, womit monumentale und orientalische Elemente verknüpft werden.

Der Umbau der Technischen Universität Istanbul 1948 bis 1950[744] war im Gegensatz zu der gewollt ‚türkischen' Gestaltung der Oper eine klar konzipierte Bauaufgabe, in der er sich auf Pathosformeln aus dem eigenen Werk bezog. Gleichzeitig wurde die 1947 ausgebrannte Akademie der Künste durch Sedad Hakkı mit ähnlich klaren Elementen neugestaltet.[745] Der durchgreifende Umbau des Innern der alten Kaserne des Dolmabahçe Palastes nahm die Weite der alten Geschosse mit 7 Metern Höhe wieder auf (Abb. 171). Die Holzdecken wurden durch Stahlbetondecken mit sichtbaren Unterzügen ersetzt, so daß eine Holzstruktur imitiert wurde, ähnlich wie Bonatz und Christ es bereits in der Eingangshalle des Museums von Basel getan hatten. Die im Altbau herausgehobenen Eckbauten wurden im Innern durch große Bogenstellungen triumphbogenartig abgeteilt, die aus den Kopfbauten des Stuttgarter Hauptbahnhofs und einem der architektonischen Ehrenmal 1915 entwickelt sind. Die Treppenhäuser sind nach demselben Prinzip gestaltet, jedoch mit Stichkappentonnen gewölbt. Das gesamte Dachgeschoß schuf Bonatz in leich-

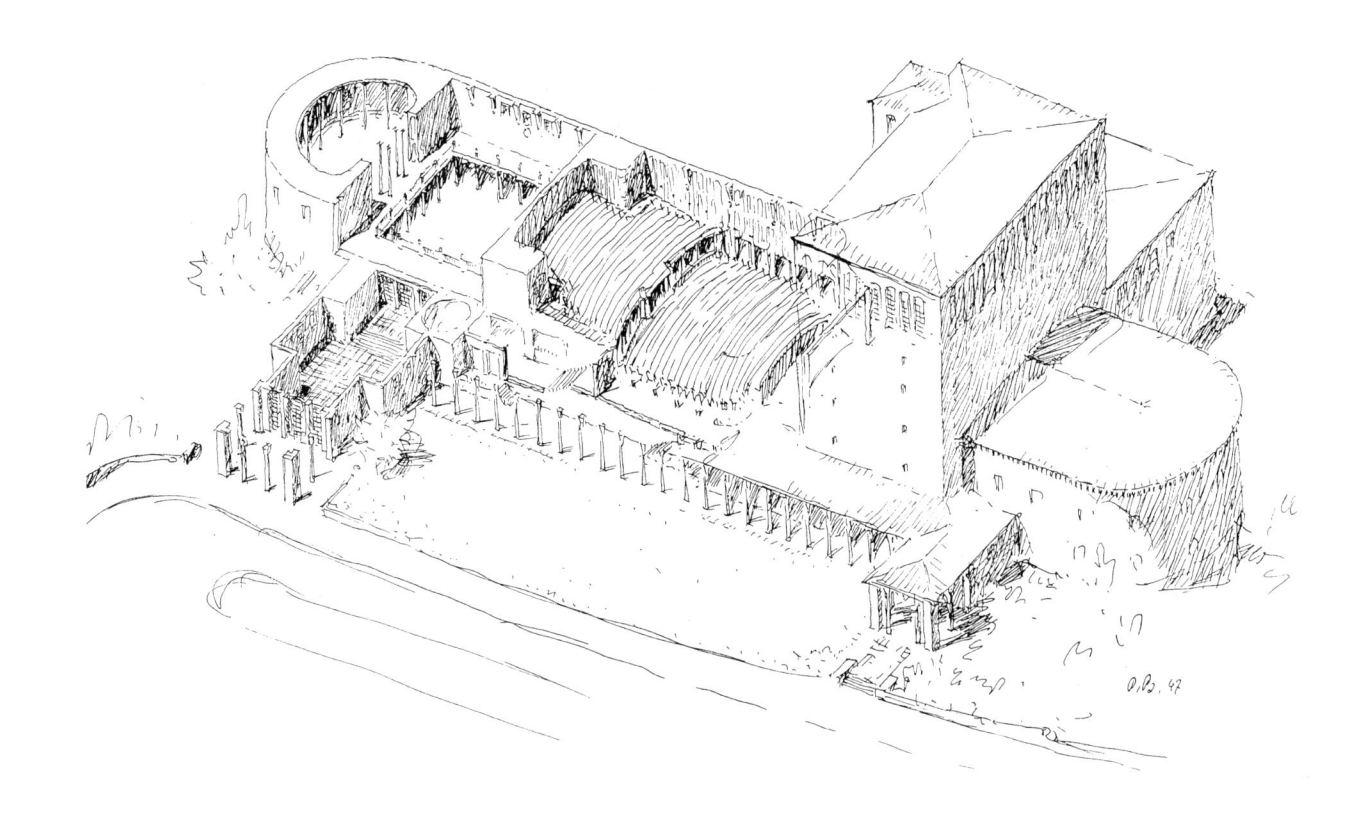

170 Paul Bonatz, Opernhaus Ankara, Skizze mit Raumdisposition, 1947.

171 Paul Bonatz, TU Istanbul, Umbau Kaserne Taşkışla, 1947/1848, Foto um 1950.

171a Paul Bonatz, TU Istanbul, Umbau Kaserne Taşkışla, 1947/1948, Skizze Obergeschoß.

ten lichten Strukturen in Anlehnung an das Baseler Museum. Anders als beim Opernhaus von Ankara verkörpert dieser Bau etwas von der Idee einer zeitlosen, auf die örtlichen Bedingungen abgestimmten Architektur.

Lehre an der TU Istanbul 1946 – 1954

Seit dem Wintersemester 1946/1947 lehrte Bonatz als ordentlicher Professor an der ITÜ und wechselte seinen Wohnsitz nach Istanbul. Treibende Kraft hinter der Berufung war der Dekan der Architekturfakultät, Emin Onat, der seit seinem ersten Preis im Wettbewerb zum Atatürk-Mausoleum ein besonders enges Verhältnis zu Bonatz hatte. Seit 1944 versuchte er, Bonatz zur Übersiedlung nach Istanbul zu bewegen, aber dieser lehnte mit dem Hinweis auf seine Pflichten als Berater beim Unterrichtsministerium ab. Ein weiterer Grund könnte die direkte Konfrontation mit Clemens Holzmeister an der TU gewesen sein.[746] Erst Ende 1946 war mit der weitgehenden Fertigstellung der Saraçoğlu-Siedlung ein Einschnitt in seiner praktischen Tätigkeit gegeben. Für Bonatz war Lehre und Praxis von derselben Grundlage aus zu beurteilen. Daraus ergab sich eine Entwurfsmethode, die eigentlich keine war, wie Durth es zutreffend beschrieben hat.[747] 1946 hatte er das Gück, daß seine Freunde Sedad Eldem und Emin Onat mit ihm einig über die grundsätzliche Linie des Zweiten Nationalen Stils waren.

Die Stärke meiner Position ist hier – schreibt an Ivar Tengbom – *dass ich [...] der Jugend mutmache, nicht Europäisches zu imitieren. Dem suche ich durch das Beispiel der Dinge, die ich baue, Nachdruck zu geben. Ich stelle mich also mit Sedad in eine Reihe [...], setze meine Schulerziehung an den Bauten der Praxis fort.*[748]

Bonatz möchte nach dem Vorbild der TH Stuttgart eine Lehre verankern, die auf Beherrschung der Materialien, der Konstruktion, des Grundrisses unter den jeweiligen Bedingungen angelegt ist.

Worauf es hier ankommt, ist ein geduldiger Elementarunterricht [...] sagen wir: Ein Schmitthenner-Unterricht mit türkischen Elementen, Detail und nochmals Detail.[749]

Diese konservative Einstellung zum Unterricht ist auch vor dem Hintergrund zu sehen, wie sich in Deutschland die Dinge an der TH Stuttgart nach dem Kriege entwickelten. Die Rehabilitierung von Richard Döcker und Hans Hildebrand konnte Bonatz, der stark in Lagerkategorien dachte, nicht gleichgültig sein.[750] Im Folgenden entwickelt Bonatz erstaunliche Aktivitäten, einige belastete Kollegen aus Stuttgart und aus dem Umkreis von Speer in die Türkei zu holen: Über Schmitthenners Kommen wird ernsthaft verhandelt,[751] bevor er doch noch zum Professor in Stuttgart wiederernannt wird. Nach der Absage von Ivar Tengbom als Entwurfsprofessor für die TU Istanbul ist Roderich Fick im Gespräch.[752] Verträge erhalten Friedrich Tamms und Konstantiny Gutschow,[753] denen aber von den britischen Besatzungsbehörden die Ausreise in die Türkei verweigert wird. Auch Friedrich August Breuhaus de Groot hat von den ‚Fleischtöpfen' am Bosporus gehört und möchte seinen großbürgerlichen Lebensstil gerne in der Türkei fortsetzen.[754] 1951 ist noch einmal Tiedje als Professor im Gespräch.[755] Diese väterlichen Versuche der Versorgung haben in dem Moment ein Ende, als durch die neue Deutschlandpolitik der Westalliierten nach 1947 auch viele der als belastet eingestuften Parteigänger des NS-Systems in hohe Beamtenstellen gelangen. So wurde bespielsweise Tamms im April 1948 Stadtbaurat von Düsseldorf.[756] Bonatz gerät Anfang der fünfziger Jahre immer stärker in die Isolation. Die ideale Zusammenarbeit mit Onant und Eldem kann zwar fortgesetzt werden, aber die Rahmenbedingungen werden schwieriger. Ende 1949 bekommen beide unter seinem Jury-Vorsitz den ersten Preis für das neue Justizgebaude in Istanbul zuerkannt.[757] Das führt zur Entfremdung von seinem einstigen Schüler Kemali Söylemezoğlu, der 1951 schließlich auch Professor an der TU Istanbul wird. Im selben Jahr soll Bonatz unter dem Rektorat von Onat auf Lebenszeit an die Akademie verpflichtet werden. Seit 1948 hielt sich Bonatz wieder zeitweise in Deutschland auf, war aber von den dortigen Verhältnissen zu geschockt, um seine komfortable Stellung aufzugeben. Immer wieder hofft er auf öffentliche Aufträge, aber seit den alles verändernden Wahlen von 1950, dem Beginn der Menderes-Ära, ist dies vollends unmöglich. Im April 1954 wird schließlich per Gesetz Ausländern untersagt, Bauten in der Türkei zu errichten.[758] Bonatz Abschiedsrede im Januar 1954 hat einen resignierenden Unterton. Zehn Jahre Aufenthalt in der Türkei sind für den nunmehr Siebenundsiebzigjährigen nicht nur von Dankbarkeit erfülltes Schaffen mit Großaufträgen, um die ihn seine deutsche Kollegen nach 1945 beneidet hätten, dazu eine gutbestallte Professur, sondern vor allem voll der Klage, daß er seit 1947 nichts mehr bauen durfte.

Also alles dies ist ohne Hoffnung. Sieben Jahre der Erfahrung haben gezeigt, dass hier eine unüberwindliche Grenze ist. Bei Euch ist es eine glückliche Insel. T.Ü. und Unterricht haben diese Jahre für mich mit Glück erfüllt. Ihr habt es alle erlebt, mit welcher Leidenschaft ich ans

*Zeug ging. Was hab ich mit den Hikat, Lüfti, Muzaffer, Bedi und Hübusi [seinen türkischen Mitarbeitern] alles aufgestellt [...].*⁷⁵⁹

Endgültig hatte sich nun der amerikanische Einfluß durchgesetzt, und Bonatz konnte seine Architektur den Studenten nicht mehr vermitteln: *Ich bin müde dagegen anzukämpfen. Ich lasse mich von diesen lieber als einen altmodischen ansehen [...] Es gehören jüngere Lehrer an diese Stelle.*⁷⁶⁰ Zuhause freut er sich auf neue Bauaufgaben, den Wiederaufbau des Kunstgebäudes in Stuttgart von Theodor Fischer, die neue Kuppel seiner kriegzerstörten Stadthalle von Hannover.

Bonatz bleibt der Januskopf bis zuletzt. Die eitle Larmoyanz trifft seine Situation nicht. In Deutschland hochgeehrt – Pour le Merite durch Theodor Heuss 1952 – von den Konservativen geachtet, in der Türkei in vielem vergöttert, hat er trotz tiefer persönlicher Einschnitte niemals seine Konzeption von Architektur ändern müssen. Auch in der Türkei kann er noch bauen: das Privathaus für Fuat Süren 1954/1955 in Istanbul-Bebek.⁷⁶¹

Wichtigstes Projekt, das noch einmal den modernen Bonatz zeigt, war seine Konzeption einer Hängebrücke über den Bosporos 1951 (Farbabb.XL).⁷⁶² Als Standort schlug er eine der engsten Stellen des Bosporos zwischen Ortaköy und Üsküdar vor, weil dort ohne Strompfeiler mit Uferpfeilern bei einer Spannweite von 1 050 Metern bei 60 Metern Fahrbahnhöhe auszukommen war.⁷⁶³ Die 190 Meter hohen Pylone sollten aus Stahlbeton gegossen werden. Insgesamt verarbeitete Bonatz seine früheren Entwürfe für Köln-Rodenkirchen, der Hochbrücke in Hamburg und der Oeresundbrücke. Errichtet wurde die heutige erste Brücke 15 Jahre später an der gleichen Stelle mit derselben Konzeption.

Bonatz verkörpert als die absolute Ausnahme unter den hier betrachteten Architekten den Architekten ohne Bruch in einer Epoche elementarster Brüche. Sein Konzept einer ‚richtigen' Architektur, die vermeintlich entpolitisierbar ihre Qualität nur durch ‚Sicherheit im Maßstab' erhielt, konnte alle Zeitläufte überstehen. Nur so ist es zu erklären, daß er am Ende seines eigenen schöpferischen Lebens als Architekt *nicht nur aus der Raum, sondern auch aus der Zeit*⁷⁶⁴ war; ein Denkmal seiner selbst.

ZWISCHEN ORIENT UND OKZIDENT – REMIGRATION UND WEITEREMIGRATION DER DEUTSCHSPRACHIGEN ARCHITEKTEN AUS DER TÜRKEI 1945–1955

*Manche hier waren sehr stolz und warfen sich in die Brust: 'Wir Emigranten!' Ich sagte dann wohl einmal: 'Sollte man dieses Wort nicht bescheidener aussprechen?' Wer konnte denn schon? Und aus welchen Gründen seid Ihr alle da? Unarische Versippung ist kein Tadel – so weit sind wir endlich –, aber wenn man deshalb floh, ist es andererseits kein Ruhmestitel [!]. Wie viel sind unter Euch, die ohne solch nachhelfende Momente aus purer Überzeugungstreue unter Gefahren weggegangen sind, um von draußen Kämpfer gegen das Dritte Reich zu werden? Wenige. Reuter, mit dem ich hier Freundschaft schloß, der Oberbürgermeister von Berlin, ist einer derer, die hier auf ihre Stunde warteten. Rüstow, jetzt Professor in Heidelberg, war einer der bewußten und tätigen, aber sonst habe ich von aktiver Emigration wenig gesehen.*⁷⁶⁵

Paul Bonatz, 1950.

Ich werde dem edlen und ritterlichen türkischen Volke für diese Möglichkeit immer dankbar bleiben.

Gerhard Kessler, 1933 – 1951, Professor für Wirtschaftswissenschaft an der Universität Istanbul zu seiner Emigration in die Türkei

Nach dem Zweiten Weltkrieg – vom Ende des Exils

Im Bereich der Wissenschaftsemigration sind klare Kategorien entwickelt worden, in welchem Verhältnis der Einfluß von Emigranten auf die deutsche Nachkriegswissenschaft steht. Möller stellt quantifizierend fest, daß gut ein Drittel der kulturellen Exilanten nach dem Krieg in die Nachfolgestaaten des Deutschen Reichs zurückkehrten, davon der weitaus größere Teil in die Bundesrepublik Deutschland und nach Österreich.⁷⁶⁶ Dabei lassen sich sowohl verschiedene Berufsgruppen unterscheiden als auch spezifische Exiltypen, die eher zur Remigration bereit waren als andere. So liegt der Anteil von Geisteswissenschaftlern und Schauspielern höher als der von Naturwissenschaftlern.

Das politische Exil, besonders der deutschen Sozialdemokratie und der Kommunisten, war wesentlich auf die Remigration angelegt, im Sinne des schon beschriebenen Kampfes für ein anderes, besseres Nachkriegsdeutschland und -europa. Ganz im Gegensatz dazu stand die Situation der jüdischen Emigranten, die durch das Exil ihrer Assimilierung beraubt wurden und in Folge ihre jüdischen Traditionen wiederentdeckten. Für diese kam eine Remigration nur in Ausnahmefällen in Betracht, die Regel war die Weiteremigration nach Israel oder in die USA.[767] Als ein dritte Kategorie benennt Möller noch die publizistische oder künstlerische Wirksamkeit von Emigranten, die nicht nach Deutschland zurückkehrten, aber dort rezipiert wurden.[768]

Es war deutlich geworden, daß die Architekten wesentlich anderen Bedingungen unterlagen als andere Wissenschafts- und Künstlergruppen, da ihre Aufgaben sie unmittelbar mit der öffentlich-staatlichen Sphäre des Gastlandes verbanden. Vergleiche mit der Wissenschaftsemigration können nur dort gezogen werden, wo Architekten Professorenstellen innehatten, einen Stamm von Schülern herausbildeten und sie publizistisch wirksam wurden. Die weitgehende Annäherung und Symbiose, welche die Architekten mit dem Gastland eingehen mußten, um überhaupt tätig werden zu können, hat die Remigration eher verhindert als gefördert.

Im Gegensatz zu anderen Berufsgruppen standen die exilierten Architekten und Städteplaner ferner vor dem Problem, daß in der Endphase des NS-Regimes unter der Leitung von Speer 1944 der *Arbeitsstab zum Wiederaufbau bombengeschädigter Städte* ins Leben gerufen wurde.[769] Die wichtigsten Architekten der GBI unter Speer bereiteten somit ihr berufliches come-back, zumindest in den westlichen Besatzungszonen, selbst vor. Einem Großteil dieser Planer und Architekten wie Tamms, Hillebrecht, Göderitz, Stephan u. a. wurden nach 1945 die entsprechenden Wiederaufbaupläne westdeutscher Städte übertragen. Hinzu kam, daß die Architekten der inneren Emigration – die großen Schweiger der *vierten Front*, wie Martin Wagner sie genannt hatte[770] – ebenfalls ihre Vorstellungen vom Wiederaufbau entwickelt hatten. Mit Hans Scharoun und Max Taut meldeten sich in Berlin nach 1945 Vertreter der Moderne zu Wort, wobei Scharoun die Gesamtplanung nach 1948, auch durch die politische Spaltung der Stadt forciert, wieder abgenommen werden sollte. Karl Bonatz und Hans Stephan gaben in West-Berlin nun den Ton an.[771] Diese völlig unterschiedlichen Fraktionen hatten kein Interesse an der Rückkehr von Städteplanern, wie dem ehemaligen Stadtbaurat von Berlin, Martin Wagner.

Die innerdeutschen Rahmenbedingungen machten die Situation der remigrationswilligen Architekten und Stadtplaner insgesamt schwierig. Nicht zu vergessen bleibt, daß die meisten der infrage kommenden Personen 1950 schon über 65 Jahre alt waren und damit der Generationswechsel vorgezeichnet war.

Konkret auf die Türkei bezogen, stellte sich die Situation folgendermaßen dar: Die wenigen jüdischen Architekten und Stadtplaner, Franz Hillinger und Fritz Reichl, wanderten in die USA aus und hatten zunächst mit existentiellen Nöten zu kämpfen; Hillinger kehrte sogar nochmals zwischen 1952 und 1955 in die Türkei zurück. Eine Ausnahme bleibt der ehemalige Altonaer Stadtbaurat Gustav Oelsner (1879 – 1956), der im Rahmen der Rehabilitation ehemaliger Amtsinhaber vom sozialdemokratischen Bürgermeister Max Brauer 1949 nach Hamburg zurückgeholt wird, allerdings nur als städtebaulicher Berater. Den Posten des Stadtbaurats lehnt er mit Hinweis auf sein Alter ab.[772]

Die politischen Emigranten, wie Eicholzer, Inez Mayer und Margarete Schütte-Lihotzky, die dem aktiven Widerstand beitraten, wurden umgebracht oder saßen wie Schütte-Lihotzky bis Kriegsende im Zuchthaus. Sie und ihr Mann Wilhelm Schütte kehrten nach Wien zurück, wo sie aber aufgrund ihrer Zugehörigkeit zur KPÖ im Zeitalter des Kalten Krieges keine öffentlichen Bauaufgaben übertragen bekamen.

Der Urbanist Ernst Reuter hatte sein Exil von vornherein auf eine Rückkehr nach Deutschland hin konzipiert, wo er als Sozialdemokrat politisch aktiv am Wiederaufbau teilnehmen wollte. Seit 1947 bekleidete er das Amt des Verkehrsstadtrat von Groß-Berlin, seit 1948 schließlich das des Regierenden Bürgermeisters von West-Berlin.

Die dritte Kategorie der Architekten, die in erster Linie am Bauen an sich interessiert waren, wie beispielsweise Clemens Holzmeister, hatten ebenfalls Interesse an Remigration. Holzmeister wurde als Gegner des NS-Regimes in Österreich rehabilitiert, 1946 in seine frühere Professur an der Akademie der bildenden Künste wiedereingesetzt, ließ sie aber bis 1954 von seinen Assistenten Erich von Boltenstern und Wachberger vertreten.[773] Aufgrund der wichtigen Bauaufgabe der Großen Nationalversammlung blieb er bis 1954 in Ankara, um parallel dazu seit 1950 in Salzburg an der Erweiterung des Festspielhauses zu arbeiten, dessen Bau 1956 begonnen wurde.

Der engagierte Stadtplaner Martin Wagner, seit 1938 in Harvard als Professor für Städtebau tätig, besaß aufgrund der genannten Konstellationen in Berlin und seiner spezifisch amerikanischen Sichtweise der Wiederaufbauproblematik keine reelle Chance, nach Deutschland zurückgeholt zu werden. Er versuchte sich jedoch von außen in die Städtebaudebatte einzuschalten, mit dem Erfolg einer zunehmenden Isolation.[774] Doch Wagner schwankte selbst, ob er aktiv seine Rückkehr betreiben sollte.

Die wenigen Architekten von Rang, die noch 1945 am Leben waren, konnten oder wollten sich nicht an einer grundsätzliche Debatte um eine neue Architektur beteiligen. Gegenüber der Wissenschaftsemigration ist als wesentlicher Unterschied festzustellen, daß eine Rückberufung in ein Amt oder eine Hochschullehrerstelle im Rahmen von Rehabilitationsverfahren die absolute Ausnahme blieb. Auch eine nur marginale publizistische Wirksamkeit der ehemaligen Türkei-Emigranten in der Bundesrepublik Deutschland kam mit Ausnahme von Wagner, Holzmeister und dem Nicht-Exilanten Bonatz nicht zustande.

Insgesamt kann festgehalten werden, daß die Architekten und Städteplaner aus dem türkischen Exil nicht für die Nachkriegsarchitektur rezipiert wurden. Durchschlagenden Erfolg hatten allein die Positionen von Gropius und Mies van der Rohe unter Hinweis auf ihr Engagement für eine vermeintlich liberale Ideen transportierende Architektur am Bauhaus während der Weimarer Republik, gefiltert durch das Wirtschaftswunder-Amerika.[775] Bezeichnenderweise hatte der zweite Bauhausdirektor, der Schweizer Kommunist Hannes Meyer, der erst in die Sowjetunion und schließlich nach Mexiko emigriert war, nach dem Krieg keine Chance auf eine Rehabilitierung.[776] Anders sah die Situation in der Deutschen Demokratischen Republik aus, wo die Exiltätigkeit von Architekten unter den Vorzeichen des antifaschistischen Widerstands rezipiert wurde. Margarete Schütte-Lihotzky wurde als Kommunistin von der Bauakademie 1961/1962, ähnlich wie der befreundeter Schweizer Hans Schmidt, nach Ost-Berlin eingeladen. Namhafte Architekturgeschichtler erarbeiteten seit Ende der sechziger Jahre Monographien über Bruno Taut, Hannes Meyer und Konrad Wachsmann, die dort eher als in der Bundesrepublik wahrgenommen wurden.

Good-bye Türkei!

Diejenigen, die dennoch zurückkehrten, taten dies in drei Wellen: die erste kurz nach Kriegsende, meist in den Jahren 1946/1947, als der Reiseverkehr sich einigermaßen normalisiert hatte; die zweite um 1950/1951, als der Wiederaufbau, unterstützt durch Marschallplan und der ersten Hochphase des Kalten Krieges, bereits auf vollen Touren lief, sowie die dritte Phase um 1954/1955, als sich die junge Bundesrepublik Deutschland weitgehend konsolidiert hatte.

Der Soziologe Alexander Rüstow, der 1933 bis 1949 an der Universität Istanbul lehrte, charakterisiert in einem Brief an Ernst Reuter die prinzipiellen Probleme zwischen den Emigranten auf der einen Seite und den Vertretern des Nachkriegsdeutschlands-West auf der anderen Seite: Bezugnehmend auf einen Brief des Niedersächischen Kultusministers, Adolf Grimme, führt Rüstow aus:

Aus dem Brief könnte man den Eindruck gewinnen, als ob wir uns gegenüber den deutschen Universitätsbehörden in der Lage armer Bittsteller und bedauernswerter Stellungssuchender befänden, die man anstehen lassen kann [...]. Mir scheint, dass man die tatsächliche Lage gar nicht gründlicher verkennen könnte. 1) Denjenigen von uns, die sich vor 1933 in deutschen akademischen Stellungen befanden, ist durch die nationalsozialistische Regierung schweres Unrecht geschehen, das wiedergutzumachen [sic] das jetzige Deutschland moralisch, politisch und juristisch verpflichtet ist [...]. 2) Wir befinden uns hier in einer Lage [...], die für jeden einzelnen von uns den Entschluss zur Rückkehr nach Deutschland zu einem schwierigen Opfer in fast in jeder in Frage kommenden Beziehung machen würde. Wir haben langfristige Verträge und die Aussicht auf lebenslängliche Anstellungen ohne Altersgrenze. Wir nehmen in der Beamtenhierachie des Landes eine Stellung ein, die weit über die eines deutschen Universitätsprofessor hinausgeht [...]. Kurzum, die denkbar günstigsten äusseren Lebensbedingungen für uns und unsere Familien ermöglichen es uns, unsere gesamte Zeit und Kraft ungestört und ungeteilt auf unsere wissenschaftliche Arbeit zu konzentrieren. Wenn man damit Punkt für Punkt die heute in Deutschland herrschenden Verhältnisse vergleicht, so sieht man ohne weiteres, dass eine Rückkehr nach Deutschland für uns eine geradezu katastrophale Verschlechterung bedeuten würde [...]. Und wenn trotzdem die meisten von uns eine solche Rückkehr in die Heimat auch heute noch ersehnen, wie sie sie während der ganzen schweren Jahre der Emigration ersehnt haben, so hat das also offensichtlich rein ideelle und gefühlsmäßige Gründe. Man hat Heimweh, man hat das Gefühl, nach Deutschland zu gehören, und je schlechter es Deutschland geht, desto mehr zur Mitarbeit am Wiederaufbau verpflichtet zu sein. Und aus solchem Idealismus wäre man bereit, auch das Opfer aller jener Vorteile zu bringen, deren [sic] man sich jetzt erfreut.[777]

Entscheidend war für Rüstow die Verschiebung der Blickrichtungen zwischen Exil und Heimat, besonders auch die jahrelangen völlig unterschiedlichen Lebensbedingungen, so daß jetzt Verständigungsschwierigkeiten bestanden.[778] Zu ähnlichen Einschätzungen, aber aus einer eher selbstgefälligen Sicht, kommt Paul Bonatz, der seine guten Lebensbedingungen in der Türkei gleich mit einer neuen Mission für Deutschland verbinden möchte:

Es sind sehr wenige Deutsche, die als freie Maenner in der Welt für deutsches Ansehen kaempfen können. Auch dies ist ein Dienst am Vaterland. Hier ist das idealste Feld dafür gegeben und ich kann das, was ich angefangen habe nicht in diesem Stadium des Werdens im Stich lassen.[779]

In Wirklichkeit war es bei Bonatz der Wunsch nach aktiver Bautätigkeit sowie die Scheu vor dem Risiko einer Rückkehr und die Auseinandersetzung mit den verschiedenen Fraktionen an der Stuttgarter Technischen Hochschule, von der immer wieder der Vorwurf der Mittäterschaft erhoben wurde. Das bedeutete auch die zumindest unbewußte Kenntnis der Unhaltbarkeit der eigenen Position in Deutschland.[780] Auch Martin Wagner, der von einer völlig anderen politischen Warte von Harvard aus argumentierte, sah diese Problematik. Als er im August 1946 an Ernst Reuter seinen Aufsatz *Wenn ich Baumeister von Deutschland wäre* nach Istanbul schickte, versuchte er, selbst die Kritik zu antizipieren, übertrug sie aber geschickt auf Max Taut, der 1946 in Berlin eine Städtebaumappe *Berlin im Aufbau* herausgegeben hatte.[781]

Ich weiss Reuter, Sie werden über seinen Inhalt lächeln – so lächeln wie ich über den Artikel von Max Taut lächelte [...]. Ich lächelte über ihn, weil Max kein Bruno sein kann, und weil ich aus seinen Vorschlägen entnehmen musste, wie wenig die Kollegen in Deutschland über Vorstellungen und Begriffe der 20er Jahre hinaus gewachsen sind. Sollte ich jemals wieder nach Deutschland zurückgerufen werden, es würde mir schwer fallen, mich meinen Kollegen verständlich zu machen.[782]

Daneben sieht sich Wagner, zumindest in der Person des Taut Associées Franz Hoffmann einer Ablehnungsfront gegenüber, die die Emigration vor den Nationalsozialisten als Verrat ansehen und nun die Rückkehr verhindern wollen.

Ich beneide Sie, Reuter, um die Rufe, die Sie von Ihren alten politischen Freunden erhalten haben! Abgesehen von einem Brief von Gutschmidt [dem früheren Gehag-Leiter], hat sich noch keiner meiner früheren Kollegen an mich gewandt, auch Scharoun nicht, dem ich von mir aus schrieb, und der nun mein Nachfolger in Berlin ist, ein Posten, um den ich ihn garnicht beneide![783]

Wagner sah sich immer noch als die maßgebende Kompetenz, versuchte aber nicht, aus seiner Position heraus in einen Dialog mit den vor Ort tätigen Personen zu treten, im Gegenteil brüskierte er durch seine, teilweise durchaus gerechtfertigte, Kritik:

Natürlich werden ich es nicht ablehnen seinem [Scharouns] Ruf Folge zu leisten, wenn er an mich ergehen sollte. Aber was sie [die Tochter Sabine] mir von Scharoun's [sic] Ideen über den Wiederaufbau Berlin's [sic] schrieb, das beweist mir nur, dass Scharoun ein herzensgutes Kind ist, das nie in politischen und ökonomischen Dingen zu denken gelernt hat.[784]

Wagner erwartete im Grunde seines Herzens, im Triumphzug nach Berlin zurückgeführt zu werden. Als dies nicht eintraf, verweigert sich er sich fast trotzig der Debatte, anders als Reuter, für den es außer Frage stand, sofort seine durchaus schwierige Rückkehr zu betreiben und in der Trümmerwüste Kärnerarbeit zu leisten.[785] Mitte August 1947 ist ein verzweifelter Wagner endgültig dabei, Berlin *abzuschreiben*.[786] Auch ein Jahr später kann ihm Reuter nur wenig Mut machen:

Ich bedauere immer wieder, daß Sie sich nicht entschließen können, hierher zu kommen, aber ich verstehe die Schwierigkeiten und Hemmnisse, die dem entgegenstanden und entgegenstehen sehr gut. Im Augenblick wird man ja überhaupt nichts anderes tun können, als abwarten, wie die Dinge gehen.[787]

Holzmeister hatte diese Probleme nicht, weil er offiziell rehabilitiert wurde, und im Gegensatz zu Bonatz oder auch Wagner in der Heimat keinem Rechtfertigungszwang seiner Architekturauffassung unterlag. Holzmeister konnte im Nachkriegsösterreich sofort seine alte soziale Stellung wiedergewinnen und kehrte trotzdem erst 1954 nach Wien zurück. Mit der Aufhebung des Besatzungsstatuts wurden ab 1955 auch wieder große Bauvorhaben verwirklicht. Holzmeister ist einer der wenigen Fälle, dessen gut geplante Remigration mit keinerlei Einschnitt oder Opfer, wie es Rüstow beschrieben hatte, verbunden war.[788] Hierin lag auch ein grundlegender Unterschied zwischen einem kleineren Land, wie Österreich, dessen Elite auch dementsprechend zahlenmäßig überschaubar war, und Deutschland. Es muß jedoch klar sein, daß diese geschilderten Prozesse nur für Personen in akademischem Stellungen oder mit hoher sonstiger Reputation galten. An Beispielen wie dem Wilhelm Schüttes oder auch Franz Hillingers wird deutlich, mit welch enormen Schwierigkeiten Remigranten oder Weiterwanderer zu kämpfen hatten, wenn sie keine einflußreichen Stellungen einnahmen oder ebensolche Verbindungen aufweisen konnten.

Der Weggang aus der Türkei wurde oft als Verlust der zweiten Heimat verbunden, mit der man über mehr als ein Jahrzehnt des Exils verwachsen war.[789] Reuter sah seinen Abschied auch unter dem Vorzeichen des fundamentalen politischen Wandels, der zwischen 1946 und 1950 mit der Installierung des Mehrparteiensystems endete:[790]

Jetzt, wo ich mich von diesem Land trenne, dessen geheimste Natur zu ergründen ich so viel Mühe aufgewandt habe, erlebt es eine fast geräuschlos vor sich gehende grosse Umwandlung, die Wandlung zum Erwachen, die ich seit langem gesehen, besser gesehen als viele Einheimische. Und dieses eigenartige Sich-auf-sich-selbst-Besinnen, Zu-sich-selbst-kommen eines Landes ist eines der interessantesten und spannendsten Prozesse, die ich je gesehen. In 14 Tagen werden hier die ersten Wahlen sein und eine ganze Epoche wird in die Vergangenheit versinken und etwas Neues geboren, das ich nur aus der Entfernung werde weiter verfolgen können.[791]

Viele der Emigranten verließen die Türkei in dem Bewußtsein, an diesem Wandel aktiv mitbeteiligt gewesen zu sein und ein Stück Aufbauarbeit im Sinne eines empanzierten Staatswesens geleistet zu haben. Und Martin Wagner ermuntert den alten Freund, indem er die Trauer des Verlustes, die er selbst nach seiner Weiterwanderung nach Amerika verspürt hatte, thematisiert und den Blick nach vorne wendet:

Natürlich werden Sie Stambul vermissen, aber der Mensch kann nicht von Schönheit und Wonne allein leben, und Schönheit kann sehr spröde sein, wie Sie wissen, und kann doppelt so schön sein, wenn man von ihr durch ein Meer getrennt ist! Darum Kopfsprung ins Wasser, mein lieber Reuter, und ab nach Wanne![792]

Reuter sollte jedoch der einzige aus der Berufsgruppe der Architekten und Planer bleiben, der diesen Weg wachen Auges beschritten hatte.

Die Wiederkehr

In seltenen Fällen hat die Türkei die Exilanten nicht mehr losgelassen bzw. wurden sie durch ungünstige Bedingungen bei der Remigration und Weiteremigration zur Rückkehr in das Exilland Türkei gezwungen. Ernst Egli, der ja nur bedingt zu den Emigranten zu rechnen ist, der sich aufgrund der Annexion Österreichs 1938 zur Emigration in die Schweiz, der Heimat seines Vaters, entschloß, konnte dort in Kriegszeiten nur schwer Fuß fassen. Die 13 Jahre seiner Tätigkeit in der Türkei waren für ihn die prägenden gewesen. Gezwungenermaßen hatte er sich vom Architekten für Schulbau zum Städteplaner entwickelt. Die Integration in die Schweiz fiel dem nun orientalisierten Österreicher Egli außerordentlich schwer.[793] Erst 1942 bekam er einen Lehrauftrag an der ETH Zürich, an der er 1947 zum Professor für Städtebau ernannt wurde. Doch waren die Bedingungen so mager, daß er von 1947 bis 1951 einen Vertrag als städtebaulicher Experte für die Regierung des Libanons annahm. In dieser Funktion arbeitete er für verschiedene Ministerien und die Stadt Beirut, für die er einen Generalplan erstellte.[794] Doch nur zwei Jahre blieb er in der Schweiz, bevor er im Dezember 1953 im Auftrag der UNO *als Experte der technischen Hilfe der UNO* bis November 1955 am Institut für öffentliche Verwaltung in Ankara *Unterricht in Urbanismus, Städtebau, Raumplanung und Wohnungswesen* gab.[795] Es war dasselbe Institut, das Ernst Reuter nach langem Ringen 1941 aus der Taufe gehoben hatte. Entscheidend für die Wahl Eglis war, wie schon bei Reuter, die Beherrschung der türkischen Sprache sowie seine Sachkenntnis über den neuzeitlichen Städtebau und die landesbezogenen Bedingungen. Neben den Vorlesungen über Dorfverwaltung und Dorfreform stand vor allem die unaufhaltsam weiterwachsende Hauptstadt Ankara im Mittelpunkt seiner Vorlesungen und Seminare. Erstmals wurde das Problem der Slumbildung behandelt und die Stadtentwicklung in Hinsicht auf die Verkehrs- und Wohnungsfrage untersucht.[796] Kritisch betrachtete Egli die starke Anbindung der Urbanistik an die Fakultät für politische Wissenschaften, wodurch der Bezug zur Architektur litt. Andererseits monierte er die Praxis, die meisten UNO Professoren nur etwa ein Jahr dort lehren zu lassen. Angesicht der besonderen türkischen Bedingungen, sei das nicht sehr produktiv:

Es ist nämlich nicht so, dass wir unsere Wissenschaft mitnehmen und verteilen können wie Rasierklingen und Spazierstöcke, wie haben wissenschaftliche Methoden und wissenschaftliches Denken in einen besonderen Boden zu verpflanzen, auf dem es erst Wurzel zu fassen hat. Das gilt nicht nur für mein Fach, sondern für die meisten anderen auch.[797]

Auch hatten sich die wirtschaftlichen und politischen Rahmenbedingungen entscheidend verändert, und Egli sah Mangelwirtschaft, Inflation, Unterdrückung der Pressefreiheit als Maßnahmen hin zu einer autokratischen Entwicklung, die für die Krisenhaftigkeit der Türkei bis heute charakteristisch bleiben sollte. Durch fehlendes Interesse seitens der Politiker hatte das Institut nur mangelnde Wirkungsmöglichkeiten, und die Entwicklungshilfe der UNO verpuffte weitgehend.

Von 1952 bis 1956 kehrte, wie schon erwähnt, Franz Hillinger in die Türkei zurück, nachdem es ihm 1951/1952 nicht gelungen war, über Toronto nach New York zu seiner Familie zu gelangen. Aufgrund seiner guten Sprachkenntnisse, der Erfahrung im Umgang mit Behörden und Baufirmen wurde Hillinger der ideale Mann zur Leitung von Holzmeisters Baubüro des Parlaments, das er nach Aussagen von Hermann Schmutzer, rein administrativ betreute.[798] Für Hillinger mußte diese Tätigkeit einen Tiefpunkt seiner eigenen architektonischen Ambitionen darstellen. Das Projekt lag konträr zu allem, was er mit Bruno Taut in Berlin und Istanbul sowie in den Jahren nach Tauts Tod arbeiten konnte. Es waren die Sicherung der Existenz und der Versuch, nach den schwierigen Bedingungen in Kanada in der zweiten Heimat erneut fußzufassen. Eine Remigration in das Land seiner Verfolger kam für Hillinger nicht infrage. Ob er es je wiederbesucht hat, wie er in einem Brief an Ernst Reuter ankündigte, bleibt ungewiß.[799] Jedenfalls hat er seine persönliche Situation in der Türkei niemals mit Kollegen erörtert und auch seine vierzehnjährige Exilzeit niemals thematisiert.[800]

Egli und Hillinger bleiben die Ausnahmen einer Wiederkehr, die ganz unterschiedlich von Sehnsucht und Trauer sowie von nackter Notwendigkeit diktiert wurde. Es bleiben Durchgangsstationen auf dem Weg zum eigentlichen Ziel: einer neuen Heimat.

Möchte man die Wirkung ermessen, welche die Emigranten und andere Experten nach dem Ende des Zweiten Welkriegs für die Türkei hatten, dann bleiben nur wenige Fixpunkte. Durch seine enorme Bautätigkeit, der Errichtung fast des gesamten Regierungsviertels mit dem Parlament als Krönung, verschwand Clemens Holzmeister nicht aus dem Bewußtsein der türkischen Architekturgeschichtsschreibung.[801] In geringerem Maße gelang das Paul Bonatz, der Generationen von Schülern an der Technischen Universität Istanbul geprägt hatte. Sein Adlatus Kemali Söylemezoğlu, erst vor wenigen Jahren emeritiert, hatte dieses Andenken perpetuiert. Dagegen ist Eglis Architektur und Laufbahn bis zur für die Türkei bahnbrechenden Arbeit von İnci Aslanoğlu, 1980, fast vergessen worden, zumal seine Bauten in den fünfziger und sechziger Jahren stark verändert oder schlecht unterhalten wurden. Das Œuvre von Bruno Taut blieb eine Sache für Kenner und wurde erst mit der Entdeckung der zwanziger Jahre wieder aktuell. Inwieweit seine *Architekturlehre* in der Türkei rezipiert wurde, ist kaum auszumachen. Publizistisch in größerem Maße wirksam waren die Arbeiten von Ernst Reuter, der mit seinen Lehrbüchern ganze Generationen von Urbanisten und Städteplanern geprägt hat. Martin Wagners Aufsätze in der Zeitschrift *Arkitekt* garantierten eine weite Rezeption unter Architektenkreisen.

Am 50. Jahrestag der Türkischen Republik 1973 wurden erstmals Gesamtdarstellungen der frühen Republikzeit versucht. Die numehr maßgebliche Architekturzeitschrift *Mimar* interviewte Zeitzeugen, unter anderem den greisen Herausgeber vom Konkurrenz-Journal *Arkitekt*, Zeki Sayar. Dabei wurde deutlich, daß alle Beiträge die Rolle der deutschsprachigen Architekten für die Formierung einer eigenständigen, republikanischen Architekturtradition – bei durchaus unterschiedlicher Gewichtung – außerordentlich hoch einschätzten. Dieser Transfer als Entwicklungshilfe schuf nicht nur eine westliche Bauplanung und Bauindustrie in der Türkei, sondern ermöglichte den Hauptvertretern der ersten türkischen Architektengeneration wie Sedad Hakkı Eldem, Seyfi Arkan, Emin Onat eine Klärung der eigenen Position. Umgekehrt ist in den Ausgangsländern Deutschland und Österreich dieser Transfer nicht zur Kenntnis genommen worden. Im Rahmen einer differenzierten Neubewertung der Architektur der Moderne wird man auch von hier aus diese Re-Vision der Moderne vor dem Hintergrund von Kemalismus und Exil neu würdigen müssen.

ANMERKUNGEN

1 Tankut, 1989, Kap. 2.1.3, zit. Gesetz Nr. 583. Die Hoffnungen auf eine geordnete Bebauung erfüllten sich dadurch jedoch nicht.
2 PAAA, Nr. 537, Dt. Botschaft Ankara, Angora als Hauptstadt 1924-1928, Berichte vom 1. 10. – 15. 12. 1924.
3 Ebd., Brief vom Botschaftsrat Holstein an das AA, 2. 6. 1925. Das E-Werk, die Ziegelei sowie die städt. Eisfabrik standen unter deutscher Leitung. In einem Schreiben vom 21. 2. 1925 hatte das AA bereits Reg. Baumeister a.D. Runge und Reg. Baurat Salomon als Spezialisten für Städtebau und Tiefbau empfohlen.
4 Tankut, 1993, S. 50
5 BAA, Bd. 5, Brief des Stadtbaudirektors von Ankara, Hilmi Bey an Jansen, 21. 9. 1930; zum Plan Lörcher, 1925 und Lörcher, 1925a; s. a. Schreiben Lörchers an v. Moltke, Deutsche Botschaft Konstantinopel, 4. 8. 1925, PAAA, Nr. 537.; s. a. Kozak, 1980, S. 41, der den Plan Heussler zuschreibt, ohne Lörcher zu kennen; Tankut, 1993, S. 54; vgl. DOC, Personalakte Lörcher, dort im Lebenslauf 1924 – 1926 als Aufenthalt in der Türkei angegeben: ‚Wiederaufbau-Pläne für Angora, Konstantinopel, Pera-Galata u -Skutari und Brussa [Bursa].'
6 Lörcher, 1925, S. 26; vgl. Thoring, 1986, S. 41 – 43.
7 Vgl.Heuss, 1918, insbesondere die Projekte von Theodor Fischer und Richard Riemerschmidt.
8 Yavuz/Özkan, 1984, S. 51 – 67; vgl. Yavuz, 1981, speziell zu Kemalettin Bey.
9 V. Bischoff, 1935, S.165f.
10 Zum ambivalenten Charakter der Wiener Gemeindebauten, vgl. Gorsen, 1979, Kritik wurde vor allem 1929 auf der 2. CIAM-Tagung in Frankfurt/M. ‚Die Wohnung für das Existenzminimum' geübt.
11 S. Histoire de la Republique, 1933, S. 321 – 334; zur Verbindung Architektur und Hygienediskussion in Wien um 1900 vgl. Peter Haiko u. a. : ‚Die weiße Stadt', der ‚Steinhof' in Wien. Architektur als Reflex zur Geisteskrankheit, in: Kritische Berichte 9, 1981, H. 6, S. 3 – 37; allgemein s. Antony Sutcliffe: Stadtpolitik und städtische Umwelt in Großbritannien zwischen 1875 und 1900. Zum Siegeszug der Stadthygiene, in: Juan Rodriguez.Lores, Gerhard Fehl (Hrsg.): Städtebaureform 1865 – 1900, Hamburg 1985, S. 59 – 90.
12 Den Verlust von Identität durch die Abkehr von der islamischen Kultur angerissen bei Bozdoğan, 1993, S. 439.
13 Artikel vom 4. 7. 1927, zit. n. Batur, 1984, S. 76; zu den Hygienbauten allgemein s. Les questions d'assistance sociale et de la santé publique dans la Turquie Kemaliste, in: TK, Nr. 3, Okt. 1934, S. 2 – 7.
14 TK, H. 47, 1943, S. 7; vgl. Mamboury, 1933.
15 BAA, Bd. 5, 1931 – 1928, Brief Jansens an Örley, 10. 10. 1928: ‚[Holzmeister] erzählte, dass Jost weg von Angora ist, scheinbar durch eigene Schuld, da er sich finanziell oder sonstwie reichlich stark übernommen hätte.' Über die Person Jost ist bisher nichts konkretes auszumachen; EG Plan des Baus 1:100 im Archiv des Hygiene-Instituts bez. Ing. Arch. Z. V. Theodor Jost, Wien-Angora, F. 1927, sign. Jost, was darauf schließen läßt, daß Jost sein Wiener Standbein nie aufgegeben hat; in der türk. Literatur wird Jost gewöhnlich als ‚Post' bezeichnet, erste Richtigstellung bei Aslanoğlu, 1992, S. 122.
16 BAA, Bd. 5, 1931 – 1928, Brief Örleys an Jansen, 8. 8. 1928. Frass als Bildhauer erwähnt in AdR Gesandtschaft Konstantinopel, Karton 4, polit. Berichte 1924 – 28, 4. 12. 1927, s. a. Kral, 1937, S. 189; zur Tätigkeit von Frass in den 30er und 40er Jahren, ohne Verweis auf die Türkei vgl. Friedrich Grassegger: Seid, um zu sterben. Vergessene Plastiken des NS-Bildhauers Wilhelm Frass, in. Kat. Kunst und Dikatur, 1994, Bd. 1, S. 354 – 357. Die Bauausführung des Instituts hatte die Wiener Baufirma Redlich & Berger, die auch die weiteren Bauten des Gesundheitsministeriums ausführte, vgl. AdR, Gesandtschaft Konstantinopel, Karton 6, Brief des Ing. Endl an Botschafter Hornbostel, 30. 7. 1928.
17 S. Vertrag Örleys mit dem Gesundheistministerium vom 15. 4. 1928 für das Musterkrankenhaus und das Hygiene-Institut. CAA 030/18/01 – 028/22/20 u. 029/43/12 (12. 7. 1928), als Honorar wurde zwei Prozent der Bausumme vereinbart; Hygienenschule und Seruminstitut gehen beide auf Entwürfe von Örley zurück. Das Archiv des Hygieneinstituts bewahrt einen undatierten Grundrißplan des Seruminstituts mit dem Stempel ‚Prof. Hüttig, Dresden', der aber aller Wahrscheinlichkeit nur die Bauausführung nach 1931 innehatte. Ein Ausführungsplan 1 OG, 1:100 (Nr. 1313) mit Bezeichnung ‚Robert Örley, Ankara, agustos 1929' befindet sich in der Bauabteilung des Gesundheitsministeriums. Ein weiterer Plan (Nr. 1510) zur Hygieneschule mit dergleichen Bezeichnung, im Archiv des Hygieninstituts. Peter Nigst schafft in seinem neuen Werkverzeichnis im Kat. Örley, 1996, insofern etwas Verwirrung, als er das Hygieneinstitut (WV 76) für nicht nachweisbar erklärt, die Schule jedoch unter WV 80 erwähnt. Beide Bauten gehören planerisch zusammen und komplettierten die Gesamtanlage nach Josts Weggang. Zur Einweihung s. Jäschke, 1935, 31. 10. 1933, erwähnt auch bei Kral, 1937, S. 190.
18 Vgl. Nigst in: Kat. Örley, 1996, S. 121, 115, insbesondere WV 75, Aslanoğlu, 1980, S. 109f.
19 Vgl. Kat Örley, 1996. WV 73 mit dem Hinweis auf die Verwandtsschaft mit dem Wiener Carl Zeiss Werk, 1915 – 1917, vgl. Franz Ottmann: Robert Oerley, in: Österreichs Bau- und Werkkunst 1, 1924/25, S. 265 – 276, spez. S. 274f..
20 PAAA, Nr. 975, bes. Bericht von Listmann an AA vom 27. 1. 1926. Über die Person Listmanns, der in den frühen zwanziger Jahren mit German Bestelmeyer die Berliner Reichsschuldenverwaltung entworfen hatte, ist hier ein direkter Einfluß von Bestelmeyers repräsentativen Villenbauten zu beobachten, freundlicher Hinweis von Wolf Koenigs, München. In diese Reihe gehören auch die vier Landwirtschaftsinstitute des Baurats Naht aus Oldenburg, welche 1930 in den Neubau der landwirtschaftlichen Hochschule von Ernst Egli integriert wurden. Vgl. CAA 030/18/01 – 1/8/5, Vertrag mit Naht für die Projektierung, 12. 12. 1928, s. a. AdR Ges. Konstantinopel, Karton 6, 19. 3. 1928, daraus geht hervor, daß Naht die Bauten der Bodenkultur- und Veterinärhochschule von Berlin aus geplant hat.

21 Das Beamtenhaus (Kat. Örley, 1996 WV 74) zeigt neben dem Verweis auf Örleys eigene Bauten, wie dem George-Washington-Hof in Wien, eine starke Affinität beispielsweise zu Bauten von Josef Chochol, wie dem Apartementhaus in Prag-Vysehrad, 1913, vgl. Pehnt, 1983, S. 120. Die mit eingeschossigen Eingangsbauten versehene, zweizeilig aufgebaute Markthalle in Ulus, nach dem Stadtbrand 1929 – 1930 errichtet, besteht aus 65 Läden mit dazugehörigen Lagerräumen und wird durch eine Stahlbetonstruktur bestimmt. Die Eingangsbauten zeigen weit vorkragende Dächer, die auf Betonbindern ruhen.

22 Das trifft jedoch auf erbitterten türkischen Widerstand, ausführlich in Kap. I.5; über das Ausscheiden Örleys wissen wir ebensowenig wie über das von Jost; vgl. Tankut, 1993, S. 99f. und Peter Nigst: Planerische Tätigkeit in Ankara ‚Jansenplan', in: Kat. Örley, 1996, S. 100f., ohne Kenntnis des schriftlichen Jansen-Nachlasses. Örley war bis Oktober 1930 Angestellter im technischen Stab der Ankaraner Baukommission und arbeitete danach als Berater dieser Institution bis zum März 1932 weiter.

23 Falih Rıfkı: Türk Mimarlığı [türkische Architektur], in: Mimar 4, 1934, S. 284.

24 S. PAAA, Nr. 537; Schreiben des deutschen Botschafters Nadolny an Legations Sekretär Zoelch in Ankara vom 31. 1. 1927, wo Nadolny nachhakt, ob nicht als zweiter Architekt Carl Christoph Lörcher, ‚der hier von seinem letzten Aufenthalt in der Türkei her vorteilhaft bekannt ist,' zusätzlich berufen werden könne. Die Wahl Eglis ist wohl wesentlich auf Clemens Holzmeister, dessen Assistent an der Akademie Egli 1924 – 1927 war, zurückzuführen, nachdem dieser selbst das türkische Angebot, vermittelt über die türkische Botschaft in Wien, abgelehnt hatte, vgl. Egli, 1969, S. 41.

25 Grundsätzlich dazu in bezug auf die architektonische Entwicklung Bozdoğan, 1993, S. 438f.

26 Süreyya, 1936, S. 506.

27 Bozdoğan, 1993, S. 439f.

28 Egli, 1969, S. 44f., Kemalettin Bey starb kurz danach im Juli 1927, insofern irrt Egli in seinen Erinnerungen, indem er die Ereignisse auf Ende 1927 verlegt. Das Gebäude wurde bis 1930 ausgeführt; Debatte um die Schule ohne konkrete Hintergründe erwähnt bei Yavuz/Özkan, 1984, S. 67; vgl. Yavuz, 1981, S. 21f.,47f.,249 – 251, das Kellergeschoß sowie das 1. Obergeschoß sind in deutsch, von Egli, beschriftet (Kat. Nr. 24; Abb. 57, 59).

29 Bozdoğan, 1993, S. 439.

30 Der hier wiedergegebenen Text zitiert die mir freundlicherweise überlassene Übersetzung von Klaus Kreiser, dem ich zu aufrichtigem Dank verpflichtet bin, etwas verkürzt zu finden auch bei Tekeli, 1984, S. 15. ‚Hotels, Schulen, Banken und Hafengebäude sind alle Karikaturen einer Moschee, nur daß außen das Minarett und innen der Mimbar fehlt. Unsere Architekten nennen diesen Baustil 'türkische Architektur'.'

31 Zitat im Artikel von Dr. Abdoullah Djevdet: The adress of Ismet Pasha on education, in: Idjtihad, 1. Nov. 1927; zit. n. Levonian, 1932, S. 31.

32 LAB, Nr. 53, 54, Ernst Reuter, dt. Manuskript, Einführung in die Kommunalwissenschaft, Ankara 1940, Kap. VII, S. 4.

33 Einen guten Überblick gibt das Buch der Neue Schulbau im In- und Ausland von Julius Vischer, 1931; vgl. auch die Abschnitte zu den Schulbauten von Bruno Taut, in: Kat. Taut, 1995, sowie ungedruckte Dissertation von Antonia Gruhn-Zimmermann: Die Schulbauten Max Tauts, TU München 1993.

34 Grundlegend: Ahmad, 1993, bes. S. 61ff. Auch das Schlagwort von der ‚absolutistischen Republik' wurde schon früh von Kritikern vorgebracht, S. 56; vgl. Bozdoğan, 1993, S. 441, die von ‚enlightend despotism' spricht.

35 Egli, 1969, S. 31 – 35; Curriculum Vitae aus dem Jahre 1952 (Privatbesitz Fam. Weber, Zürich); zur Wiener Siedlerbewegung, Zwingl, 1993, S. 22, Zusammenarbeit bei der Reformsiedlung ‚Eden' 1921/22. Daraus entwickelte sich eine langjährige beiderseitige Freundschaft.

36 ETH HS 785.1 Vorlesung ‚Türkische Baukunst' ETH, Sommersemester 1942, Manuskript, S. 276.

37 Zu diesem Problem vgl. Inci Aslanoğlu: Evaluation of Architectural Devolpments in Turkey within the socio-economic and cultural framework of the 1923 – 1938 period, in: Middle East Technical University Journal of the Faculty of Architecture 7, 1986, H. 2, S. 15 – 41.; Bozdoğan, 1993, S. 446 mit Hinweis auf das neue Gesetz zur Förderung der Bauindustrie von 1927.

38 Egli, 1969, S. 46f.; viele dieser Entwürfe wurden ausgeführt; Margarete Schütte-Lihotzky knüpfte zehn Jahre später mit ihrem Dorfschulprogramm an diese Entwürfe an, s. u. Teil II, Kap. 6, Schütte-Lihotzky.

39 Ebd., S. 50, vgl. 47; zur Entwicklung der Institution des Konservatoriums s. Widmann, 1973, S. 134; der Bau wurde 1937 durch einen Pavillon von Sedad Hakkı Eldem erweitert.

40 Egli, 1969, S. 50f.

41 Meier, 1941.

42 Vgl.Eglis sehr persönliche, aber im Kern zutreffende Einschätzung, Egli, 1969, S. 57.

43 Berliner Beispiele bei Hüter, 1987, passim.

44 Mit den Pavillons abgebildet in TK, Nr. 4, Dez. 1934, S. 31; s. a. L'institut des jeunes filles d'İsmet İnönü, in: TK, Nr. 6, April 1935, S. 6 – 9.

45 Egli sollte Poelzig auf seiner zweiten Europareise 1933 in Berlin persönlich kennenlernen, bevor dieser 1935/36 schließlich selbst mehrmals in Ankara und Istanbul war, wo er als Nachfolger Eglis an der Akademie vorgesehen war, s. Kap. II. 4. Als Vergleiche wären auch Poelzigs Projekte für die Versuchsanstalt für Luftfahrt und das Verwaltungsgebäude für das Stickstoffsydicat in Berlin beide 1929/30 zu nennen, die aber nicht die charakteristische Segmentform aufweisen, vgl. Posener, 1994, S. 219.

46 S. F. Falke: L'institut superieur d'argronomie d'Ankara, in: TK, Nr. 2, Aug. 1934, S. 2 – 5; ders.: Die landwirtschaftliche Hochschule Ankara am Schluß ihres 2. Studienjahres, in: TK, Nr. 9, Okt. 1935, S. 2 – 9; vgl. Erichsen, 1991, S. 73, 96 an der landwirtschaftlichen Hochschule befanden sich auch sogenannte Reichsprofessoren, die mit Billigung des NS-Staats von Deutschland in die Türkei geschickt wurden; vgl. a. Scurla-Bericht, 1939, S. 79 – 86: Akman, 1978, S. 16 – 44.

47 Adk, Taut Archiv, Brief an Isaburo Ueno, 6. 11. 1937.

48 Vgl. Arbeiten bei Schoukri, 1930/31, S. 329f. Das andere Paradigma wurde bezeichnenderweise durch Clemens Holzmeister und seinem System der Erkerbauweise begründet, vgl. Kap. I. 3.

49 Zum Dampfermotiv s. Kähler, 1981.

50 Die anderen Institusgebäude für Zootechnik, Tieranatomie und -pathologie sowie für Wein- und Milchwirtschaft folgten hingegen einem rational durchformulierten Formenkanon, der nochmals stark Mendelsohnsche Elemente verarbeitet. Sie stellen ‚Reinformen' der sogenannten ‚Kübik' dar. Der symmetrische Aufbau des Instituts für Zootechnik verweist auch auf die gerade fertiggestellten Bauten der Stromversorgung der Berliner S-Bahn von Richard Brademann, 1925 – 1929.

51 Weiser, 1929/30, S. 1. Als Beispiele wären von Paul Bonatz (und Friedrich Scholer) die Bauten der Neckarschleusen, der Wettbewerbsentwurf für das Haus des Rundfunks in Berlin, 1928, und der Zeppelinbau in Stuttgart, 1929 – 1931, sowie von Wilhelm Kreis das Hygienemuseum in Dresden zu nennen, wo in ähnlicher Weise verschiedene Referenzsysteme kombiniert werden; vgl. Graubner, 1931; Tamms, 1937, S. 40 – 51; Ralf Schiller: Ein weißer Tempel für Dresden, in: Nerdinger/Mai, 1994, S. 141 – 155, bes. S. 144 – 146.

52 Egli, 1969, S. 70; s. a. Agenda Egli 1935 (ETH HS 787.9), 27. 3. Besprechung mit dem Minister; 11. 4. – 24. 4. Pläne 1:100 fertiggestellt; zur Fertigstellung Egli, 1938, S. 277.

53 Erichsen, 1991, S. 86, 91; Scurla-Bericht, 1939, S. 127f.; zum Bau Egli, 1938, S. 278.

54 Es befindet sich in unmittelbarer Nähe der Süleymaniye und war mit dem botanischen Garten verbunden. Aufgrund einer persönlichen Intervention des Ministerpräsidenten Menderes wurde das Gebäude wegen angeblicher Beeinträchtigung der Moschee Süleymans 1957 um ein bzw. zwei Stockwerke abgetragen.

55 Zum Luftfahrt-Vereinsgebäude s. TK, Nr. 3, Okt. 1934, S. 27f.; zum Lisesi vgl. Egli, Agenda (ETH HS 787:9) 26. 12. 1934 – 1. 1. 1935 Vorprojekt, vgl. Egli, 1938, S. 277.

56 Egli, 1969, S. 55. Dort spricht er aus der Erinnerung allerdings fälschlich von seinem Minister Reşit Galip, der jedoch nur von Sept. 1932 bis August 1933 Minister war. Nach raschem Wechsel zwischen Yusuf Hikmet (1933/34) und Zeynelabidın Özmen (1934/35) war ab Juli 1935 mit Saffet Arıkan wiederum eine gewisse Kontinuität gewährleistet; er blieb bis zum Regierungsreviremont nach dem Tod Atatürks im Dezember 1938 im Amt. Vgl. Jäschke, 1935, S. 141; ders, 1943, S. 138, zu den geplanten Projekten von Istanbul aus s. Egli, 1969, S. 61.

57 Zu diesen Vorgängen: Anonym: Güzel Sanatlar Akademisi. Mimari şubesinde talebe nasıl çalışıyor [Akademie der Schönen Künste. Wie arbeiten die Studenten an der Architekturabteilung?], in: Mimar 1, 1931, S. 25 – 27; s. a. ETH 785:161, Curriculum vitae Eglis, Wintersemester 1951/1952.

58 Egli, 1969, S. 49.

59 Ebd. S. 74; Eglis Schlüsselerlebnis sowohl in bezug auf die Sprachreform als auch in Hinblick auf seinen höchsten Förderer Mustafa Kemal Paşa war die Rolle des Versuchskaninchens bei Einführung der lateinischen Schrift. Egli mußte ein Schriftstück mit der neuen Schrift, überreicht von Atatürk, vor der Sprachkommission laut vorlesen. Atatürk nahm dies als Beweis für die Brauchbarkeit der neuen Schrift. Ebd. S. 48f.

60 Mimar 1, 1931, S. 26; Egli, 1969, S. 58f. Möglicherweise ist die Schreibweise auch Ginther.

61 Zu den Ausstellungsprojekten s. Mimar 1, 1931, S. 26, 241 bis 43; Mimar 2, 1932, S. 18f.; Mimar 3, 1933, S. 208 – 216; Mimar 4, 1934, S. 257 – 274; ebenso Schoukri, 1930/31, S. 321f., 329f. Zu den Berliner Bauten s. Mimar 1, 1931, S. 172 – 174.

62 Zum Folgenden Egli, 1969, S. 72f., mit den angegebenen Zitaten.

63 Ebd. S. 73.

64 In diesem Zusammenhang sind die späteren Publikationen Eldems zu sehen. S S. H. Eldem: Türk evi, plan tipleri [Das türkische Haus und seine Grundrißtypen], Istanbul 1935; ders.: Annciennes maisons d'Ankara, in: TK, Nr. 7, Juni 1935; ders.: Türk evi, Osmanlı Dönemi /Turkish Houses, Ottoman Period, 3 Bde Istanbul 1984 – 1987, im Vorwort zum 1. Band, S. 11, heißt es: ‚On my return [from Europe] (during the 1930's) I found a research centre for the study of national architecture, and undertook a series of research surveys in Anatolia [...] The results of these surveys were collected together in an archive, with the intention of using them as documentary material, and attempts were made to publish them.' Das Archiv in der Akademie der Künste wurde 1947 durch Feuer zerstört. Auch Eglis eigene Beschäftigung mit historischer Architektur rührt aus dieser Zeit her: E. Egli: Das türkische Wohnhaus, in: TK, Nr. 14, Aug. 1936, S. 11 – 19, vgl. a. seinen Klassiker: Sinan, der Baumeister osmanischer Glanzzeit, Erlenbach-Zürich/Stuttgart 1954.

65 Brief Eglis an Kurt Junghanns vom 4. 2. 1966, zur Vorreiterrolle Tauts erstmals Bonatz, 1950, S. 323. Eine weitere wichtige Stellung nahm der zweite Assistent Eglis, Arif Hikmet Holtay, ein, der Eglis Absichten im Entwurfsatelier wie auch im Städtebauseminar umsetzte.

66 Vgl. Schoukri, 1930/31, S. 330, 325.

67 Die Bau- und Werkkunst 6, 1929/30, S. 213; auch in Platz, 1930, S. 468f., dort auch auf die Nußbaumvertäfelungen im Wohnsalon hingewiesen. Platz bezeichnete das Haus als 'ein aus den robusten Erfindungen Corbusiers [...] veredeltes Destillat', ebd., S. 114.

68 S. Egli, 1969, S. 51. Ich danke der Familie Devres herzlichst für die Gastfreundschaft und die bereitwilligen Auskünfte zur Geschichte der Villa im Oktober 1995.

69 Auch dort sind Musik- und Speisezimmer in einer Raumfolge angeordnet, allerdings ohne die beidseitige Durchlichtung. Vgl. Benedetto Gravagnuolo: Adolf Loos. Theory and works. New York 1982, S. 198. Grundriß der Villa Devres bei Sözen, 1983, S. 185.

70 Bozdoğan, 1996, S. 313.

71 Zit. n. Bozdoğan, 1996, S. 318.

72 Bozdoğan, 1996, S. 323. Unverständlicherweise werden weder Eglis Villa Devres noch das Atatürk-Palais (vgl. Kap. I,3) von Bozdoğan erwähnt. Sie folgt damit der innertürkischen Rezeption, Eglis Schaffen weitgehend zu marginalisieren. Die Schülerprojekte der Architekturklasse der Akademie unter Leitung Eglis publiziert in: Mimar 1, 1931, S. 26, 241 – 43; Mimar 2, 1932, S. 18f.; Mimar 3, 1933, S. 208 – 216; Mimar 4, 1934, S. 257 – 274.

73 Zit. n. Bozdoğan, 1996, S. 319.

74 Egli, 1969, S. 57; vgl. ETH, Agenda Egli 1935, 27./28. 5.: Pläne 1:50 zu Atatürk geschickt; 3. – 7. 6.: Varianten zum Haus Fuat. Der Architekt war empört darüber, daß Fuat Bulca das Grundstück 1953 einem Spekulanten verkaufte und das Haus somit zum Abriß freigab.

75 Zur Wiener Werkbundsiedlung s. Die Bau- und Werkkunst 7,

1930/31, S. 358 – 379, zu Pauls Villa Traub vgl. Innendekoration 46, 1935, S. 113 – 128 sowie Sonja Günter: Bruno Paul, in: Stadt H. 10, 1982, S. 42f. Das Haus ist heute Botschaft der EU in Prag.

76 Aslanoğlu, 1980, S. 155f. ‚Abb. II – 151; Bozdoğan, 1987, S. 46 – 48, vgl. Arkitekt 8, 1938, S. 277 – 279.
77 Kat. Schütte-Lihotzky, Kat. Nr. 137.
78 Egli, 1969, S. 62f.; zur korrekten Reiseroute vgl. ETH 786:161 Curriculum vitae Eglis, Wintersemester 1951/52.
79 Egli, 1969, S. 62; Modellfoto ETH 785:125. Der Standort ist unbekannt. Verwandt in der Auffassung sind Eglis Entwürfe am Ausgang des Regierungsviertels zum Güvenpark hin. Egli projektierte um diese Zeit dort zwei gegenüberliegende Grundstücke, von denen eines für den Neubau des Unterrichtsministeriums, das andere wahrscheinlich für das Justizministerium vorgesehen war. Von diesen Gebäuden haben nur eine vage Vorstellung, aus den Planunterlagen Jansens. PSTUUB Nr. 22863, 22866, 22871 auf letzterem im Aufriß erkennbar über H-förmigen Grundriß und vorgelagertem Kolonnadenbau.
80 Zu diesem und dem vorherigen: RAW, Botschaft Ankara, Akte Ernst Egli, speziell Brief des deutschen Botschaftsrats von Winter an den österreichischen Geschäftsträger Buchberger vom 22. 3. 1934, zur Werkliste Antrag an das AA Wien vom 14. 6. 1935; ebd., Akte Kobinger, vgl a. CAA 030/18/01 – 36/33/5 Vertrag mit Kobinger vom 9. 5. 1933.
81 RAW Botschaft Ankara, Akte Egli, Brief v. Buchberger an das AA Wien 28. 11. 1935; persönliche Schilderung in Egli, 1969, S. 76.
82 PAAA, Botschaft Ankara, Schreiben v. Kellers an das Generalkonsulat Istanbul vom 29. 10. 1936, also ein Juli nach Eglis Demission. Jansens Eingabe war nach dem plötzlichen Tod Poelzigs gemacht worden, auch um zu verhindern, daß ein Architekt der modernen Richtung, noch dazu ein Emigrant, die Stelle bekommt; das war durchaus im Sinne der deutschen Stellen, aber Taut war schon engagiert.
83 Ebd. S. 76; vgl. AdR, Botschaft Ankara, Brief Buchbergers an Egli vom 28. 11. 1935.
84 Angaben nach Egli, 1969, S. 67, 74, zur Musterfarm s. La ferme modèle d'Orman, in: TK, Nr. 6, April 1935, S. 2 – 5; Einweihung am 5. 10. 1934, s. Jaeschke, 1935. Als Bauunternehmer fungierte der Architekt Bedri Bey zusammen mit einem italienischen Statiker, dem Ingenieur Alligranti.
85 Aslanoğlu, 1980, S. 136f., Kat. Nr. II. 126, 127; vgl. a. La Turquie s'industrialise, in: La Turquie contemporaine, 1935, S. 137 – 165; Beispiele auch in: L'architecture d'aujourd'hui Nr. 7 1931, S. 71 – 74 (Destillerie in Istanbul von Rob Mallet-Stevens); Mimar 4, 1934, S. 159 – 162; TK, Nr. 15, Okt. 1936, S. 20 – 24.
86 Schoukri, 1930/31, S. 330; Mimar 1, 1931, S. 243, 245.
87 Pläne datiert April 1937 s. ETH 785:135.
88 ETH 785:161, Curriculum Vitae, Wintersemester 1941/42, ‚4. Bauten für den türk. Luftflottenverein.'
89 Nerdinger, 1993 (Bauhaus); Fehl, 1985.
90 Zu den letzten Tätigkeitsfeldern in der Türkei Egli, 1969, S. 90 – 101.
91 PAAA Botschaft Ankara, Nr. 666, Brief Eglis vom 19. 5. 1938; Nr. 665 Spezialakte, Ausbürgerungsanträge des Reichsführers SS und Chef der deutschen Polizei, Schreiben vom 24. 10. und 7. 11. 1940.
92 Egli, 1969, S. 53.
93 Zur italienischen Diskussion vgl. Germer, 1991, bes. S. 76ff. und Pfanmatter, 1990 sowie Kap. II.2.
94 BA Potsdam, 09.01, Nr. 60634, Reisebericht Dr. Goerdelers nach Ankara, Juli 1939; bes. S. 2f. [10f.]
95 N. Batur, 1984, S. 87 ‚[...] public buildings begin to show a Holzmeisterian tone.'
96 Viennensis [möglicherweise Max Eisler], 1932, S. 409, wo die ‚titanische' Person Holzmeister begeistert gefeiert wird: ‚Zum gegenwärtigen Zeitpunkt [1932] baut er in Deutschland an einigen Kirchen und vollendet zur selben Zeit – mit einem Ministerium des Inneren – eine Reihe seiner Staatsbauten in der asiatischen Türkei. Man kann sich kaum einen weiter gespannten von stärkeren Gegensätzen bewegten Wirkungskreis denken und keinen, der einen ähnlichen Aufwand von Arbeitskraft erfordern würde. Holzmeister bewältigt alles wie spielend. Er ist immer frisch und gut gelaunt, immer bereit eine Fülle neuer Arbeit, jeder Art – Schulhäuser, Badehallen, Hotels, Wohngebäude, denn auch derlei baut er zwischendurch – auf sich zu nehmen.'
97 Eisler, 1929, S. 49.
98 Holzmeister, 1937, S. 204.
99 Holzmeister, 1976, S. 16.
100 Vgl. Kriegerdenkmäler im Felde und Daheim (auch als Werkbund-Jahrbuch), München 1917, vgl. Ausstellung von Gustav Hartlaub, Kunsthalle Mannheim 1916.
101 Zum Krematorium Wien: Österreichs Bau- und Werkkunst 1, 1924/25, S. 1ff.; Holzmeister, 1976, S. 61.
102 Vgl. Estermann-Juchler, 1982, führt als frühes Beispiel die Umgestaltung des Stadtzentrums von Brescia, ab 1929, an, und wird als ‚aus dem Novecento entstammenden' und in eine rationalistische Richtung gehend charakterisiert,
103 Holzmeister, 1976, S. 69; ders., 1937, S, 203.
104 Egli, 1969, S. 51.
105 So die Darstellung von Egli, Holzmeister, 1976, S. 69 nennt kein klares Datum im Gegensatz zu Holzmeister, 1937, S. 203; Anfrage wahrscheinlich 1927, definitiver Auftrag 1928; Darstellung Holzmeisters auch von Nasır, 1990, S. 196 übernommen.
106 NCHI, Tagebücher Ankarareisen, 1929 – 1932; für 1928 sind zwei Reisen überliefert, Anfang des Jahres durch Egli, 1969, S. 41; November 1928 bei H. Jansen, Brief an Örley 1928, BAA.
107 Vgl. Ausst.-Kat. Revolutionsarchitektur, Akademie der Künste, Berlin 1971, S. 51 Nr. 19; ersten Aufsatz von Emil Kauffmann zur ‚Revolutionsarchitektur' um 1929/30, vgl. Jan Carl Philipp (Hrsg.): Revolutionsarchitektur. Klassische Texte zu einer unklassischen Architektur (Bauweltfundamente, Bd. 91), Braunschweig/Wiesbaden, 1990.
108 Kat. Tendenzen der Zwanziger Jahre, Berlin 1977, Nr. 2/102 – 103.
109 Egli hatte zusammen mit Sedad Hakkı Eldem ein groß angelegtes Dokumentationsprogramm zur Typologie des türkischen Wohnhauses begonnen s. o. Kap. I. 2.
110 AW, Nr. 183, Bl. 30. Es bleibt allerdings unklar, ob es sich nicht hier um das allerersten Entwurf handelt, in dem ‚Kriegsministerium und Generalstab' gemeinsam untergebracht werden sollten.
111 Vgl. Nasır, 1990, S. 245. Dort spricht sie allgemein auch

112 Eisler, 1929, S. 50.
113 BAA, Bd. 5, Brief Örley an Jansen, 8. 8. 1928. Nasır, 1990, S. 196, hat behauptet, daß Atatürk, Recep Peker und Şükrü Kaya 1927 ‚Richtlinien' bestimmt hätten, wie die türkische bzw. Ankaraner Architektur auszusehen hätte. Klare Belege hierfür fehlen.
114 Zit. n. Rill, 1987, S. 107 (ca. 1933).
115 Vgl. Germer, 1992 und die Ausführungen in Kap. II, 2.
116 Zur zeitgenössischen Stellung der Armee als ‚Schule' der Nation, Histoire de la Republique, 1933, bes. S.338f.; vgl. Weiher, 1978, S. 76, 96f. mit weiterer Lit. Geradezu kurios mutet es in diesem Zusammenhang an, daß das Generalstabsgebäude in L'architecture d'aujourd'hui Nr. 7, Okt. 1931 als 'Batiment public à Stamboul' vorgestellt wurde; immerhin wurde es auch in Frankreich wahrgenommen.
117 NCHI, Reisetagebuch 29. 10. 1931: ‚10h Einweihung von Kriegsministerium und Generalstabsgebäude mit Kemal Pascha und Ministern. Gazi ist sehr zufrieden – Nachheriger Ministerrat beschließt Bau des Innenministeriums – 12h Gratulationskur beim Gazi, Militärparade etc. – abends Ball im Ankara Palas, vom Gazi wiederholt ausgezeichnet.'
118 Ebd. Reisetagebuch November 1929, 25. u. 26. 11.
119 Ebd. Reisetagebuch August 1930, 2. 8.; vgl. Reisetagebuch Juni 1931, 14. 6. ‚Spital wird bestimmt gebaut', was dann doch nicht eintrat.
120 Tahır Turan: Sira evler [Wohnhäuser], in: Mimar 4, 1934, S. 341 – 342. In deutlicher Anlehnung an Holzmeister entstand auch die Polizeischule von Celâl Biçer und Reşat Sam. Vgl.: Polis Jandarma mektebi, in: Arkitekt 8, 1938, S. 33 – 39.
121 Zur deutschen Diskussion vgl. Döcker, 1928.
122 NCHI, Reisetagebücher, Mai, Juli/August, November 1930, 17./18. 5.; 26. 7., 2. 8.; 16. 11.: ‚Bahnhofsbau verschoben'.
123 Ebd. Reisetagebücher Juli/August 1930, 2. 8.
124 Bis Mitte 1934 lagen Pläne von Blum in Abstimmung mit der Eisenbahnverwaltung vor, die dann plötzlich durch separate Neuplanungen des Wirtschaftsministeriums hinfällig wurden. Vgl. GNM, Brief Jansen an AŞİM, 5. 8. 1934. In Anlehnung an französische Vorbilder wurde der Bahnhof 1935 bis 1937 errichet; s. Yıldırım Yavuz: Ankara Garı ve Mimar Şekip Sabri Akalın [Der Bahnhof von Ankara und sein Architekt Şekip Sabri Akalın], in: Ankara H. 5, 1993, hrsgn v. der Stadtverwaltung Ankara, S. 33 – 56. vgl. a. Gruber, 1933, S. 46 – 50, wo drei sehr modern ausgerichtet Diplomarbeiten aus der Klasse Bonatz für den Bahnhof Angora vorgestellt werden: Robert Hasendörfer, Walter Königsberger und Fritz Schumacher (Bremen).
125 NCHI, Reisetagebuch November 1929, 14. 11. in Zusammenhang mit dem Bahnhof erwähnt. Das Denkmal wurde erst im Laufe der Entstehung des Regierungsviertels endgültig für den heutigen Platz bestimmt. BAA, Brief von Örley an Jansen vom 26. 5. 1931, dort wird ein Fliegerdenkmal in Form eines Obelisken aufgrund der Dimensionen für Yenişehir vorgeschlagen, dagegen das ursprünglich dort vorgesehene Gendarmeriedenkmal an den zukünftigen Bahnhof verlegt, wie es dann in Holzmeisters Projekt zu sehen ist. Wenig später wurde das Denkmal aber wieder als Eingang des Regierungsviertels geplant. Das Obelisken-Denkmal wurde nicht ausgeführt.
126 S. Arkitekt 8, 1938, S. 130 – 132; Junghanns, 1983, S. 113; ausführlich s. unten Kap. II.5.
127 Holzmeister, 1976, S. 103; vgl. Arkitekt 8, 1938, S. 101.
128 NCHI, Reisetagebücher Juni u.Oktober/November 1931, 14. 6. Auftrag; 26. 10.: ‚Gendarmeriedenkmal, Modell und Fotos;' vgl. Holzmeister, 1934, S. 11f.
129 Holzmeister, 1934, S. 11 – 14.
130 Vgl dazu jüngst: Bernd Nicolai: Tectonic Sculpture. Autonomous und Poltitical Sculpture, in: Ausst.-Kat. Art and Power. Europe under the dictators 1930 – 1945, London 1995, S. 334 – 338. (dt. Ausgabe, München 1996).
131 Holzmeister, 1976, S. 74f., vgl. NCHI, Reisetagebuch Oktober/November 1931, 31. 10.: ‚5h Innenministerium mit Denkmalsmodell, zunächst wenig Verständnis […].'
132 NCHI, Reisetagebuch April/Mai 1932, 30. 4.: ‚3h Innenministerium, Reliefs von Hanak vorgelegt, Gazi [Atatürk] soll auf der Rückseite nochmals reduziert [werden].' Einen Tag später wird der Vertrag über die Errichtung des Monuments abgeschlossen. Zum ersten Entwurf der Rückseite s. Holzmeister, 1934, S. 13, Abb. 24; vgl a. Hermann Neumann: Der Bildhauer Josef Thorak. (1889 – 1952). Grundlagenforschung zu Leben und Werk, Diss. TU München 1989, bes. S. 592 – 594; Louis Trenker hatte Thorak nach Hanaks Tod Holzmeister empfohlen, der die Arbeiten 1934 bis 1936 ausführte. Das Honorar betrug 30 000 ÖS. Insgesamt sind drei Versionen für das Relief überliefert, ursprünglich war Atatürk von der Volksmenge umringt gezeigt. Die weiteren Versionen zeigen ‚die Entwicklung Thoraks zu seinem auftrumpfenden Monumentalstil'. Neumann, S. 593; allerdings will Neumann in den Paladinen nur allgemein nackte Heroen sehen, was aber aufgrund der Porträthaftigkeit unwahrscheinlich ist.
133 Zum Bremer Reiterstandbild vgl. Gert-Dieter Ulferts: Louis Tuaillon, Berlin 1993, S. 99f.; Kat. Nr. 22; zur Diskussion um den Körperpanzer grundlegend Klaus Theweleit: Männerphantasien, Reinbek 1980.
134 Vgl. Bernd Nicolai, Kristine Pollack: Kriegerdenkmale-Denkmäler für den Krieg? In: Kat. Skulptur und Macht, Akademie der Künste, Berlin 1983, S. 61 – 92, Kat. Nr. 3.10. vgl. Nicolai, Tectonic Sculpture wie Anm. 130.
135 Dazu jüngst den Forschungsstand zusammenfassend: Jürgen Tietz: Das Tannenberg-Nationaldenkmal und seine Architekten Johannes und Walter Krüger, Diss. phil. Tu Berlin Ms Schrift, Berlin 1996 (in Druck).
136 Vgl. Siegmar Holsten: Allegorische Darstellungen des Krieges 1871 – 1918 (Studien zur Kunst des 19. Jahrhundert Bd. 27), München 1976.
137 Vgl. Hüseyin Gezer: Türk Heykeli [Türkische Plastik], Ankara 1984, S. 79f. das Reiterstandbild vor dem Ethnographischen Museum sowie die Statue auf dem Atatürk-Boulevard von Pietro Canonica 1927 und 1928 sowie Heinrich Krippels Reiterstatue auf dem Ulus Meydanı, 1925 – 1927.
138 NCHI, Reisetagebuch November 1929, 13. 11: ‚Bei Örley und Egli zu gemeinsamen Gegenprojekt gegen Jansens Planbeschluß.' Dagegen schon am BAA, 29. 9. 1929, Brief Jansen an Örley über Holzmeister: ‚Wir besprachen das Regie-

rungsviertel und haben uns über die allgemeine Anordnung geeinigt. Er hatte eine ziemlich eingehende Aufteilung, die sich nicht ganz mit der meinigen deckte. Wir einigten uns aber bald, sodass er seinen Neubau für den Minister Recep P. [Arbeitsmin.] weiterbearbeiten kann. Er hat an seinem früheren Grundriß im wesentlichen festgehalten, was ihm natürlich nicht unangehm ist. Mir ist das Wesentliche die Silhouette der Gesamtanordnung, sodass im Hintergrund die fünfstöckige Horizontale [Parlament?] bleibt.'

139 s. Jaeschke 1931: Gesetz zum Ankara-Plan vom 28. 5. 1928, Nr. 1351, noch vor dem eingeladenen Wettbewerb; dagegen wurden Generalstab und Verteidigungsministerium erst post festum per Gesetz vom 6. 5. 1929, Nr. 1436b gebilligt. Der Gesamtetat für beide Gebäude belief sich auf 2,3 Mio TL.

140 NCHI, Reisetagebuch November 1929, 13. 11.; gleichzeitig, 18. 11. arbeitet Holzmeister am Parlamentsentwurf für die Neustadt (Yenişehir).

141 Ebd., 18. 11. Holzmeister arbeitet an den Vorentwürfen, Reisetagebuch Mai 1930, 17. 5. der Baubeginn wird um ein Jahr verschoben. Das Wirtschaftsministerium als Pendantbau entstand wohl erst 1939. Vgl. sign. Zeichnung Holzmeisters AW, Lade 12, Nr. 312.

142 Der Entwurf stellt in der Mischung von klassischen und orientalischen Elementen – Säulentempel und Zikkurat – eine Vorform des späteren Ausführungsentwurfs von E. Onat und Arda für das Atatürk-Mausoleum 1942 dar. Vgl. a. unten Kap. I. 4.

143 NCHI, Reisetagebuch Mai 1930, 25. 5. ‚Entgegennahme für den Bau des Innenministeriums.'

144 GNM, IB 7, Brief Jansens an Holzmeister vom 16. 6. 1933, sowie Brief an Egli vom 19. 6.; vgl. BAA schreiben Jansens an ASİM vom 26. 7. 1933: ‚Jedoch halte ich meinen früheren Vorschlag über die Bebauung des Regierungsviertels für günstiger. Mein [...] Vorschlag [...] sieht eine Gebäudestellung senkrecht zur Hauptachse vor. Diese Richtung halte ich nach wie vor für die natürlichere, da sie den vorhandenen Höhenschichten entspricht.' So könnten große Höhendifferenzen innerhalb der einzelnen Blocks vermieden werden; s. a. ebd. Denkschrift zum Generalbebauungs-Plan Ankara, 1936: ‚Um weiter 4m tiefer gelegen sind die nun folgenden Bauten des Obersten Gerichtshofes und des Zollministeriums. Durch ihre übergrosse Entwicklung senkrecht zu den Höhenschichten und durch ihre gewaltigen Ausmasse ordnen sich diese Gebäude leider nicht ganz dem Aufbaugedanken [der städtebaulichen Achse zum Parlament] unter.'

145 AW, Lade 12, Nr. 325, zwei Blätter, eine farbige Kreideskizze in der ITÜ, Architektur Fakultät. vgl. GNM, IB 7, Brief Jansens vom 8. 2. 1933 an den technischen Berater der Ankaraner Baukommission Grosz-Röll, zur ersten Konzeption des Platzes vor dem Innenministerium, der von 60 auf 90 Meter erweitert worden war: ‚Es wird dies also eine unnütze sonnendurchglüte Staubwüste und im Winter eine unnütz grosse Morastfläche. Ich weiß nicht, wer jetzt überall mit hineinredet.' Der Platz wurde schließlich auf 60 Meter Breite begrenzt. Pflasterung war schon im ersten Projekt Holzmeisters vorgesehen; vgl. a. Jansens Denkschrift zum Ankara-Plan 1936, S. 43, ebd.

146 GNM, Denkschrift Ankara Plan 1936, S. 43.

147 Pfammatter, 1990, S. 117.

148 Zu Rom Lenzi, 1936 sowie Estermann-Jucler, 1982, S. 123.

149 Originär ist der Entwurf nicht. Robert Örley hatte 1927 im Wiener Wettbewerb zur Bebauung des Schmerlingsplatz ein ähnliche Lösung vorgeschlagen, Vgl. Kat. Örley, 1996, S. 92 und Die Bau- und Werkkunst 4, 1927/28, S. 81 – 86. Der Vorsitzende der Jury Wilhelm Kreis sprach in diesem Zusammenhang von einem ‚übertriebenen Mittelbau'. In der Übernahme zeigt sich deutlich eine Verfahrensweise, die Holzmeister als begnadeten ‚Amalgamisierer' ausweisen. Weitere Entwürfe von Josef Hoffmann, Wilhelm Kreis und Domikus Böhm sind in sein Werk eingeschmolzen worden.

150 BAA, Protokoll 2.4. – 24. 4. 1934; Punkt c); vgl d): Als am 15. 4. das Projekt Holzmeisters in zwei Plänen und drei Perspektiven vorliegt, kommentiert der Direktor der Ankaraner Baubehörde Şemih Bey: ‚je refuserai ce project.' Arthur Waldapfel (1886 – 1947) war von 1928 bis zu seinem Tode der Bauleiter Holzmeisters in Ankara, s. AdR, Gesandtschaft Ankara, Personalakte Arthur Waldapfel, aus dem Jahr 1935, anläßlich der Verleihung des Titels Technischer Rat, wegen seiner Verdienste um Holzmeisters Bauvorhaben, besonders auch um den Neubau der österreichischen Botschaft. Der Titel Baurat h.c. wurde ihm nicht verliehen, da Holzmeister und Egli diese Titel trugen. Waldapfels Nachfolger war interessanterweise Franz Hillinger, der durch Bruno Taut 1937 in die Türkei geholt worden war.

151 BAA, 10. 6. 1934, Brief Jansens an AŞİM: ‚Es muss auf eine endgültige abschließende Gesamtform des Regierungsviertels gedrungen werden, welche nicht zugunsten von Einzelprojekten angegriffen werden darf.' Ein recht hilfloser Versuch angesichts der dauernden Änderungen durch Holzmeister. Zu den Gesetzen s. Jaeschke, 1933, 30. 10. 1931, G 2107b, Anläßlich der Einweihung von Generalstab und Verteidigungsministerium wird der Bau von fünf weiteren Ministerien beschlossen (Innen-, Arbeits-, Wirtschafts-, Zoll- und Erziehungsministerium); nochmals verändert am 18. 1.1933, dort auch Bau des Obersten Gerichts genannt, s. Jaeschke, 1935, vgl. 9. 7. 1934, G 2604, Neubau des Innenministeriums (Vilâyetler evi) letztmalig abgeändert.

152 NCHI, Reisetagebuch Nov. 1929, 20. 11.,‚Vorlage der Skizzen zum Parlament bei Fallik Rifki'; 24. 11. ‚Beim Innenminister mit Örley, Besprechung über Regierungs-Viertel.'

153 BAA, Brief Örleys an Jansen, 15. 11. 1928.

154 Achleitner, 1985, vgl. G. A. Schwaiger: Die Grundlagen zum Funkhauswettbewerb, in: Profil 3, 1935, S. 394 – 407

155 Ahmad, 1993, S. 61.

156 Ebd. S. 62 – 64. 1935 wurde der Posten des Parteisekretärs mit dem des Innenministers vereint, die regionalen Parteivorsitzenden wurden gleichzeitig Provinzgouverneure: ‚Die Kemalisten hatten den endgültigen Schritt zur Formalisierung der Parteidikatur in der Türkei getan.' Ebd. S. 64. Trotzdem schafften es die liberalen Mitglieder um Celal Bayar 1936, Recep Peker zu stürzen und mit Bayar den ersten zivilen Innenminister zu stellen. Atatürk wollte alle Annäherungen an ein faschistisches Italien vermeiden, da er dessen expansive Außenpolitik als Gefährdung der türkischen Interessen ansah. Die damals erfolgte Hinwendung zu England und Frankreich ermöglichte nicht zuletzt den Meerengenvertrag von Montreux 1936, in der die volle Souveränität des Landes ge-

genüber den Siegermächten des Ersten Weltkrieges wiederhergestellt wurde.

157 Ebd., S. 65; zu einer Änderung der Haltung Atatürks mögen auch die antisemitischen Ausschreitungen 1934 in Edirne beigetragen haben, die streng bestraft wurden.

158 Zur Atatürk-Verehrung, die mehr und mehr in pomphaft quasi-absolutistischem Rahmen stattfand, s. Gronau, 1993, S. 237.

159 Erste Vorstufen waren bereits im Österreichischen Pavillon auf der Werkbundausstellung in Köln, 1914, errichtet von Josef Hoffman zu sehen; vgl. a. den Pavillon auf der internationalen Kunstausstellung in Rom 1910/11; s. Sekler, 1982, S. 338 – 340; WV 141/III. Zur österreichischen Rezeption von Kreis' Gesolei-Gebäude mit dem Portal des neuen Kunstausstellungsgebäudes vgl. Lothar Drasenovich: Der neue Stil. Einiges über die Düsseldorfer Großbauten des Architekten Prof. Dr. Wilhelm Kreis, in: Österreichs Bau- und Werkkunst 3,1926/27, S. 341 – 353, Abb. S. 349.

160 Zu Kreis s. Nerdinger, 1994, S. 17 – 23; zu Poelzig Bartzetzko, in: Kat. Poelzig, 1989; S. 25 – 31, s. oben Anm. 51.

161 S. Arkitekt 7, 1937, S. 315 – 324. Das Gebäude wurde in zwei Bauabschnitten errichtet, von einer Zerstörung der Einheitlichkeit des Regierungsviertels ‚von einem jungen türkischen Architekten', wie es Holzmeister, 1937, S. 204 beklagt, kann keine Rede sein. Ob der Wettbewerb tatsächlich durchgeführt wurde, bleibt unklar, s. BAA Protokoll 2. 4. – 25.4. 1934, Jansens Pkt. 5 a./3 heißt es ‚Wettbewerb zum Zollministerium wird aufgehalten.' Ein Platz westlich des Unterrichtsministeriums, also wohl als Pendantbau, wird vorgeschlagen.

162 S. Arkitekt 11/12, 1941/42, S. 1 – 7, projektiert vom Ministerium für öffentliche Arbeiten, erste Entwürfe bereits vor Juni 1937, BAA Brief Jansen an Tandoğan: ‚nördlich von dem im Regierungsviertel gelegenen Zoll-Ministerium soll für ein neues Justiz-Ministerium ein Entwurf seitens der Nafia Vekaleti vorliegen, der, wie türkische Architekten versichern, wenig glücklich ist. Mir selbst ist der Entwurf bisher nicht vorgelegt worden.'

163 AdR, Bundeskanzleramt Inneres, Karton 204, Brief vom Botschafter v. Bischoff in Paris (vormals Ankara) an Baron v. Klezl, Abteilungsleiter des Auswärtigen Amtes, 15. 4. 1935.

164 Vgl. Raith, 1997, S. 133 – 150.

165 BA Potsdam, 09.01, Nr. 60634, Reisebericht Dr. Goerdelers nach Ankara, Juli 1939; bes. S. 2f. [10f.]

166 Es gab mindestens zwei Fassadenvarianten: NCHI, Reisetagebuch Ankara Juni 1931, 13. 6.: ‚Emlak-Bank sehr nett aufgenommen'; 14. 6. ‚Finanzminister Abdulhalik-Emlak-Bank neue Fassade gefällt ihm nicht, soll die alte bleiben.' Am 26. 10. 1931 wurde das Modell vorgestellt.

167 Eugen Wörle in einem Gespräch am 19. 8. 1993.

168 NCHI, Reisetagebuch Mai 1930, 20. – 27. 5.

169 Ebd., Reisetagebuch Juli/August 1930, 27. 7.

170 Ebd., Reisetagebuch November 1930, 12. 11.; zur Ausstattung Frischauer, 1931, sämtliche Möbel hingegen wurden von J. Soulek und Jul. & Jos. Herrmann in Wien gefertigt, vgl. Viennensis, 1932, S.4335.

171 Viennensis, 1932, S. 410f.

172 Vgl. Bozdoğan, 1993, bes. S. 446

173 Egli, 1969, S. 53.

174 GNM, IB7 Denkschrift 1936, S.1.

175 S. Hoffmann, 1987, bes. S. 392f., z. B. Essen, Emden, Hagen, Bielsko-Oberschlesien, Madrid etc. Hoffmanns Artikel stellt die einzig neuere Arbeit zu Jansen dar, beschränkt sich aber, dem Thema des Sammelbandes folgend, weitestgehend auf seine Berliner Tätigkeit. Seine Rolle als Architekt ist bislang noch gar nicht untersucht worden.

176 BA Potsdam, 09.01 60634; Reisebericht Goerdeler, 1939, S. 2 [10].

177 GNM, Denkschrift 1936, S. 15.

178 Tankut, 1993, Kap. 2.3.2 A1 – 5.

179 Atay, 1980, S. 451.

180 Dies wird von anderer Seite erfolgen, in der angekündigten Arbeit von Olaf Bartels an der TU Braunschweig; die bisherigen grundsätzlichen Arbeiten Thoring, 1986 und Tankut, 1993.

181 Türkische Post, 19. 7. 1927; GNM IB7, Vertrag mit Jansen, von ihm unterzeichnet am 2. 11. 1927; Vermittlung von Jansen über den Berliner Oberbürgermeister Böß und den ehem. Stadtbaurat Ludwig Hoffmann, der selbst gefragt worden war und abgelehnt hatte, s. zuletzt Kozak, 1980, S. 41. Der Plan war laut Vertrag zweistufig auszuarbeiten, eine Kernstadt für 150 000 Einwohner mit Erweiterungsmöglichkeit auf 300 000; vgl. Tankut, 1993, S. 81.

182 BAA, Brief Jansen an Örley vom 10. 10. 1928, unter Berufung auf die Meinung Holzmeisters; von den beiden anderen Entwürfen liegen keine Pläne vor; zu Jausselys Plänen, s. Nicole Toutcheff, in: Kat. La Ville, 1994, S.169f., dort als Begründer des modernen Städtebaus in Frankreich genannt, Bebauungspläne für Barcelona 1904, Wettbewerb Groß Berlin (ein zweiter Preis), 1910 und Erweiterungsplan von Paris 1919, vgl. ebd., S. 123.

183 Ankara Şehri Imar Mürdürlüğü, im folgenden AŞIM, gegründet per Gesetz Nr. 1351 am 24. März 1928, Tankut, 1993, S. 51.

184 BAA, Brief Jansen an Oerely, 29. 6. 1928.

185 Am 15. 6. 1929 wurden Jansen, die 20 000 TL aus dem Vorvertrag vom Oktober/November 1927 gezahlt, zuzüglich der 16 000 Tl für den ersten Preis. GNM ; vgl. Jansen, 1929. Der Wettbewerb wurde in drei Schritten entschieden: 1. einer Vorprüfung, bestehend aus drei Personen, 2. einer großen Jury mit 26 Mitgliedern, wovon die Hälfte Parlamentarier waren und drittens einer sechsköpfigen Schlußjury, von der vier Ingenieure waren. Tankut, 1993, S. 75f.

186 BAA, Brief mit Glückwunsch Jansens an Örley vom 29. 9. 1929; Schreiben des Direktors der AŞIM Unterstaatssekretär Hilmi Bey an Jansen 2. 1. 1932: ‚Schriftwechsel mit Örley als privat und persönlich zu betrachten.' Was dieser Amtsenthebung vorausging, bleibt im Dunkeln; Örley hatte die Beraterfunktion de facto schon seit Frühjahr 1928 inne. Wahrscheinlich war es eine allgemeine Kritik an einem so einflußreichen ausländischen Spezialisten, als Vorwand wurden Budgetschwierigkeiten angeführt, Tankut, 1993, S. 93.

187 Dadurch daß der Bereich von Ulus im wesentlichen schon ab 1925 bebaut wurde, kam es zu einer recht mysteriösen, gerichtlichen Auseinandersetzung zwischen Lörcher (s. o) und Jansen um die Urheberrechte des Plans. Jansen wies zu recht die Anwürfe zurück, daß sein Plan im wesentlichen dem Lörchers folge. Im Bereich von Ulus waren durch die Straße zum

Bahnhof und den Gazi-Boulevard bereits Fakten geschaffen, für die Jansen nicht verantwortlich zu machen war; vgl. GNM IA4, Auschnitt aus dem Hannoverschen Kurier 22. 8. 1930: Dr. H. B. ‚Welcher Deutsche baut in Angora?'. Jansen hatte mit seiner Unterlassungsklage Erfolg. Der Bund Deutscher Architekten erteilte Lörcher einen Verweis. Vgl. a. BAA Schreiben Jansens an die AŞİM vom 27. 8. 1930, mit der Bitte um Bewertung des Lörcher-Plans.
188 GNM, Denkschrift Ankara-Plan 1936, S. 7, hierin vielleicht der deutlichste Verweis auf Camillo Sittes bahnbrechende Theorie der planvoll angelegten Stadt mit ‚gewachsenem' Charakter, vgl. Der Städtebau nch seine künstlerischen Grundsätzen, Wien 1889 [Reprint Braunschweig Wiesbaden 1989].
189 GNM, Denkschrift Ankara-Plan 1936.
190 GNM, IB7, Manuskript für ‚Dr. Servaes 11. 6. 1929, S. 6.
191 BAA, Brief AŞİM an Jansen, 3. 7. 1930; vgl. Tankut, 1993, S.146f.
192 Der Plan war auf 30 Jahre ausgelegt. 1955, 1969 und 1989 entstanden fortführende Masterpläne, s. Kozak, 1980, S.41; vgl. Thoring, 1986, S. 47 – 54.
193 Tankut, 1993, S. 80: Auf einem Gebiet von 1475 ha sollten – bei durchschnittlicher Bevölkerungsdichte von 116 Personen pro Hektar –, als Obergrenze 271 000 (+30 000 Einwohner auf Notsiedlungsgebiet) leben.
194 Ebd. S. 94f.
195 Ebd. S. 97 – 101, 132.
196 Ebd. S. 146 – 151
197 Gesetz vom 27. 7. 1932, nach Tankut, 1993, S. 91; vgl. BAA, Notiz von AŞİM für Jansen vom 11. 10. 1932, wo das Eintreffen der endgültigen Pläne am 24. 6. und 5. 8. 1932 in Ankara bestätigt wurde.
198 BAA, Brief 10. 9. 1929, Jansen an Örley.
199 GNM, Denkschrift Ankara-Plan 1936.
200 Tankut, 1993, S. 134.
201 Zu diesen Punkten ausführlich Tankut, 1993, S. 109 – 126.
202 BAA Vertrag AŞİM an Jansen vom 16. 4. 1934; vgl. endgültige Verträge vom 17. 10. 1934 und 31. 3. 1935, ebd. Das Honorar belief sich schließlich auf 32 500 TL (1935), gleichzeitig wurde festgelegt, daß Jansen, wie bisher, zu mehrwöchigen Reisen ein- bis zweimal pro Jahr nach Ankara kommen sollte. Vgl. GNM IB6, dort nachgewiesen fünf Türkeireisen zwischen 1935 und 1938, zusammen mit seinen Mitarbeitern Alfred Cuda und Hermann Bangert.
203 BAA, Vertrag vom 31. 3. 1935, S. 6, § 11.
204 GNM IB 7, Denkschrift Ankara-Plan, S. 55.
205 S. LAB, Nr. 58 Ernst Reuter: Die Entwicklungsprobleme unserer Städte, Manuskript Ankara 1943, S. 176, zur allgemeinen Wohnungsmisere Tankut, 1993, S. 157.
206 Vgl. Thoring, 1986, S. 138 – 141.
207 Ebd. Schreiben Grosz-Röll an Jansen 7. 7. 1933.
208 Schreiben Jansens an den Chef der AŞİM Innenminister Şükrü Kaya, BAA 22. 5. 1933; an İsmet Paşa [İnönü], 4. 8. 1933, CAA, 030/10/101/32.
209 GNM IB7, 7. 6. 1933 vertrauliches Schreiben von Jansen an Grosz-Röll. An dieser Problematik sollte sich nichts ändern, vgl. Beschwerdebrief Jansens an Tandoğan über den Bau des Rundfunkhauses am Atatürk Bulvarı neben dem İsmet Paşa Institut und dem Neubau des Verteidigungsministeriums im Regierungsviertel seitens des Ministeriums für öffentliche Arbeiten; BAA Schreiben Jansens vom 17. 6. 1937.
210 Walter Müller-Wulkow: Von Unten auf, in: Österreichs Bau- und Werkkunst 1, 1924/25, S. 161.
211 Peter Haiko, in: Kat. La Ville, 1994, S. S. 130f.
212 Zu Garnier s. Alain Guiheux, in: Kat. La Ville, 1994, S. 153 bis 157; zu May s. Vladimir Slapeta, Breslau/Wroclaw, in: Rassegna Nr. 48, 1989. zu frühen Trabantenkonzepten. Zum Verhältnis von Städtebau und Architektur, vgl. Hermann Jansen: Stadtbaukunst der Neuzeit, und Hermann de Fries: Zu den Arbeiten des Architekten Prof. Dr. Ing. H. C. Hermann Jansen, beide in: Österreichs Bau- und Werkkunst 1, 1924/25, S. 33 – 42, 43 – 48. Jansen spricht sich für den Primat der Wirtschaftlichkeit aus, plädiert für gartenstadtähnliche Siedlungen mit einem Verkehrsskelett als Rückhalt der Gesamtanlage.
213 GNM, Denkschrift Ankara-Plan, S. 16.
214 Kat. Martin Wagner, 1985 sowie für einen guten Überblick der Diskussion zwischen 1900 und 1930, Kat. La Ville, 1994, spez. Garnier, S.153 – 157.
215 Wagner, 1938, S. 74; schon Schwab, 1930, S. 153f. hatte gesehen, daß der Städtebau an den Technischen Hochschulen ‚als Teil der Baukunst' gelehrt würde und dabei die ‚Schönheit des Stadtbildes' nur ‚als Deckmantel der sozialen Reaktion' kritisiert; vgl. Durth, 1987, S. 80f.
216 Jansens städtebaulicher Praxis kann eine Mittlerstellung zwischen dem Reformstädtebau um 1910 und den auf industrieller Grundlage, aber nicht zuletzt als aufgelockerte Städte geplanten Neugestaltungen unter der NS-Dikatur zugeordnet werden, an den Jansen in Berlin auch selbst anteil hatte. Vgl. BA Koblenz R 120/3952, Abrechungen der Generalbauinspektion der Reichshauptstadt, 22. 3. 1944 für Planungen das ‚Südgebiet' sowie dem Gebiet westlich der Havel, insgesamt 85000 RM Honorar; zur Städtebaudiskussion Durth/Gutschow: Träume in Trümmern, Frankfurt/M. 1989 und Kat. Krieg, Zerstörung, Aufbau, 1995.
217 Goerdeler, Denkschrift, BA Potsdam, 09.01.60634, S. 2 [10].
218 Ebd., S. 3f. [11f.].
219 GNM, Denkschrift Ankara-Plan, 1936, S. 44, woraus zu schließen ist, daß Jansen zu diesem Zeitpunkt noch hoffte, den Auftrag für das Parlament zu erhalten. Die expressive Idee des Stufenbaus als Stadtkrone wird von Taut in grandioser Weise wiederaufgenommen, vgl. Arikitekt 8, 1938, S. 130 – 132; Junghanns, 1983, S. 113.
220 Genaue Erläuterung in GNM, IB7 Brief Jansens an Şükrü Kaya vom 23. 2. 1934; Originalschreiben in BAA.
221 NCHI Eintragungen vom 7.11. 1929 (Auftrag für Standort Kale oder Yenişehir); 20. 5. 1930 ‚Abgabe der Skizzen bei Falih Rifki'.
222 BAA, Jansen an AŞİM, 15. 3. 1934.
223 S. Mimar 4, 1934, S. 25 – 35; 1948 baute es Paul Bonatz gegen heftigen Widerstand zum Opernhaus um, vgl. unten Kapitel zu Bonatz.
224 GNM, IB7 Grosz-Röll an Jansen 31. 3. 1933.
225 Jansen, 1929, S. 283, Abb. 24 (Bl. 8)
226 Ebd., Abb. 25 (Bl. 7); zur Interdependenz zwischen Film- und Repräsentationsarchitektur der zwanziger und dreißiger Jahre vgl. Dieter Bartetzko: Illusionen in Stein, Frankfurt/M. 1985.

227 Bezogen allerdings auf Plan Nr. 3351; BAA Jansen an AŞİM, 19. 3. 1934: Beschreibung des Jugendparks von Ankara, S. 2; vgl. a. ausführlichen Erläuterungsbericht zum Gençlikpark, wohl Mitte 1934, ebd. In diesem Projekt ist bereits das neue Ausstellungsgebäude von Sevki bey eingezeichnet; vgl. Bangert, 1936. Zwischen den Planvarianten vom April 1933 (Nr. 3185) und Mai 1933 wurde das Ausstellungsgelände von der Straße weg um 90 Grad in den Park hineingedreht.

228 BAA; Protestschreiben Jansens an AŞİM, 1. 4. 1936, S. 5: ‚Der Jugendparkentwurf von Architekt Leveau weist keine grundsätzlich neuen Ideen gegenüber meinem bereits seit 2 Jahren fertigen und wiederholt veröffentlichtem Plan auf. Die Motive: Kaskade, Wasserbassin, seine Längsentwicklung zur Oper hin, die Insel und das Kaffee sind aus meinem Entwurf übernommen [...].'

229 GNM, IB 7, Jansen an AŞİM, 13. 6. 1933, wo er Vietis Entwurf kritisiert und Ernst Otto Schweitzers Wiener Stadion als Grundlage seines Gegenentwurfs deklariert. Zu Blum s. Kapitel Holzmeister und GNM, Schreiben Jansens an Arbeitsminister Ali Bey, 31. 3. 1934: ‚da das Projekts [Blums] damals unter den Gesichtspunkten eines allmählichen Umbau [der Bahnhofsanlagen] genau aufgestellt worden ist, bietet das Projekt für jedes Stadium der Ausarbeitungen die nötigen Unterlagen. Eine Neubearbeitung der Eisenbahnfragen ist dadurch vollständig überflüssig. [...] Ich empfehle somit dringend diesen von Herrn Prof. Blum und mir in gemeinsamer langwieriger Arbeit ausgestellten Plan beizubehalten und der weiteren Ausführung zugrunde legen.' Vgl. a. ebd. Brief Jansens an Şemih Bey (AŞİM), 5. 8. 1934, nachdem nun das Wirtschaftsministerium mit der Anlage betraut war, zu Vietti-Violi, vgl. Inci Aslanoğlu: The italian contribution to 20th century Turkish Architecture, in: Environmental Design, 1990, H.1/2.

230 S. Denkschrift zum Ankara-Plan 1936; Jansen, 1938 zum Universitätsviertel, dort ‚Führer der neuen Türkei', ‚Generalbebauungsplan der Hochschulstadt' u. ä., S. 11, 20f. zum Sprachgebrauch allgemein Otto Klemperer: LTI, Leipzig 1989.

231 Zu den Berliner Planungen, vgl. Wolfgang Schäche, Die Bedeutung der ‚Berliner Neugestaltungsmaßnahmen' für die NS-Architekturproduktion in: Berthold Hinz u. a. (Hrsg.): Die Dekoration der Gewalt. Kunst und Medien im Faschismus, Gießen 1979, S. 149 – 162; bes. S. 154 – 160.

232 BAA, Erläuterungsbericht Hochschulviertel, 30. 4. 1936, Bl, 1f.

233 Vgl. GNM IB 7 Erläuterungsbericht Hochschulstadt, nach den Besprechungen im Frühjahr 1938 (ca. Mitte 1938); Cuda ist durch seine Dissertationsschrift zum Stadtaufbau in der Türkei, bei der er im letzten Kapitel auch Ankara behandelte, hervorgetreten. Er ist ebenso wie Walther Bangert im Zweiten Weltkrieg getötet worden. Moest hat sich 1947 um eine Art Nachfolgestellung als Städteplaner beim Bürgermeister von Ankara beworben; LA Nr. 67, Kopie des Briefes von Moest vom 5. 7. 1947, in der Korrespondenz von Ernst Reuter.

234 S. Deutsche Bauzeitung 76, 1942, S. 367 – 382; vgl. Ausst.-Kat. Brüder Luckardt und Alfons Anker, Akademie der Künste, Berlin 1990, S. 244, Nr. 82.

235 GNM, IB7 Erläuterungspläne zu den genannten Städten.

236 BAA, Brief der Stadtverwaltung an Jansen: ‚Durch den Beschluss der Imar-Kommission vom 9.12.1938 und den Erlass des Innenministeriums Nr. 13902/3.3.5 vom 24. 12. 1938 wurde bestimmt, dass der zwischen der Ankara-Imar Direktion und Ihnen abgeschlossene Vertrag, der am 17. 1. 1939 abläuft, nicht mehr erneuert oder verlängert wird. Hiermit teile ich mit, dass der oben genannte Vertrag ab 17. 1. 1939 völlig und endgültig abgelaufen ist. Für Ihre wertvollen Dienste, die Sie innerhalb der Vertragszeit der Stadt Ankara leisteten, danke ich Ihnen. Hochachtungsvoll Belediye Reisi[g]i.'

237 Zahlen bei Cremer/Pryztulla, 1985, S. 19. Liste der Emigranten in Arbeitsverhältnissen, S. 55 – 61, allerdings dort auch mit Paul Bonatz, Martin Elsaesser und Robert Vorhoelzer Architekten genannt, die als Spezialisten tätig und keine Emigranten waren. Ähnlich problematisch die Stellung Arthur Waldapfels, der das Ankaraner Baubüro von Clemens Holzmeister wohl seit 1929 leitete und 1947 in Ankara verstarb.

238 Wortlaut im Dokumentarteil zum Scurla-Bericht, 1939 [1993], S. 33 – 38, dort besonders § 3,1 (Beamte jüdischen Glaubens sind zu entlassen), § 4 (politisch nicht zuverlässige Beamte sind zu entlassen, KPD und vor allem SPD).

239 Widmann, 1973, S. 56; Cremer/Pryztulla, 1991, S. 20f.; Scurla-Bericht, Dokument 3, S. 40f.; grundlegend zur Wissenschaftsemigration Erichsen, 1992, dort auch die Zahlen; vgl. a. Liste der Wissenschaftsemigranten in den Naturwissenschaften, S. 86 – 88.

240 Zit. n. Scurla-Bericht, Dokument 3, S. 40.

241 Ebd., S. 41.

242 Erichsen, 1991, S. 75, 80f. vgl. a. Erichsen, 1994.

243 Auf diesen Punkt hat Erichsen, 1991, S. 74 erstmals deutlich hingewiesen. Dabei spielt auch die Dankbarkeit sowohl der Schüler als auch der Emigranten selbst eine Rolle. Gutes Beipiel dafür war die Gedenkveranstaltung für Ernst Reuter zum 100. Geburtstag 1986, vgl. Keleş, 1986. Allerdings sollte man sich klar darüber sein, daß die wissenschaftliche Emigration nie in Zusammenhang mit der späteren Migration von türkischen Arbeitskräften nach Deutschland betrachtet wird, obwohl begleitend auch eine politische Immigration, hervorgerufen durch die innenpolitischen Probleme der Türkei (Militärputsche, Kurdenfrage), zu beobachten ist. Darüber hinaus haben aufgrund der traditionellen universitären Bindungen tausende von türkischen Studenten an deutschen Universitäten ihre Ausbildung erhalten. Eine grundlegende Revision unseres Türkeibildes hat dies aber kaum bewirkt.

244 Erichsen, 1991, S. 78f., auch zum Folgenden.

245 Reuter Schriften, Bd. 2, S. 500, Brief Nr. 107 vom 8. 1. 1939 an Elsie Howard. vgl. PAAA, Ankara Nr. 681 ‚Ausweisung von Reichsdeutschen aus der Türkei 1937 – 40', Schreiben der Botschaft v. Below an AA 26. 5. 1937, Juden seien unerwünscht, ihnen werde in der Regel die Genehmigung zur Niederlassung verweigert, s. a. ebd., R 100 889 die Versuche der deutschen Stellen, die ‚Judenfrage' in der Türkei zum Thema zu machen, am Beispiel der ‚Rückführung' jüdischer Türken vom Balkan.

246 Vgl. PAAA, Ankara, Nr. 665 Ernst Reuter, Verhinderung der Ausbürgerung, Nr. 750 Bruno Taut Befürwortung der Aufhebung der Reichsfluchtsteuer, die dann doch gezahlt werden

mußte. AdR, Gauakt Holzmeister, Wiedereinsetzung Holzmeisters in seine alten Pensionsbezüge etc.; sogar jüdische Emigranten wie der Statiker der Sümerbank Kurt Bernhard wurde vor der aus ‚reichwichtigen Interessen' vor der Ausbürgerung bewahrt, PAAA, Ankara Nr. 665; vgl. a. die in vielen Teilen selbstglorisierenden Memoiren von Franz v. Papen: Der Wahrheit eine Gasse, München 1952.
247 Zu den Pakten Hübner, 1943, 28f.; aus historischer Sicht L. Kreker: Deutschland und die Türkei im Zweiten Weltkrieg, Frankfurt/M. 1964. Die von Grothusen, 1985, S. 108 aufgeworfene Moralfrage anläßlich des Freundschaftsvertrags mit Deutschland stellt sich m. E. nicht. Vielmehr folgte İnönü mit diesem Schachzug konsequent dem Atatürkschen Vermächtnis einer striken Neutralität in einem europäischen Kriegsfall, den dieser seit 1933 vorhergesagt hatte. Vgl. a. Zeittafel ebd., S. 709.
248 LAB, Nachlaß Hanna Reuter, Nr. 27 Persönliche Erinnerungen von Alfred Marchioni, S. 2.
249 So beispielsweise in unserem Kontext die Zeilen von Edith Hillinger, 1939 gegenüber Erica Taut nach dem Tod von Bruno Taut, der das Ehepaar Hillinger 1937 aus Berlin geholt hatte: ‚Ihr Mann hat uns das Leben gerettet, Sie dürfen nie Sorge um ihre Zukunft haben.' Brief E. Taut an Segal, 30. 1. 1939, Kopie Archiv Speidel.
250 Franz Hillinger an Ernst Reuter, Toronto 16. 12. 1951. Hillinger war nach seinen Jahren in der Türkei 1937 – 1951 nach Toronto ausgewandert. Dort konnte er nicht Fuß fassen und kehrte zwischen 1952 und 1955 in die Türkei zurück, um schließlich zu seiner Familie nach New York auszuwandern, LAB Nr. 170.
251 Zu den dortigen Voraussetzungen Heintze-Mühleib, 1986, S. 29 – 48.
252 Loevy, 1992, S. 43.
253 Vgl. den in unserem Zusammenhang sehr aufschlußreichen Artikel von Jonas Geist, Klaus Krüvers: Tatort Pariser Platz 4, in Ausst-Kat. 1945, Architektur und Städtebau in Deutschland 1940 – 1960, Akademie der Künste, Berlin 1995, S. 46 – 107; über den Zusammenhang von der radikalen Hauptstadtplanung Albert Speers für Berlin und der Deportation der jüdischen Bürger, um Wohnraum für die geplanten Abrisse zu erhalten.
254 Ebd., S. 32.
255 Zit. n. Loevy, 1992, S. 44.
256 Ebd., S. 39.
257 LAB Nr. 163, Brief an Elsie Howard, 4. 1. 1935 aus Hannover kurz vor der Ausreise nach England.
258 Reuter Schriften, Bd. 2, Brief Nr. 100; LAB Nr. 163, 23. 4. 1937 an Elsie Howard.
259 LAB Nr. 172, Reuter an Braun, 4. 4. 1947.
260 Loevy, 1992, S. 32f.
261 LAB Nr. 163, Brief an Elsie Howard 26. 1. 1943, ebd. Brief vom 4. 5. 1943, wo er beklagt, daß die Alliierten zu wenig darüber nachdenken, daß Deutschland nach der Niederlage einen neuen Weg gehen muß.
262 BAB GN 7/23/9/365 Kopie des Schreibens an Taut, 20. 7. 1936.
263 Vgl. Erichsen, 1991, S. 77. So war z. B. die landwirtschaftliche Hochschule in Ankara komplett von ‚Reichsprofessoren' aufgebaut worden.
264 Reuter Schriften, Bd. 2, S. 460; Cremer/Przytulla, 1991, S. 37.
265 Beispielsweise Fehmi Yavuz über Ernst Reuter: ‚Prof. Reuter kam aus einem sehr gehetzten aktiven Keben in die Türkei. Die innere und äußere Umstellung, die er nur in der Türkei durchzumachen hatte, lehrte ihn, trotz heftigsten inneren Widerstands ruhiger und geduldiger zu werden, und erst nach seiner Rückkehr konnte er die Bedeutung dieser Eigenschaften voll würdigen.' LAB, Abschrift der Aussagen von Fehmi Yavuz über Reuter, vgl. a. Yavuz: Prof. Ernst Reuter, in: Keleş, 1986, S. 113 – 124, bes. S. 121.
266 Loevy, 1992, 39.
267 Paul Ludwig Sauer: Zischen ‚Außensein' und ‚Dabeisein'. Exilliterarische Aspekte in Thomas Manns ‚Doktor Faustus', in: Böhme/Motzkau-Valeton, 1992, S. 47 – 70, hier S. 53.
268 Vgl. Kat. Max Beckmann. Retrospektive, München, Berlin 1984 und jüngst Kat. Max Beckmann in Exile, Ausstellung, S. Guggenheim Museum, New York 1996, andere Künstler wie Otto Dix beispielsweise, die sich in Deutschland zurückzogen, reflektieren die Malweise der altdeutschen Malerei. In eine andere Kategorie gehört die Malerei, die Exil oder Widerstand direkt thematisiert, vgl. Ausst.-Kat. Widerstand statt Anpassung, Badischer Kunstverein Karlsruhe, Berlin 1980.
269 Erichsen, 1991, S. 84.
270 Etwa Bruno Taut: Houses and People of Japan, London 1935, deutsche Ausgabe, hrsgn von Manfred Speidel, Berlin 1997.
271 Erica Taut nennt ihn ‚Brunos Freund und Beschützer', Schreiben an Heinrich Taut, 26. 12. 1938, Kopie Archiv Speidel.
272 Vgl. unten Kap. II. 5.
273 Zit. n. Heintze-Mühleib, 1986, S. 326 (deutsches Manuskript).
274 Heintze-Mühleib, 1986, S. 331f.
275 Zit. n. Julius Posener: Erich Mendelsohn (1969), in: U. Conrads (Hrsg.): Julius Posener. Aufsätze und Vorträge 1931 bis 1980, Braunschweig 1981, S. 181.
276 BAB GN 7/23/140 Schreiben an Gropius vom 20. 8. 1935, s. ausführlich unter Kap. Wagner.
277 S. Durth, 1989.
278 BAB, GN 9/364, Kopie des Schreiben von Wagner an Taut, 20. 7. 1936.; zit. auch bei Scheiffele, 1985, S. 243.
279 NWS Zeitungsauschnitt undatiert um 1940; vgl. u. Kap. II. 6 Schütte-Lihotzky u. Vorhoelzer.
280 Internat. Bibl. Dict. of Central European Emigrées, Bd. 2., S. 509f.
281 Im Brief Tauts an Walter Segal, 7. 3. 1937, Kopie Archiv Speidel, wird Zimmermann noch als Bürochef bezeichnet. Hillinger übernahm nach seiner Ankunft am 8. 7. 1937 sofort den Entwurf für Trabzon, später die Ausführung fast aller Schulbauten.
282 Auch über diese Institution, die möglicherweise in Zusammenhang mit der nicht zustandegekommenen Gründung der TU Ankara steht, läßt sich nichts aussagen.
283 Angaben nach Lebenslauf Hillinger, Nachlaß Edith Hillinger, Richmond/Kalifornien, wo sich aber keine weiteren Dokumente befinden sollen. Hillingers Dokumente im Nachlaß Heinrich Waechter sind verschwunden; vgl. a. Teil III. 3 u. 4.
284 Zu Reichl s. Boeckl, 1994, S. 340.; Simony vgl. Kat. Ver-

triebene Vernunft, 1985, S.224, Reichl war jüdischer Herkunft, Simony hatte eine jüdische Frau.
285 Wagner, Taut und Reuter beispielsweise mit Artikeln in der Zeitschrift Arkitekt; Taut mit seinem Buch der Architekturlehre und Reuter durch immerhin drei Standardwerke zur Urbanistik.
286 Vgl. Gülsen, 1984.
287 Taut, 1938, S. 141.
288 Diese Krise bereits umrissen bei Taut, 1929, bes. S. 66f., der sich gegen die Internationalisierung formalistischer Elemente wendet und gegen ‚die dünne Europäisierung' einen neuen gemeinsamen ‚Geist der Baukunst fordert.' Sein Schlagwort ist kulturelle ‚Autononomie der Architektur.'
289 Nerdinger, 1992 Durth, 1988, Frank, 1985. Die wichtige Aufarbeitung dieses Themenfeldes kann jedoch nicht darüber hinwegtäuschen, daß Deutschland als Schlüsselland der Moderne spätestens 1935 aufgehört hatte zu existieren. Adolf Behne und Hans Scharoun sind Beispiele für einen Rückzug in eine ‚innere Emigration', Max Taut versuchte Anpassungsmanöver. Emil Fahrenkamp, Clemens Klotz und Ernst Sagebiel wechselten sofort die Fronten, hatten aber auch nie zur Speerspitze der Moderne gehört. Alle anderen sog. Modernen wie Egon Eiermann, Herbert Rimpl waren zu jung, um einen eigenen theoretischen Standpunkt zu haben.
290 Zu diesem Komplex vgl. Kurt Junghanns: Die Mitarbeit der deutschen Architekten am sozialistischen Aufbau, in: Kunst und Literatur im antifaschistischen Exil 1933 – 1945, Band 1/II: Exil in der Sowjetunion, Leipzig 1989, S. 673 – 734; Junghanns, 1983, S. 95 – 102 sowie Ausst.-Kat. Hannes Meyer, Architekt, Urbanist, Lehrer, 1889 – 1954, Architekturmuseum Frankfurt/M., Berlin 1989, S. 234 – 293.
291 Hain, 1993, S. 51. Die Schlußfolgerungen dieses Artikels und die Ehrenrettung des stalinistischen Städtebaus erscheinen mir allerdings nicht akzeptabel.
292 James, 1997, S. 236 die für Mies die formalen Schwerpunkte ‚als bemerkenswert beständig' beschreibt, für Gropius eine Transformation vom streng Geometrischen zum ‚Dekorativen', ebd. S. 245; vgl. Hahn, 1997, S. 216, der betont, daß ‚von Exil im strengen Sinne' kaum gesprochen werden kann.
293 Hitchcock/Johnson, 1985 (1932), Vorwort H. Barr jr.
294 Vgl. a. Nikolaus Pevsner: The sources of modern architecture and design, London 1936. Die brillante Polemik von Tom Wolfe: From Bauhaus to our House [dt. mit dem Bauhaus leben] bleibt bezeichnenderweise in dem vom ‚International Style' vorgegebenen Raster dieser reduzierten Moderne der ‚Silberprinzen.'
295 Hilberseimer, 1927, S. 325f.
296 Zu diesem Punkt, vgl. die äußerst interessanten Ausführungen von Nerdinger, 1987, S. 49f., der mit ‚Standard' und ‚Typ' anhand zweier Schlagworte aus der Werkbunddebatte 1914 – van der Velde contra Muthesius – zwei unterschiedliche Entwurfsmethoden für die zwanziger Jahre postuliert, die induktive als Entwicklung eines ‚Standards' (Le Corbusier) und die Dekutive eines ‚Bauhaus Formalismus' (Gropius), dazu ausführlich unten. Zur Verbindung von Kunstgeschichte, Theoriebidung und Moderne, s. Wyss, 1996, zur Rolle von Riegl, bes. S. 122ff., zur Ideologie und den Topoi der Moderne, S. 93 – 98, 172 – 198.
297 Häring, 1928, S. 330.
298 Behrendt, 1927, S. 60.
299 Ebd., S. 17.
300 Junghanns, 1982, S. 164 – 166, die Referate von Muthesius und van der Velde in Auszügen; vgl. a. S. 45 zu Bruno Tauts Rolle; vgl. a. Angelika Thiekötter: Der Werkbundstreit, in: Ausst.-Kat. Die deutsche Werkbund-Ausstellung Cöln 1914, Kölnischer Kunstverein, Köln 1984, S. 78 – 94.
301 Zu Le Corbusier und Deutschland, einer schwierigen Beziehung, Oechslin, 1987; Nerdinger, 1987, S. 52 mit dem Hinweis auf die Kritik des jungen Hans Sedlmayrs an der ‚ville contemporaine', die noch ganz ‚in den Problemstellungen des 19. Jahrhunderts Hygiene und Verkehr, befangen sei.' Vgl. auch die Beziehungen zu Loos, v. Moos, 1987.
302 Behne, 1930, S. 164; vgl. a. ähnliche Kritik von Schwab, 1930, S. 126; s. a. Übersicht bei Durth, 1987, S. 79f. Wyss, 1997, S. 192ff. spricht in dem Kapitel ‚spiritueller Faschismus unter der Überschrift von ‚Corbusiers Diktat' von Auslese: ‚Für diese ‚Auslesemenschen', die sich in ‚jener männlichen Sphäre bewegen', schafft Le Corbusier die passenden Räume.'…‚Le Corbusier glaubte an eine neue Weltordnung, die durch eine neue Architektur herzustellen war. Für soziale Probleme hatte er technokratische Lösungen bereit.'
303 Behne, 1930, S. 164; vgl. Adolf Loos, Sämtliche Bd. 1, München 1962, S. 201 – 207 ; auch publiziert, in: Pehnt, 1983, S. 303 – 305.
304 Zum Problem der Massenkultur und Werkbund s. die ausgezeichnete Arbeit von Frederic J. Schwartz: The Werkbund. Design Theory and Mass Culture before the First World War, New Haven, London 1996.
305 Banham, 1964, S. 206 – 224, bes. S. 216.
306 Bushart, 1990; s. a. jüngst Ausst.-Kat. Neue Sachlichkeit, Kunsthalle Mannheim, München 1994, S. 15 – 24; s. a. Mendelsohns Wendung zur Sachlichkeit in seinem 1923 veröffentlichen Aufsatz: Dynamik und Funktion, in: Erich Mendelsohn: Das Gesamtschaffen des Architekten, Berlin 1930, S. 22 – 25.
307 Behne, 1926/1964, S. 11.
308 Gropius, 1925, Vorwort; dieses Buch ist in direkter Konkurrenz zu Behnes Zweckbau geschrieben und benutzte größtenteils diegleichen Bildvorlagen; vgl. a. Lampugnani, 1994, S. 274.
309 Freundlicher Hinweis von Jochen Meyer.
310 Dieses Problem war bereits den Protagonisten der Moderne klar Giedion, 1928, S. 92 Anm. 1, kritisiert den verehrten Corbusier gerade mit seinem Festhalten an theoretischen Positionen der Zeit um 1900. ‚In seiner Theorie geht Corbusier manchmal weniger weit als in seiner Gestaltung.' Sein Proportionschema ist an sich veraltet. ‚Bei einer nach allen Seiten gleichmäßig durchgebildeten Architektur mit antropomorpher Grundlage [wie der Berlages] ist das zulässig. Bei Corbusier ist es widersinnig.' Vgl. Colquhoun, 1994, S. 260.
311 S. Colquhoun, 1994, S. 262 – 266.
312 Platz, 1930, S. 178; zur Debatte von Stil und Individualität vgl. den gleichnamigen Aufsatz von K.W.-K., in: Moderne Bauformen 27, 1928, S. 435, wo es heißt: ‚Unsere Kultur entwickelt sich von der Epoche des schärfsten Individualismus zum Kollektivismus hin.' Allerdings hält der Autor nach

Überwindung der individualistsichen Tendenzen (so verkürzt der Expressionismus und die organische Architektur) doch eine persönliche Note, sprich Individualität, in gewisser Weise für notwendig.

313 Behne, 1919, S. 114.
314 Bushart, 1990, S. 180 – 197. Wyss, 1996.
315 Vgl. a. Adolf Behne: Max Taut, Berlin/Leipzig 1928.
316 Muche, 1926/1961, S. 158.
317 Ebd., S. 159.
318 zit. n. Campbell, 1994, S. 35; vgl. Oechslin, 1988, S. 33.
319 Oechslin, 1985, S.; s. a. Nerdinger, 1987, S. 45, s. a. auch Jeannerets Studie: Sur le mouvement d'art décoratif en Allemagne, La Chaux-des-Fonds 1912.
320 Franziska Bollerey, Kristiana Hartmann: Bruno Taut. Vom phantastischen Ästeten zum ästetischen Sozial(ideal)isten, in: Kat. Bruno Taut, 1980, S. 15 – 85, bes. S. 68 – 71; Pehnt, 1974, S. 78 – 106; jüngst Iain Boyd Whyte, in: Kat. La Ville, 1994, S. 339 – 341.
321 Insofern kann man den Glaspavillon in Köln 1914 oder den Einsteinturm in Potsdam nicht nur in der geläufigen Sichtweise als Auftakt der Moderne interpretieren, sondern sie auch rückwärts gewandt als Summe der Diskussion 1896 – 1914 sehen. Vgl. Pehnt, 1974, S. 43, 59 mit Beispielen von Hoppe, Billing und Obrist.
322 Gorsen, 1979.
323 Frank, 1932, S. 138f., und weiter: ‚Wenn ich hier von moderner deutscher Baukunst spreche, so meine ich sämtliche Systeme, deren es einige gibt, von den aber für unsere Betrachtungen nur diejenigen bemerkenswert sind, die wenigstens den Willen zur neuen Form haben; aber alle diese Systeme sind untereinander in ihrer Auffassung sehr verwandt, nämlich in der Betonung des Dekorativen […] Deutschland hat in den letzten Jahren seinen Kopf gewendet, weiß aber nicht, daß es einen Januskopf mit zwei gleichen Gesichtern hat.'(S. 139) ‚Die mechanisierte Kultur hat sich durchgesetzt und die Welt erobert. Ein einziges Bombenabwurfflugzeug kann ganze wilde Völker besiegen, deren Ausrottung ja eines der wichtigsten Ziele der allgemeinen Zivilisation ist. Das ist eine Tradition, die wir nie verleugnet haben. Und wir anerkennen den Fortschritt […] (S. 165).
324 Wyss, 1996, S. 192 – 198; vgl. die treffenden kritischen Anmerkungen von Norbert Huse: Le Corbusier in Selbstzeugnissen und Dokumenten, Reinbek 1976.
325 Vgl. Vier Berliner Großsiedlungen, Ausst.-Kat. Bauhaus Archiv, Berlin 1989 sowie Slapeta, 1987, S. 112f., 144f.
326 Häring, 1931, S. 432.
327 Bosmann, 1989; vgl. Jürgen Rostock, Franz Zadniček: Paradiesruinen, KdF-Seebad Rügen, Berlin 1992.
328 Pinder, 1934, S. 13.
329 Ebd., S. 15.
330 Weigert, 1934, S. 10f.
331 Ebd., S. 115, 113.
332 Taut, 1929, S. 67.
333 Ebd., S. 121f.
334 Vgl. Kat. ‚Wem gehört die Welt?', Austellung NGBK; Berlin 1977 oder auch Teut, 1969, Kap. I u. II.
335 Nerdinger, 1993; vgl. die aufschlußreiche Rezension von Ernst Neufert zu A. Leitl: Von der Architektur zum Bauen, Berlin 1935, in: Monatshefte für Baukunst und Städtebau 20, 1936, S. 364, wo Mies' Verbundenheit zu Deutschland betont und beklagt wird, daß subalterne Baubeamte seine Entwürfe nicht genehmigen würden, jüngst Hahn, 1997.
336 Zu der Diskussion um den ‚style tedesco', die Neuformierung der faschistischen Staatsbaukunst in Italien ab ca. 1928, vgl. den sehr instruktiven Beitrag von Germer, 1992; vgl. Pinder, 1934, bes. S. 48 – 52; Brief und Denkschriften von Elsaesser zit. n. Manuskripten im Nachlaß Elsaesser, Architektur Museum München.
337 Paulsen, 1934, S. 391f.
338 Zu den Wettbewerben, s. Das Neue Berlin 1, 1929, S. 69 bis 72, 205; Deutsche Bauzeitung 65, 1931, W. 21 – 23 sowie Kat. Poelzig, 1989, Nr. 23; Ausst.-Kat. Tendenzen der Zwanziger Jahre, Berlin 1977, S. 2/108f.; zu Kreis, Ralf Schiller: Ein weißer Tempel für Dresden, in: Nerdinger/Mai, 1994, bes. S. 144 – 146 vgl. Graubner, 1931 zu Bonatz; die Positionen lassen sich vermehren, die Bauten von Bruno Paul (Kathreinerhaus, Berlin oder Villa Traub in Prag) oder das Œuvre von Otto Rudolf Salvisberg, vgl. Raith, 1997, S. 133 – 157 sollen zumindest genannt sein.
339 Weiser, 1929/30, S. 16.
340 Taut, 1931, S. 21 – 24; vgl. Kat. Bruno Taut, 1980, S. 251, 283; zum Gropius Entwurf s. Nerdinger, 1985, S. 130f.; Kat. Nr. 31; zum Messepalast von Tyl u. Fuchs, s. Šlapeta, 1987, S. 44f.; zu Sagebiel, vgl. Schäche, 1992, S. 218 bis 226.
341 Sagebiel war zum Beispiel der Bauleiter von Mendelsohns Metallarbeiterhaus in Berlin-Kreuzberg 1930/32, vgl. Georg Dehio: Handbuch der Deutschen Kunstdenkmäler: Berlin, München 1994, S. 284.
342 Zu diesem wenig bearbeiteten Aspekt einer stilistischen Differenzierung als Widerspiegelung sich verändernder politischer Rahmenbedingungen, vgl. ansatzweise Schäche, 1979.
343 Pinder, 1934, S. 54. Als ein Beispiel nennt Pinder die Bauten Robert Vorhoelzers in München, dem wir später 1939/41 wieder in Istanbul begegnen werden. Noch deutlich formuliert es Renner, 1932, S. 61, der die ‚Werkbundländer der europäischen Mitte', in Anlehnung an Friedrich Naumanns Mitteleuropabegriff 1916, beschwört: ‚Denn schon heute ist erkennbar, daß die neue Baukunst trotz ihrer Traditionsfeindlichkeit das lebendige Kind der alten Kultur ist, weil er nur eine Kunst gibt, wie es im Grunde nur eine Humanität gibt.' Vgl auch oben Weiser, 1929/30, S. 16.
344 Weigert, 1934, S. 128; zur Beziehung Moderne Deutschland-Italien, vgl. Germer, 1992.
345 Vgl. Nerdinger, 1984; Scheiffele, 1984; Germer, 1992; Goebbels und Göring waren die Schirmherren der Ausstellung moderne italienische Kunst (areopittura), die im März 1934 in der Akademie der Künste in Berlin gezeigt wurde und äußerst heftig vom Völkischen Beobachter, der Fraktion um Rosenberg kritisiert wurde. Vgl. Hildegard Brenner: Die Kunstpolitik des Nationalsozialismus, Reinbek 1963, S. 74 bis 83.
346 Pinder, 1934, S. 49.
347 Ebd., S. 50.
348 Scheiffele, 1984; vgl. Nerdinger, 1984; Nerdinger 1993, vgl Hahn, 1997 und James, 1997.
349 Zit. n. Georgiadis, 1989, S. 100.

350 Giedion in Neue Züricher Zeitung, zit. n. Georgiadis, 1989, S. 102.
351 Walter Gropius: Die neue Architektur und das Bauhaus, Mainz 1965 [Orig. Ausgabe, London 1935], S. 18.
352 Taut, 1937, S. 34.
353 AM, eigenhändiger Lebenslauf, 3. 2. 1956 (unsigniert).
354 AM, Mussolini-Denkschrift, S. 7 ferner heißt es u. a. S. 6: ‚Ich denke dabei an eine zeitlich begrenzte Tätigkeit von zwei, drei oder vier Jahren, in einer Form, durch die den italienischen Architekten eine wesentliche Stütze und Förderung erwachsen würde,' vgl. oben Kap. 2 Situation der Moderne; Germer, 1992, S. 70 – 72.
355 Vortragsmanuskript, S. 11f., AM.
356 Beide waren Schüler bzw. Assistenten von Theodor Fischer in Stuttgart gewesen, wie übrigens auch Paul Bonatz und Wilhelm Schütte. Zur prägenden Rolle Fischers, vgl. Nerdinger, in: Kat. Fischer, 1990, S. 86 – 95 und Gabriele Schickel: Theodor Fischer als Lehrer der Avantgarde, in: Kat. Moderne Architektur in Deutschland, Bd. 1, 1992, S. 54 – 67.
357 Nerdinger, 1985.
358 Dieser falschen Annahme folgte noch Durth, 1986, S. 88 bis 93; Richtigstellung bei Spitzbart-Maier, 1989, S. 112f.; vgl. a. AM, Lebenslauf von Oswald Hederer über Elsaesser um 1958, der damals ein Monographie vorbereitete. Dort sind die Verhältnisse richtig gestellt, aber ohne konkretere Detailinformationen.
359 DOC, Personalakte Elsaesser, dort auch die Ortswechsel 1934 in München und 1938 nach Berlin festgehalten. Als Werkliste aufgeführt. am 22. 8. 1939, Schreiben Elsaessers an Landeskulturverwalter Gau Berlin unter Türkei: 1. Sümerbank 1934 – 1938 [ausgeführt] 2. Friedhof mit Verwaltungsgebäude, Ehrenhalle, Krematorium (1/5 realisiert) 3. Parlament [Wettbewerbsentwurf 1937] 4. Diplomatenclubhaus [1937 im Istanbul-Journal erwähnt] 5. Parteihaus der Türk. Volkspartei [Projekt unbekannt]. Dazu kommen Projekte, die in der TU München vorhanden sind: 6. Unikliniken und Medizinische Fakultät, Ankara 1937/38 [nicht ausgeführt] 7. Güver[n?]-Siedlung [Sümerbanksiedlung?] Ankara, 1936 [ausgeführt ?] 8. Platzgestaltung vor der Sümerbank am Ulus Meydanı, 1935/36 [nicht ausgeführt] Kral, 1937, S. 190 erwähnt noch ‚weitere Bauprojekte' für die Sümerbank. Aus der Zeit in Berlin ist neben der monumental-expressiven Bruckner-Konzerthalle für Linz, 1943, ein nicht datierter und bislang nicht lokalisierbarer Repräsentationsbau im Stile Speers erhalten, 2 Fotos AM. Ausführung des Friedhofs verschoben, ‚da öffentl. Mittel für Rüstungszwecke in Anspruch genommen sind.'
360 Jäschke, 1993, 11. 7. 1933; am 15. Juni war beispielsweise die Städtebank, die Iller Bankası gegründet worden, die den Stadtausbau von Ankara finanzierte; am 30. 5. 1935 war per Gesetz 2749b die Erhöhung des Kapitals der Sümerbank auf 42 Mio. Lira beschlossen worden, Jäschke, 1943; Zur wirtschaftlichen Entwicklung und Stellung der Bank, vgl. a. Grothusen, 1985, S. 432, dort allerdings mit dem falschen Gründungsdatum 1936.
361 Heuss, 1918, S. 26f., Abb. 41 – 46.
362 Eingeweiht am 24. 11. 1927; große ‚patriotische' Feier in Anwesenheit des österreichischen Gesandten. Den hohen Marmorsockel errichtete die Wiener Baufirma Redlich & Berger, s. AdR, Ges. Konstantinopel, Karton 4, Schreiben des Botschafters an AA vom 4. 12. 1927.
363 Die Jury setzte sich dementsprechend aus dem Direktor der Sümerbank, Şefi Reşat, dem Bebauungsdirektor der AŞİM, Şemih Rüstem einigen Architekten, darunter Asım Kömürcüoğlu, zusammen; vgl. Sümerbank proje müsabakası [Wettbewerb zum Entwurf der Sümerbank], in Arkitekt 5, 1935, S. 68-85, zur Jury 68f.
364 Elsaesser, 1933, S. 192 – 195, hier besonders der vorgelagerte konvexe Audimaxssaal.
365 PAAA, Ankara Nr. 665, Botschaft Ankara Kroll, an AA, betr. Ausbürgerungsvorschlag Reichführer SS des ‚Juden Kurt Bernhard', Buch über Betonbau und Statik in deutscher Sprache verfaßt. Ausbürgerung mit Verweis auf die wichtige Stellung für deutsche Interessen abgelehnt, s. a. oben II. 1.
366 BAA, Schreiben Jansens an AŞİM, 28. 9. 1934.
367 Istanbul-Journal, 30. 6. 1938 (letzter Besuch).
368 Vgl. Exkurs ‚Die Rundplätze des Bürgertums, in: Dieter Hoffmann-Axthelm: Das abreißbare Klassenbewußtsein, Gießen 1975, S. 67 – 86.
369 La Turque contemporaine, 1935, S. S. 158 – 165.
370 Zu Jean Walter vgl. Krankenhäuser, in: L'architecture aujourd'hui, Nr. 9 Dez. 1934, S. 17 Hôpital Beaujon à Clichy, S. 37 – 39 Entwurf für die Universitätskliniken Lille; vgl. Nr. 5, Mai 1938, S. 13 – 17 mit weiteren französischen Beispielen; Holzmeister, 1977, S. 588 berichtet, daß er zusammen mit Erich Boltenstern um 1940 das Krankenhaus und Universitätsklinik neu geplant habe; vgl. Nasır, 1990, S. 236.
371 Elsaesser, 1933, S. 268f.
372 Vgl. Mezralık proje müsabakası [Wettbewerb für ein Friedhofsprojekt], Ankara, in Arkitekt 5, 1935, S. 321 – 324.
373 Nur erwähnt bei Batur, 1984, S. 88; Elsaesser sei zur Zusammenarbeit verpflichtet gewesen, habe sich dann aber entzogen.
374 Elsaesser, Denkschrift 1937, Typoskript 95 S., AM, hier S. 4.
375 Ebd., S. 6.
376 zuletzt Fritz Schumacher, Die Feuerbestattung, in: Handbuch der Architektur Teil IV, 8. Halbbd., H. 3b, Leipzig 1939, S. 8 – 11, Feuerbestattungen sind allerdings in islamisch geprägten Ländern nicht üblich; Schumachers Ausführungen kennzeichnen aber den Stand der ‚Hygienedebatte' in Deutschland.
377 Ebd., S. 21.
378 Auf die Entwürfe zur Güver-Siedlung Ankara, die einem traditionellen Gartenstadtschema folgen, kann ich an dieser Stelle leider nicht eingehen, AM, Nr. 17/001 – 008.
379 GNM, Nachlaß Ernst May IB 43, Brief Wagners vom 13. 3. 1937.
380 BAB GN 7/23/514, Brief Wagners an Gropius vom 20. 8. 1935 nach einem Vierteljahr Exil.
381 Brief an Ellie Howard, 28. 1. 1937 publiziert in: Reuter Schriften, Bd. 2, Dok. 97; vgl. LAB, Akte Nr. 163.
382 Zu Taut, s. nächstes Kapitel; Begriff des eigenen ‚Dritten Reichs' May an Wagner, 20. 10. 1935, Kopie BAB GN 7/23/513.
383 Wagner an May, 2. 12. 1935, Abschrift GN 7/23/511.
384 Exemplarisch Wagner, 1938.
385 Wagner, 1985, S. 33.

386 Vollständiger Text, in: Kat. Wagner, 1985, S. 115 – 122; zur Gleichschaltung von Werkbund und später auch dem Bund Deutscher Architekten (BdA) unter maßgeblicher Verantwortung des uns von seinem ersten Ankara-Plan bekannten Carl Christoph Lörcher, der aber mit dem Verbot des BdA und seiner Eingliederung in die Reichskammer der bildenden Künste, 1935, gleichfalls hinweggefegt wurde, s. Teut, 1967, Kap. II Gleichschaltung, bes., S. 86f., Dok. Nr. 19 desselben Titels von Lörcher, Mai 1933: s. a. Die zwanziger Jahre des Deutschen Werkbundes, 1982, S. 281 – 291; sowie umfassend. Campbell, 1989, S. 308 – 360; ebenso Scheiffele, 1984; bes. S. 226, 235, 238, 241f.; Durth, 1987, S. 88 – 93, dort der nicht korrekte Hinweis auf Elsaessers Auswanderung in die Türkei; ab 1935 war er in Ankara als Architekt der Sümerbank tätig, ohne seinen Wohnsitz in München aufzugeben, s. u. Kapitel Elsaesser; gute biographische Übersicht zu Wagner bei Int. Biograph. Dict., 1984, Bd. 2, S. 1199f.

387 BAB GN/5/17/364, Wagner an Gropius, 2. 12. 1934; vgl. zum Werkbundnachleben ebd. GN 5/17/377 Wagner an Gropius, 28. 11. 1934; Zitat auch in Scheiffele, 1985, S. 235, vgl. S. 234.

388 BAB GN/5/17/368, Gropius an Wagner, 26. 12. 1934; zum Verhalten Gropius' in England kritisch Scheiffele, 1984, S. 240f. ‚You will understand that I as a German citizen must protest against having my name associated with an attack on my native country. To my believe the development of modern architecture has nothing whatever to do with the political system.'

389 BAB GN 5/2/41 Gropius an Demulli, 30. 11. 1934. Der Passus eines Leiters der Bauschule ist um so bemerkenswerter, da Egli ja noch bis Oktober 1935 im Amt war. Ise Gropius spielt in einem Schreiben an Wagner vom selben Datum auf ‚gute Beziehungen' zur Türkei und Kontakte an, ebd. GN 5/17/375f.

390 Begriff von Gropius geprägt BAB GN 7/23/517, 10. 4. 1935, im Folgenden von Wagner selbst übernommen; vgl. a. ebd. Brief von Wagner an Gropius vom 8. 4. 1935, wo er den 18. 4 als Beginn seiner Tätigkeit in Istanbul ‚bei nicht allzu rosigen Bedingungen' nennt.

391 CAA, Maliye Vekâleti, Vertrag Nr. 5233, 18. 2. 1935; vgl. Schreiben vom 10. 2. 1935 mit einem Gehalt von insgesamt 1 000 TL.

392 LAB, Nr. 168, Brief Wagners an Reuter vom 19. 6. 1935. Erwähnt ohne Beschreibung in Kat. Wagner, 1985, Nr. 13.2.4; zur Siedlung; vgl. Wagner, 1985, S. 40, ein Teil der Anlage ist jedoch im Gegensatz zu Bernard Wagners Aussage von Seyfi Arkan errichtet worden.

393 GN 7/23/514, Brief Wagner an Gropius, 20. 8. 1935.

394 Vgl. Sözen, 1984, S. 175, Abb. S. 215, Cumhurbaşkan Deniz Köşkü, 1935 – 36, Seyfi Arkan lebte von 1903 bis 1966.

395 Noch zweimal hat sich Wagner mit Architektur beschäftigt, wenn auch stets unter städtebaulichen Gesichtspunkten und kurioserweise am Meer gelegen: zum einen mit dem neuen Hafen von Yeni Kapı im Juli 1936, zum anderen mit der generellen Hafenregulierung von Istanbul, die parallel zu dem internationalen Wettbewerb zur Überbauung des Galatakai und der Errichtung eines Terminals erfolgte. Die nicht überlieferten Pläne Wagners blieben unverwirklicht. LAB, Nr. 168, Brief Wagners an Reuter vom 17. 2. 1937.

396 Mit Genehmigung deutscher Stellen, der Vertrag war bis zum 1. 7. 1937 abgeschlossen, PAAA R 78630, Schreiben des Oberbürgermeisters von Istanbul vom 2. 8. 1935; zu den persönlichen Umständen Wagner, 1985, S. 34f.

397 BAB GN 7/23/515, Brief Wagners an Gropius vom 30. 5. 1935; Wagner, 1985, S. 36 nennt noch eine Architektin ‚Leman-Hanum', möglicherweise Leman hanım (Frau), die mit Leman Tomsu identisch ist. Außerdem unterstreicht er die wichtige Rolle von Emin Onat, der Wagner unterstützte.

398 Ebd.

399 BAB GN 9/18/736/5; zu Prost Nicole Toutcheff, in: Kat. La Ville, 1994, S. 172f., Prost wird als formalistischer, an den Prinzipien der Prix des Rôme geschulter Städtebauer klassifiziert. Wichtigste Beiträge sind der Wettbewerb um die Stadterweiterung von Antwerpen 1910, der Bebauungsplan für Casablanca 1914 und der Regulierungsplan für die Region Paris 1934. Pläne für Istanbul, bei Kayra, 1990, S. 38. Prost Beyoğlu-Plan, 1939 sowie S. 40, seine Entwürfe für die Kaiüberbauung von Sirkeci, 1938/39.

400 Zitate BAB GN 9/18/736/5 /7 /10 Briefe von Wagner an Gropius vom 27. 3., 18. 5 und 29. 6. 1937.

401 Arkitekt 7, 1937, S. 276 – 279, deutsche Übersetzung im Archiv der Akademie der Künste, Berlin, Nachlaß Wagner.

402 Ebd., S. 143 – 146; Plan bei Wagner, 1985, S. 40; ein weiterer Plan aus Wagners Büro für den Stadtteil Kadıköy scheint sich aus der Hand Sabri Orans erhalten zu haben; vgl. Kayra, 1990, S. 36, ohne daß dieser allerdings Wagner erwähnt.

403 AAK, Nachlaß Wagner, Schreiben an Hans Scharoun, 30. 12. 1937.

404 LAB, Nr. 168, Kopie des Schreibens von Wagner an den Direktor der Mülkiye, 29. 4. 1937; s. a. Schreiben Wagners an Reuter vom 12. 3. 1937, ebd: ‚Warum sprechen Sie übrigens nicht vor dieser Gesellschaft. Sie sind doch der geborene Kommunalpolitiker und hätten in Ankara eine Professur haben müssen. Wenn ich dort bin, werde ich einmal mit dem Ministerialdirektor Cevat sprechen.'

405 LAB, Nr. 168 Brief Gropius' an Reuter vom 21. 2. 1937; vgl. Grußformel des oben genannten Briefes vom 12. 3. 37: „Also: auf Wiedersehen in Ankara und dann in Amerika!"

406 Wagner, 1985, S. 45f.

407 LAB, Nr. 168, Wagner an Reuter, 25. 8. 1939

408 Arkitekt 10, 1940, S. 12 – 14; LAB, Nr. 168, 20. 1. 1940 Abschrift des Schreibens von Wagner an den türkischen Botschafter; vgl. Wagner, 1985, S. 51 – 53.

409 Böckler, 1935, S. 81 – 84, 258, 359 – 362, Posener, 1994, S. 263 – 266. Mitarbeiter war Karl Heinrich Schwennicke, der sich auch mit einem eigenem Projekt am Wettbwerb beteiligt hatte, s. Arkitekt 5, 1935, S. 14f. (Projekt Schwennicke); Poelzig, S. 1 – 5; den 2. Preis gewannen die Österreicher H. Hellmeyer u. Z. Gangl aus Wien, vgl. Baumeister 21. 1936, S. 172f. zum Dessauer Entwurf Böckler, 1935, S. 259 ‚Zweimal Poelzig' in Gegenüberstellung und Kat. Poelzig, 1989, S. 176f., Nr. 35. Der Ausführungsentwurf zeigt eine andere Front mit konvexen Foyers, Heuss, 1939, dabei könnte es sich allerdings auch um das bei Wagner erwähnte Projekt für Ankara handeln. An dem Wettbewerb

410 Zu diesem Vorgang BAB GN 7/23/521, Karte von Wagner an Gropius vom 8. 2. 1935; vgl. auch späteres Schreiben von Poelzig an Wagner: ‚Ich mache mir keine sehr großen Illusionen, sehe die Schwierigkeiten meiner Stellung zwischen den verschiedenen Faktoren durchaus ein, freue mich aber, mit Dir wieder zusammenzuarbeiten – wie einst im Mai.', zit. n. Heuss, 1948, S. 108.

nahm von deutscher Seite auch noch Wilhelm Kreis teil, vgl. Nerdinger, 1994, S. 23, das eine Paraphrase des Großen Hauses von Heilmann und Littmann in Stuttgart von 1910/12 darstellt.

411 GNM, Nachlaß Poelzig, Schreiben Poelzigs an den Reg. Präsidenten Jaenecke, Generalkonsul in Shanghai, mit Darstellung seiner Verdienste; als zweiten Mann empfahl er Heinrich Schapiro, langjähriger Mitarbeiter seines Büros, der später in Pälestina tätig war? Vgl. a. ebd. Brief an Lörcher vom 26. 7. 33 mit Parteinahme für Wagner und Empfehlungsschreiben an Erich Mendelsohn in London wieder Schapiro, weil dieser Jude war; Wagner wird ‚als Schnellkocher' ber.; ebd. 25. 7. 1933. Shanghai als Exilstadt erst jüngst bearbeitet vgl. Ultike Ottingers epischen Film ‚Exil Shanghai' sowie den Textband zur gleichnahmigen Ausstellung im Jüdischen Museum Berlin 1997; Margarete Schütte-Lihotzky und Wilhelm Schütte besuchten die Stadt 1933 auf dem Weg nach Japan, Erica Taut (Wittich) lebte 1939 bis 1945 dort.

412 BAB GN 7/23/519, Brief Wagners (noch Berlin) an Gropius 4. 3. 1935.

413 Poelzig an Wagner, vor August 1935, zit. n. Heuss, 1948, S. 107f. Gemeint sind Bauten wie das bereits erwähnte Ausstellungsgebäude oder die Städtische Bank, beide in Ankara, vgl. Batur, 1984.

414 BAB GN 7/23/514 dort als weiteren Auftrag ein Kino für Ankara erwähnt.

415 Ebd. GN 7/23/511 Schreiben Wagner an Gropius vom 2. 12. 1935, Aus späteren Briefen Wagners geht hervor, daß Poelzig sowohl das Theater und das Konservatorium in Istanbul als auch die Oper in Ankara errichten sollte. Für letztere legte auch Taut 1937 einen Entwurf vor; Reise von der TH Berlin-Charlottenburg am 5. 12. 1935 genehmigt, am 6. 12. stellt Poelzig einen Devisenausführungsantrag, Brief an TH, Archiv Marlene Poelzig-Krüger, Hamburg.

416 BAB GN 7/23/507; Gropius an Wagner, 22. 12. 35; zu den Verträgen ebd. GN 7/23/506 Wagner an Gropius, 31. 12. 1935.

417 PAAA, Ankara Nr. 749; Schreiben von Fabricius, Botschaft Ankara an das Auswärtige Amt, 11. 3. 1936; s. a. Abschrift des Antrags von Poelzig an TH Charlottenburg, ebd. 23. 3. 1936 sowie dessen Genehmigung durch den Minister für Wissenschaft, Erziehung und Volksbildung vom 28. 4. 1936. Vom 10. 3. 1936 ist die Genehmigung zu einer dritten Sondierungsreise von Poelzig nach Ankara erhalten.

418 Heuss, 1939, S. 201; zum Haus der Freundschaft s. Heuss, 1919 und Kat. Poelzig, 1989, Nr. 7, S. 74 – 81, Vgl. Posener, 1994, S. 266.

419 Kat. Poelzig, 1989, Nr. 38 ‚Diplomatenhaus' mit Verweis auf den Entwurf zum Völkerbundpalast Genf; zum Kiz Lisesi., vgl. Kat. Schütte-Lihotzky, 1993, Nr. 135.

420 Über Zimmermanns Biographie war nichts ausfindig zu machen. Er ist wohl identisch mit dem Autor des Artikels: Vom konstruktiven Aufbau des Verwaltungsgebäudes der I.G. Farben-Industrie A.G. Frankfurt a. M., Konstruktion und Ausführung, in: Deutsche Bauzeitung 64, 1930, S. 1 – 8; möglicherweise war er der Bauleiter. Bereits im Wettbewerb Hochhaus Friedrichstraße 1921/22 zeichnete er die Schaubilder für Poelzig, freundlicher Hinweis von Jochen Meyer. 1936/37 war er noch an der Akademie in Istanbul, kam dann mit Taut in Konflikt, ob und wann er die Türkei wieder verlassen hat, entzieht sich meiner Kenntnis. Nach Auskunft von Poelzigs Tochter Marlene ist er wahrscheinlich dort gestorben, Gespräch mit dem Autor Mai 1995.

421 GNM, Nachlaß Poelzig, 27. 1. 1936, Brief Poelzigs an Posener, der damals bereits in Tel-Aviv tätig war, ‚daß sie dort Dahlem wiedergefunden haben, finde ich besonders schön.' Ein Anspielung auf den großbürgerlichen Emigrantenkreis und auch die moderne Architektur; vgl.: Posener,1938.; s. a. Kat. Tel Aviv, 1993.

422 Pehnt, in: Kat. Poelzig, 1989, S. 19f.; vgl. a. Frank, 1979.

423 Joachim Matthaei, in: Poelzig, 1970, S. 257; bei Posener wird, im Gegensatz zur schriftlichen Version Matthaeis ‚das wenig freundlich[e]' Wort von den ‚Kümmeltürken', denen ‚die deutsche Kultur beizubringen' sei, kolportiert, die Authentizität bleibt fraglich. s. Julius Posener: Hans Poelzig, in: W. Ribbe, W. Schäche (Hg.): Baumeister, Architekten, Stadtplaner, Biographien zur baulichen Geschichte Berlins, Berlin 1987, S. 380.

424 BAB GN 9/18/362f., Abschrift des Briefes von Wagner an Bruno Taut, 20. 7. 1936.

425 GN 7/23/736/1, Brief Wagners an Gropius vom 2.1.1937.

426 BAB GN 7/23/738, Taut an Gropius, 19. 2. 1938

427 Vgl. Speidel, ‚Ich liebe japanische Kultur', in: Kat. Taut, 1995, S. 270 – 273; dort werden beispielsweise Äußerungen aus Tauts ‚Japan-Tagebuch' zitiert wie: ‚Die weiße Kiste ist aufgebrochen.' Tauts hauptsächliche Tätigkeit war publizistischer Natur, vgl. ‚Houses and people of Japan,' London 1937 oder ‚Architecture nouvelle au Japon,' in: L'architecture d'aujourd'hui Nr. 4, April 1935, S. 48 – 83. Es ist Speidels Verdienst, den Blick erstmals wieder auf die mehr als 300 kunstgewerblichen Objekte gerichtet zu haben, die Taut ab 1934 in dem staatlichen Gewerbeinstitut in Sendai und für den Unternehmer Fusaichiro in Takasaki entworfen hatte.

428 BAB GN 7/23/9/369, Kopie des Taut-Briefs an Wagner, 24. 6. 1936 unterzeichnet mit Bruno (Tauto); Antwort Wagners ebd. 9/366 vom 20. 7. 1936: ‚Auch ich habe durch die örtliche und zeitliche Distanz in der Selbstkritik zu meiner Arbeit viel gewonnen. Ich kann aber nicht sagen, dass ich – und wir alle – andere Wege der Entwicklung gehen durfte. Wir mögen uns im Einzelnen Fehler eingestehen, aber das Werk als Ganzes war doch so zwangsläufig, so sicher und so richtig, dass ich heute – rückschauend – immer das Gefühl habe, wir waren alle somnambul und wurden von einem Geist geführt, den man Zeitgeist oder Geschichte oder sonstwie nennen mag, aber in uns wirkte als große Spannung zwischen dem Sinn unseres Lebens und unserem Schicksal.' Eine Edition der Architekturlehre und der Erstfassung der ‚Überlegungen' ist für 1999 durch Manfred Speidel und den Verf. vorgesehen.

429 Ebd., Wagner an Taut, 20. 7. 36: ‚Meine jungen Türken arbeiten für Sie! Aber ob diese Arbeit ein Erfolg werden wird, das weiss in der Türkei nur Allah allein und Allah hat hier zuviele Freunde! Sie müssen also noch etwas warten!'

430 BAB GN/7/23/736/1 Schreiben von Wagner an Gropius, 2. 1. 1937.

431 PAAA, Ankara Nr. 749; Brief von v. Keller, Ankara an AA 14. 7. 1936.

432 Ebd., Nr. 728, Schreiben des Ministerialrats v. Spaa im Reichsmin. für Wissenschaft, Erziehung und Volksbildung an AA, 9. 10. 1936; dort Vorschlag der Preußischen Akademie der Künste vom 21. 9. 36 übermittelt: Als Nachfolger für die Leitung der Kunstakademie (richtig wäre Bauabteilung) werden genannt u. a. : ‚Mies van der Rohe, Martin Elsaesser'; vgl. Schreiben vom Gesandten v. Keller an das Generalkonsulat Istanbul, ebd. vom 29. 10. 1936, wo bereits über die Berufung Tauts berichtet wird; am 30. 11. ist ein Gespräch von Generalkonsul Toepke mit Wagner über die neue Situation an der Akademie überliefert.

433 AAK Berlin, Nachlaß Wagner, Schreiben Wagners an Scharoun vom 10. 7. 1936; vgl. PAAA, Ankara Nr. 728, Schreiben der Preuß. Akademie der Künste an das Kultusmin., 21. 9. 1936 genannt werden außerdem: Carl C. Bensel aus Hamburg, Elsaesser, Mies van der Rohe; Jansen als Senatsmitglied setzt sich für die Wiederberufung Eglis ein. Als Maler werden vorgeschlagen: Klaus, Richter, Walter Schmock, Hans Stübner, als Bildhauer Rudolf Belling, Arno Breker und Gerhard Marcks. Auch Bonatz scheint damals schon im Gespräch gewesen zu sein, lehnte aber ab und schlug Vorhoelzer vor, der dann nach Tauts Tod 1939 auch nach Istanbul berufen wurde, s. u. Kap. Vorhoelzer.

434 BAB GN 7/23/736/1 – 2, Wagner an Gropius, 2. 1. 1937; vgl. Taut Bewerbungslebenslauf, AAK, Nachlaß Taut, publiziert, in: Kat. Taut, 1995, S.5 – 7.; der Vertrag ist nicht überliefert, bezog sich aber auf zwei Jahre.

435 Istanbul-Journal, S. 1; 30. 11. – 5. 12. 1936; Sitz des Büros war nun jedoch in Istanbul an der Akademie.

436 Taut an Walter Segal, 7. 3. 1937 (Kopie Archiv Speidel).

437 An dieser Stelle die Werkliste in chronologischer Abfolge:
1. Literaturfakultät ab 26. 12. 1936 – 4. 11. 1940 (mit Hillinger und Grimm ausgeführt);
2. Chemisches Institut Istanbul 1936 – 1939 (baureif, nicht ausgeführt);
3. Technische Hochschule Ankara, April – Juli 1937 (Modell, Projekte, nicht ausgeführt);
4. Garnisonschule Sıvas, April 1937 (Projekt nicht ausgeführt);
5. Mensa Uni Istanbul, Mai 1937 (wohl ausgeführt);
6. Morphologisches Institut Uni Istanbul, 1937 (unter Zimmermann nicht ausgeführt?);
7. Oberschule Trabzon, ab Juli 1937 – Ende 1938 (mit Hillinger, ausgeführt);
8. Skizzen zum Abschluß des Regierungsviertels, Bau des Unterrichtsmin., Sept. 1937 (nicht ausgeführt);
9. Wettbewerb Parlament, außer Konkurrenz, August – Dezember 1937 (nicht ausgeführt);
10. Atatürk Lisesi Ankara, Juli 1937 – 1938 (mit Kömürcüoğlu, ausgeführt);
11. Cumhuriyet-Institut für Mädchen, Izmir, Jan/Febr. 1938 (mit Grimm und Hillinger, teilausgeführt);
12. Entwurf Oper Ankara, Febr. 1938 (nicht ausgeführt);
13. Eigenes Wohnhaus, Istanbul-Ortaköy, ab Febr. 1938, (ausgeführt);
14. Farbskizze für eine Synagoge, März 1938, (nicht ausgeführt);
15. Mittelschule, Ankara-Cebeci, Mai 1938 (ausgeführt);
16. Pavillon des Unterrichtsmin. auf der Int. Ausst. Izmir, Mai 1938 (ausgeführt);
17. Haus Nissen, Mai 1938 (nicht ausgeführt);
18. Projekt Hamamönü-Mittelschule, 7. 7. 1938; (nicht ausgeführt?);
19. Festdekorationen zum 15. Jahrestag der Republik, 2 Skizzen, 24. 7 1938, (mit Schütte; Schütte-Lihotzky, im Oktober ausgeführt);
20. Atatürk-Plakette, 10. 7. 1938;
21. Medizinische Fakultät, Oktober 1938 (Istanbul od. Ankara?, nicht ausgeführt);
22. Überarbeitung der Entwürfe zur Medizinischen Fakultät Ankara?, Entwurf Fuat Saylam (Arch. des Hygienmin.) (3./4. 10. 1938);
23. Katafalk für Kemal Atatürk, 15. 11. 1938 (mit Mahmut Bilem, ausgeführt);
24. Skizze und Denkschrift zum Atatürk-Mausoleum 5. 12. 1938 (nicht ausgeführt).
Die Daten verweisen auf eine Erwähnung im Istanbul-Journal, vgl. a. Tauts Werkliste in PAAA, Ankara Nr. 750, 25. 6. 1937, Schreiben des Generalkonsulats Istanbul an AA wegen Tauts Befreiung von der sogenannten Reichsfluchtsteuer, S. 2, dort Bestätigung des Unterrichtsministerium gez. von Cevat Dursunoğlu mit neun Projekten am Baubüro des Ministeriums; weitere Angaben zu den einzelnen Projekten weiter unten.

438 S. PAAA, Ankara Nr. 727, Schreiben AA vom 21.2.1925! an die Botschaft Konstantinopel, wo ein Regierungsbaumeister a. D. Runge als Spezialist für Städtebau an den Bürgermeister von Ankara Haydar Bey empfohlen wurde.

439 Die Klammern beziehen sich auf die Erwähnung im Istanbul-Journal; zu den Einzelbiographien s. unten, zu Werner Segal, dem Sohn des Künstlers Arthur Segal, s. Benton, 1995, S. 210 – 212, schon 1932 hatte Taut Segal nach Moskau eingeladen. Die Reise kam aber durch den Weggang Tauts nicht zustande. Segal verbrachte die Jahre 1932 – 1934 zuerst in Ascona und schließlich auf Mallorca, wo er sich intensiv mit der balearischen Architektur beschäftigte.

440 Vgl. Erinnerungen bei Gülsen, 1984.

441 Istanbul-Journal, 22. 12. 1936.

442 Ebd., 24. 12. 36 zu Zimmermann ‚Wir dürfen jetzt unter keinen Umständen mit Reibungen hervortreten – der grösste Fehler der Deutschen.' Zum Budget, ebd. 5. 2. 1937.

443 Ebd., 18. 1. 1937 weitere Zahlen: 35 Studenten im Fach Innendekoration und 30 in Islamische Kunst; die Architekturabteilung sollte laut Taut auf 240 – 310 Studenten in Zukunft ausgebaut werden.

444 Archiv Speidel, Kopie, Bruno Taut handschriftlicher Entwurf: Abschließender Bericht über die Architekturabteilung der Akademie (Studienjahr 1937/38), S. 8.

445 Istanbul-Journal, 3. 5.1938: ‚Lehrerversammlung: Diskussion

über Reglement, Opposition Hikmet [Holtay] und Se[y]fi [Arkan] gegen Kursleitung [...] Trotz guter Erfahrungen im pers[önlichen] Kontakt muss mein Rapport negativ ausfallen. Bedingungen (Türken) mißgünstig, aber ich kann wegen [der] Tatbikats [wörtlich: 'Ausführungen'; gemeint sind die Projekte im Baubüro des Ministeriums] unmöglich jeden Schüler persönlich betreuen.'

446 Ebd. S. 8f.
447 Istanbul-Journal, 30. 4. 1937.
448 Istanbul-Journal, 22. – 26. 5. 1938; Reise nach Ankara, Gespräch mit Cevat: ‚Fall Toprak. – C. weiss keinen Ausweg, erklärt es sich aus meinem zu scharfen Rapport. Statistiken über Lehrer und Schüler – Auch C. hält Lehrerdisziplin für primär. Topr. hat meinen Bericht umgeschrieben, Berichte von Sedad [Eldem] und Hikmet [Holtay] darin verarbeitet. (6 Seiten plus) In Beschwerde über Sie [Taut?] eingereicht.'
449 Ebd., 14. 6. 1938.
450 Archiv Speidel, Abschließender Bericht, S. 7.
451 Istanbul-Journal, zuletzt 9. 9. 1938 mit Cevat, Toprak u. Hikmet Sitzung ‚stundenlang türkisch, ich resigniert. C[evat] keinen Schritt weiter.'
452 Mehmet Ali Handan, zit. n. Gülsen, 1984, S. 1676.
453 S. Bruno Taut und Studenten des letzten Semesters: Tip ve sıra evler [Typen- und Reihenhäuser], in: Arikitet 7, 1937, S. 211 – 218. Dort nur das Ankaraner Projekt, Fatih-Projekt erwähnt von Mehmet Ali Handan, in: Gülsen, 1984, S. 1676.
454 Wächter, in: Kat. Taut, 1980, S. 97 – 99, zu Fischer und Taut, vgl. Gabriele Schickel: Theodor Fischer als Lehrer der Moderne, in: Kat. Moderne Architektur in Deutschland, Bd. 1, Berlin 1992, S. 55 – 67, bes. S. 58 – 60.
455 Istanbul-Journal, 14. 7. 1938.
456 Archiv Speidel, Kopie des letzten Vertragsentwurfs vom Sommer 1938, gültig ab 1. 10. 1938; vgl. Istanbul-Journal, 8. 5. 1938, zunächst Enttäuschung seitens Tauts auf erste Reaktion von Cevat Dursunoğlu: ‚1000 Pf, 5 Jahre – Schweigen. 'Aber wir können doch darüber sprechen' (er) [...] Vertragsfrage vertagt, weil keine Lösung zu finden.'
457 Ebd., 30. 8. – 3. 9. 1938; vgl. 31. 10. 1938.
458 Zit. n. Tanju, 1997, S. 26.
459 AAK, Nachlaß Bruno Taut, Originalrede mit Streichungen im Manuskript, abgedruckt ohne diese, in: Kat. Taut, 1980, S. 260.
460 Taut, 1938 [1977], S. 191.
461 Vgl. auch Giedions Einschätzung bereits 1932: ‚Die Zeit der Avantgarde-Bewegungen ist vorbei. Sie nimmt ungefähr das erste Viertel unseres Jahrhunderts ein. Heute sind verhältnismäßig wenige 'Experimentierzellen' nötig. Das Weltbild ist in seinen Anfängen geschaffen.', in: Information 1/1932, S. 8 – 11, zit. n. Giedion, 1987, S. 122; Giedion geht von einer fest gefügten modernen Bewegung aus. In unserem Zusammenhang ist festzuhalten, daß natürlich auch Taut sich in den dreißiger Jahren als Teil dieser Bewegung gesehen hat.
462 Vgl. Giedion, 1987, Kapitel ‚Die Kunst als Schlüssel zur Realität', bes. S. 171 – 173, sowie 195ff.
463 Taut, 1938 [1977], S. 28; vgl. im eher futuristischem Duktus die Einleitung zu Frühlicht Heft 1, Berlin 1920, unter der Überschrift ‚Nieder mit dem Seriosismus', zit. n. Bruno Taut 1920 – 1922. Frühlicht, S. 11. Diese Bände werden in einer von Manfred Speidel herausgegebenen Neuedition Anfang 1999 im Gebr. Mann Verlag erscheinen.
464 So hatten im übrigen schon Bonatz und vor allem Schmitthenner, gerade in Hinblick auf ihre Kritik an der Weißenhof-Siedlung, argumentiert. Auf die Bedeutung der Proportionsdebatte für die Moderne kann hier nicht eingegangen werden. Verwiesen sei nur auf Ostendorfs und Berlages Neuformulierung um die Jahrhundertwende, vgl. Werner Oechslins Beitrag, in Kat. Moderne Architektur in Deutschland, Bd. 1, 1992 und daraus ableitbar den ‚Modulur' bei Le Corbusier; auch Hugo Häring und Theodor Fischer haben sich noch 1934 mit dem Problem der Proportion beschäftigt.
465 Vgl. oben und Scheiffele, 1984, S. 240f.
466 Taut, 1938 [1977], S. 167: ‚Die Kunst stand prinzipiell ausserhalb der Politik. Man ordnete die Qualität nicht den nationalen oder politischen Ambitionen unter. Im Gegenteil: aus politischen Ambitionen beriefen die Machthaber häufig die besten Künstler eines feindlichen Landes [...].'
467 Ebd., S. 182, Zitat des dänischen Schrifstellers Jansen, vgl. S. 184.
468 Vgl. oben und Germer, 1992, S. 102f.
469 Taut, 1938 [1977], S. 63.
470 Hierzu mit sehr positiver Sicht Junghanns, 1983, S. 101 bis 103, 11f.; vgl. Barabara Kreis, Bruno Tauts Verhältnis zum Bauen in der Sowjetunion und seine Tätigkeit in Moskau, in: Kat. Taut, 1980, S. 104 – 119, bes. S. 115. Sein wichtigstes Japanisches Werk ‚Houses and People of Japan' liegt seit 1997 zum ersten Mal in der deutschen Fassung vor, vgl. Taut 1935 [1997].
471 Taut, 1938 [1977], S. 34.
472 Ebd., S. 68f.
473 Auch hier wieder der Rückgriff auf Otto Wagners ‚Moderne Architektur', der Semper zitiert: ‚Artis sola domina necessitas' [Die einzige Herrin der (Bau)kunst ist die Notwendigkeit (Funktion).]. zit. n. Oskar Antonia Graff, Otto Wagner, Das Werk des Architekten Bd. 1, Köln, Wien, Graz 1986, S. 275, zitiert die erste Ausgabe, Wien 1896, Kap. Construction.
474 Taut, 1938 [1977], S. 128, vgl. Taut, 1935 [1997], S. 28*.
475 Taut, 1938 [1977], S. 61.
476 Tanju, 1997, S. 26. Er verweist übrigens darauf, daß die Architekturlehre durch den plötzlichen Tod Tauts keine Rezeption mehr erfahren hat.
477 BAB, GN 7/736/16, Brief Wagners 29. 8. 37.
478 Taut, 1938 [1977], S. 63.
479 Ebd., Nachlaß Taut, Erica Taut an Isaburo Ueno, 1. 1. 1939.
480 AAK, Nachlaß Taut, 6. 11. 1937. Der Bau wurde nach Tauts Tod am 4. 11. 1940 eingeweiht und unter wesentlicher Hilfe von Grimm und Hilinger vollendet, s. Jäschke, 1943.
481 CAA, Planbestand Jansen/Zimmermann.
482 Istanbul-Journal, 9. 1. 1937. Zimmermann wird schließlich auch wegen der Krankenhausprojekte in Cerrahpaşa, Istanbul, von Taut kritisiert: ‚Horizontalmode ungelöst [...] Klar gesagt, dass ich Zs [Zimmermanns] Arbeiten nicht mehr unterschreibe.' Ebd., 3. 6. 37, vgl. 2. 6., ‚in Zukunft keine Arbeiten mehr an Z. gehen, sondern alles durch mich.'
483 Ebd., 22. 3.; 6. 4.; 14. 4., 7. 5.; 28. 5. 1937 in diesem Zusammenhang bezeichnet Cevat Jansen als ‚frech und dumm', vgl. Gutachten Jansens zum Hochschulviertel, BAA, Gutach-

484 Zu Senftenberg und dem Haus des Verkehrsbundes, s. Speidel, in: Kat. Taut, 1995, S. 246 – 248.
485 Speidel, 1994, S. 55, 62, vgl. ders., 1997, S. 57. Taut hat selbständig die Werksteinfassaden und Innenräume durchgearbeitet.
486 Speidel, 1994, S. 63; vgl. BAA Schreiben Jansens an Taut, 17. 3. 1937, wo er die mangelnde Anpassung an Eglis Bau moniert.
487 Archiv Junghanns, Brief Hillingers an Junghanns, 17. 6. 1965.
488 Istanbul-Journal, 6. 4. 1937 ‚Mundt beginnt mit T.H.'; 29. 4. 1937 ‚Allgem.[eine] Idee für T.H. fertig (Mundt).' am 5. 5. wird das Projekt unter anderem von Gross, Mieses u. a. . genehmigt; 22. 6. 1937 ‚Mundt nach Ankara; Arbeit d[er]. Archit[ektur]. für T.H. sehr fragwürdig.' 3. 9. 1937: ‚(Unter Hochdruck die Projekte für T.H., Chem. Inst., Theater u. Ausschreibungsunterlagen f. Fak.[ultät] bis dahin fertiggemacht.' Aus Finanzgründen konnte die umfangreiche Anlage nicht ausgeführt werden; Hillinger berichtet, daß später Bonatz ein Projekt für diese Stelle gemacht hätte und ein Teil auch ausgeführt worden sei, s. Brief an Junghanns 1. 7. 1966, Archiv Junghanns; Ferner ist ein weiteres Projekt aus dem Jahr 1942 von Holzmeister, Sedad Eldem, Emin Onat und Gustav Oelsner überliefert, das weiter unten in Teil III besprochen wird, vgl. NCHII, Projekt T.H. Ankara.
489 Junghanns, 1983, S. 16f., Abb. 19.
490 Begriff von Susanne Lorenz geprägt bei einem Seminar an der TU Berlin über Exilarchitektur 1992. Dies wird unterstützt durch Tauts Begriff der ‚Beherrschung des Unsymmetrischen'; Taut, 1938 [1977], S. 150.
491 Ebd.
492 Vgl. Hans Schliepmann: Bruno Schmitz, (Berliner Architekturwelt Sonderheft 13), Berlin 1913, S. 58 (Rosengarten, 1903); 76 (Rheingold, 1906); zu nennen wäre auch der 2. Entwurf für das Reiss-Museum in Mannheim, 1910, S. 91.
493 Publiziert, in: Arkitekt 9, 1939, S. 202; zum Träger-Verkaufskontor s. Junghanns, 1983, S. 27, Abb. 20.
494 TUUB, Plansammlung, Nr. 22.820, datiert vom 16. 5. 1938, sign. Jansen.
495 S. a. Archiv Junghanns, Schreiben Hillingers an Junghanns vom 1. 7. 1966: ‚Taut hat einen Vorentwurf zur Oper gemacht. Dieselbe Aufgabe ist zuvor Prof. Hans Pölzig [!] gestellt worden und nach seinem [Poelzigs] plötzlichen Tod hat sein Assistent Zimmermann, Poelzigs Vorschlag weiterbearbeitet. Beide Vorschläge sind damals aus finanziellen Gründen nicht gebaut worden.' Möglicherweise waren es auch Parallelprojekte.
496 Archiv Junghanns, Schreiben von Bruno u. Erica Taut an Carl Krayl, 5. 6. 1938; vgl. Junghanns, 1983, S. 113.
497 Istanbul-Journal 13. 8. 1938 ‚Mundt meine Unzufriedenheit über Architektur seines Theaterprojekts gesagt.'
498 Speidel in der Bruno-Taut-Ausstellung in Magdeburg 1995, das Projekt wurde bislang immer als Kulturzentrum für Moskau 1932 bewertet, Junghanns, 1983, S. 268 ‚wahrscheinlich Moskau'. Die Ansicht zeigt den Portikus der Hauptfront durch je vier Hakenkreuzfahnen flankiert; zum Wettbewerb, ohne die Kenntnis des Tautschen Entwurfs: Nerdinger, 1985. Der Entwurf zum Haus der Arbeit durch Taut war möglicherweise Teil einer Strategie, doch wieder in Deutschland Fuß fassen zu können, vgl. Brief des Deutschen Botschafters in Tokyo an das Auswärtige Amt Berlin vom Januar 1934, in: Akten des Preußischen Ministeriums für Wissenschaft und Volksbildung, Ha 76 Vb, Sekt. 5, Tit .3, Nr. 3a, TH Charlottenburg, Abt. Architektur Bd. 2, 1926 – 34.
499 BAB GN 7/23/736/15, Schreiben Wagners an Gropius, 17. 8. 1937.
500 Istanbul-Journal, 30. 9. 1937: ‚Am 2. [10.] bei Markowitz mit Kuchenbruck: loben alles wollen Probebühne, Orchester-, Ballet-, Statistenräume, Werkstätten etc. etc.'; 18. 11. 37 ‚Vorbehalte von Hindemith u. Praetorius gegen meinen Entwurf;' 21. 11. 1937: ‚Ebert beginnt Beratungen über das Theaterprogramm.'; 16. 8. 1938: ‚Praetorius erzählt aus sicherer Quelle, dass tschech. Architekt Auftrag für Theaterproj. hat.' Unklar ist noch immer, ob Taut auch in das Theaterprojekt in Istanbul, das auch Poelzig ausführen sollte, involviert war.
501 Taut, 1938 [1977], S. 114.
502 Tanju, 1997, S. 28.
503 Schon in: Bruno Taut 1920 – 22, Frühlicht 1, 1921, H. 2 unter dem Titel Architekten, S. 126 – 135 unter Hinweis auf Oud und Le Corbusier in Abkehr von seinem Manifest des Expressionismus: Die Wiederkehr der Kunst, Leipzig 1919.
504 Vgl. Anm. 530.
505 Tanju, 1997, S. 28
506 Charles Jencks: Movements in Modern Architecture, Harmondsworth ²1983, S. 60 – 62, sieht Taut als den bedeutendsten Vertreter einer ‚intutive tradition' nach 1918. Für die Rezeption dieser Ansätze verweist er ausdrücklich auf das Buch von Conrads und Sperlich, Phantastische Architektur, das 1960 erschien, die englische Ausgabe 1963, zu Venturi, S. 220f., zu Rossi 374 – 377.
507 Alsaç, 1984, S. 99f.; zu Bonatz und dem Wettbewerb des Atatürk-Mausoleums, siehe Teil III. 2 u. 3.
508 Sayar, 1938, S. 95.; vgl. Schreiben Eglis an Junghanns, 4. 2. 1966, Archiv Junghanns: ‚Diese Wahl, um dem Bau einen nationalen Anstrich zu geben, den er nie bekam, erinnert mich an die Bemühungen eines Kunstgewerblers, den ich an der Kunstakademie Ist[anbul]. engagieren liess, welcher an den kennzeichnenden Farblagen der türk. Dekoration komplett vorbeisah, um die Art der 'Wiener Werkstätten' in der Türkei einzuführen, was ihm nicht gelang.' Diese Kritik fußte auf der von Sayar, verkannte aber die Tautsche Konzeption vollkommen.
509 Sayar, in: Gülsen, 1984, S. 1684.
510 BAB GN 7/23/736/8 Schreiben Wagners an Gropius, 18. 5. 1937.
511 Taut, in: Arkitekt 8, 1938, S. 165 – 168; in demselben Jahrgang wurden als Vorabdrucke der Architekturlehre die Kapitel Proporsiyon [Proportion] und Teknik [Technik] veröffentlicht, ebd., S. 194 – 199; 257 – 260.
512 Archiv Junghanns, Brief von Bruno u. Erica Taut an Carl Krayl, 5. 6. 1938.
513 BAB GN 7/23/9/366, Kopie Wagner an Taut, 20. 7. 1936: ‚Meine Frau ist zur Zeit in Deutschland. Ich schickte

meine beste Taube aus, um Neuland erforschen zu lassen. Zwar weiss ich, dass sie ohne Ölzweig zurückkommen wird. Aber die Eingeborenen sollten doch wissen, dass wir noch leben und auf die sinkende Flut warten.'

514 Vgl. a. Interpretation gegen eine einseitige Japanrezeption bei Zöller-Stock, 1993, S. 68f.

515 Hinweis von Manfred Speidel, Aachen.

516 Istanbul-Journal, 14. 11. 1938; ein Alternativentwurf in den Planunterlagen Jansens erhalten, möglicherweise von Bangert. Zu den recht dramatischen Umständen der Entwurfsgenese Cevat Dursunoğlu: Der Katafalk des Atas [Atatürk] und Architekt Taut, AAK, Nachlaß Taut; vgl. a. Brief von Hillinger an Junghanns 6. 9. 1966, Archiv Junghanns, publ. in Kat Taut, 1995, S. 326. Cevat war verantwortlich für die künstlerische Gestaltung der Trauerfeier in Ankara. Zu Elsaessers Projekten: ‚Keines der Projekte befriedigte vom künstlerischen Standpunkt.'. Eine genaue Beschreibung und Geschichte des Entwurfs, ohne auf die Alternativen einzugehen, bei Batur, 1997, S. 19f.

517 Istanbul-Journal, 19./20. 11. 1937: ‚Intensive Ausführung vor Parlament. Ausstattung des prov. Mausoleums im Parl. und der Fackeln an den drei Denkmälern, dadurch neue Erkältung.' Am 5. 12. 1938 befindet sich Taut nochmals in Ankara, um den Bericht für den Standort eines Atatürk-Mausoleums abzugeben. Auch ein geplantes Haus für den neuen Präsidenten İsmet Paşa wird dabei erwähnt, allerdings lagen zu diesem Zeitpunkt keine Skizzen vor; ebd. Zum Bericht des Todes Brief von Erica Taut wohl an Heinrich Taut u. a. ., Archiv Heinrich Taut. Die in Kat. Taut, 1995, S. 327 abgebildete Totenmaske stammte von Nihat Bey, einem Assistenten von Rudolf Belling.

518 Zur sonst wenig bekannten Biographie Cevats, vgl. LAB, Nr. 172, Brief an Reuter an Dr. Markus Ites, ehem. Studienrat und Lehrer von Cevat, vom 8. 6. 1946., publ. in: Reuter, Schriften, Bd. 2, Nr. 181; vgl. Brief Ites an Reuter, 3.5.1945; LAB ebd. Zu diesem Zeitpunkt war Cevat noch Abgeordneter und hat noch um 1960 als Pensionär gelebt. Geboren ist er in den 1890er Jahren, denn er hat um 1910 das Gymnasium von Ilfeld/Harz besucht, um 1930 war er der Inspekteur für die türkischen Studenten in Deutschland, angesiedelt an der türkischen Botschaft in Berlin, wo er Hans Poelzig kennenlernte. Er gehörte zu den jungen kemalistischen Beamten, die ausgesprochen deutschfreundlich eingestellt waren. PAAA, Ankara Nr. 750, 11. 2. 1939, gen. Konsul Toepke, Istanbul an AA, meldet den Besuch Vorhoelzers ‚auf Einladung Cevats' und des Akademiedirektors Burhan Toprak. Die Besetzung konnte erst zum April vorgenommen werden, weil Tauts Witwe noch eine dreimonatige Pension erhielt, s. ebd. Schreiben vom 26. 1. 1939 an AA.

519 Bericht Erica Tauts an Heinrich Taut u. a. ., Archiv Heinrich Taut, undatiert (Anfang Januar 1939).

520 Brief Erica Taut an Segal, 30. 1. 1939, Kopie Archiv Speidel: ‚Mit seinem Bruder und auch mit Heinrich [dem Sohn] war kaum Kontakt. Mißverständliche Briefe (weil keiner von beiden Teilen frei schreiben konnte) machten gegenseitig falsche Vorstellungen [...] Obwohl beide sich eigentlich zueinander entwickelt haben, hatte jeder eine gewisssse Scheu, den anderen zu sprechen – um vor Enttäuschungen bewahrt zu bleiben. Die grosse Verschiedenheit zwischen beiden besteht trotzdem nach wie vor.' Noch Mitte April 1939 war die Sache nicht entschieden; Hillinger an Segal, 16. 4. 1939; Kopie Archiv Speidel.

521 Erica Taut an Ueno, 1. 2. 1939, AAK Archiv Taut.

522 Ebd. Was mit dem Widerstand eines der ‚Hauptmitarbeiter' gemeint war, bleibt unklar. Möglicherweise handelte es sich um Franz Hoffmann in Berlin. Manfred Speidel wies mich daraufhin, daß auch von Hans Grimm in Ankara selbst dieser Widerstand zu erwarten gewesen wäre.

523 LAB, Nr. 172, Brief Reuters an Wagner, 29. 8. 1946. Anlaß war die Städtebaumappe, die Max Taut zum Wiederaufbau 1946 vorgelegt hat und das Problem, daß Wagner u. a. . dies auch gegen ihre eigene Remigration gerichtet sahen; s. ebd.: ‚Das ist einer der unerfreulichsten, subalternen und übel ich-bezogenen Zeitgenossen, der mir je über den Weg gelaufen ist. Von ihm ist ein Verstehen irgend eines Problems auch nur andeutungsweise zu erwarten, das ist wirklich zu viel und die Huspe [Chuzpe], mit dem der Mann sich als 'Städtebauer' bezeichnen laesst, leuchtet gleich tief in die Motive der ablehnenden hinein, die er und alles, was um diese Leute herumwimmelt, gegen die Rückkehr von anderen einnehmen.'

524 Hillinger an Segal, 3. 2. 1939; Kopie Archiv Speidel.

525 Hillinger an Segal, 16. 4. 1939; Kopie Archiv Speidel.

526 Erica Taut an Shinoda, 10. 8. 1939, Kopie Archiv Speidel. Shinoda hatte sie nach Japan eingeladen, wo sie am 23. 9. 1939 auch ankommen sollte. Später siedelte sie anch Shanghai über, wo sie bis Kriegsende lebte; 1946 ging Erica Taut, eigentlich Wittich, denn die geplante Heirat mit Bruno Taut war 1938 durch dessen Tod nicht mehr zustande gekommen – von seiner ersten Frau Hedwig hätte er sich zuvor scheiden lassen müssen – nach Berlin zurück, zusammen mit ihrer gemeinsamen Tochter Emmy Lorenz.

527 Vgl. Bonatz, 1950, S. 323.

528 LAB, Nr. 172, Briefs Reuters an Wagner, 29. 8. 1946.

529 Nerdinger, 1998, S. 92.

530 Marginalien zum Exemplar in Le Corbusiers Bibliothek: ‚Ich nehme Kenntnis von diesem Buch vom 28. zum 29. Juni 1944. Ich habe die Rezeption versäumt und zurückgewiesen zur Zeit von 'Esprit Nouveau' (1920 oder 1921). Diese waren 'Expressionisten' wie waren 'Kubisten'. Eine Tendenz des Zusammenbruchs von 1918. ... [i. Text] 1944 ist die Welt zerplatzt in der Krise einer vergangenen Zivilisation. Die Tat ist, die Türen zu neuen Horizonten zu öffnen. Das neue Abenteuer.' Es folgt ein weiterer Absatz, dann das im Text genannte Zitat, zit. n. Theo Hilpert: Die Stadttheorie der Modere und die Krise der Großstadt, in: Hufeneisensiedlung Britz 1926 – 1980. Ein alternativer Siedlungsbau der 20er Jahre als Studienobjekt, hrsgn. v. Th. Hilpert, Berlin 1980, S. 23; vgl. sinnentstellendes Zitat bei Hain, 1994, S. 155.

531 Schütte-Lihotzky, 1985 [1994], S. 48 auf der Reise von Odessa nach Italien zusammen mit Hans Schmidt besuchten sie im August 1937 Taut, der ihnen sofort Arbeit anbot, die sie aber zunächst mit dem Hinweis auf ihr Ziel England ausschlugen; Taut bemühte sich seit März 1938, als klar war, daß beide in England und auch in Paris keine Anstellung finden würden, Verträge, Istanbul-Journal, 26. 8. 1938 ‚Schütte fängt an.'

532 Loevy, 1992, S. 39 als ‚Doppelcharakter des Exils' das ‚erleidende' und das ‚kämpferische', hier am Beispiel der Exilliteratur.
533 AdR, Gauakt Holzmeister Hauptamt Wissenschaftsbeobachtung und -Wertung, Rössner an Reichsleitung NSDAP 23. 10. 1942. Im Prozeß gegen Herbert Eichholzer anwesend, über die Rolle Holzmeisters: ‚Es wurde dort festgestellt, dass sich dort ein sehr bunte internaional [sic] jüdische Gesellschaft trifft.'
534 Zu Eichholzer (1903 – 1943), s. Int. Biogr. Dict., Bd. 1, S. 147; Die Vetreibung des Geistigen, 1986, S. 205, 207; zu Inez Viktoria Maier (1914 – 1943), Deutsch-Chilenin, BA Dahlwitz Hoppegarten, ZB II 703, seit 1936 in Europa, August 1939 Diplom in Wien, wohl vom Sept. 1939 bis März 1940 bei Holzmeister in Istanbul, enge Beziehung zu Eichholzer, zuletzt beschäftigt in Linz bei der Reichsbahn, wurde verhaftet, als sie Schütte-Lihotzky im Januar 1941 in Wien besuchen wollte. Die Gestapo-Akten bezeichnen sie als ‚gesinnungsgemäße Kommunistin.' Schütte-Lihotzkys ‚Rettung' nochmals gesondert von ihr selbst beschrieben: Schütte-Lihotzky, 1982.
535 So Margarete Schütte-Lihotzky in einem ausführlichen Gespräch mit dem Autor im Januar 1994.
536 Vgl. gute Übersicht bei Cremer, 1990, den aber die eigentliche Tätigkeit Vorhoelzers nur am Rande interessiert.
537 BA Dahlwitz-Hoppegarten, ZB II 692, Protokoll vom 24. 1. 1941 Gestapo Wien, S. 9.
538 NMSL, Vortragsmanuskript ‚Über zwei Jahre Istanbul', undatiert mit nachträglichen Überarbeitungen, ca. 1980.
539 Vgl. Susanne Baumgartner-Haindl: Die Zeit in der Sowjetunion, in: Kat. Schütte-Lihotzky, 1993, S. 125 – 135; dort betont, daß sie in dieser Zeit kein Mitglied der Kommunistischen Partei war; vgl. Junghanns, 1989, S. 681 – 684, 701f..
540 Kat. Schütte-Lihotzky, 1993, Nr. 102.
541 Seit 1936 war im Rahmen des 2. Fünfjahresplans die Abtreibung verboten worden. Die stalinistische Regierung hoffte auf Geburtenzuwachs und brauchte gleichzeitig jede Arbeitskraft für den industriellen Aufbau. Nur so ist das umfangreiche kinderbezogene Bauprogramm zu erklären.
542 Taut, 1938 [1977], S. 87.
543 Egli hielt sich ja noch bis 1940 in der Türkei auf und war der Architektin seit den Wiener Jahren freundschaftlich verbunden. Eine erste Zusammenarbeit ergab sich in der Reformsiedlung ‚Eden' 1921/22 in Wien, s. Kat. Schütte-Lihotzky, 1993, S. 21f., die Freundschaft zu Egli auch noch jüngst in einem Gespräch mit dem Verfasser betont.
544 Kat. Schütte-Lihotzky, 1993, Nr. 135; vgl. NMSL, Erläuterungsbericht zur Erweiterung des Mädchenlyzeums, 1939, S. 2.
545 Ebd.
546 Kat. Schütte-Lihotzky, 1993, Nr. 72.
547 Kat. Schütte-Lihotzky, 1993, Nr. 137.
548 Erwähnt unter Nr. 5 der Liste der Arbeiten des Architekten Schütte, Sept. 1938 – September 1939, NMSL; Taut hatte bereits im Juli 1938 zwei Skizzen für die Dekorationen gefertigt, vgl. Istanbul-Journal, 24. 7. 1938..
549 Kat. Schütte-Lihotzky, 1993, Nr. 93f., 101, 104, 107f.
550 Ebd., Nr. 80.
551 Deutscher Text, NMSL.
552 Ebd., S. 5
553 NMSL, Projekt 139, 24. 8. 1940; vgl. a, Projekt 138 Landhaus für Nusret Eucen, 21. 5. 1940.
554 Liste der Arbeiten von Architekt Schütte, Sept. 1938 – Sept. 1939, NMSL. dort insgesamt 14 Projekte und Berichte aufgezählt.
555 Ebd., vgl. Tätigkeitsbericht zum selben Zeitraum.
556 Vgl. BHSTA, Abschrift des Vertrags des türkischen Unterrichtsministeriums mit Vorhoelzer vom 18. 4. 1939, dort wird in § 1 die Einrichtung eines ‚Praxis Ateliers' genannt, was einem reduzierten Baubüro gleichkommt.
557 Scurla-Bericht, 1939, S. 135; dieser würde gleichzeitig am ‚Technikum' arbeiten, ebenso wie seine Frau, damit kann nur die Architekturabteilung der Akademie gemeint sein. Auch der frühere Assistent von Bruno Taut, Alfred Schücking (geb. 1886), wird an der Fachhochschule als Lehrer erwähnt.
558 NMSL, Mimar Büyük Türk Sanatkârı Hakkını, undatiert (wohl 1939), S. 10.
559 Arkitekt 10, 1940, S. 75 – 87 (zu Erdbeben); 211 – 213 (zu städtebaulichen Fragen); 13, 1943, S. 211 – 215 (zu Erdbeben); 258 – 260; 14, 1944, S. 28 – 31 (zur Wohnkultur); S. 66 – 70.
560 Ebd. 10, 1940, S. 224 (Fischer); 13, 1943, S. 27 – 32 (Loos); 131 – 135 (Schinkel).
561 Als eine Bekannte von Paul Bonatz, eine Frau Eberhardt ihn um Unterstützung für Wilhelm Schütte vor der Internierung bittet, lehnt dieser schroff ab: ‚Wie soll ich das können, wenn er in den halben Dutzend Jahren, das er hier wirkt, sich nicht so viel Freundschaft und Liebe bei den Türken erworben hat. Er wird eben in die Internierung gehen müssen, die man sich keineswegs so vorzustellen hat, wie unsere Konzentrationslager. Man lebt in einer kleinen Stadt, im übrigen frei.' NPB, Tagebuch, 23. 8. 44. Das war wohl eher der Zynismus des Glücklichen, einer der wenigen, die nicht interniert wurden. Allgemein zur Internierung s. Cremer/Przytulla, 1991, S. 38.
562 Schütte konnte durch Zufall jedoch bei diesem Besuch einen Briefbogen entwenden, auf dem dann in türkisch ein entsprechender Brief zugunsten von Margarete Schütte-Lihotzky verfaßt und mit einer gefälschten Unterschrift versehen wurde. Dieser Brief wurde dann vom Deutschen Generalkonsulat in Istanbul ins Deutsche rückübersetzt, notariell beglaubigt und ging an die Reichsbehörden. Aller Wahrscheinlichkeit nach hat dieser Brief Schütte-Lihotzky das Leben gerettet. vgl. Schütte-Lihotzky, 1982; dies., 1985 [1994], S. 144. Die von Fritz Weber, Wien, einem engen Freund Wilhelm Schüttes gesprächsweise geäußerte Ansicht, daß Ernst Reuter bei dieser Aktion beteiligt war, läßt sich nicht verifizieren.
563 BHSTA, Schreiben des Bayerischen Kultusmin. an das Reichserziehungsministerium vom 7. 3. 1939, S. 2.
564 GNM, Nachlaß Vorhoelzer, Brief Bonatz, undatiert, wohl Sommer 1936. Nach Schreiben des Bayerischen Kultusmin. an das Reichserziehungsministerium vom 7.3.1939, BHSTA bezieht sich Bonatz Schreiben auf seine Absage der Nachfolge Poelzigs in Istanbul.
565 DOC, Personalakte Vorhoelzer, Schreiben des Staatsministers. f Unterricht u. Kultus Schlemm an Reichsstatthalter v. Epp, 22. 11. 33.

566 BHSTA, Schreiben des Bayer. Kultusmin. an Reichserziehungmin., 8. 8. 1940: ‚Der Stellvertreter des Führers [Rudolf Heß] erkundigte sich daraufhin nach der Willensmeinung des Führers selbst. Er teilte darüber am 20. 2. 35 mit: Der Führer hat gegen eine weitere Bautätigkeit des Architekten Robert Vorhölzer [...] nichts einzuwenden. Er erklärte vielmehr: 'Vorhölzer soll bauen, sich an Wettbewerben beteiligen. Ich bin nicht so kleinlich, ihm die Art seiner Zweckbauten aus seiner früheren Zeit nachzutragen.' Dagegen wünscht der Führer nicht, dass Vorhölzer vorerst eine Lehrtätigkeit ausübt.'

567 BHSTA, Schreiben Vorhoelzers an den Rektor der TH München, 26. 9. 1939

568 Ebd. Das Nettogehalt betrug 1000 TL.

569 Alle vorherigen Zitate in: BHSTA, 1. Jahresbericht von Vorhoelzer an das deutsche Generalkonsulat in Istanbul, undatiert (Mai 1940).

570 BHSTA Schreiben Vorhoelzers an das Bayr. Kultusmin 30. 1. 1941, Rechenschaftsbericht seiner Tätigkeit in der Türkei ‚Feststellungen.' 8 S., Zitat S. 6.

571 SKA Brief Holtays an Vorhoelzer vom 8. 2. 1947. In einem Folgeschreiben vom 14. 2. 1947 machte er deutlich, daß die türkischen Stellen ‚starken Verdacht' hätten, ‚daß der Architekt Schütte Sie denunziert haben könnte.' Schütte habe ihn schon 1941 denunziert und sei voll Neid und Haß gewesen als er die Nachricht von der Rehabilitierung Vorhoelzers an der TH München in der Türkei gehört hätte. Die türkischen Stellen hätten ihm aufgrund seiner dubiosen Haltung nach dem Krieg keine Stelle mehr gegeben. In ihrem Verhör mit der Gestapo am 9. 2. 1941 in Wien gab Margarete Schütte-Lihotzky zu Protokoll, daß Vorhoelzer dem Generalkonsulat Istanbul von britischen Kontakten ihres Mannes berichtet hätte. BA Dahlwitz-Hoppegarten ZB II 692. Daß solche Kontakte bestanden, davon zeugt ein Schreiben des Britischen Information Office bei der Botschaft Ankara vom 15. 1. 1945, daß Schütte wertvolle Hinweise für den Britischen Geheimdienst gegeben hätte und im ‚Anti-Nazi' Widerstand tätig gewesen sei. Kopie NWS. Wer nun wen letztendlich denunziert hat, ist nicht mehr zweifelsfrei auszumachen. In seinem Bericht an das deutsche Konsulat vom Mai 1940 hatte Vorhoelzer ‚meinen Lehrern' [gemeint sind die Kollegen an seiner Abteilung] eher deutschfreundliche Gesinnung attestiert. Schriftlich läßt sich jedenfalls keine Denunziation von Vorhoelzer an Schütte nachweisen, s. BHSTA. Gesprächsweise hat er allerdings den Kontakt mit ‚gewissen Emigranten' erwähnt, SKA, S. 8; vgl. Cremer, 1990, der zu keinen eindeutigen Schluß kommt und latent eher Schüttes Version folgt. In seiner Erklärung vor den amerikanischen Militärbehörden, SKA, Juni 1947, S. 7 [79], führt Vorhoelzer die ganze Affäre auf seine Weigerung zurück, Schütte seinerzeit bei der Erlangung einer Professorenstelle an der Akademie Istanbul unterstützt zu haben.

572 Scurla Bericht, 1939, S. 113 – 116, dort massiven Druck auf die Besetzung von Lehrstühlen mit ‚reichsdeutschen' Professoren gegenüber dem Minister Hasan Ali Yüksel und Cevat Dursunoğlu versucht. Dem widerspricht der Bericht in DOC, Personalakte Vorhoelzer, 17.3.1941, NSDAP Gau München an Ortsgruppe München Bogenhausen nur scheinbar: ‚Die Einstellung zur Bewegung ist zweifelsfrei zuverlässig. Ist Reserveoffizier und sein berufliches Wirken in der Türkei bewies durchaus echt deutsche Gesinnung.' Denn in diesem Zusammenhang ging es weiterhin um die Aufrechterhaltung seiner ‚Professur im Wartestand.'

573 BHSTA, Bericht Vorhoelzers an den Rekor der TH München, 26. 9. 1939, Erläuterungen zum Vertrag.

574 In Kat. Vorhoelzer, 1990, S. 281 wird nach Auskunft von Hans Schnetzer ein nicht näher spezifizierter Regierungsbau an dem nicht existierenden ‚Platz des Kemal Pascha' in Ankara als Bau genannt. Infrage käme das Landwirtschaftsministerium [Orhan Bakanlığı] am Atatürk-Boulevard, dessen Architekt unbekannt ist, Belege gibt es dafür keine.

575 Alber Speer: Erinnerungen, Berlin 1969, S. 95.

576 Begriff des ‚Völkerbundstils' geprägt bei Richhard P. Hartmann: Der Internationale Völkerbundstil 1925 – 1945, (Anzeige), in: Art 1981, H.5, S. 126 – 130; umfassendste vergleichende Abhandlung schon bei Larsson, 1978; vgl. die Entrüstungsrezension von Wolfgang Schäche: Nationalsozialismus und Kunstgeschichte, in: Kritische Berichte 8, 1980, H. 1/2, S. 48 – 56; letztmalig wiederholt, in: Schäche, 1992, S. 38 – 42; vgl. a den jüngsten fast verzweifelten Versuch bei Mittig, 1998, zu dem Thema differenzierter Nerdinger, 1998.

577 Pehnt, 1983, S. 181 – 199.

578 S. Kap. II. 2.

579 Cohen, 1998, S. 80. Unter der latenten Monumentalität führt Cohen Beispiel vor allem Holländische Architekten an: Oud mit dem Shellhaus in Rotterdam, 1938 oder die Bauten Dudoks in Hilversum 1926 – 1932, ebd. S. 79.

580 Vgl. auch zum Folgenden Oechslin, 1988b, Falttaf. der 27 prämierten Projekte; vgl. a. Larsson, 1978, S. 158 – 161; Pinder, 1934, S. 13 sprach von der Symbolisierung eines ‚kommenden Gemeinschaftsmythos', dessen architektonische Verbildlichung aber nicht geglückt sei; zu den Projekten vgl. a. Wasmuths Monatshefte für Baukunst 11, 1927, S. 345 – 352, 416 – 423, 452 – 459, 501 – 503.

581 Vgl. Richard Qincerot: Schlachtfeld Völkerbundpalast, in Oechslin, 1988b, bes. S. 69 – 71, zur Debatte Corbusier/Vago den Plagiatatsvorwurf, den Corbusier erhebt, in der Vago das letzte Wort behält, s. L'architecture d'aujourd'hui, Nr. 8, November 1931, bes. S. 68. Der Bau wird schließlich 1932 begonnen und im November 1933 als Rohbau eingeweiht. Die erste Plenarsitzung findet erst im September 1937 statt. Zu dem Moskauer Projekt Corbusiers, s. Karin Carmen Jung: Das Cenrosojus-Gebäude in Moskau – eine expressive Architektur, in: Bauwelt 78, 1987, S.1468 bis 1472, bes. S. 1468 dort als eines der größten Verwaltungsbauprojekte Sowjetrußlands bezeichnet.

582 S. Adolf Loos, Schriften Bd. 1, München 1962.

583 Adler, 1927, S. 4. Neben den dort genannten Schülerarbeiten der Kopenhagener Akademie ist besonders das Polizeipräsidum von Kopenhagen 1919 – 1924 von Hack Kampmann zu nennen. Vgl. Larsson, 1978, S. 156; Pehnt, 1983, S. 118.

584 Adler, 1927, S. 6 zum vorherigen S. 5. Adler versucht damit einen Gegenentwurf zu Worringers Idee des ‚Gotischen' als genuin deutscher Kunstform. Vgl. Bushart, 1990.

585 S. Adlers Bewertungs von Perrets Bauten, in: Wasmuths Monatshefte für Baukunst 11, 1927, S. 405. Als weiteres Bei-

spiel könnte man Poelzigs neoklassizsitische aus Stahlbeton ‚gegossene' Ausstellungsbauten für die Jahrhundertausstellung in Breslau 1913 anführen, vgl. Kat. Poelzig, 1989, S. 36.

586 Paulsen, 1934, S. 392.
587 Vgl. Karo Alabajan: Gegen Formalismus, Schematismus und Eklektizismus, Originalfassung, in: Architektura SSSR, Nr. 4, April 1936, deutsche Fassung, Kat. Tyrannei des Schönen. Architektur der Stalin-Zeit, Ausstellung MAK Wien, München, New York 1994 S. 22 – 25, als ein Manifest des Sozialistischen Realismus, bezogen auf die Architektur, ‚Wahrhaftigkeit in der Architektur', der Bezug auf die klassische Epoche der einheimischen Architektur (Russischer Klassizismus) sowie die Beachtung ‚nationaler Formen' waren die Schlagwörter.
588 Herbert Hoffmann: Die V. Triennale Mailand 1933, in: Moderne Bauformen 32, 1933, S. 391 – 412, hier S. 397.
589 S. a. Pfammatter, 1990, S. 101f. Er spricht bei diesem Wettbewerb von einer Selbstanpassung der Moderne, die durch den Sieg des Traditionalisten Del Debbio nicht belohnt wurde.
590 Kat. Holzmeister, 1982, Nr. 366, S. 78f.; vgl. Holzmeister, 1976, S. 54; Holzmeister, 1937, S 371 – 374.
591 Sekler, 1982, S. 209.
592 Ebd., S. 210f., 431f. Sekler beont das ‚Beharren auf den in der Frühzeit der Laufbahn gewonnenen Einsichten und Überzeugungen.' (S. 210), ein Vergleich mit den Pavillon der Stadt Brünn und Mährens von Bohuslav Fuchs, auf der Brünner Landesausstellung 1928 böte sich ebenfalls an, vgl. Šlapota, 1987, S. 63. Zur Genese des Pavillons, vgl. Josef Hoffmann e la Biennale Venzia 1934, Venedig 1989.
593 Zit. n. Ciucci, 1987, S. 201.
594 Pfammatter, 1990, S. 111, vgl. a. S. 110; s. a. Pehnt, 1983, S. 129 – 133, bes. S. 131.
595 Vgl. Hüttel, 1987.
596 S. Hitlers Kulturrede auf dem Reichsparteitag in Nürnberg 1937, bei Teut, 1969, Dok. 63; vgl a. Dok. 61, Germanische Tektonik von Hans Kiener, Januar 1937.
597 Pehnt, 1989, S. 146.
598 So Giedion 1943 in seinem Aufsatz: ‚Über eine Monumentalität' nach einem Ausspruch von Gropius, vgl. Giedion, 1956, S. 31, Giedion, 1987, S. 184.
599 Vgl. Posener, 1993, S. 222 – 225, nach einer Auseinandersetzung mit Albert Laprade, in der seine Architekturkritiken als ‚juif-bolshevic' angegriffen wurde, 1934, firmiert er als Jules Lepage. Posener war seit 1929 Korrespondent für die deutsche Architekturszene gewesen; vgl. Cohen,1992.
600 L'architecture d'aujourd'hui, Nr. 8, Okt. 1933, (Laprade zur modernen Architektur Italiens), Nr. 7, Sept. 1934 (Vago zu Sabaudia); Nr. 8, Okt./Nov. 1934 (Posener zum Wettbewerb des Liktorenpalastes); Nr. 7, Juli 1932 (Perret).
601 Ebd., 1936, Nr. 4, April, S. 9 – 47; Nr. 10, Okt. (Bexhill); Nr. 11, Nov. 69, 86 – 88 (Industrie).
602 Ebd., 1934/35, H. 10, Jan./Febr. 1935, S. 15.
603 Kat. ‚Die Axt hat geblüht ...', 1987, S. 124 – 127. Zu Auguste Perret als dem Vertreter der ‚nationalen Moderne' in Frankreich, steht Christian Freigang vor dem unmittelbaren Abschluß seiner Habilitationsschrift an der Universität Göttingen.

604 Kat. ‚Die Axt hat geblüht ...', 1987, S. 128, zum Kolonialmuseum vgl. Yvonne Brunhammer: Die Jahre 1920 – 1940. Zwischen zwei Weltkriegen, zwischen zwei Ausstellungen, in: Kat. Realismus, 1981, S. 354, von Jausseley und Laprade zur Ausstellung 1931 ausgeführt und als direktes Vorbild für das Musée d'art moderne 1937 bezeichnet.
605 Giedion, 1956, S. 31; Giedion, 1987, S. 183, zu den einzelnen Projekten der Weltausstellung, vgl. Illustration, 1937, Sonderheft: ‚Exposition Paris 1937, Album hors série.'
606 Vgl. Edy Wendepohl, Hubert Hofmann: Zwei Architekten berichten über Paris, in: Die Bauwelt 28, 1937, S. 863 – 866, bes. 864f.
607 Paul Westheim: Karton mit Säulen (1937), in: ders: Karton mit Säulen. Antifaschistische Kunstkritik, Leipzig, Weimar 1985, S. 148 – 151.
608 Alfons Leitl: Rückblick auf Paris, in: Bauwelt 28, 1937, H. 52, S. (W) 1 – 4.
609 BAB, GN 536/8, Schreiben von Wagner an Gropius, 18. 5. 1937
610 Atay, 1939, S. 1.
611 Ebd.; vgl. Gronau, 1993; Rill, 1991
612 Vgl. Ahmad, 1992; s. a. Kap. I. 3.
613 Arkitekt 8, 1938, S.99.
614 Ebd., S. 99f., auch zum Folgenden.
615 Ebd., S. 130.
616 Vgl. Max Cramer, Hans van Gieken u. a.: W. M. Dudok 1884 – 1974, Amsterdam 1981, S. 7. Dort wird zwar Dudoks Großer Preis für Architektur anläßlich der Weltausstellung Paris 1937 und 1938 der Juryvorsitz für den Wettbewerb zur Albert-Bibliothek in Brüssel, nicht aber sein Aufenthalt in Ankara erwähnt.
617 Arkitekt 8, 1938, S. 99f.
618 Ebd., S. 111, 123; zur Kritik Wagners s.o. Kap. II.3.
619 Arkitekt 8, 1938, S. 105 – 108; vgl. L'architecture d'aujourd'hui, H. 5, Mai 1939, S. 9; Archives d'Architecture du XXe siècle, 1991, Laprade (1883 – 1978), S. 192, 208, dort fälschlich auf 1940 datiert.
620 Arkitekt 8, 1938, S. 127 – 129, dort fälschlich als ‚Vogo' bezeichnet. Dagegen ausführliche Publikation in der Hauszeitschrift Vagos L'architecture d'aujourd'hui Nr. 5, Mai 1939, S. 5 – 8. Der Entwurf wurde dort emphatisch aufgrund seines klaren und majestätischen Charakters gewürdigt von Aug. Bluysen, ebd. S. 7.
621 Sekler, 1982, WV 370, S. 433 – 435, dort fälschlich auf 1936 datiert, s. a. S. 215 – 218.
622 Ebd., S. 218.
623 Ebd., dort der Vergleich mit dem Sowjetplast, vor allem dem Projekt Le Corbusiers.
624 Arkitekt 8, 1938, S. 130f.; die wohl noch im Nachlaß nach Japan gelangte Farbperspektive gilt als verschollen; vgl. Junghanns, 1983, S. 113.
625 Istanbul-Journal, 15. 12. 1937: ‚Parlament am 14. Dune [?] u. Cevat gezeigt, am 15. dem Minister [Arikan] (anwesend Avnih [?], Schuldezernent): Min.[ister] lobte, wollte es behalten u. Parl[aments] Präs[identen] zeigen: Ich: 'unkorrekt vor Wettbew[erbs]entscheidung.'[...Minister] 'also behalten Sie es, ich werde Parl[aments] Präs[identen] davon erzählen'. Nachher sagte ich zu C[evat]: die Preisrichter möchten es nach der Entscheidung begutachten. – Wagner be-

626 Istanbul-Journal, September 1937.
627 Bruno Taut: Die Stadtkrone, Jena 1920; s. a. Adolf Behne: Die Wiederkehr der Kunst, Leipzig 1919, S. 69; Junghanns, 1983 S. 113; Hain, 1994.
628 Istanbul-Journal, 25. 2. 1938: ‚Plan von H.[olzmeister] in 'Ulus' [Tageszeitung]. Tel[efongespräch] an Cev[at]. Brief an Tengbom, jetzt muss ich warnen, selbst Atatürk, unabhängig von meiner Person. Ich soll an Min.[ister] schreiben – ich: besser, er bereitet es vor – jawohl!.
629 Vgl. NCHII, Denkschrifft ‚Der Parlamentsbau in Ankara' Ms. Juni 1944, S. 1 dort erklärt Holzmeister seine städtebauliche Konzeption mit dem Überraschungseffekt: ‚[…] schien es geboten, für die erforderliche Wirkung der krönenden Staatsbauten diese zunächst nur ahnen zu lassen mittels geringer Durchblicke durch den Querriegel des Innenministeriums.' Die Begründung lag im Maßstab der dreigeschossigen Regierungsbauten. Durch die zwischen Innenministerium und Parlament verlaufende achtspurige Hauptstraße ist diese städtebauliche Konzeption vollends marginalisiert worden.
630 Arkitekt 8, 1938, S. 101 – 103.; vgl. L'architecture d'aujourd'hui Nr. 5, Mai 1939, S. 10, 11 jeweils der oberer Entwurf und Grundriß.
631 Ebd. S. 10, 11 unterer Entwurf; Holzmeister, 1976, S. 103, 105, unten, 106; diese Planvarianten bestanden nur 1938/39. Holzmeister unterscheidet in seiner Denkschrift zum Standort des Atatürk-Mausoleum aus dem Jahre 1938 sehr scharf zwischen Mausoleum und Denkmal. HAK, Denkschrift, S. 2: ‚Denkmal ist im Gegensatz zum Mausoleum Erinnerung an das Lebenswerk des Heroen, architektonisch und plastisch gestaltet. Als Mahnung an die ewig geltenden Ideale, seinem Volke gegeben, gehört es im vorliegenden Falle in den Mittelpunkt staatlichen Lebens, auf den prominentesten Platz, also vor dem Parlament errichtet. Es ist zum Himmel ragend, von der Erde sich lösend.'
632 Holzmeister, 1976; S. 104, 107 (dat. 1940).
633 S. zuletzt: Kat. Tyrannei des Schönen, 1994, Nr. 123, 127, 130.
634 in einem Gespräch im Oktober 1993 mit dem Autor. Tansuk berichtete, daß Inönü auch alle Geldscheine mit Atatürk-Portraits zunächst verbieten ließ.
635 S. Batur, 1984, S. 91.
636 Vgl. NCHII, Der Bau des neuen Parlaments in Ankara, Manuskript (ca. 1947) S. 1; ‚während des Zweiten Weltkriegs allmähliche Einstellung des Baus, der bis zu den Hauptfundamenten gediehen war.' Seit 1945 wieder in Bau.
637 S. Alsaç, 1984, S. 95; zuerst publ. in: Arkitekt, 11/12, 1941/42, S. 241 – 245.
638 So in Arkitekt 7, 1937, S. 119 (Sagebiel, Reichsluftfahrtministerium, Berlin; ebd. S. 298 – 300 (Nürnberg, Reichsparteitaggelände); ebd. 13, 1943, S. 119f.: Paul Bonatz: Yeni Alman Mimarısı [Neue Deutsche Architektur].
639 Istanbul-Journal, 5. 12. 1938: ‚nach Ankara (mit E[rica] und Belling). 1) Ort für das Atatürk Mausoleum – Bericht abgeliefert […].' Welchen Ort Taut vorschlug bleibt unklar, möglicherweise den zuerst favorisierten in Çankaya; HAK, Denkschrift 1938. Die erste Sitzung einer Sonderkommission, die aus den Staatssekretären und Generaldirektoren des Verteidigungs-, Innen-, und Kultusministeriums sowie des Ministeriums für öffentliche Arbeiten bestand, fand am 6. 12. 1938 statt, Vgl. Batur, 1997, S. 81. Ferner gehörten der Kommission Parlamentsabgeordnete sowie Persönlichkeiten aus Wissenschaft und Kultur an. Der heutige Standort wurde von dem Abgeordneten Mihat Aydın aus Trabzon durchgesetzt.
640 HAK, Denkschrift S. 6, s. a. 5.
641 Zu diesem äußerst wichtigen Beitrag zum architektonischen Denkmal vgl die Dissertation von Jürgen Tietz: Das Tannenbergdenkmal und seine Architekten Walter und Johannes Krüger, Diss. phil. TU Berlin; zum Zustand nach dem Umbau 1935 vgl. Troost, 1938, S. 40. (erscheint 1999 im Verlag f. Bauwesen, Berlin).
642 Muck, 1986, S. 201; dieses Schema wurde nocheinmal in seinem Entwurf für ein Atatürk-Monument im Bosporos aus dem Jahre 1972 aufgenommen.
643 Vgl. Bartetzko, 1985, S. 145.
644 Holzmeisters, 1976, S. 83 im nachhinein vorgenommenen Uminterpretierung in ‚ein Denkmal der Versöhnung und des Leides', überzeugt nicht. 1945 ließen die Besatzungstruppen das Denkmal sprengen. Zum Schlageter-Denkmal, s. Karin Hoffmann-Curtius: Das Kreuz als Nationaldenkmal: Deutschland 1814 bis 1931, in: Zeitschrift für Kunstgeschichte 48, 1985, S. 77 – 100, bes. S. 98ff.
645 Holzmeister, 1976, S. 110, 114.
646 Ebd., S. 110; Bonatz selbst sah den Entwurf aufgrund des Ringkranzes – vgl. Bismarck Nationaldenkmal Bingerbrück, 1910 -als von Bestelmeyer gefertigt an, NPB, Brief Bonatz an Wolters, 7. 4. 1942. Dagegen sprach sich Bonatz 1944 deutlich gegen die Form der Türbe aus, mit denselben Argumenten, daß man den Überwinder des osmanischen Staats nicht mit einem traditionell osmanischen Grabbbau ehren könne; vgl. NPB, maschinenschriftliches Manuskript für einen Artikel ‚Die Pläne für das Atatürk-Mausoleum' für die Zeitung ‚Ulus' zum 10. Nov. 1944, S. 3; vgl. Bonatz, 1950, S. 205f.
647 Zur Geschichte neuerdings ausführlich Batur, 1997, die Vorentwürfe sind nicht erwähnt.
648 Rapport, 1942, S. 33.
649 Zur Einladung vgl. Nasır, 1991, S. 443; Projekte bei NPB, mit nachträglicher Beschriftung Bonatz', wohl Anfang der 50er Jahre.
650 NPB, Brief Bonatz an Wolters, 7. 4. 1942 dort die anonymen Projekte beschrieben: 'Bestelmeyer (Spitzkuppel) [das war der Entwurf Holzmeisters]; K.[Clemens] Klotz (wenn er das war, immer dicke druff); Döllgast (zu lyrisch); Höringer; Wach & Rosskotten, Stang & Marwitz; Thorak ausgeschieden (mit Namenskennung).' Zu Klotz s. Petra Leser: Der Kölner Architekt Clemens Klotz (1886 – 1969), Köln 1991, S. 505, Ankara müßte es heißen und korrekt 1942; zu Döllgast Entwurf Kunstbibliothek SMPK Berlin.
651 BA Potsdam, 49.01, Akte 1203/8, Zeitungsausschnitte aus der Türkischen Post vom 23. 12. 1943 (erster Preis); 10. 6. 1942 (zur Juryzusammensetzung); sowie Liste der Preisträger vom 25. 3. 1942
652 In den deutschen Fachzeitschriften wurde Krüger fälschlich der erste Preis zugeschrieben, vgl. Deutsche Bauzeitung 76, 1942, S. 210; Zentralblatt der Bauverwaltung 62, 1942, S. 221; die Entwürfe wurden ansonsten nicht näher vorgestellt.

653 Arkitekt 13, 1943, S. 1f.
654 Rapport, 1942, S. 32; dieser im Nachlaß von Holzmeister befindliche gedruckte Rapport ist in der Türkei offensichtlich unbekannt, vgl. Batur, 1997, S. 84.
655 Nach BA Potsdam 49.01, Akte 1203/8, Türkische Post vom 25. 3. 1942: 1. Ronald Rohn; 2. Giovanni Muzio, 3. Guiseppe Vaccaro mit Gino Franzi; 4. Kemali Söylemezoğlu mit Kemal Aru u. Recai Akçay sowie 5. Ferridun Akkozan u. Mehmet Handan; vgl. Arkitekt 13, 1943, S. 19 (Muzio); 20 (Vaccaro); 13 – 15 (Kemali bey); 16 – 18 (Handan etc.).
656 Pehnt, 1983, S. 182; vgl. Hinwies von Bonatz selbst im Manuskript: ‚Die Pläne für das Mausoleum Atatürks', S. 1.
657 Rapport, 1942, S. 25.
658 Ebd., S. 28.
659 Vgl. Arkitekt 13, 1943, S. 1f.
660 Ebd., S. 20.
661 Ebd., S. 66.
662 Bozdoğan, 1987, S. 75.
663 Die Ausführungskommission vom 28. 10. 1943 bestand aus Bonatz, Eldem, dem Direktor für Bauwesen des Min. f. öffentl. Arbeiten Sırrı Sayarı sowie den Preisträgern; die erste Phase der Überarbeitungen waren mit den Ausführungsentwürfen am 7. 10. 1943 abgeschlossen, Batur, 1997, S. 85.
664 NPB, ‚Die Pläne für das Mausoleum Atatürks', Ms. S.4f., vgl. S. 1, dort auch der Hinweis auf das Lincoln-Memorial.
665 Holzmeister, 1976, S. 110.
666 Zur Genese der Ausstellung vgl. Thomae, 1978, S. 87 – 89.
667 BA Koblenz NS 18/12 Auslandspropaganda Türkei, Bericht 1943, S. 43, vgl. ebd., NL 318/2 (Nachlaß Rudolf Wolters), Chronik der Speer-Dienststellen 1943 (Januar), Bl. 6. ‚Größter Erfolg trotz der schwierigen außenpolitischen Lage mit der Türkei'– 140 000 Besucher wurden gezählt.
668 Ebd., Chronik 1942, Bl. 82.
669 Ebd., Chronik 1943, Bl. 17, 65. vgl. Bl. 31 18. 4. 1943 in Izmir. Bilanz: ‚Ausstellung war in: Belgard, Sofia, Budapest, Koppenhagen, Lissabon, Barcelona, Ankara, Istanbul, Izmir, größter Erfolg in der Türkei u. Portugal, gut in Bulgarien u. Spanien, mässig in Belgard u. Budapest; schlecht in Kopenhagen.'
670 S. Kat. Yeni Alman mimarısı [Neue Deutsche Architektur], Ankara 1943, ein Originalexemplar erhielt ich dankenswerterweise von Frau Prof. Nilüfer Ağat, einer Schülerin von Paul Bonatz.
671 Arkitekt 13, 1943, S. 71.
672 Ebd., S. 68 – 70.
673 Bonatz, 1950, S. 220.
674 AdR, GA 8270, Gauakt Holzmeister, Bl. 21.
675 Ebd., Bl. 10.
676 DÖAW, Akte Nr. 7286, C. Holzmeister, Tilly Spiegel Bericht.
677 Ebd.
678 Vgl. Kap. II. 1, II. 6.
679 Holzmeister, 1976, S. 110.
680 Vgl. Kap. I. 2.
681 AdR, GA 8270, Gauakt Holzmeister, Bl. 11.
682 DÖAW, Akte Nr. 7286, C. Holzmeister, Tilly Spiegel Bericht.
683 Holzmeister, 1976, S. 117.
684 Ebd., S. 123 – 127. Krypta und Grundmauern wurden bis in die 50er Jahre ausgeführt.
685 Archiv Bayandırlık Bakanlığı [Ministerium für öffentliche Arbeiten] Archiv, Nr. 13282 ‚Ecole de Nurses et Hospital à Ankara', Okt. 1946 – 947. Walter führte Ende der 40er Jahre auch die medizinische Fakultät auf dem Hacettepe aus.
686 Vgl. Ulrike Ecker: Verfemte Architektur, Seminararbeit HAK WS 83/84; DAÖW, Bibl. 16692; vgl. Holzmeister, 1977, S. 588.
687 Holzmeister, 1976, S. 115; das ausgeführte Modell war schließlich für den Taksim-Platz in Istanbul bestimmt.
688 HAK, Inv. Nr. 33165/A2.
689 HAK, A2, Polytechnik Ankara, Ms. 4. 7. 1942, S. 1.
690 Ebd., S. 2.
691 Bozdoğan, 1987, S. 75, erweckt den Eindruck als sei die Gesamtanlage von Eldem konzipiert.
692 Holzmeister, 1976, S. 131.
693 NPB, ‚Politisches Tagebuch', 10. 7. 1944.
694 Ebd., Tagebuch, 4. 7. 1947.
695 Die Stuttgarter Schule in kritischem Überblick bei Durth, 1989, S. 44-56.
696 So wurden von den Nationalsozialisten der Stuttgarter Hauptbahnhof und die Deutsche Botschaft in St. Petersburg von Peter Behrens als Vorläufer der NS-Architektur gesehen, so Rudolf Wolters: Vom Beruf des Architekten, Berlin 1944.
697 Vgl. Windisch-Hojnacki, 1989, S. 123.
698 Zu Denunziationen vgl. NPB, Tagebuch, 16. 8. 1944; 4. 7. 1945: ‚Ja lieber Schmitthenner, als 1933 deine intimen, nahen, besten guten Freunde Storz und Schuhmacher mich der GESTAPO überlieferten – warum hattest Du damals nicht den Mut gehabt, diesen zu sagen: Ihr Schweinehunde, das dürft Ihr nicht tun. Und nur weil ich in Basel gesagt hatte, April 33, Hitler wirft Deutschland um 500 Jahre zurück, heute würde ich sagen um 1 000, oder in alle Ewigkeit.'
699 NPB Brief Bonatz an Tamms, 21. 9. 1941: ‚Gegen sie Ehrentempel halte ich all das aufrecht, was ich 1934 an Hess geschrieben habe: weder klein noch gross/man sieht durch sie hindurch/ über sie hinweg Belanglosigkeiten,/ rechts und links vorbei,/ Beziehungen nach allen Seiten und deshalb nirgends/ zweigeteilt statt einmalig –/ es ist in erschreckender Weise bestätigt worden, was ich damals vorher sagte. Ebenso wurde die städtebauliche Verfehltheit in der Aufstellung der Führerbauten, das seitliche Herausschieben aus dem Platz bestätigt. Aber, – und deshalb komme ich nocheinmal auf dies Beispiel: Diese Führerbauten von Troost sind immer noch mit Abstand das Beste, was das dritte Reich gebaut hat.'; vgl. Thomae, 1978, S. 254, erwähnt einen regelrechten Gegenentwurf von Fischer und Bonatz, der von Hitler ‚scharf abgelehnt' wurde.
700 Windisch-Hojnacki, 1989, S. 123, Anm. 354, wo der Landschaftsplaner Alwin Seifert wesentlich bei Todt für Bonatz eintrat. Der Kontakt war zustande gekommen, nachdem Schmitthenner keine akzeptable Lösung für den Bau der Salzbachtalbrücke vorlegen konnte. Seifert zitiert in seinen Memoiren Gerdy Troost mit dem Satz: ‚in technischen Bauten ist er ja ganz gut [...]' zit. n. ebd.; vgl. NPB, Abschrift des Briefs von Seifert an Kreis wg der ‚Reich'-Affäre 1944, wo er nochmals auf die Ereignisse 1934 eingeht; Giesler, 1978, S. 302 behauptet, er allein habe Bonatz geholfen.

701 Vgl. Paul Bonatz, Fritz Leonhardt: Brücken, Königstein/Ts. 1952; ferner die Stahlbetonbogenbrücke über die Donau bei Leippheim; die Mangfalltalbrücke, Autobahn München-Salzburg; Albaufstieg Drackensteiner Hang vor Ulm; die Entwürfe für Hängebrücken über die Elbe in Hamburg und die Öresundbrücke waren entscheidende Voraussetzungen für den Entwurf der Bosporosbrücke bei Ortaköy 1951.

702 AM Sign. 124, Brief Bonatz an Elsaesser, 11. 12. 1937; Tamms, 1937, S. 90 – 94.

703 Jeder der an der GBI beteiligten Architekten dürfte sich über die Konsequenzen, welche die Fertigstellung dieser Großbauten in Berlin bis 1950 erforderten, klargewesen sein, nämlich die Deportation der Juden, um an Ersatzwohnraum zu kommen sowie der Einsatz von Zwangsarbeitern. So notiert Wolters im Tagebuch der Speerdienststellen, 1941, BL-81:,18. Okt. – 2. Nov. 4500 Juden 'evakuiert' [bedeutet: Deportation nach Auschwitz] für Abrißmieter,' Bl. 90: ‚Ende November 3. Großaktion zur Entmietung von 'Judenwohnungen', 3 000 Judenwohnungen.'; Bl. 92 russische Kriegesgefangene werden entgegen des Völkerrechts zu Zwangsarbeit für die Neugestaltungsmaßnahmen angefordert., BA Koblenz NL 318/1.; vgl. 318/2 Chronik 1942, Bl. 108 ‚Umsiedlungen' in Berlin 1. 2. 1939 – 15. 11. 1942 23 765 jüdische Wohnungen: ‚sämtliche im Gebiet der Reichshauptstadt vorhandenen Judenwohnungen sind zu erfassen, sie zu räumen und den Mietern zuzuweisen, die durch Maßnahmen der Neugestaltung ihre Wohnungen verloren haben.' 75 000 Personen wurden ‚umgesiedelt'. Aufgrund dieser im Manuskript im nachhinein gestrichenen Passagen kann geschlossen werden, daß ein direkter Konnex zwischen den Planungen in Berlin unter Speer und dem Beginn der Massendeportation der jüdischen Bürger 1941 sowie der schließlich erfolgten Massenvernichtung in Auschwitz u. a. Konzentrationslagern besteht. Alle Beteuerungen Speers, nichts von den Massentötungen gewußt zu haben, erwiesen sich als haltlos; vgl. a. jüngst Johann Friedrich Geist, Klaus Kürvers: Tatort Berlin, Pariser Platz. Die Zerstörung und ‚Entjudung' Berlins, in: Kat. 1945. Krieg, Zerstörung, Aufbau. Architektur und Stadtplanung 1940 – 1960, Auss. Akademie der Künste, Berlin 1995, S. 16 – 38; s. a. DOC, Personalakte Speer, Schreiben des Reichsicherunghauptamts 25. 7. 1942, daß Speer ‚mit der Wirkung vom 20. 7. 1942 und der SS-Nr. 46.104 als SS-Mann beim persönlichen Stab des Reichsführers SS aufgenommen' wurde.

704 Damit entfielen auch die damals nicht unerheblichen Zahlungen von monatlich RM 8 000,–, die er von 1939 bis 1943 für das Oberkommando erhielt BA Koblenz, R 120/196, S. 6, Zahlungen bis einschließlich 30. 6. 1943., vgl. ebd. S. 11, Pkt. 8: ‚Bonatz wurde mitgeteilt, dass die Arbeiten eingestellt werden (25. 2. 1943)'. Aufgrund seiner Verdienste wurde Bonatz zu seinem 65. Geburtstag, 1942, die Goethe Medaille überreicht, vgl. Thomae, 1978, S.192, Anm.18. 5.

705 Vgl. Durth, 1989, S. 50, dort verweist er auf den ‚soldatischen Ton', den Bonatz' Memoiren durchzieht; er erlebt seine Künstlerschaft quasi als ‚Kameradschaft' im Geist.

706 NPB, ‚politisches Tagebuch', 10. 7. 1944.

707 Vgl. Alsaç, 1984, S, 99.

708 BA Koblenz, NL 314/3, Tagebuch der Dienststelle Speer, Bd. 3. 1943, Bl. 31 – 33.

709 Vgl. NPB, Tagebuch 20. 5. 1945; vgl. Bonatz, 1950, S. 220. Gültig vier Monate von Sept. 1943 bis Jan. 1944.

710 NPB, Ms. 5. Reise nach Ankara 1944; zwischen der Jurytätigkeit 1942 und 1944 war dies die fünfte und endgültige Reise.

711 GNM NL Volkart, IC 26a, 1. 1. 44.

712 NPB, Tagebuch, 10. 8. 1944. Hintergründe ergaben sich aus einem Gespräch mit Kemali bey im Herbst 1990 als er ein glorioses Bild seines Lehrers und Freundes Bonatz zeichnete.

713 Ebd., Ms. 5. Ankara Reise 1944, 29. 2. 1944.

714 Ebd., Tagebuch, 4. 8. 1944.

715 Ebd., 27. 8. 1944; vgl. Kap. II. 6.

716 Ebd., 10. 8. 1944; vgl. 6. 8. 1944, Bonatz kolportiert ein Gespräch Ecksteins mit dem Gestapomann der deutschen Botschaft, Moitzisch, der sich für Ecksteins Verwandte einsetzten will. darauf Eckstein: ‚Ich hatte 500 000 Verwandte, aber sie sind tot.'

717 Ebd., 10. 8. 1944.

718 PAAA, R 101154, Chef der SIPO und des SD an Außenminister v. Ribbentrop, 1. 9. 1944. Namentlich werden Posth und Aulock von der Orient-Bank, die Architekten Bonatz und Holzmeister, der Geologe Ansorge, der Wirtschaftsbeauftragte Bergius, die Journalisten Berge und Peters benannt.

719 NPB, Abschrift vertraulicher Aktenvermerk vom Architekturvorstand an der TH Stuttgart, Hanson an Bonatz Schwester Lore; das engagierte Eintreten von Alwin Seiffert für Bonatz gegenüber dem Präsidenten der Reichskulturkammer Kreis wurde ablehnend beschieden; vgl. NPB Abschrift Schreiben von Seifffert an Kreis, 21. 9. 1944; Giesler, 1978, S. 303f, spricht in seinen eitlen, apologetischen Memoiren von einem ‚Vertrauensbruch, der ihn [Bonatz] in meinen Augen verächtlich machte.' Nicht Giesler, sondern wohl Speer und Wolters sowie von Papen hatten 1943 gewünscht, daß Bonatz zur Ausstellungseröffnung in die Türkei reiste, vgl. S. 305f. Dieses Kapitel verbildlicht die Rivalitäten unter den NS-Architekten in besonderer Weise. Am 16. 4. 1945 vermerkt Bonatz: ‚Ja, lieber Giesler [...], aber das hilft alles nichts: wenn ausgerottet werden muß, dann müßt zuallererst ihr Gläubigen ausgerottet werden, deren Augen beim Worte 'Führer' vor Begeisterung 1 Centimeter vor dem Gesicht standen [Friedrich (sic!, Hermann) Giesler würde ich 10 Jahre Zwangsarbeit in Russland vorschlagen.]'

720 NPB, Tagebuch, 16. 3. 1945.

721 Vgl. Kat. Süddeutsche Bautradition im 20. Jahrhunderts, Ausstellung Stadtmuseum, München 1985, Abschnitt Bonatz sowie Mensch und Raum. Das Darmstädter Gespräch 1951 (Bauwelt-Fundamente, Bd. 94), Braunschweig 1991, bes. S. 108 –110. Bonatz wendete sich gegen ein auschließliche Glas-Stahl Architektur, kritisierte die Entwürfe von Scharoun als zu ‚organisch' und Schwippert als zu ‚industriemäßig'. In seiner souveränen Antwort charakterisierte Hans Scharoun zwei unterschiedliche Methoden, die von Bonatz als ‚additiv', seine eigene als ‚strukturiend'; ebd. S. 114; vgl. Durth, 1989, bes. S. 364 – 366.

722 NPB, Tagebuch, 10. 8. 1944.

723 Ebd., 7. 7. 1944.

724 Ebd., 3. 8. 1944.

725 Vgl. Kap. II. 5; Arkitekt 7, 1937, S. 211 – 218.
726 NPB, Ms ‚Schükrü Saraçoglu Stadtteil in Ankara' mit Skizze vom Oktober 1947, geschrieben 1946/47, zur Höhenentwicklung.
727 ‚Ein Typ von der Organistationskraft wie Todt.' NPB, zweites MS. Der Schükrü Saraçoglu-Stadtteil in Ankara, Okt. 1947, S. 2; vgl. Bonatz, 1950, S. 237 – 241; vgl. a. Paul Bonatz: Saraçoğlu Mahallesı [Siedlung], in: Arkitekt 15, 1946, S. 56 – 59.
728 NPB, Tagebuch 13. 1. 1945.
729 Ebd., 14. 7. 1945.
730 Ebd., Ms Abschrift eines Briefs an Ivar Tengbom, Ende September 1946.
731 Ebd., 18. 11. 1945.
732 La Republique, 13. 3. 1946, zit. n. NPB, Tagebuch 16. 3. 1946; diese Einschätzung auch bei Bonatz, 1950, S. 148 ‚in Ankara hat Taut zum erstenmal wieder gezeigt, welche Werte in der Tradition liegen,' vgl. a. Eldem, in: Gülsen, 1984, S. 1675.
733 NPB, Ms. Abschrift Brief Bonatz' an Tengbom, Ende September 1946, S. 2.
734 S. Kap. II. 4.
735 NPB, Tagebuch, 18. 11. 1945.
736 Ebd, 18. 1. 1945.
737 Vgl. Mete Tapan: International Style: Liberalism in architecture, in Holod/Evin, 1984, S. 105 – 118, hier S. 105f.; der erste Artikel zu moderen Städtebau erscheint von Le Corbusier zur waagerechten und senkrechten Stadt, in: Arkitekt 18, 1949, S. 162 – 165.
738 NPB, Tagebuch, 17. 1. 1946.
739 Ebd., 6. 2. 1946; 13. 11. 1946. Prost verlangt in diesem Zusammenhang ein Schreiben von Bonatz, daß dieser die Pläne unaufgefordert vorgelegt hätte. Damit versuchte er, dem kritischen Artikel in Arkitekt 15, 1946, S. 1 – 3 zu entsprechen, wo wahrheitswidrig behauptet wurde, Bonatz hätte die Pläne unaufgefordert vorgelegt. Bonatz bekommt zu guter letzt nicht einmal seine Ausgaben erstattet, vgl. NPB Tagebuch, 1. 6. 1947: ‚Die größte Enttäuschung meines Daseins in der Türkei kam dieser Tage: Die städtische Kommission lehnte es ab, meinen wunderbaren Entwurf für das Stadthaus zu kaufen, d. h. die gehabten Barauslagen zu bezahlen.'
740 Arkitekt 15, 1946, S. 3f.
741 NPB, Tagebuch, 6. 2. 1946; vgl. Baumeister, 1950, S. 1 – 16.
742 NPB, Tagebuch, 16. 3.; 25. 4.; 6. 6. 1946.
743 Bongartz, 1977, S. 83 (Katalog Peter Dübbers).
744 Vgl. Bonatz, Glückliche Fakultät 1950
745 Bozdoğan, 1992, S. 150
746 Kemali Söylemezoğlu in einem Gespräch mit dem Autor am 10. 4. 1990. Die Rivalität mit Holzmeister wurde durch dessen Weggang nach Ankara 1947 weitgehend aufgehoben.
747 Durth, 1989, S. 30; allerdings bezogen auf ein deduktives Lehrkonzept. Theodor Fischer, Hans Poelzig und Bonatz haben ähnlich Herangehensweisen praktiziert.
748 NPB, Abschrift Brief Bonatz an Tengbom, Ende Sept. 1946, S. 2.
749 Ebd.
750 NPB, Abschrift Schreiben von Bonatz an Volkart, 26. 1. 1946, indem er entrüstet berichtet, ‚dass der lächerliche D.[in der Abschrift gestrichen] wieder aus der Mottenkiste herauskam, umgeben von seiner Malerclique. Das ist ja, wie wenn sich Särge öffnen. Damit hatte Hitler wenigstens recht, dass er uns von diesen befreite.' Zu den Konflikten an der TH Stuttgart, auf die ich hier nicht näher eingehen kann, vgl. den aufschlußreichen Briefwechsel zwischen Volkart und Bonatz, GNM, Nachlaß Volkart; vgl. a. Durth, 1989, S. 348f. mit dem treffenden Zitat Härings, von Heuss um seine Meinung gefragt: ‚Die Baugesinnung, die an der TH herrscht, ist repräsentativ für das ganze Land und bestimmt die Baugesinnung des Nachwuchs. Es geht um diese Baugesinnung. Sie ist heute restlos und eindeutig schmitthennerisch-bonatzisch. [...] Die kommende Generation hat also nicht einmal die Möglichkeit, sich mit dem Problem des neuen Bauens auseinanderzusetzen. Ist das nicht eine peinliche, beklemmende Situation, die keine Hoffnung läßt, daß sich in Deutschland ein wirklich antifaschistischer Geist der Erneuerung entwickelt.'
751 NPB, Tagebuch, 15. 8. 1946, ganz überzeugt scheint er nicht zu sein: ‚Ich [...] gönne es ihm sehr, aber ich fürchte eine Pleite. Er ist zu wenig Weltmann, um sich in der Fremde zurechtzufinden.' Vgl. a. 9. 2. 1947.
752 NPB, Abschrift des Bries an Tengbom, Ende Sept. 1946, PS: ‚Tengbom hat inzwischen telegrafisch abgesagt, ich verhandele jetzt mit Roderich Fick in München.'
753 NPB, Tagebuch 6. 3. 1947, Tamms für Städteplanung; 8. 7. 1947 Ausreisegenehmigung verweigert.
754 NPB, Abschrift Schreiben Bonatz' an Breuhaus, 29. 10. 1947: ‚Sie Schreiben: 'ich bin recht grosse Einnahmen gewöhnt und möchte doch einen gewissen, nicht zu kleinen Lebensstandard beibehalten. Dazu würde ntürlich das Gehalt auf der Akademie nicht reichen. Ich weiss, dass auch Sie lieber Herr Bonatz, in einem hohen Lebensstandard leben, und es ware die Frage wichtig, zu wissen, mit welchen Einnahmebetraegen man rechnen muss, um diesen, selbstverstaendlich den allgemeinen Zeitverhaeltnissen angepasst, mit Auto aufrecht erhalten zu können.' [darauf Bonatz] Meine Meinung ist, dass nur derjenige in dieses Paradies zu kommen verdient, der es um der Aufgabe, um des Helfens und stillen Dienens wegen tut.'
755 NPB, Tagebuch, 28. 9.; 16. 11. 1951.
756 Vgl. Durth, 1989, S. 278; er war nicht als ‚Stadtbaurat' für Ankara vorgesehen, sondern als städtebaulicher Berater.
757 NPB, Tagebuch, 31. 12. 1949.
758 Ebd., 24. 5. 1950; 3. 4. 1954.
759 Ebd., Ms Abschiedsrede, Januar 1953 (handschriftlich von Bonatz ergänzt 1954).
760 Ebd.
761 Vgl.: Martin Roser: Paul Bonatz. Die Wohnhäuser, Stuttgart 1992, Kat. Nr. 47; gleichzeitig entstand der Entwurf für das Haus Ozan, das bemerkenswerterweise mit einem Flachdach konzipiert war.; ebd Kat. Nr. 42.
762 NPB, Denkschrift ‚Die Brücke über den Bosporos', Ms 11f.
763 Ebd., S. 4. Bonatz verweist auf die Golden-Gate-Brücke in San Francisco mit 1 280 Metern Spannweite, ‚aber es soll ja hier nicht die größte Brücke der Welt entstehen, sondern eine Brücke, die sich harmonisch einfügt.' An der allerengsten Stelle des Bosporos zwischen den Festungen Rümeli Hisarı und Anadolu Hisarı, die Bonatz wegen der zu weiten Ent-

764 NPB, Tagebuch 4. 7. 1947.
765 Bonatz, 1950, S. 284.
766 Möller, 1992, S. 610; gibt 26% an. Diese Zahl bezieht sich auf die erste Generation der Kulturemigration, d. h. derjenigen Exilanten, die 1933 bereits eine abgeschlossene Hochschulausbildung oder einen festen Beruf hatten und die in der Regel über 25 Jahre waren. Dazu kommen 7% der zweiten Generation, die erst im Exil das Erwachsenenalter erreichten.
767 Vgl. Posener, 1993, am Beispiel von Erich Mendelsohn.
768 Möller, 1991, S. 607.
769 Durth, 1989, S. 204; Grundlage war der ‚Führererlaß über die Vorbereitung des Wiederaufbaus bombengeschädigter Städte' vom 11. 11. 1943.
770 BAB GN 9/364 Abschrift Brief Wagners an Bruno Taut, 20. 7. 1936.
771 Vgl. Harald Bodenschatz: Platz frei für das neue Berlin! Geschichte der Stadterneuerung seit 1871, Berlin 1987, bes. S.148. Dort auch die Kritik Wagners aus einem offenen Brief in der Bauwelt, 39 (NF. 3), 1948, S. 100, an Karl Bonatz zitiert: ‚Ich weiß wirklich nicht, was ich an Ihrem Plane höher bewerten soll die Naivität oder seine Antiquität [...].' vgl. a. die Auseinandersetzungen zwischen Gropius und Wagner auf der einen Seite mit Karl Bonatz auf der anderen, ebd. 38 (NF. 2), 1947, S. 549f., 563f.; vgl. a. Diefendorf, 1986.
772 ITÜ, Personalakte Gustav Oelsner, Brief von Max Brauer, 19. 3.1948; 14. 8.1950, Schreiben Oelsners an den Dekan der ITÜ, in dem er krankheitsbedingt um Entpflichtung bittet; vgl. a. Lüth, 1960, S. 17f., 78 – 81 zu Oelsner und dem Städtebau in der Türkei ist eine Arbeit von Olaf Bartels aus Hamburg begonnen.
773 Holzmeister, 1976, S. 132.
774 Vgl. Kat. Wagner, 1985, S. 176 – 178.
775 Dazu jüngst James, 1997.
776 Vgl. Kat. Hannes Meyer, Ausstellung Frankfurt/M. 1989, S. 353.
777 LAB, Nr. 169, Brief Rüstows an Reuter, 17. 10. 1946
778 Vgl. a. Möller, 1991, S. 628 spricht von der Entfremdung zwischen den ‚Exilierten und Daheimgebliebenen.'
779 NPB, Abschrift des Brief an Marie Bonatz, 31. 3. 1946.
780 Ebd., Abschrift des Briefs an Marie Bonatz, 25. 12. 1945: ‚Die Lebensfrage für mich ist: Den Rest meiner Arbeitsjahre auf diesem fernen Stern zu verbringen und die schönsten und grössten Dinge zu verwirklichen, oder mich zu Hause im Meinungsstreit zu verzetteln.' Vgl. Tagebuch, 27. 8. 1947: ‚Ich wurde wie andere mit Dreck beworfen: 'Er hat mit Todt gearbeitet (worauf ich bis zu meiner letzten Stunde stolz bin), er hat mit Speer und Giesler gerabeitet, er hat viel Geld verdient –' ich kenne all diese Register. Die Mißgunst ...'
781 Max Taut: Berlin im Aufbau, Berlin 1946; Wagners Artikel erschien, in: Der Aufbau 2, 1946, S. 885ff.
782 LAB, Nr. 168, Brief Wagners an Reuter, 13. 8. 1946.
783 Ebd.
784 Ebd., Schreiben Wagners an Reuter, 26. 1. 1946.
785 Ebd., wo er Reuter mit einem ‚Glückauf' Mut macht; unterschrieben ist der Brief mit ‚Ihr alter Kämpfer'.
786 Lab, Nr. 169, Brief Wagners an Reuter, 16. 8. 1947: ‚Warum bekomme ich solche Pläne [Trümmerpläne zur Wiederaufbauplanung] denn nicht von Ihnen von Berlin? Warum denken Sie nur immer an sich selbst und nicht auch an andere? Ich würde so gern einen Trümmerplan mit den verschiedenen Schadenklassen gehabt haben. Auch hätte mich der Scharoun'sche [sic] Plan sehr interessiert, obwohl ich weiss, dass er ökonomischer Dilettantismus ist. Aber nichts bekomme ich von Ihnen! Nicht einmal eine Antwort auf meinen offiziellen Brief vom 18. Februar d. J. an den Oberbürgermeister von Berlin. Soll ich Berlin ganz abschreiben?'
787 LAB, Nr. 165 Schreiben Reuters vom 13.8. 48 an Wagner.
788 Vgl. Holzmeister, 1976, S. 132.
789 Cremer, Przytulla, 1991, S. 42 – 44.
790 E. Özbudun: Polical parties and elections, in: Grothusen, 1985, S. 265f.
791 LAB, Nr. 165, 8. 6. 1946, Brief Reuters an Cläre Bannert, Magdeburg.
792 LAB, Nr. 168, Brief Wagners an Reuter, 13. 8. 1946. Mit Wanne ist Berlin-Wannsee gemeint.
793 So charkterisierte seine Tochter Barbara Weber-Egli ihren Vater. Bereits 1944 legte Egli eine Denkschrift ‚Landesplanung und Städtebau in der Türkei' vor; die Umstände der Enstehung sind unbekannt; ETH Hs 781:164.
794 ETH, Curriculum Vitae Juni 1952; vgl. Curriculum Vitae aus dem Besitz der Familie Marcel Weber, undatiert; dort als ‚Chef des Städtebaus im Libanon' bezeichnet. Zum Wintersemester 1951/52 nahm er seine Lehrverpflichtungen an der ETH wieder auf, nachdem er zuvor beurlaubt war.
795 ETH Hs 785:161, Ernst Egli, ‚Schlussbericht über seine Tätigkeit als Experte der techn. Hilfe der UNO', Meilen, 9. Nov. 1955, 9 f. maschinenschriftl. Ms.
796 Ebd., S. 3.; vgl. Thoring, 1986, S. 138 – 143.
797 Schlussbericht, S. 7.
798 So Hermann Schmutzer im Gespräch mit dem Autor im Januar 1994; vgl. Lebenslauf im Besitz von Edith Hillinger, dort als Leiter des Baubüros als Vertreter von Prof. C. Holzmeister bezeichnet.
799 LAB, Nr. 175, 18. 12. 48 Hillinger an Reuter: ‚Lieber Herr Reuter, mit Bewunderung verfolge ich Ihre Arbeit um das neue Berlin, das hoffentlich einmal schöner wird als das alte war. Ich bin in meinen Gedanken mit Ihnen. Seit drei Monaten lebe ich sehr einsam in meiner bebeker Ecke, denn meine Frau ist mit den Kindern nach America. Ich hoffe im kommenden Sommer nach Deutschland auf Besuch zu kommen und Sie bei dieser Gelegenheit zu sehen. Vgl. ebd., Nr. 170, Brief Hillingers an Reuter, 30. 6. 1947: Natürlich möchten sie [die Verwandten] uns nach so vielen Jahren wiedesehen, aber, wie Sie es selbst erfahren haben, macht die Reise viel Kosten und Schwierigkeiten, abgesehen von den Komplikationen, die sich evtl. bei der Rückreise ergeben könnten. Ich sehe auch noch keine Anfaenge der dortigen Bautaetigkeit und damit noch keine sinnvolle Möglichkeit einer dauernden Rückkehr, abgesehen davon, dass ich von hieraus meinen Verwandten und Freunden etwas helfen kann.'
800 Hermann Schmutzer im Gespräch mit dem Autor im Januar 1994.
801 Vgl. Holzmeister, 1976, S. 257 u. passim mit Berichten über die Ehrungen, die ihm noch bis ins hohe Alter nach der Parlamentsvollendung 1963 zuteil wurden.

BIBLIOGRAPHIE (AUSWAHL)

Archivalien

AAK = Archiv der Akademie der Künste, Berlin, Nachlaß Bruno Taut, Martin Wagner, Franz Hoffman
AdR = Archiv der Republik, Österreichisches Staatsarchiv, Wien
AM = Architekturmuseum der Technischen Universität München, Nachlaß Martin Elsaesser
AW = Graphische Sammlung Albertina, Wien, künstlerischer Nachlaß Clemens Holzmeister
BA = Bundesarchiv (Abt. Koblenz; Abt. Potsdam; Außenstelle Zehlendorf, eh. Document Center s. DOC; Außenstelle Dahlwitz-Hoppegarten, eh. Min. f. Staatssicherheit der DDR, seit 1995 alle Bestände im neuen Bundesarchiv Berlin-Zehlendorf)
BAA = Belediye Arşivi Ankara [Archiv der Stadtverwaltung Ankara], Briefwechsel Hermann Jansen-Baukommission Ankara
BAB = Bauhausarchiv Berlin, Nachlaß Gropius: Korrespondenz Walter Gropius – Martin Wagner; – Bruno Taut
BHSTA = Bayrisches Hauptstaatsarchiv München, Staatsmiministerium für Unterricht und Kultus, Personalakte Robert Vorhoelzer MK 43329/2
CAA = T.C. Başbakanlık Arşvi; Cumhuriyet Arşvi Ankara [Republikarchiv Ankara, Archiv des Ministerpräsidialamtes]
DAÖW = Dokumentationsarchiv Österreichischer Widerstand, Wien
DOC = ehem. Document-Center Berlin, jetzt Bundesarchiv Berlin
ETH = Eidgenössische Technische Hochschule Zürich, wissenschaftshistorische Sammlungen, Nachlaß Ernst Egli
GNM = Germanisches Nationalmuseum Nürnberg, Archiv, Nachlässe Hermann Jansen, Ernst May, Rudolf Volkart
HAK = Hochschule für angewandte Kunst Wien, Bibliothek, Dauerleihgabe Lehrkanzel für Architekturgeschichte, Teilnachlaß Clemens Holzmeister
LAB = Landesarchiv Berlin, Nachlaß Ernst Reuter
NPB = Nachlaß Paul Bonatz, Peter Dübbers, Stuttgart
NCHI = Nachlaß Clemens Holzmeister, Gunda Holzmeister, Salzburg
NCHII = Nachlaß Clemens Holzmeister, Hermann Schmutzer, Seewalchen/Attersee
NMSL = Nachlaß Margarete Schütte-Lihotzky, Forschungsgruppe Schütte-Lihotzky, Wien
NWS = Nachlaß Wilhelm Schütte, Forschungsgruppe Schütte-Lihotzky, Wien
PAAA = Politisches Archiv des Auswärtigen Amtes, Bonn
PSTUUB = Plansammlung der Technischen Universität Berlin, Universitätsbibliothek, künstlerischer Nachlaß Hermann Jansen
SKA = Spruchkammerakte Robert Vorhoelzer, Amtsgericht München II Vormundschaftsgericht
International Biographical Dictionary of Central European Emigrés 1933 – 145, hrsgn. v. Herbert A. Strauss, Werner Röder, Hanna Caplan, Belinda Rosenblum, 4 Bde, München, New York, London, Paris 1981 – 1985

Literatur

Achleitner, Friedrich: Die geköpfte Architektur. Anmerkungen zu einem ungeschriebenen Kapitel der österreichischen Architekturgeschichte, in: Kat. Die Vertreibung des Geistigen aus Österreich. Zur Kulturpolitik des Nationalsozialismus, Ausstellung, Wien 1985, S. 196 – 198
Ahmad, Feroz: The making of modern Turkey, London/New York 1993
Akman, Arif: Türkiye'de Ziraat Yüsek Öğretim Reformunun Anatomisi [Die Reform der landwirtschaftlichen Hochschule], Ankara 1978
Ankara, once upon a time, hrsgn. v. d. Stadtverwaltung, Ankara o. J. (1993), Bildband zum 70. Jahrestag der Republikgründung
Arik, Rüçhan: Fine Arts, in: Südosteuropa-Handbuch, Bd. 4 Türkei, hrsgn. v. K. D. Grothusen, Göttingen 1985, S. 696 – 705
Aslanoğlu, İnci: 1923 – 1950 Yılları Arasında Ankara'da Çalisan Yabancı Mimarlar [ ], in: Ankara Konusmaları [..], hrsgn. v. der türk. Architektenkammer (TMMOB), Ankara 1992, S. 118 bis 127
Aslanoğlu, İnci: 1923 – 1950, Yabancı Mimarların Geleneksel Türk Mimarlığı Üzerine Düsünce ve Uygulamaları [Die Ansichten der ausländischen Architekten über die türkische Architektur], in: Ankara 1923 – 1950 Bir Başkentin Oluşumu [die Entstehung einer Hauptstadt], hrsgn. v. der türk. Architektenkammer (TMMOB), Ankara 1994, S. 41 – 45
Aslanoğlu, İnci: Bruno Tauts Wirken als Lehrer und Architekt in der Türkei, in: Ausst.-Kat. Bruno Taut, Akademie der Künste, Berlin 1980, S. 143 – 150
Aslanoğlu, İnci: Erken Cumhuriyet Dönemi Mimarlığı [Architektur der frühen Republikzeit], PhD, METU, Ankara 1980
Atatürk in deutscher Sicht, hrsgn. v. der Deutschen Welle (DW Dokumente Bd. 1), Neuauflage, Köln 1988
Atay, Falih Rıfkı: La nouvelle Grande Assemblée Nationale, in: La Turquie Kemaliste, Nr. 29, Febr. 1939, S. 1
Atay, Falih Rıfkı: The Atatürk I knew (engl. Ausgabe von Çankaya, 1. Aufl. 1952, ²1968), Istanbul 1981

Babinger, Franz v.: Angora, die Hauptstadt der neuen Türkei, in: Ost und Süd, Nr. 4, 26. Jan. 1924
Bangert, Walther: Stadtgestaltung in der Türkei, in: Deutsche Bauzeitung 64, 1936, S. 68 – 79
Bartetzko, Dieter: Zwischen Zucht und Ekstase. Zur Theatralik von NS-Architektur, Berlin 1985
Batur, Afife: Anıtkabir. Ein metastilistischer und zeitloser Entwurf oder ein mächtiges Monument für den Tod eines Leaders, in: Milli Reaşürans T.A.Ş. (Hrsg.): Atatürk için düşünmek. İki eser: Katafalk ve Anıtkabir. İki Mimar: Bruno Taut ve Emin Onat. Für Atatük gedacht. Zwei Werke: Anıtkabir. Zwei Architekten: Bruno Taut und Emin Onat, Istanbul 1997, S. 81 – 91
Batur, Afife: Cumhuriyet Döneminde Türk Mimarlığı [Architektur der türkischen Republik], in: Cumhuriyet Dönemi Türkiye Ansiklopedisi [Enzyklopädie der türkischen Republik], Bd. 5 (1984/85), S. 1380 – 1413
Batur, Afife: Der Katafalk; das Drama seines Todes, emotional und stilvoll, in: Milli Reaşürans T.A.Ş. (Hrsg.): Atatürk için düşünmek. İki eser: Katafalk ve Anıtkabir. İki Mimar: Bruno Taut ve Emin Onat. Für Atatük gedacht. Zwei Werke: Anıtkabir. Zwei Architekten: Bruno Taut und Emin Onat, Istanbul 1997, S. 19 – 21

Batur, Afife: To be modern: search for a republican architecture, in: R. Holod, A. Evin: Modern turkish architecture, Philadelphia 1984, S. 68 – 93

Baumgartner-Haindl, Susanne: Vorkriegs- und erste Kriegsjahre. Projekte Türkei 1938 – 1940, in: Kat. Margarete Schütte-Lihotzky, MAK Wien 1993, S. 167f., 173 – 179

Behne, Adolf: Dammerstock, in: Die Form 5, 1930, S. 163 – 166

Behne, Adolf: Der moderne Zweckbau, München, Wien, Berlin 1926 [Reprint Bauwelt Fundamente, Bd. 10, Braunschweig 1964]

Behne, Adolf: Die Wiederkehr der Kunst, Leipzig 1919

Behrendt, Curt Walther: Der Sieg des neuen Baustils, Stuttgart 1927

Benton, Charlotte: A different world: Emigré architects in Britain 1928 – 1958, RIBA, London 1995

Bischoff, Norbert v.: Ankara, eine Deutung des neuen Werdens in der Türkei, Wien, Leipzig 1935

Böckler: Internationaler Wettbewerb Konservatorium und Theater in Istanbul, in: Deutsche Bauzeitung 69, 1935, S. 81 – 84, 258, 359 – 362

Bonatz, Paul: Eine glückliche Architekturfakutät, in. Der Baumeister 47, 1950, S. 481 – 486

Bonatz, Paul: Leben und Bauen, Stuttgart 1950

Bosman, Jos: Sigfried Giedeons Urteil und die Legitimation eines geringen Zweifels, in: Werner Oechslin (Hg.): Le Corbusier & Pierre Jeanneret. Das Wettbewerbsprojekt für den Völkerbundpalast in Genf 1927. A la recherche d'une unité architecturale, Zürich 1988, S. 136 – 149

Bozdoğan, Sibel u.a.: Sedad Eldem, architect in Turkey, Singapore 1987

Bozdoğan, Sibel: Modern architecture am cultural politics of nationalism in early republican Turkey, in: Gaethgens, Thomas W. (Hrsg.): Künsterischer Austausch/Artistic Exchange (Akten des 28. Int. Kongresses für Kunstgeschichte, Berlin 1992), Berlin 1993, Bd. 1, S. 437 – 452

Bozdoğan, Sibel: Living modern: The cubic house in early republican culture/Modern Yaşamak: erken cumhuriyet kültüründe kübik ev, in: Housing and settlement in Anatolia a historical perspective/Tarihten günümüze Anadolu'da konut ve yerleşe (Tarih Vakfı), Istanbul 1996, S. 313 – 328

Bushart, Magdalena: Der Geist der Gotik und die expressionistische Kunst, München 1990

Campbell, Joan: Der Deutsche Werkbund 1907 – 1934, München 1989

Ciucci, Giorgio: Der Klassizismus der E 42 zwischen Modernität und Tradition, in: Kat. »Die Axt hat geblüht...« Europäische Konflikte der 30er Jahre in Erinnerung an die frühe Avantgarde, Ausstellung Städtische Kunsthalle, Düsseldorf 1987, S. 199 – 203

Cohen, Jean-Louis: Julius Posener à l'Architecture d'Aujourd'hui: un regard parisien sur l'architekture allemande des années 30, in: Exilforschung 10, 1992, S. 84 – 99

Cohen, Jean-Louis: Das Monumentale: latent oder offenkundig, in: Kat. Moderne Architektur in Deutschland 1900 bis 2000, Bd. 3 Macht und Monument, Architekturmuseum Frankfurt/M., Stuttgart 1998, S. 71 – 85

Colquhoun, Alan: Kritik und Selbstkritik in der deutschen Moderne, in: Kat. Moderne Architektur in Deutschland 1900 bis 1950, Bd. 2 Expressionismus und Neue Sachlichkeit, Architekturmuseum Frankfurt/M., Stuttgart 1994, S. 251 – 272

Cremer, Jan: Die Jahre in der Türkei, in: Robert Vorhoelzer – Ein Architektenleben. Die Klassische Moderne der Post, hrsgn. v. F. Aicher u. U. Drepper, München 1990, S. 106 – 109

Cremer, Jan; Przytulla, Horst: Exil Türkei. Deutschsprachige Emigranten in der Türkei, München 21991

Cuda, Alfred: Der Stadtaufbau in der Türkei, Diss. Ing. TH, Berlin 1939 (Abdruck aus: Die Welt des Islams 21, 1939, S. 1 – 84)

Cuda, Alfred: Deutscher Städtebau im Orient, in: Westermanns Monatshefte 161, 1936, S. 253 – 260

Cuda, Alfred: Hermann Jansen zehn Jahre Stadtplaner in Kleinasien, in: Zentralblatt der Bauverwaltung 59, 1939, S. 564

Das Botschafterhaus in Ankara, in: Monatshefte für Baukunst und Städtebau 21, 1937, S. 425 – 432

Devanthéry, Patrick u. Inès Lamunière: Das Völkerbundsgebäude: Ein moderner Palast? In: Werner Oechslin (Hg.): Le Corbusier & Pierre Jeanneret. Das Wettbewerbsprojekt für den Völkerbundpalast in Genf 1927. A la recherche d'une unité architecturale, Zürich 1988, S. 74 – 95

Diefendorf, Jeffry M.: Berlin on the Charles, Cambridge on the Spree. Walter Gropius, Martin Wagner and the rebuilding of Germany in: Helmut F. Pfanner (Hrsg.) Kulturelle Wechselbeziehungen – Exile across Cultures, Bonn 1986, S. 343 – 357

Döcker, Richard: Terrassentyp. Stuttgart 1929

Durth, Werner: Deutsche Architekten. Biographische Verflechtungen 1900 – 1970, Braunschweig/Wiesbaden 21987

Egli, Ernst: Arbeiten von Prof. Ernst Egli, Ankara, in: Das Werk 25, 1938, S. 275 – 283

Egli, Ernst: Ernst Egli 1893 – 1974, Architekt, Stadtplaner, Städtebauhistoriker, Kunstgelehrter. Querschnitt durch sein Leben, Werk und Denken, Zürich 1994 (Schriftenreihe der ETH-Bibliothek, 34)

Egli, Ernst: Im Dienste zwischen Heimat und Fremde, Einst und Dereinst. Erinnerungen, Meilen 1969 (unpubl. Manuscript, Wissenschaftshist. Sammlungen ETH Zürich, Hs 787.1)

Ehlgötz, Hermann: Ankara, in: Wasmuths Lexikon der Baukunst, Bd. 5 (Ergänzungsband), Berlin 1937, S. 18-19

Eisler, Max: Clemens Holzmeister, in: Moderne Bauformen 28, 1929, S. 49 – 76

Elsaesser, Martin: Bauten und Entwürfe aus den Jahren 1924 bis 1932, Berlin 1933

Erichsen, Regine: Die Emigration deutschsprachiger Naturwissenschaftler von 1933 bis 1945 in die Türkei in ihrem sozial- und wissenschaftshistorischen Zusammenhang, in: Herbert A. Strauss (Hrsg.): Die Emigration der Wissenschaften, München 1991, S. 73 – 104

Erichsen, Regine: Emigrantenhilfe von Emigranten – Die Notgemeinschaft Deutscher Wissenschaftler im Ausland, in: Exil 14,2 1994, S. 51 – 69

Estermann-Juchler: Faschistische Staatsbaukunst. Zur ideologischen Funktion der öffentlichen Architektur im faschistischen Italien (Dissertationen zur Kunstgeschichte 15), Köln/Wien 1982

Fehl, Gerhard: Die Moderne unterm Hakenkreuz. Ein Versuch, die Rolle funktionalistischer Architektur im Dritten Reich zu erklären, in: Harmut Frank (Hrsg.): Faschistische Architekturen. Planen und Bauen in Europa 1933 bis 1945, Hamburg 1985, S. 88 bis 122.

Feller, Barbara: Ein Ort patriotischen Gedenkens. Das österreichische Heldendenkmal im Burgtor in Wien, in: Kat. Kunst und Diktatur. Architektur, Bildhauerei und Malerei in Österreich, Italien und der Sowjetunion 1922 – 1956, hrsgn. v. Jan Tabor, Ausstellung Künstlerhaus, Wien 1994, Bd. 1, S. 142 – 147.

Frank, Josef: Architektur als Symbol. Elemente deutschen Neuen Bauens, Wien 1931

Frischauer, Stephanie: Das Haus Kemal Paschas in Angora, in: Wasmuths Monatshefte für Baukunst und Städtebau 15, 1931, S. 534f.

Frischauer, Stephanie: Das Regierungsviertel in Angora, in: Wasmuths Monatshefte für Baukunst und Städtebau 14, 1930, S. 292 bis 295

Georgiadis, Sokratis: Sigfried Giedion. Eine intellektuelle Biographie, Zürich 1989

Germer, Stephan: Die italienische Hoffnung. Rolle und Rezeption rationalistischer Architektur in Deutschland, in: Giuseppe Terragni 1904 – 1943. Moderne und Faschismus in Italien, hrsgn. v. Stephan Germer u. Achim Preiß, München 1991, S. 57 – 72.

Giedion, Sigfried: Architektur und Gemeinschaft. Tagebuch einer Entwicklung (rde Bd. 18), Hamburg 1956

Giedion, Sigfried: Bauen in Frankreich. Bauen in Eisen. Bauen in Eisenbeton, Leipzig, Berlin 1928

Giedion, Sigfried: Raum, Zeit und Architektur, Ravensburg 1965 [Originalausgabe: Space, Time and Architecture, Cambridge/Mass. 1941]

Giedion, Sigfried: Wege in die Öffentlichkeit. Aufsätze und unveröffentlichte Schriften aus den Jahren 1926 – 1956, hrsgn. und kommentiert von Dorothee Huber, Zürich 1987

Giesler, Hermann: Ein anderer Hitler. Bericht seines Architekten Hermann Giesler, Leoni 3. Aufl. 1978

Gorsen, Peter: Zur Dialektik des Funktionalismus heute. Das Beispiel des kommunalen Wohnungsbaus im Wien der zwanziger Jahre, in: Stichpunkte zur »geistigen Situation der Zeit«, hrsgn. v. Jürgen Habermas, Frankfurt/M. 1979, Bd. 2 Politik und Kultur

Graubner, Gerhard: Paul Bonatz und seine Schüler, Stuttgart 1933

Gregor, Joseph: Clemens Holzmeister, in: Profil 4, 1936, S. 154 bis 163

Gropius, Walter: Internationale Architektur, München 1925

Grothusen, Klaus-Detlev (Hrsg.): Türkei (Südosteuropa-Handbuch Bd. 4), Göttingen 1985

Grothusen, Klaus-Detlev: Einleitung und dokumentarischer Anhang, in: Scurla-Bericht, Der: Bericht des Oberreg.-Rat. Dr. rer.pol. Herbert Scurla von der Auslandsabteilung des Reichserziehungsministeriums in Berlin über seine Dienstreise nach Ankara und Istanbul 11. – 25. Mai 1939: ‚Die Tätigkeit deutscher Hochschullehrer an türkischen wissenschaftlichen Hochschulen' Wilhelm Schütte, Forschungsgruppe Schütte-Lihotzky, Wien

Gülsen, Ömer: Erinnerungen an Bruno Taut, in: Bauwelt 77, 1984, S. 1675 – 1676, 1683 – 1684

Hahn, Peter: Bauhaus und Exil. Bauhaus-Architekten und Designer zwischen Alter und Neuer Welt, in: Stephanie Barron (Hrsg.): Kat. Exil. Flucht und Emigration europäischer Künstker 1933 bis 1945, Austellung Ls Angeles County Museum, Nationalgalerie Berlin 1997, München, New York 1997, S. 211 – 223

Hain, Simone: »Ex oriente lux«. Deutschland und der Osten, in: Kat. Moderne Architektur in Deutschland 1900 bis 1950, Bd. 2 Expressionismus und Neue Sachlichkeit, Architekturmuseum Frankfurt/M., Stuttgart 1994, S. 133 – 160

Hain, Simone: Die andere 'Charta'. Städtebau auf dem Prüfstand der Politik, in: Kursbuch Nr. 112, Städte bauen, Berlin 1993, S. 47 – 62

Hajos, E. M und Ludwig Zahn: Berliner Architektur der Nachkriegszeit, Berlin 1928

Harbers, Georg: Neue Bauten von Ernst Egli – Ankara, in: Der Baumeister 21, 1936, S. 68 – 71

Häring, Hugo: Neues Bauen, in: Moderne Bauformen 27, 1928, S. 329 – 376

Häring, Hugo: Kunst- und Strukturprobleme des Bauens, in: Zentralblatt der Bauverwaltung 51, 1931, S. 429 – 432

Hartmann, Kristiana: Bruno Taut im türkischen Exil, in: Der Architekt 2, 1992, S. 111 – 117

Hegemann, Werner und Leo Adler: Warnung vor »Akademismus« und »Klassizismus«, in: Wasmuths Monatshefte für Baukunst 11, 1927, S. 1 – 10

Hegemann, Werner: Der Bildhauer als Tempelbeschwörer der Architektur. Ein Interview mit Rudolf Belling, in: Monatshefte für baukunst und Städtebau 16, 1932, S. 382 – 388

Heintze-Mühleib, Ita: Erich Mendelsohn. Bauten und Projekte in Palästina (1934 – 1941), München 1986

Heuss, Theodor: Das Haus der Freundschaft in Konstantinopel, Jena 1919

Heuss, Theodor: Hans Poelzig. Das Lebensbild eines deutschen Baumeisters, Berlin 1939 [Reprint Stuttgart 1985], 2, Tübingen 1948

Hilberseimer, Ludwig: Internationale Neue Baukunst, in: Moderne Bauformen 26, 1927, S. 325 – 364

Histoire de la Republique Turque, rédigée par la Société pour l'étude de l'histoire Turque, Istanbul 1935

Hitchcock, Henry-Russell und Philip Johnson: Der Internationale Stil (Bauwelt Fundamente, Bd. 70), Braunschweig 1985 [Originalausgabe: The International Style: Architecture since 1922, New York 1932; Text ebenfalls, in: Functional Architecture. The International Style, Funktionale Architektur, Le Style International 1925 – 1940, Köln 1990]

Hoffmann, Wolfgang: Hermann Jansen, in: Baumeister, Architekten, Stadtplaner. Biographien zur baulichen Entwicklung Berlins, hrsgn. v. Wolfgang Ribbe und Wolfgang Schäche, Berlin 1987, S. 387 – 406

Holzmeister, Clemens: Architekt der Zeitenwende, Bd. 2 Selbstbiographie, Salzburg 1976

Holzmeister, Clemens: Bauten, Entwürfe und Handzeichnungen, Salzburg, Leipzig 1937

Holzmeister, Clemens: Das Emniyet-Denkmal in Ankara, in: Profil 2, 1934, S. 11 – 15

Holzmeister, Clemens: Meine türkischen Jahre, in: Österreicher im Exil 1934 bis 1945. Protokoll zum Int. Symposium, hrsgn. v. Dokumentationsarchiv Österreichischer Widerstand und Dokumentationsstelle für neuere österreichische Literatur, Wien 1977, S. 585 – 589.

Hüber, Reinhard: Die Türkei. Ein Weg nach Europa, Berlin 1943

Huse, Norbert: Neues Bauen, München 1989

Hüter, Karl-Heinz: Architektur in Berlin 1900 – 1933, Dresden 1987

Hüttel, Richard: Neo-Klassizismus oder Aneignung nationaler Baugeschichte – Zur Architektur im Jahre 1937, in: Kat. »Die Axt hat geblüht...« Europäische Konflikte der 30er Jahre in Erinnerung an die frühe Avantgarde, Ausstellung Städtische Kunsthalle, Düsseldorf 1987, S. 75 – 81

International Biographical Dictionary of Central European Emigrés 1933 – 1945, hrsgn. v. Herbert A. Strauss, Werner Röder, Hanna Caplan, Belinda Rosenblum, 4 Bde, München, New York, London, Paris 1981 – 1985

James, Kathleen: Die Änderung des Programms. Von der deutschen Bauhaus-Moderne zum amerikanischen Internationalismus, in: Stephanie Barron (Hrsg.): Kat. Exil. Flucht und Emigration europäischer Künstker 1933 – 1945, Ausstellung Los Angeles County Museum, Nationalgalerie Berlin 1997, München, New York 1997, S. 325 – 351

Jäschke, Gotthard und Richard Pzitsch: Die Türkei seit dem Weltkriege Teil I – III, 1918 – 1928, Berlin 1929 (Sonderdruck aus: Die Welt des Islams 10, 1929), S. 1 – 154; Teil IV 1929/30, Berlin 1931 (Sonderdruck aus: Die Welt des Islams 12, 1931, H.1 – 2,4), S.1 – 50, 137 – 166.

Jäschke, Gotthard: Ankara, die Hauptstadt der türkischen Republik, in: Europäische Revue 12, 1936, S. 457 – 463

Jäschke, Gotthard: Die Türkei in den Jahren 1933 und 1934, Geschichtskalender, in: Mitteilungen des Seminars für orientalische Sprachen an der Friedrich-Wilhelm Universität zu Berlin 38, 1935, S. 105 – 142

Jäschke, Gotthard: Die Türkei in den Jahren 1934 bis 1941, Leipzig 1943

Jäschke, Gotthard: Geschichtskalender für 1931/32, in: Die Welt des Islams 15, 1933, S. 1 – 33

Junghanns, Kurt: Bruno Taut 1880 – 1938, 2. Aufl. Berlin 1983, Neuausgabe Berlin 1998

Junghanns, Kurt: Die Mitarbeit deutscher Architekten am sozialistischen Aufbau, in: Exil in der UDSSR (Kunst und Literatur im antifaschistischen Exil, Bd. 1/II), Leipzig 2. Auf.1989, S. 673 – 735

Kähler, Gert: Architektur als Symbolverfall. Das Dampfermotiv in der Baukunst (Bauweltfundamente Bd. 59), Braunschweig/Wiesbaden 1981

Kamp-Bandau: Tel Aviv, moderne Architektur im Nahen Osten, in: Neues Bauen in Tel Aviv 1930 – 1939, Tübingen, Berlin 1993, S. 34 – 39

Kandemır, Seyyah: Ankara Vilâyeti [Der Regierungsbezirk Ankara], Ankara 1932

Kat. »Die Axt hat geblüht...« Europäische Konflikte der 30er Jahre in Erinnerung an die frühe Avantgarde, Ausstellung Städtische Kunsthalle, Düsseldorf 1987

Kat. Bruno Taut 1880 – 1938, Ausstellung Akademie der Künste, Berlin 1980

Kat. Bruno Taut Retrospektive. Natur und Fantasie, Kulturhist. Museum u. Technikmuseum Magdeburg, Berlin 1995 [dt. Ausgabe von Nature and Fantasy, Retrospective, hrsgn. v. Manfred Speidel, Sezon Museum, Tokyo 1994 (Jap.)]

Kat. Clemens Holzmeister, Ausstellung Akademie der bildenden Künste, Wien 1982

Kat. Hans Poelzig. Die Pläne und Zeichnungen aus dem ehemaligen Verkehrs- und Baumuseum, hrsgn. v. Matthias Schirren, Ausstellung Museum für Verkehr und Technik, Berlin 1989

Kat. Krieg, Zerstörung, Aufbau. Architektur und Stadtplanung 1940 – 1960, Akademie der Künste (Schriftenreihe der Akademie der Künste, Bd. 23), Berlin 1995

Kat. Kunst im Exil in Großbritannien 1933 – 1945, Ausstellung NGBK Berlin o. J. (1986)

Kat. Kunst und Diktatur. Architektur, Bildhauerei und Malerei in Österreich, Italien und der Sowjetunion 1922 – 1956, hrsgn. v. Jan Tabor, Ausstellung Künstlerhaus, 2 Bde, Wien 1994

Kat. La Ville, Art et architecture en Europe, 1870 – 1993, Ausstellung Centre Pompidou, Paris 1994

Kat. Magarete Schütte-Lihotzky. Soziale Architektur. Zeitzeugin eines Jahrhunderts, Ausstellung Museum für angewandte Kunst, Wien 1993

Kat. Martin Wagner. Wohnungsbau und Weltstadtplanung. Die Rationalisierung des Glücks, Ausstellung Akademie der Künste, Berlin 1985

Kat. Moderne Architektur in Deutschland 1900 – 1950/2000, Austellungshandbuch Architekturmuseum Frankfurt/M., hrsgn. v. Vittorio Magnago Lampugnani, Romana Schneider und Wilfried Wang, Bd. 1 Reform und Tradition, Stuttgart 1992; Bd. 2 Expressionismus und Neue Sachlichkeit, Stuttgart 1994, Bd. 3 Macht und Monument, Stuttgart 1998

Kat. Realismus zwischen Revolution und Reaktion, 1919 – 1939, Ausstellung Staatl. Kunsthalle Berlin, München 1981

Kat. Robert Örley. Ausstellung Postsparkasse Wien (Portraits österreichischer Architekten, Bd. 3), Wien, New York 1996

Kat. Tel Aviv, Neues Bauen 1930 – 1939, Tübingen/Berlin 1993

Kat. Visionäre Vertriebene, Österreichische Spuren in der modernen amerikanischen Architektur, hrsgn. v. Matthias Boeckl, Museum für angewandte Kunst Wien, Berlin 1994

Kayra, Cahit: Eski İstanbul 'un Eski Harıtaları, Istanbul 1990

Keleş Ruşen: Über Ernst Reuter, in: Scurla-Bericht, Der: Bericht des Obereg.-Rat. Dr. rer.pol. Herbert Scurla von der Auslandsabteilung des Reichserziehungsministeriums in Berlin über seine Dienstreise nach Ankara und Istanbul 11. – 25. Mai 1939: ‚Die Tätigkeit deutscher Hochschullehrer an türkischen wissenschaftlichen Hochschulen', hrsgn. v. Klaus-Detlev Grothusen, Frankfurt/M. 1987, S. 61 – 66

Keleş, Ruşen (Hg.): Ernst Reuter'in Anısına/Zum Gedenken an Ernst Reuter (Veröffentl. d. dt.Kulturinstituts), Ankara 1986

Kinross, Lord: Atatürk. The rebirth of a nation, Nicosia 21984

Klamper, Elisabeth: Die böse Geistlosigkeit. Die Kulturpolitik des Ständestaates, in: Kat. Kunst und Diktatur. Architektur, Bildhauerei und Malerei in Österreich, Italien und der Sowjetunion 1922 – 1956, hrsgn. v. Jan Tabor, Ausstellung Künstlerhaus, Wien 1994, Bd. 1, S. 124 – 133

Kozak, Aydin: Ankara, in: The capitals of Europe, München, New York, London, Paris 1980, S. 39 – 44

Kral, August von: Das Land Kamâl Atatürks. Der Werdegang der modernen Türkei, Wien, Leipzig 1937

La Turquie Contemporaine, hrsgn. vom Presseamt des Innenministeriums, Ankara 1935

La Turquie Kemaliste, (Bildhefte zur modern Türkei), Ankara, H.1 – 49, 1931 – 1948

Lampugnani, Vittorio Magnago: Die Geschichte der »Modernen Bewegung« in der Architektur 1925 – 1941: eine kritische Übersicht, in: Kat. Moderne Architektur in Deutschland 1900 bis

1950, Bd. 2 Expressionismus und Neue Sachlichkeit, Architekturmuseum Frankfurt/M., Stuttgart 1994, S. 273 – 296

Larsson, Lars Olof: Klassizismus in der Architektur des 20. Jahrhunderts, in: Albert Speer Architektur, 1933 – 1942, Frankfurt/M., Berlin, Wien 1979, S. 151 – 175

Lenzi, Luigi: Die neue Universitätsstadt in Rom, in: Monatshefte für Baukunst und Städtebau 20, 1936, S. 225 – 232

Levonian, Lutfy: The turkish press. Selections from the turkish press showing events and opinions 1925 – 1932, Athen 1932

Loevy, Ernst: Hoffnung in finsterer Zeit: Die deutsche Exilliteratur 1933 – 1945, in: Die Künste und Wissenschaften im Exil 1933 – 1945, hrsgn. v. Edith Böhne u. Wolfgang Motzkau-Valeton, Gerlingen 1992, S. 29 – 46

Lörcher, Carl Christoph: Der neue Bebauuungsplan für Angora, in: Wasmuths Monatshefte für Baukunst 9, 1925, S. 25 – 26

Maier, Werner: So erlebte ein Auslandsschweizer die neue Türkei, in: Schweizer Illustrierte Zeitung, Nr. 37, 1941

Mamboury, Ernest: Ankara. Guide touristique, Ankara 1933

Mayer, Theodor Heinrich: Ein österreichischer Architekt baut in der Türkei. Ernst Egli und sein Werk, in: Der getreue Eckart 13, 1936, S. 367 – 372

Mikusch, Dagobert v.: Gasi Mustafa Kemal zwischen Europa und Asien. Eine Lebensgeschichte, Leipzig 1929

Mittig, Hans-Ernst: NS-Stil als Machtmittel, in: Kat. Moderne Architektur in Deutschland 1900 bis 2000, Bd. 3 Monument und Moderne, Architekturmuseum Frankfurt/M., Stuttgart 1998, S.101 – 115

Möller, Horst: Die Remigration von Wissenschaftlern nach 1945, in: Die Künste und Wissenschaften im Exil 1933 – 1945, hrsgn. v. Edith Böhne u. Wolfgang Motzkau-Valeton, Gerlingen 1992, S. 601 – 614

Moos, Stanislaus von: Der Fall Le Corbusier. Kreuzbestäubungen, Allergien und Infektionen, in: Kat. Moderne Architektur in Deutschland 1900 bis 1950, Bd. 2 Expressionismus und Neue Sachlichkeit, Architekturmuseum Frankfurt/M., Stuttgart 1994, S. 161 – 183

Moos, Stansilaus v: Le Corbusier und Loos, in: L'ésprit nouveau. Le Corbusier und die Industrie 1920 – 1925, Ausst.-Kat., Zürich, Berlin, Straßburg, Berlin 1987, S. 123 – 133

Muche, Georg: Bildende Kunst und Industrieform, in: Bauhaus-Zeitschrift Nr. 1, 1926, Wiederabdruck in: Georg Muche: Blickpunkt. Sturm, Dada, Bauhaus, Gegenwart, München 1961, S. 158 – 160

Mucker, Herbert, Georg Mlach u.a: Clemens Holzmeister. Architekt in der Zeitenwende Bd. 1, Sakralbau, Profanbau, Theater, Salzburg, Stuttgart, Zürich 1976

Nadolny, Rudolf: Zehn Jahre türkischer Außenpolitik, in: Europäische Revue 12, 1936, S. 449 – 457

Nasır, Ayşe: Türk Mimarlığında Yabancı Mimarlar. [Ausländische Architekten in der türkischen Architektur.] Diss. Ing., unveröfentl. Ms, Istanbul 1991

Nerdinger, Winfried u. Ekkehard Mai (Hrsg.): Wilhelm Kreis. Architekt zwischen Kaiserreich und Demokratie, 1873 – 1955, München, Berlin 1994

Nerdinger, Winfried: »Ein deutlicher Strich durch die Achse der Herrscher«. Diskussionen um Symmetrie, Achse und Monument zwischen Kaiserreich und Bundesrepublik, in: Kat. Moderne Architektur in Deutschland 1900 bis 2000, Bd. 3 Monument und Moderne, Architekturmuseum Frankfurt/M., Stuttgart 1998, S. 87 – 99

Nerdinger, Winfried: Architektur der Hoffnung – Neues Bauen in Tel Aviv, in: Neues Bauen in Tel Aviv 1930 – 1939, Tübingen, Berlin 1993, S. 8 – 15

Nerdinger, Winfried: Bauhaus-Architekten im »Dritten Reich«, in: Bauhaus-Moderne im Nationalsozialismus zwischen Anbiederung und Verfolgung hrsgn. v. Winfried Nerdinger in Verbindung mit dem Bauhaus-Archiv Berlin, München 1993, S.153 bis 178

Nerdinger, Winfried: Standard und Typ: Le Corbusier und Deutschland 1920 – 1927, in: L'ésprit nouveau. Le Corbusier und die Industrie 1920 – 1925, Ausst.-Kat., Zürich, Berlin, Straßburg, Berlin 1987, S. 44 – 52

Nerdinger, Winfried: Versuch und Dilemma der Avantgarden im Spiegel der Architekturwettbewerbe 1933 – 35, in: Hartmut Frank (Hrsg.). Faschistische Architektur. Planen und Bauen in Europa 1930 bis 1945, Hamburg 1985, S. 65 – 88 [auch veröffentlicht in: Magdalena Bushart, Bernd Nicolai u.a. (Hrsg.): Entmachtung der Kunst. Architektur, Bildhauerei und ihre Institutionalisierung 1920 bis 1960, Berlin 1985, S. 86 – 103.]

Nerdinger, Winfried: Wilhelm Kreis – Repräsentant der deutschen Architektur im 20. Jahrhundert, in: Nerdinger/Mai, 1994, S. 8 bis 27.

Neumark, Fritz: Kritische Anmerkungen zum »Scurla-Bericht«, in: Scurla-Bericht, Der: Bericht des Obereg.-Rat. Dr. rer.pol. Herbert Scurla von der Auslandsabteilung des Reichserziehungsministeriums in Berlin über seine Dienstreise nach Ankara und Istanbul 11. – 25. Mai 1939: ‚Die Tätigkeit deutscher Hochschullehrer an türkischen wissenschaftlichen Hochschulen', hrsgn. v. Klaus-Detlev Grothusen, Frankfurt/M. 1987, S. 47 – 60

Neumark, Fritz: Zuflucht am Bosporos, Frankfurt/M. 1980

Nicolai, Bernd, 1995a: Der neue Bruno Taut – Die neue Türkei. Zur Transformation der modernen Architektur 1936 – 1938, in: Ausst.-Kat. Natur und Fantasie. Bruno Taut Retrospektive, Berlin 1995 (Orig. Ausgabe Sezon Museum, Tokyo 1994), S. 317 bis 325)

Nicolai, Bernd, 1995b: Bruno Tauts Revision der Moderne. Stratigraphien aus dem türkischen Exil 1936 – 1938, in: Hermann Haarmann (Hrsg.) Innen-Leben, Ansichten aus dem Exil, Berlin 1995, S. 41 – 55. (Wiederabdruck, in: Symposion Bruno Taut, Magdeburg 1996, S. 90 – 98)

Nicolai, Bernd, 1997a : Paul Bonatz- Baumeister für Krieg und Frieden, in: W. Cuda (Hrsg.): Architektur und Ingenieurwesen zur Zeit der nationalsozialistischen Gewaltherrschaft, Berlin 1997, S. 96 – 123

Nicolai, Bernd, 1997b: Bruno Tauts Akademiereform und sein Weg zu einer neuen Architektur für die Türkei, in: Milli Reaşürans T.A.Ş. (Hrsg.): Atatürk için düşünmek. İki eser: Katafalk ve Anıtkabir. İki Mimar: Bruno Taut ve Emin Onat. Für Atatük gedacht. Zwei Werke: Anıtkabir. Zwei Architekten: Bruno Taut und Emin Onat, Istanbul 1997, S. 32 – 42

Nicolai, Bernd: Modernity and Modernism in Kemalist Turkey, in: Publications of the 10th International Congress of Turkish Art, Genéve 1995 Fondation Max van Berchem, Genf 1998

Nicolai, Bernd: Architekten, in: Handbuch der deutschsprachigen Emigration, hrsgn. v.. Patrick zur Mühlen, Claus Dieter Krohn u. a., München 1998

Oechslin, Werner (Hrsg.): Le Corbusier & Pierre Jeanneret. Das Wettbewerbsprojekt für den Völkerbundpalast in Genf 1927. A la recherche d'une unité architecturale, Zürich 1988

Oechslin, Werner: Le Corbusier und Deutschland, in: Le Corbusier im Brennpunkt, hrsgn. von F. Oswald u. W. Oechslin, Zürich 1988, S. 28 – 47

Paulsen, Friedrich: Urteile über Bauten, in: Monatshefte für Baukunst und Städtebau 18, 1934, S. 391 – 392, 443 – 444

Pehnt, Wolfgang 1983a: Die korrumpierbare Moderne. Zu einer Ausstellung über Rationalismus und Faschismus in der italienischen Architektur, in: Wolfgang Pehnt: Am Anfang war die Bescheidenheit, München 1983, S. 129 – 133.

Pehnt, Wolfgang: Architektur des Expressionismus, Stuttgart 1974

Pehnt, Wolfgang: Architektur, in: Deutsche Kunst der 20er und 30er Jahre, hrsgn. von Erich Steingräber, München 1979, S. 13 bis 114

Pehnt, Wolfgang: Das Ende der Zuversicht. Architektur in diesem Jahrhundert. Ideen-Bauten-Dokumente, Berlin 1983

Pehnt, Wolfgang: Esperanto oder Dialekt. Internationalität im modernen Bauen, in: Wolfgang Pehnt: Die Erfindung der Geschichte, München 1989, S. 143 – 149

Pfammater, Ueli: Moderne und Macht, 'Razionalismo': Italienische Architekten 1927 – 1942 (Bauwelt-Fundamente Bd. 85), Braunschweig, Wiesbaden 1990

Pfisterer, Rudolf: Die neue Oper in Ankara, in: Der Baumeister 47, 1950, S. 2 – 16

Pinder, Wilhelm: Der neue Stil in der Baukunst sowie: Die bildende Kunst im neuen deutschen Staat, beide in: ders.: Reden aus der Zeit, Leipzig 1934, S. 3 – 26, 27 – 80?

Platz, Gustav Adolf: Die Baukunst der neuesten Zeit (Propyläen Kunstgeschichte), Berlin 21930

Poelzig, Hans: Gesammelte Schriften und Werke, hrsgn. v. Julius Posener (Schriftenreihe der Akademie der Künste, Bd. 6), Berlin 1970

Posener, Julius: Fast so alt wie das Jahrhundert. Erweiterte Neuausgabe, Basel, Berlin, Boston 1993

Posener, Julius: Hans Poelzig. Sein Leben, sein Werk, Braunschweig, Wiesbaden 1994

Posener, Julius: Traditionelles und modernes Bauen in Palästina, in: Das Werk 25, 1938, S. 257 – 271

Raith, Franz-Bertolt: Der heroische Stil. Studien zur Architektur am Ende der Weimarer Republik, Berlin 1997

Rapport du Jury relatif au concours des projects du Mausolée d'Atatürk (Atatürk Anıt Kabir proje müsabakası hakkında jüry raporu), Ankara 1942

Renner, Paul: Kulturbolschewismus? Zürich, Leipzig, München 1932

Reuter, Ernst: Reden, Schriften, Bd. 2 1922 – 1946, bearb. v. Hans J. Reichardt, Berlin 1973

Rill, Bernd: Kemal Atatürk, Reinbek 1985

Rustow, Dankwart A.: Kemalism, in: Südosteuropa-Handbuch, Bd. 4 Türkei, hrsgn. v. K. D. Grothusen, Göttingen 1985, S. 237 bis 247

Sasama, Kazuo: Bruno Taut in Japan, in: Bulletin of the Tohuko Institute of Technology, Sect. D. Architecture, Nr. 4, 1975, S. 1f.

Sayar, Zeki: Yerli ve yabancı mimar [Einheimische und ausländische Architektur], in: Arkitekt 8, 1938, S. 95?

Schäche, Wolfgang: Architektur und Städtebau in Berlin zwischen 1933 und 1945. (Die Bauwerke und Kunstdenkmäler von Berlin, Beiheft 17), Berlin 1992

Schäche, Wolfgang: Nationalsozialistische Architektur und Antikenrezeption. Kritik der Neoklassizismus-These am Beispiel der Berliner Museumsplanungen, in: Kat. Berlin und die Antike, Ausstellung des Deutschen Archäologischen Instituts, Berlin 1979, Bd. 2 Aufsätze, S. 557 – 571.

Scheiffele, Klaus: Das neue Bauen unter dem Faschismus. Aus dem Briefwechsel von Walter Gropius 1933 – 1936, in: Kunst Hochschule Faschismus, Berlin 1984, S. 226 – 244

Schoukri, Dr.: Zu den Arbeiten Ernst Eglis in der Türkei und seiner Architekturschule in Istanbul, in: Die Bau- und Werkkunst 7, 1930/31, S. 317 – 329

Schütte-Lihotzky, Margarete: Erinnerungen aus dem Widerstand. Das kämpferisches Leben einer Architektin 1938 – 1945., Hamburg 1985 (Neuausgabe Wien 1994)

Schütte-Lihotzky, Margarete: Wie mein Kopf gerettet wurde, in: Die Zwanziger Jahre des Deutschen Werkbunds (Werkbund Archiv 10), Gießen 1982, S. 313 – 316

Schütte-Lihotzky, Margarete: Yeni köy okulları bina tipleri üzerinde bir deneme, [Studie zu Gebäudetypen für Dorfschulen, ein Versuch], Ankara 1939

Schwab, Alexander [Pseudonym: Albert Sigrist]: Das Buch vom Bauen, Berlin 1930

Scurla-Bericht, Der: Bericht des Obereg.-Rat. Dr. rer.pol. Herbert Scurla von der Auslandsabteilung des Reichserziehungsministeriums in Berlin über seine Dienstreise nach Ankara und Istanbul 11. – 25. Mai 1939: »Die Tätigkeit deutscher Hochschullehrer an türkischen wissenschaftlichen Hochschulen, hrsgn. v. Klaus-Detlev Grothusen, Frankfurt/M. 1987, S. 67 – 141

Sekler, Eduard F.: Josef Hoffmann. Das Architektonische Werk. Monographie und Werkverzeichnis, Salzburg 1982

Slapeta, Vladimir: Czech Functionalism, London 1987

Sözen, Metin: Cumhuriyet Dönemi Türk Mimarlığı [Türkische Architektur der Republikzeit], zum 60. Jahrestag der Republikgründung, Ankara 1984 (Türkiye İş Bankası Kültür Yayınları, Bd. 246)

Speidel, Manfred: Bruno Taut und die neue Baukunst. Ein Versuch zur Entdeckung der Moderne, in: Hans Holländer, Christian W. Thomsen (Hrsg.): Besichtigung der Moderne, Köln 1987, S. 233 bis 248

Speidel, Manfred: Bruno Tauten. Wirken und Wirkung, in: Milli Reasürans T.A.Ş. (Hrsg.): Atatürk için düşünmek. İki eser: Katafalk ve Anıtkabir. İki Mimar: Bruno Taut ve Emin Onat. Für Atatük gedacht. Zwei Werke: Anıtkabir. Zwei Architekten: Bruno Taut und Emin Onat, Istanbul 1997, S. 54 – 61.

Speidel, Manfred: Natürlichkeit und Freiheit. Bruno Tauts Bauten in der Türkei, in: Ankara 1923 – 1950 Bir Başkentin Oluşumu [die Entstehung einer Hauptstadt], hrsgn. v. der türk. Architektenkammer (TMMOB), Ankara 1994, S. 60 – 65

Spitzbart-Maier, Elisabeth: Die Kirchenbauten Martin Elsaessers, Diss. phil. Stuttgart 1989

Süreyya, Sevket: Die soziale Bedeutung der türkischen Revolution, in: Europäische Revue 12, 1936, S. 500 – 506

Tamms, Friedrich (Hrsg.): Paul Bonatz, Stuttgart 1937

Tanju, Bülent: Ein Außenseiter der Baukunst in der Türkei: Bruno

Taut, in: Milli Reaşürans T.A.Ş. (Hrsg.): Atatürk için düşünmek. İki eser: Katafalk ve Anıtkabir. İki Mimar: Bruno Taut ve Emin Onat. Für Atatük gedacht. Zwei Werke: Anıtkabir. Zwei Architekten: Bruno Taut und Emin Onat, Istanbul 1997, S. 26 – 29

Tankut, Gönül: Bir Başkentin İmarı [Der Bebauungsplan einer Hauptstadt], Ankara 1929 – 1939, ODTÜ Mimarlık Fak. Basın Işığı [Veröffentl. der Arch.Fak. der METU], Ankara 1993

Tankut, Gönül: Erken Cumhuriyet Döneminde Şehir Mimarisi »Ankara« [Die frühe Republikzeit und die Stadtarchitektur Ankaras], in: Ankara 1923 – 1950 Bir Başkentin Oluşumu [die Entstehung einer Hauptstadt], hrsgn. v. der türk. Architektenkammer (TMMOB), Ankara 1994, S. 23 – 25

Taut, Bruno: 1920 – 22. Frühlicht. Eine Folge für die Verwirklichung des Neuen Baugedankens, hrsgn. von Ulrich Conrads. (Bauwelt Fundamente 8), Berlin, Frankfurt/M., Wien 1963

Taut, Bruno: Architecture nouvelle au Japon, in: L'architecture aujourd'hui, Nr. 4, April 1935, S. 46 – 83

Taut, Bruno: Architekturlehre. Grundlagen, Theorie und Kritik, Beziehung zu den anderen Künsten und zur Gesellschaft, dt, Mauscript Istanbul 1936/37 [türk. Ausgabe: Mimarı Bilğisi, Istanbul 1938; jap. Ausgabe: Kenchiku Geijutsu-Ron, Tokyo 1948] dt. Ausgabe: hrgn. v. Tilmann Heinisch und Goerd Peschken, (Analysen zum Planen und Bauen 8) Hamburg, Berlin 1977

Taut, Bruno: Die neue Baukunst in Europa und Amerika, Stuttgart 1929 [²1979]

Taut, Bruno: Houses and People of Japan, London 1937, deutsche Asgabe, hrsgn. von Manfred Speidel, Berlin 1997

Taut, Bruno: Istanbul-Journal, Tagebuchaufzeichnungen 1936 bis 1938, unpubl. Manuscript, Archiv Heinrich Taut.

Taut, Bruno: Zwei Entwürfe als Beitrag zur Frage der Architektur innerhalb der neuen Baukunst, in: Deutsche Bauzeitung 65, 1931, W. Nr. 5, S. 21 – 28

Tekeli, Ilhan: Türkiye'de 1923 – 1950. Dönemi Mimarlığının toplumsal siyasal Bağlamı [Die Türkei 1923 – 1950. Die Verbindung von Architektur und Gesellschaft], in: Ankara 1923 – 1950 Bir Başkentin Oluşumu [Die Entstehung einer Hauptstadt], hrsgn. v. der türk. Architektenkammer (TMMOB), Ankara 1994, S. 19 – 22.

Teut, Anna: Architektur im Dritten Reich 1933 – 1945 (Bauwelt Fundamente 19), Berlin, Frankfurt/M., Wien 1967

Thomae, Otto: Die Propaganda-Maschinerie. Bildende Kunst und Öffentlichkeitsarbeit im Dritten Reich, Berlin 1978

Thoring, Susanne: Stadtentwicklung Ankara. Der Beitrag deutscher Architekten und Stadtplaner insbesondere Prof. H. Jansen beim Aufbau der türkischen Hauptstadt, Dipl. Ing. Arbeit TU, Berlin 1986

Troost, Gerdy: Das Bauen im neuen Reich, Bayreuth 1938, Bd. 2 1941

Viennensis [C. Holzmeister?]: Das Präsidenten-Palais in Ankara, in: Innendekoration 43, 1932, S. 409 – 436

Vischer, Julius: Der neue Schulbau im In- und Ausland, Stuttgart 1931

Völkers, Otto: Neues Bauen in Italien, in: Monatshefte für Baukunst und Städtebau 22, 1938, S. 49 – 56

Wagner, Bernard: Martin Wagner 1885 – 1957. Leben und Werk. Eine biographische Erzählung, Hamburg 1985

Wagner, Martin: Büyük Şehirler nasıl tadıl edilir? [Wie saniert man Großstädte?], in: Arkitekt 7, 1937, S. 71 – 74.

Wagner, Martin: Istanbul Havalısının Plânı. Der Landesplan von Istanbul, Istanbul 1937

Wagner, Martin: Umbau der Grosstädte, in: Forum 8, 1938, S. 73 – 75.

Weigert, Hans: Die Kunst von heute als Spiegel der Zeit, Leipzig 1934

Weiher, Gerhard: Militär und Entwicklung in der Türkei, 1945 – 1973. Ein Beitrag zur Untersuchung der Rolle des Militärs in der Entwicklung der Dritten Welt (Schriften des Deutschen Orient-Instituts), Opladen 1978

Weiser, Armand: Ein neuer Stil?, in: Die Bau- und Werkkunst 6, 1929/30, S. 1 – 16

Widmann, Horst: Exil und Bildungshilfe. Die deutschsprachige akademische Emigration in die Türkei nach 1933, Bern, Frankfurt/M. 1973

Willet, John: Die Künste in der Emigration, in: Exil in Großbritannien. Zur Emigration aus dem nationalsozialistischen Deutschland, hrsgn. v. Gerhard Hirschfeld (Veröffentlichungen des Deutschen Historischen Instituts London, Bd. 14), Stuttgart 1983, S. 183 – 204

Windisch-Hojnacki, Annemarie: Die Reichsautobahn. Konzeption und Bau der Reichsautobahn, ihre ästhetischen Aspekte sowie ihre Illustration in Malerei, Literatur und Plastik, Diss. phil. Bonn 1989

Wohnout, Helmut: Im Zeichen des Ständeideals, Bedingungen staatlicher Kulturpolitik im autoritären Österreich 1933 – 1938, in: Kat. Kunst und Diktatur. Architektur, Bildhauerei und Malerei in Österreich, Italien und der Sowjetunion 1922 – 1956, hrsgn. v. Jan Tabor, Ausstellung Künstlerhaus, Wien 1994, Bd. 1, S. 134 – 141.

Wolsdorff, Christian: Deutsche Architekten im Exil. Erwartungen, Hoffnungen, Reaktionen, in: Kunst im Exil in Großbritannien 1933 – 1945, Berlin o. J. [1985], S. 105 – 110

Wyss, Beat: Der Wille zur Kunst. Zur ästhetischen Mentalität der Moderne, Köln 1996

Yavuz, Yıldırım: Mimar Kemalettin ve Birinci Ulusal Mimarlık Dömeni, Diss. Ing. ÖDTÜ, Ankara 1981

NAMENS-, ORTS- UND SACHREGISTER

Orte, Namen und Objekte unter Kapitelüberschriften werden für die entsprechenden Kapitel nicht nachgewiesen.
Die Berufsbezeichnungen Architekt oder Stadtplaner sind mit einem * gekennzeichnet. Auf Anmerkungstexte und Bildunterschriften wird nicht verwiesen.

Adler, Leo* 163
Ahmet, Kemal* 136
Angora s. Ankara
Ankara
- AŞİM (Ankara Şehri Imar Müdürlüğü, Planungsbehörde Ankara) 67, 68, 69, 70, 71
- Anıt Kabir (Atatürk-Mausoleum) 128, 159, 171, 181, 190
- Ankara-Plan 12, 35, 50, 56, 58, 67, 68, 69, 126
- Arbeitsministerium (Min. f. Öffentl. Arb.) s. Türkei
- Atatürk Lisesi (Taut) 142, 144, 156, 167
- Atatürk-Mausoleum s. Anıt Kabir
- Atatürk-Palais (Gazi Evi), (Holzmeister, Fellerer) 38, 172
- Ausstellungsbäude (Balmumcu) 73, 188
- Bahçelievler (Gartenstadt-Siedlung), (Jansen) 35
- Beamtensiedlung 136
- Botschaft der Schweiz (Egli) 39
- Botschaft des Iraks (Egli), 38, 39
- Botschaft Deutschlands (Gross & Listmann) 20
- Botschaft Frankreich (Laprade) 167
- Burgberg (Kale) 56, 60
- Diplomatenhaus, -hotel (Gästehaus der Regierung) (Poelzig) 131, 132, 141
- Erziehungsministerium s. Unterrichtsministerium
- Eisenbahnverwaltung (Uçar) 171
- Gazi Evi s. Atatürk Palais
- Gazi-Lehrer-Seminar (Kemalettin bey, Egli) 21, 143
- Gazi Lisesi (Egli) 32, 61
- Gazi Orman Çifligi s. Mustergut Atatürks
- Generalstabsgebäude (Holzmeister) 48, 49, 50, 56, 60, 68
- Gençlikpark (Jugendpark), (Jansen) 73, 74
- Gesundheitsministerium (Jost) 17
- Große Nationalversammlung (Parlament) 44, 53, 72, 104, 106, 125, 148, 163, 192, 196
- Güven-Denkmal s. Sicherheitsdenkmal
- Güvenpark 52, 53, 54, 72, 170
- Handelsschule (Ticaret Lisesi), (Egli) 23
- Hauptbahnhof 51, 52
- Haus (Villa) Fuat Bulca (Egli), 36, 156
- Hochschulstadt 72, 124
- Hygieneinstitut (Jost, Örley) 17, 18, 20, 45, 68
- Innenministerium 56, 58, 60, 72, 171
- Instiut für Bakteriologie s. Hyieninstitut
- Institut für Staatswissenschaft (Mülkiye), (Egli) 30, 31, 32
- İsmet Paşa Institut (Frauengewerbeschule), (Egli) 17, 23, 140, 155
- İŞ-Bank (Außenhandelsbank), (Mongeri) 10, 17, 21, 117
- Jansen-Plan s. Ankara Plan
- Justizminsterium 51, 53, 62
- Kale s. Burgberg
- Katafalk Atatürks (Taut) 151
- Kız Lisesi (Mädchengymnasium), (Egli) 23, 24, 29, 31, 132, 155
- Kızılay (Stadtteil) 18, 52, 53, 68, 69, 171
- Konservatorium (Musiklehrerschule), (Egli) 23, 38
- Landwirtschaftliche Hochschule (Zirat Fakültesi), (Egli) 26, 27, 28, 29, 20, 31, 32
- Literaturfakultät (Fakultät für Sprachen, Geschichte und Geographie), (Taut) 18, 107, 148, 152, 153
- Markthalle (Örley) 18, 20
- Ministerium für Öffentliche Arbeiten s. Arbeitsministerium
- Mittelschule Cebeci (Taut) 145
- Medizinische Falkultät s. Universitätsklinikum
- Monopol- und Zollministerium 53, 61, 62
- Militärhospital Proj. Holzmeister) 51, 124
- Mustergut Atatürks (Gazi Orman Çifligi) 39, 40, 41
- Musterkrankenhaus (Örley) 18, 122
- Oberster Gerichtshof (Yargıtay), (Holzmeister) 39, 53, 56, 61, 62, 165, 171
- Oberster Rechnungshof (Egli) 32, 48
- Offizierschule (Harb okulu), (Holzmeister) 51
- Offiziersclub (Ordu evi), (Holzmeister) 51
- Opernhaus 74, 146, 180, 187
- Parlament s. Große Nationalversammlung
- Platz des Vilayet (Gouverneursplatz) 58, 72
- Regierungsviertel (Holzmeister) 44, 53, 113, 142
- Reiterstandbilder Atatürks 55, 117
- Saraçoğlu-Siedlung (Bonatz) 136, 190
- Seruminstitut s. Hyieninstitut
- Sicherheitsdenkmal (Emniyet-, Güven-Denkmal), Holzmeister), 52, 53, 54, 55, 58, 60
- Sümerbank (Elsaesser) 117, 146
- Technische Hochschule Ankara 143, 184
- Ulus (Altstadt) 18, 68
- Universitätsklinikum 117, 137, 180
- Universitätsviertel, Hacetepe 141
- Unterrichtsministerium (Erziehungsministerium) 62, 68
- Vakıf-Apartmenthäuser (Vedat Tek) 186
- Verteidigungsministerium (Holzmeister) 45, 46, 47, 56, 58, 60, 68, 122
- Verwaltungsgebäude des Roten Halbmonds (Kızılay), (Örley) 18
- Verwaltungsgebäude und Internat des Luftflottenvereins (Hava Kurumu), (Egli) 32, 29, 41, 61
- Wirtschaftministerium 53, 58, 72
- Ziraat Fakültesi s. Landwirtschaftliche Hochschule

Arbeitsstab zum Wiederaufbau bombengeschädigter Städte (Speer) 192
Architecture parlante 116, 141
L'architecture d'aujourd'hui, franz. Architekturzeitschrift 164
Architekturlehre (Taut) 104, 115, 116, 133, 137
Arda, Orhan* 175, 176, 177, 181
Arkan, Seyfi* 33, 36, 105, 117, 118, 126, 127, 132, 167, 196
Arkitekt, türk. Architektenzeitschrift 1931–1978 17, 33, 139, 148, 149, 157, 167, 188, 196

Arts & Crafts-Bewegung 109
Asymmetrische Symmetrie 144
Atami, Villa Hyuga (Taut) 149
Atatürk (Vater der Türken), Mustafa Kemal, Begründer der Türkei,
    1. Staatspräs. 11, 12, 16, 20, 21, 22, 36, 38, 40, 50, 51,
    71, 100, 151, 166, 171
Atay, Falih Rıfkı, türk. Jounalist 60, 64, 69, 166, 187
Auerbach, Erich, dt. Literaturwiss. 103
Austrofaschismus 60, 106, 164, 179
Autobahnbau (Reichsautobahnen) 175
– Brücken 183

Bacon, Henry* 176
Bad Ischl, Kurhaus (Holzmeister, Fellerer) 61
Balıkesir, Lehrerseminar (Egli) 39
Balmumcu, Şevki 73, 188
Barcelona, Barcelona-Pavillon (Mies van der Rohe) 118
Basel, Kunstmuseum (Bonatz, Christ) 188, 189, 190
Bauer, Bruno, Baumeister 18
Bauhaus 111, 135
Bayar, Celal, türk. Politiker 60, 101, 151
Beckmann, Max, dt. Maler 103
Behne, Adolf dt. Kunsthistoriker und -kritiker 11, 22, 109, 110, 148
Behrendt, Walther Curt* 108
Behrens, Peter* 18, 43, 108, 109, 114, 126, 132, 163, 164
Belgrad, Topschider Park 22
Belling, Rudolf, dt. Bildhauer, 131, 134, 158
Berlin
   – ADGB-Verwaltungsgebäude 110
   – Altes Museum (Schinkel) 30, 167
   – Apartementhaus Hohenzollerndamm (Scharoun) 24
   – Buchdruckerhaus (M. Taut) 24
   – Deukonhaus (Mendelsohn) 41
   – Denkmal für Friedrich d. Gr. (Gilly) 176
   – Dorotheenlyzeum (M. Taut) 31, 141
   – Feminapalast (Bielenberg & Moser) 24
   – GBI-Generalbauinspektor der Reichshauptstadt 114, 115,
     117, 175, 183, 192
   – Geschäftshaus Herpich (Mendelsohn) 24
   – Haus der Kirche (Salvisberg) 62
   – Haus des Deutschen Versicherungskonzerns (Fahrenkamp)
     117, 118
   – Justizgebäude Moabit WB 114
   – Kathreinerhaus (Paul) 24
   – Metallarbeiterhaus (Mendelsohn) 24, 118
   – Mossehaus (Mendelsohn) 41
   – Oberkommando der Marine (Bonatz) 183
   – Onkel-Tom-Siedlung (Taut u.a) 136
   – Pergamonmuseum (Messel, Hoffmann) 38
   – Reichsluftfahrtministerium (Sagebiel) 114
   – Reichssportfeld (Olympaigelände), (March) 58
   – Siemensstadt (Großsiedlung) 112
   – Träger-Verkaufskontor (Taut) 145, 151
   – Verkehrsverbundgebäude (Taut) 33, 141
   – Villa Sternfeld (Mendelsohn) 33
   – Weiße Stadt 112
   – Weinhaus Rheingold (Schmitz) 144
   – Wettbewerb Groß-Berlin 1909, 67, 71
   – WOGA-Komplex (Mendelsohn) 24

Bernhard, Kurt, dt. Bauing. 120
Bexhill-on-Sea, De-la-Warr-Pavillon (Mendelsohn) 164
Bielenberg & Moser* 24
Bilem, Mahmut 134, 151, 181
Boltenstern, Erich von* 180, 192
Bonatz, Paul* 11, 27, 33, 105, 106, 107, 114, 117, 128,
    136, 148, 157, 159, 163, 169, 171, 174, 175, 176, 177,
    178, 180, 182, 193, 194, 196
Boullée, Louis-Etienne* 45, 177
Brandenburg, Opelwerke (Braensch) 164
Brasilien, Holzmeisterentwürfe 179, 180
Braun, Harald, dt. Regisseur 102
Breker, Arno, dt. Bildhauer 55
Breuhaus de Groot, Friedrich August* 117, 133, 134, 190
Briansk, Kindergarten (Schütte-Lihotzky) 155
Brigade May 155
Brix, Josef* 67
Brünn (Brno), Haus Tugendhat (Mies van der Rohe) 36, 111, 118

Cetto, Max* 156
Cevat Bey s. Dursunoğlu, Cevat
Charkow, Theater WB 114, 132, 180
Chandigarh (Indien), Kapitol (Le Corbusier) 148
Charta von Athen 107
CIAM (Congrés Internationaux d'Architecture Moderne) 107
Como, Casa del Fascio (Terragni) 163
Çorum, türk. Internierungsort 101
Cuda, Alfred* 75
Cuno, Helmuth* 10

Darmstädter Gespräch 185
D'Aronco, Raimondo* 10
Demuth, Fritz, Notgemeinschaft dt. Wiss. 126
Denkmal der Heroen der neuen Türkei (Holzmeister) 172
Dessau, Theater 130
Deutsch-Türkische Vereinigung 11
Diem, Carl 75
Dobrezsberger, Josef, österr. Nationalökonom, 154
Döcker, Richard* 190
Dollfuß, Engelbert, österr. Politiker 60
Dresden, Hygienmuseum (Kreis) 64, 114
Dudok, Willem, Marinus* 163, 166
Dursunoğlu, Cevat, Staatssekr. im türk. Unterrichtsmin. 13, 39,
    104, 131, 133, 141, 151
Düsseldorf
   – Gesolei (Kreis) 61
   – Schlageter-Denkmal (Holzmeister) 172

Ebert, Carl, österr. Theaterregisseur 23, 147, 180, 184, 188
Eckstein, Albert 101, 179, 184
Egli, Ernst* 12, 17, 18, 44, 62, 64, 104, 105, 107, 120, 127,
    131, 132, 134, 137, 140, 149, 155, 156, 157, 179, 195
Ehlgötz, Hermann* 128
Ehn, Karl* 45
Eichholzer, Herbert 101, 102, 106, 154, 179, 192
Eldem, Sedad Hakkı* 33, 34, 36, 62, 106, 107, 117, 118, 134,
    135, 136, 148, 171, 177, 180, 181, 186, 187, 188, 196
Elsaesser, Martin* 9, 11, 108, 113, 114, 136, 146, 151, 156,
    169, 180, 183

Erster National Stil 10, 16, 21, 32, 186
Erzurum. Lehrerseminar (Egli) 39
Exil
- erleidendes 102
- kämpferisches (erkämpfendes) 102, 153
- Methapher
  Arche Noah 150
  modern Hiob 102
- stilles 106
- politisches 101, 154, 191
Expressionsimus, Architektur 44, 108, 109, 110, 111

Fabiani, Max* 22
Fahrenkamp, Emil* 62, 113, 114, 117, 118, 162, 163, 164
Falke, Friedrich, dt. Agronom 27
Fellerer, Max* 61, 64
Firle, Otto* 164
Fischer, Theodor* 18, 29, 71, 104, 136, 139, 141, 157, 191
Foschini, Arnoldo* 176
Frank Josef* 112
Frick, Roderich* 190
Frankfurt/M.
- Berufspädogisches Institut, Lehrküche (Cetto, Schütte-Lihotzky) 156
- IG-Farben-Verwaltungsgebäude (Poelzig) 24, 61, 114, 132
- Kindergarten Praunheim 156
- Neues Frankfurt 154
Fuchs, Josef* 114

Gahura, Frantischek* 112
Gartenstadt 35
Gazi (der Sieger) s. Atatürk
GBI (Generalbauinspektor der Reichshauptstadt Berlin, Speer) s. Berlin, GBI
Genf, Völkerbundpalast 22. 38, 44, 56, 112, 162, 167
Gesamtkunstwerk 109, 110, 116, 148
Gesetz zur ‚Wiederherstellung des Berufsbeamtentums', 1933, 100, 126
Giedion, Sigfried, schw. Arch. u. Kunsthist. 107, 108, 115
Giesler, Hermann* 184
Gilly, Friedrich* 74, 176
Gmindersdorf, Siedlung (Fischer) 136
Goerdeler, Carl, dt. Politiker u. Widerstandskämpfer 63, 72
Grimm, Hans* 106, 134, 145, 157
Gropius, Walter* 29, 106, 108, 110, 115, 126, 128, 130, 131, 133, 134, 164, 180
Gross & Listmann* 20
Grosz-Röll, Bauleiter in Ankara 40, 71
Guevrekian, Gabriel* 36
Gutschow, Konstany* 190

Haşim, Ahmet, türk. Dichter 21
Haeseler, Otto* 108
Halikarnasassos, Mausoleum 174
Hamburg, Bismarck-Denkmal (Schaudt, Lederer) 174
Hamdi, Bedrettin 118
Hanak, Anton, österr. Bildhauer 53, 54, 55
Handam, Mehmet Ali* 134
Hartlaub, Gustav, dt. Kunsthsit. 109

Häring, Hugo* 108, 112, 126
Haus der Arbeit, WB 1934, 117, 147
Haus der Freundschaft Konstantinopel, WB 1916 (Istanbul) 16, 117, 177, 188
Haus Okura, Japan (Taut) 146
Haydar bey, 1. Bürgermeister von Ankara 16
Harvard, Architekturfak. 135
Heilbronn, Adolf, dt. Biologe 32
Hess, Rudolf, Stellvertr. Hitlers 154, 183
Heuss, Theodor, dt. Werkbundsekr. u. Politiker 126, 191
Hilberseimer, Ludwig* 108, 109
Hildebrand, Hans, dt. Kunsthistoriker 190
Hillinger, Franz* 101, 106, 134, 142, 145, 149, 151, 152, 180, 181, 182, 192, 194, 196
Hitler, Adolf 101, 154, 183
Hoffmann, Josef* 50, 61, 109, 164, 169, 170
Holtay, Arif Hikmet* 132, 133, 134, 135, 157, 159, 175, 178, 183
Holzmeister, Clemens* 12, 18, 22, 23, 31, 33, 36, 39, 67, 68, 72, 104, 106, 117, 118, 122, 123, 142, 143, 153, 164, 165, 166, 169, 184, 185, 188, 192, 193, 194, 196
Holzmeisterismus 43

Idealtheater (Holzmeister, Ebert) 180
Ihsan, Bekir (Ünel)* 36
İnönü, Ismet, türk Min.präs. u. 2. Staatspräs. 22, 51, 55, 70, 71, 101, 166, 171
Internationaler Stil (International Style) 9, 108, 110, 112
Internationaler National Stil 163
İsmet Paşa s. İnönü
Istanbul
- Akademie der Schönen Künste (Güzel Sanatlar Akademesi), 20, 27, 32, 104, 131, 134, 135, 136, 137, 149, 151, 154, 157, 188
- Bahnhof Sirkeci (Jasmund) 10
- Biologisches Institut (Egli) 32
- Chemisches Institut 145
- Deutsche Orientbank (Jasmund) 10
- Dolmabahçe-Palast 129
- Fachhochschule Beşiktaş 157
- Florya, Seebad 126, 127, 187
- Hängebrücke über den Bosporos (Bonatz) 191
- Haus Ağaoğlu, Ist.- Nişantaş (Eldem) 30
- Haus Bruno Taut Ist.-Ortaköy (Taut)
- Haus Fuat Süren (Bonatz) 191
- Haydar Paşa Bahnhof (Bagdadbahn), (Kuno, Ritter) 10
- Hilton (Skidmore u.a.) 187
- Opernhaus 130
- SATIE (Städt. Elektrizitätswerke), (Eldem) 40
- Siedlung Fatıh 136
- Stadthaus 186, 187
- Sümer-Palas, Ist.-Tarabya, Wohnhaus Holzmeisters 179
- Technische Universität, Architekturfakultät (Bonatz) 188, 196
- Villa Ragıp Devres, Ist.-Bebek (Egli) 35, 36, 127
Italien, faschistisches 9, 22, 42, 58, 114
Izmir
- Cumhuriyet Lisesi (Taut) 144
- Kino des Luftflottenvereins (Egli) 41
- Kulturpavillon des Unterrichtsministeriums (Taut) 145

Jäckh, Ernst, Werkbundsekr. 11, 126
Jansen, Hermann* 12, 12, 16, 20, 39, 44, 55, 56, 120, 121, 124, 128, 141, 146, 166, 170, 185
Jasmund, August* 10
Jausseley, Léon* 61, 67
Jeannert, Pierre* 113
Jena, Universitätshauptgebäude (Fischer) 141, 142
Johnson, Philip* 108
Jost, Theodor* 12. 17, 44
Jungtürkische Revolution 10, 21

Kalter Krieg 154, 193
Karmann, Ferdi, Bauing. 186
Karfik, Vladimír* 112
Katsura, jap. Villa 139
Kaya, Şükrü, türk. Innenminister 50, 60, 71
Kayseri, Textilfabrik 40, 120
Kemalettin bey* 10, 16, 32
Kemalismus, (kemalistisch) Gesellschafts- u. Staatssystem unter Atatürk und Inönü 12, 16 20, 55, 60, 67, 102, 129, 148, 166
Kiel, Marinen,-Ehrenmal, Laboe (Munzer) 172
Kiosk s. Köşk
Klophaus & v. Puttlitz* 112, 163
Kobinger, Bauing. 39
Köln, Werkbundausstellung 1914, 61
Kömürcüoğlu, Asım* 107, 134, 167
Köktürk, Süleyman* 136
Kokoschka, Oskar, österr. Maler 103
Kollwitz, Käthe, dt. Bildhauerin 126
Kommunistische Partei Österreichs, KPÖ-Untergrundgruppe Türkei 101, 106, 154
Krayl, Carl* 134, 146
Kreis, Wilhelm* 29, 61, 62, 64, 105, 114, 175, 177
Krippel, Heinrich, österr. Bildhauer 117
Krüger, Johannes* 175, 176
Köşk, osmanischer Pavillonbau 127, 149
Kübik (Cubique), türk. Stilbez. für Moderne 27, 51, 140, 148

Lang, Fritz, dt. Regisseur 74, 172
Laprade, Albert* 61, 117, 118, 164
Le Corbusier* 11, 29, 36, 67, 105, 108, 109, 110, 112, 127, 139, 148, 153, 163
Ledoux, Claude-Nicolas* 181
Leipzig
– Hauptbahnhof WB 1907 144
– Völkerschlachtdenkmal (Schmitz) 172
Leonhardt, Fritz* 183
Liberia, Adalberto* 62, 163, 164
Linz
– Hl. Kreuz-Schwesternschule 44, 61
– Tabakfabrik (Behrens, Popp) 164
Loos, Adolf 22, 36, 38, 43, 109, 111, 112, 132, 157, 163, 167
Lörcher, Carl Christoph* 16, 126
Luckardt, Wassili u. Hans* 35

Magnitogorsk 155
Maier, Inez* 106, 154, 179, 192
Mailand, 5. Triennale 1933, 163

Mann, Heinrich, dt. Literat 103, 126
Mann, Thomas, dt. Literat 103
Mannheim, Rosengarten (Schmitz) 144
March, Werner* 126
Marchioni, Alfred, dt. Dermatologe 101, 179
Marmarameer 126, 149
May, Ernst* 107, 108, 120, 125
Mendelsohn, Erich* 9, 23, 24, 105, 106, 108, 114, 118, 153, 164
Menderes, türk. Ministerpräs. ab 1948, 190
Meyer, Hannes* 107, 113, 193
Mezara, Alois* 167
Mies van der Rohe, Ludwig* 29, 36, 106, 108, 111, 113, 115, 118, 126, 127, 134, 139
Mimar s. Arkitekt
Moest, Walter* 75
Mongeri, Giulio* 10, 16, 32
Mörth, Assistent von Egli* 39
Mortaş, Abidin* 36, 178
Moskau
– Centrosojus (Le Corbusier) 163
– Leninbibliothek 165
– Palast der Sojwets, WB 1932/34 171
Muche, Georg dt. Maler 111
München, Hauptbahnhof (Proj. Bonatz) 183
Mundt, Ass. v. Taut*, 106, 134, 143, 146
Mussolini, Benito, fasch. Diktator 116, 171
Mustafa Kemal Paşa s. Atatürk
Muthesius, Hermann* 109
Mutlu, Asım 134

Nach-Moderne 148
Naht, Baurat* 26
Nationale Architektur 138
Neue Deutsche Baukunst, Ausst. 1943, 12, 171, 177, 182
Neue Sachlichkeit 105, 109, 110, 151
Neues Bauen 105, 107, 110, 112, 113, 148, 152, 153, 162
Neumark, Fritz, dt. Wirtschaftswiss. 101
Neuzil, Walter* 136
Notgemeinschaft Deutscher Wissenschaftler 100, 126
NS-Architektur 107
NSDAP-Auslandsorganisation Türkei 101

Oelsner, Gustav* 106, 180, 185, 192
Olbrich, Josef Maria 109, 164
Onat, Emin* 33, 106, 107, 128, 171, 175, 176, 177, 180, 181, 186, 189, 196
Oranienburg, Heinkelwerke (Rimpl) 41
Organisation Todt (OT) 183
Oran, Sabri* 117, 118, 128, 183
Örley, Robert* 12, 17, 18, 20, 44, 45, 68, 70, 122
Österreich
– Nachkriegssituation 154, 194
– Okkupation, Annexion (*Anschluß*) 104, 154, 179, 195
Öztürk (Bewegung einer eigenen türk. Historiographie) 170
Osmanisches Reich 10, 20, 21
Osthaus, Karl Ernst, Werkbundmitglied, Mäzen 111
Oud, Jacobus Johannes, Pieter* 108

Palästina, Exil 101, 102, 105
Papen, Franz von, dt. Botschafter in der Türkei 1938-1944, 101, 158, 178
Paris
– Kolonialmuseum 164
– Musee d'arts modernes 165
– Palais Chaillot 165
– Weltausstellung 1937 162, 163
Paul, Bruno* 24, 64
Payzın, Ziya* Bauleiter Holzmeisters 182
Pechstein, Max, dt. Maler 131
Peker, Recep, türk. Verteidigungsmin. 44, 60
Perret, Auguste* 62, 164, 165
Piacentini, Marcello* 44, 58, 63, 163, 164, 171
Platz, Gustav Adolf* 110
Pinder, Wilhelm, dt. Kunsthistoriker 113, 115
Poelzig, Hans* 11, 12, 13, 24, 33, 38, 43, 61, 103, 104, 108, 109, 114, 117, 122, 126, 133, 134, 136, 147, 157, 159, 180, 182
Posener, Julius* (Kritiker) 132, 164
Praetorius, Ernst, dt. Kapellmeister 184
Prag
– Messepalast 114
– Villa Traub (Paul) 38, 64
– Villa Müller (Loos) 111
Prefabricated houses (Wagner) 129
Proportion 138, 139, 152
Prost, Theodor* 128, 158, 187
Purkersdorf, Sanatorium (Hoffmann) 50

Rabe, Max* 16
Racine/Wis., Johnson Wax Company (Wright) 120
Rading, Adolf* 35
Reformarchitektur um 1900/1910 142, 147
Reich, SS-Zeitschrift 184
Reich, Lilly* 126
Reichl, Fritz* 107, 179, 181, 188, 192
Reichsprofessur (-professoren) 153, 154, 158
Reichstagsbrand Berlin 1933, 38
Remigration 12, 101
Repräsentationsbau, neue Repräsentation 111, 112, 113, 114, 115, 139, 147, 162, 163
Reuter, Ernst, dt. Urbanist u. Politiker 11, 12, 13, 71, 100, 101, 102, 103, 104, 125, 129, 179, 192, 194, 195, 196
Rhode, Georg, dt. Altphilologe 101, 184
Rimpl, Herbert* 41, 106
Ring, Der, dt. Architektenver. der Avantgarde 115
Ritter, Otto* 10
Robertsen, Howard* 167
Rom
– EUR-Ausstellung 164
– Universitätsstadt (Piacentini) 58, 63
– WB Palazzo del Littorio 163, 164
Rossi, Aldo* 148
Rühl, Konrad* 134
Rüstow, Alexander, dt. Soziologe 179, 193, 194
Runge, Ass. v. Taut*, 106, 134, 157
Russel-Hitchcock, Henry (Architekturhistoriker) 108

Sabri, Behcet* 118
Sabaudia, ital. Planstadt 58, 167
Sachlichkeit 105, 114, 125, 163
– internationale 115
– strenge 114, 115
Sagebiel, Ernst* 114, 122
Salvisberg, Otto Ernst* 27, 33, 62, 64, 176
Salzburg, Festspielhaus (Holzmeister) 44, 180, 192
Sayar, Zeki* 36, 139, 148, 149, 167, 175, 176, 188, 196
Schaechterle, Karl 183
Scharoun, Hans 24, 27, 35, 108, 133, 192, 194
Schmidt, Hans* 153, 193
Schmitz, Bruno* 144
Schmutzer, Hermann* 182
Schumacher, Fritz* 108, 124
Schuschnigg, Kurt, österr. Politiker 60, 179
Schütte, Wilhelm* 106, 134, 184, 192, 194
Schütte-Lihotzky, Margarethe* 22, 36, 101, 132, 134, 179, 192, 193
Schwartz, Philipp, dt. Pathologe 100
Schweickert, Hans* 110, 117
Scurla-Bericht 100, 157, 159
Şemih bey* 70
Şertel, Muhlis, Baudirektor von Ankara 70, 175
Secessionsarchitektur 44, 109
Segal, Werner* 134
Selbstreferentialität 103, 104
Semper, Gottfried* 33, 110, 137
Senftenberg, Lizeum (Taut) 141, 142
Simony, Stephan* 22, 107, 179
Sitte, Camillo* 185
Skidmore, Owings & Merill* 186
Sölemezoğlu, Kemali* 33, 175, 176, 183, 184, 190, 196
Sowjetunion 9, 101, 153
Spaeth, Wilhelm* 176
Speer, Albert* 106, 114, 117, 165, 175, 178
Strnad, Oskar* 112, 180
Studiolo 149, 150
Stuttgart
– Bahnhof (Bonatz) 177, 188
– TH (Technische Hochschule 183
– Zeppelinbau 114

Tamms, Friedrich* 176, 178, 183, 190, 192
Tandoğan, Nevzet, Bürgermeister von Ankara 69
Tannenbergdenkmal (Krüger) 45, 17
Taut, Bruno* 9, 11, 12, 13, 18, 27, 24, 53, 73, 75, 101, 103, 104, 105, 106, 107, 108, 110, 114, 115, 117, 120, 121, 122, 125, 126, 127, 128, 133, 153, 154, 156, 157, 158, 159, 166, 169, 178, 179, 180, 181, 185, 187, 188, 196
Taut, Erica (Erica Wittich) 140, 146, 151, 152
Taut, Max* 31, 110, 145, 151, 152, 192, 194
Tektonik, tektonische Elemente 143
Tengbom, Ivar* 163, 166, 174, 175
Terragni, Guiseppe* 163
Tessenow, Heinrich* 18
Theiss & Jaksch* 22
Thorak, Josef, österr. Bildhauer 55
Todt, Fritz s. Organisation Todt (OT)

Tokat, türk. Internierungsort 101
Toprak, Burhan, Dir. d. Istanbuler Akademie 135, 136, 158, 159
Totaltheater (Gropius, Piscator) 180
Trabzon, Gymnasium (Taut) 144, 145, 146, 156
Troost, Gerdy* 183
Troost, Paul Ludwig* 158, 183
Türbe, türk. Grabbau 172, 174
Türkei
– Arbeitsministerium (Ministerium für Öffentliche Arbeiten) 53, 56, 58, 60, 72, 128, 134
– Architektenkammergesetz 32
– Bildungsreform 22
– Dorfschulen, anatolische 156
– Kemalismus s. Kemalismus
– KPÖ Untergrundgruppe 101, 106
– Mehrparteiensystem 195
– Militär 51
– NSDAP Auslandsorganisation 101
– Universitätsreform 27, 100
– Unterrichtsministerium 100, 103, 104, 106, 156, 178
– Wohnhäuser, Holzhäuser 34
Türkische Motive (Baudetails) 140, 142, 149, 171, 185, 186
Tyl, Olderych* 114

Uçar, Bedri* 171
Ulno, Isobaro 140, 142

Vago, Josef* 163, 167, 168
Vago, Pierre* 164
Vallaury, Alexandre 10
Vedat (Tek)* 10, 16, 32, 186
Venedig, Biennale 1934, österr. Pavillon (Hoffmann) 164, 170
Venturi, Robert* 148
Vietti-Violi, Paolo 176
Villa als Lebensform 36
Viollet-le-Duc, Eugène-Nicolas* 138
Völkerbundstil, sog. 162, 167
Vorhoelzer, Robert* 13, 103, 106, 137, 152

Wagner, Martin* 9, 71, 103, 104, 105, 107, 108, 130, 133, 135, 139, 146, 147, 148, 165, 179, 187, 192, 193, 194, 195, 196

Wagner, Otto* 33, 43, 63, 72, 109, 137, 138
Waldapfel, Arthur* 58, 179, 182
Walter, Jean* 180
Washington
– Lincoln Memorial (Bacon) 176
Weiße Moderne 9, 105, 152, 153
Werkbund 105, 109
– deutscher 9, 10, 43, 105, 132
– österreichischer 17, 38, 61, 112, 164
Werkbundstreit 1914, 109
Westheim, Paul, dt. Kunsthistoriker 165
Wiederaufbau, Bundesrepublik Deutschland 192, 193
Wien
– Denkmal für Franz Josef I. (Loos) 169
– Denkmal für das Großdeutsche Reich auf dem Kahlenberg 169
– Haus Moller (Loos) 36
– Karl-Marx-Hof (Ehn) 44, 170
– Kommunalbau 17
– Krematorium (Holzmeister) 43
– Reformstil 17, 18
– Rundfunkhaus (Holzmeister) 60, 164
– Secessionsgebäude (Olbrich) 164
– Seipel-Dollfuß-Gedächtniskirche (Holzmeister) 60
– Siedlerbewegung 22, 154, 155
– Werkbundsiedlung 1931/1932 38, 112
Wimmer, Hano 125
Wissenschaftsemigration (-emigranten) 100, 103, 191, 192, 193
Wittich, Erica s. Taut, Erica
Wittwer, Hans* 113, 163
Wolf, Paul* 24
Wörle, Eugen* 64
Wolters, Rudolf*, GBI Berlin, 175, 177, 178
Wright, Frank Lloyd* 120, 138

Yalova, Kurbad 64
Yozgat, türk. Internierungsort 101, 106, 157

Zimmermann, Assistent v. Poelzig u. Taut* 106, 134, 135, 140, 141
Ziya, Aptullah* 36
Zweiter National Stil 12, 34, 38, 107, 148, 187, 190

ABBILDUNGSNACHWEIS

Albertina Wien, Nachlaß Clemens Holzmeister: 44, 45, 70, 71, 75, 95
Architekturmuseum München, Nachlaß Martin Elsaesser: 91, 92, 98, 100, 101, 104, 105, 106, 107, 109, 145
Arkitekt, Ankara: Jg. 1935: 93, 94; Jg. 1937: 73, 120, 121; Jg. 1938,: 132, 140, 141, 142, 143, 147, 149, 150; Jg. 1943: 158, 159, 160, 161, 162; Jg. 1946 168
T. C. Başbakanlık Arşivi, Cumhuriyet Arşivisi Ankara: 163
Der Baumeister, 1948: Farbabb. 39
Deutsche Bauzeitung 65, 1931: 90
Deutsches Archäologisches Institut, Abteilung Istanbul: 137a, 138a
Egli, 1938: 31, 32, 36, 38
ETH Zürich, Eissenschaftsgeschichtliche Sammlungen, Nachlaß Ernst Egli: 10, 12, 23, 25, 26, 37, 40, 41, 42
Hajos/Zahn, 1928, 9
Markus Hilbich, Berlin: 1, 3, 5, 15, 18, 19, 28, 29, 30, 39, 48, 49, 50, 51, 56, 58, 63, 64, 72, 74, 76, 76a, 77, 77a, 99, 124, 126, 127, 128, 137
Histoire de la Republique Turkiye, 1933: 4, 4a, 4b
Hochschule für Angewandte Kunst, Wien, Lehrkanzel für Baugeschichte: 151, 152, 153, 154, 155, 164, 165
Holzmeister, 1937: 47, 53, 54, 57, 59, 60, 61, 62, 65, 67, 68
Holzmeister, 1976: 43, 52, 148, 156
Istanbul Teknik Üniversitesi: 169
Junghanns, 1969: 130, 133, 136
Kat. Hans Poelzig, 1989: 115, 116, 117, 118.
Nachlaß Paul Bonatz, Peter Dübbers Stuttgart: 157, 166, 167b, 168, 170, 171, 171a
Nachlaß Margarete Schütte-Lihotzky, Forschungsgruppe Wien: 139, Farbabb.: 31-33
Bernd Nicolai, Berlin u. Archiv: 2, 6, 7, 8, 11, 14, 16, 17, 18, 20, 21, 22, 24, 33, 34, 35, 46, 55, 96, 97, 102, 108, 137, 138, 144, 163, 167a. Farbabb.: I – XXIX, XXXIV – XLII
Schoukri, 1931: 13, 27
Sekler, 1982: 146
Sözen, 1984, 110
Manfred Speidel, Aachen: 122, 123, 125, 128, 128a, 129, 131, Farbabb.: 30
Technische Universität Berlin, Plansammlung der TUUB, Nachlaß Hermann Jansen: 66, 69, 78, 79, 80, 81, 82, 83, 84, 85, 87, 88, 89, 103, 135
Wagner, 1985: 111, 112, 113, 114